ㅎ

TUSCULUM-BÜCHEREI

Herausgeber: Dr. Hans Färber und Dr. Max Faltner

M. TULLI CICERONIS

EPISTULAE AD QUINTUM FRATREM
EPISTULAE AD BRUTUM
FRAGMENTA EPISTULARUM

ACCEDIT

Q. TULLI CICERONIS

COMMENTARIOLUM PETITIONIS

––––––––

M. TULLIUS CICERO

AN BRUDER QUINTUS
AN BRUTUS
BRIEFFRAGMENTE

DAZU

Q. TULLIUS CICERO

DENKSCHRIFT

ÜBER DIE BEWERBUNG

Lateinisch–deutsch ed. Helmut Kasten

HEIMERAN VERLAG MÜNCHEN

1.–4. Tausend 1965. 358 · Printed in Germany
Druck: C. Brügel & Sohn · Binden: Gg. Gebhardt, beide Ansbach

INHALT

M. TVLLI CICERONIS

EPISTVLARVM
AD QVINTVM FRATREM

LIBER PRIMVS

I.
MARCVS QVINTO FRATRI SALVTEM

Etsi non dubitabam, quin hanc epistulam multi 1
nuntii, fama denique esset ipsa sua celeritate supera-
tura tuque ante ab aliis auditurus esses annum tertium
accessisse desiderio nostro et labori tuo, tamen existimavi a me quoque tibi huius molestiae nuntium perferri oportere. nam superioribus litteris non unis sed
pluribus, cum iam ab aliis desperata res esset, tamen
tibi ego spem maturae decessionis adferebam, non
solum, ut quam diutissime te iucunda opinione ob-
lectarem, sed etiam quia tanta adhibebatur et a nobis et a praetoribus contentio, ut rem posse confici
non diffiderem.

Nunc, quoniam ita accidit, ut neque praetores suis 2
opibus neque nos nostro studio quicquam proficere
possemus, est omnino difficile non graviter id ferre,
sed tamen nostros animos maximis in rebus et geren-
dis et sustinendis exercitatos frangi et debilitari molestia non oportet. et quoniam ea molestissime ferre
homines debent, quae ipsorum culpa contracta sunt,
est quiddam in hac re mihi molestius ferendum quam

M. TULLIUS CICERO

BRIEFE AN SEINEN BRUDER QUINTUS

ERSTES BUCH

I.

Marcus grüßt Bruder Quintus

Zweifellos werden viele Boten, schließlich auch die Fama, schnell wie sie ist, dies mein Schreiben überholen, und Du wirst also von andrer Seite eher hören, daß unsre Sehnsucht nacheinander und Deine Plackerei um ein weiteres Jahr verlängert worden ist. Trotzdem, meine ich, ist es nur in der Ordnung, wenn auch ich Dir die Nachricht von diesem Mißgeschick zukommen lasse. Denn während andre schon die Hoffnung aufgegeben hatten, habe ich Dir in meinen letzten Briefen nicht einmal, nein, mehrfach noch Hoffnung auf baldige Ablösung gemacht, nicht nur, um Dir möglichst lange die Freude der angenehmen Erwartung zu lassen – ich sowohl wie auch die Prätoren haben sich die erdenklichste Mühe gegeben, so daß ich fest überzeugt war, die Sache würde sich regeln lassen.

Nun ist es doch so gekommen, daß weder die Prätoren mit ihrem Einfluß noch auch ich mit meinen Bemühungen etwas habe erreichen können, und es ist wirklich nicht leicht, sich damit abzufinden; aber wir haben ja Übung darin, schwierige Aufgaben anzupacken und durchzuführen, und so darf uns diese Unannehmlichkeit nicht lähmen und umwerfen. Im übrigen ist es doch so, daß die Menschen selbstverschuldetes Mißgeschick besonders ärgerlich empfinden, und so fühle ich mich in unserm Falle schwerer belastet als

tibi; factum est enim mea culpa, contra quam tu
mecum et proficiscens et per litteras egeras, ut priore
anno non succederetur; quod ego, dum sociorum
saluti consulo, dum impudentiae nonnullorum nego-
tiatorum resisto, dum nostram gloriam tua virtute
augeri expeto, feci non sapienter, praesertim cum
id commiserim, ut ille alter annus etiam tertium
posset adducere.

Quod quoniam peccatum meum esse confiteor, 3
est sapientiae atque humanitatis tuae curare et perficere, ut hoc minus sapienter a me provisum diligentia
tua corrigatur. ac si te ipse vehementius ad omnes
partes bene audiendi excitaris, non ut cum aliis, sed
ut tecum iam ipse certes, si omnem tuam mentem,
curam, cogitationem ad excellentem in omnibus rebus
laudis cupiditatem incitaris, mihi crede, unus annus
additus labori tuo multorum annorum laetitiam nobis,
gloriam vero etiam posteris nostris adferet.

Quapropter hoc te primum rogo, ne contrahas ac 4
demittas animum neve te obrui tamquam fluctu sic
magnitudine negotii sinas contraque erigas ac resistas
sive etiam ultro occurras negotiis; neque enim eiusmodi partem rei publicae geris, in qua fortuna domi-
netur, sed in qua plurimum ratio possit et diligentia.
quodsi tibi bellum aliquod magnum et periculosum
administranti prorogatum imperium viderem, treme- 5
rem animo, quod eodem tempore esse intellegerem
etiam fortunae potestatem in nos prorogatam. nunc
vero ea pars tibi rei publicae commissa est, in qua aut
nullam aut perexiguam partem fortuna tenet et quae
mihi tota in tua virtute ac moderatione animi posita
esse videatur. nullas, ut opinor, insidias hostium,
nullam proelii dimicationem, nullam defectionem
sociorum, nullam inopiam stipendii aut rei frumen-
tariae, nullam seditionem exercitus pertimescimus;
quae persaepe sapientissimis viris acciderunt, ut,

Dich. Denn mein Verschulden ist es ja doch, wenn Du, anders, als Du es mit mir bei Deiner Abreise und dann brieflich vereinbart hattest, nicht schon im vergangenen Jahre abgelöst worden bist. In meiner Sorge um das Wohl und Wehe unsrer Bündner, im Kampfe gegen die Schamlosigkeit einiger Händler und in dem Bestreben, meinen Ruhm durch Deine Bewährung gesteigert zu sehen, habe ich es recht dumm angefangen, zumal ich damit verschuldete, daß dies zweite Jahr noch ein drittes nach sich ziehen konnte.

Wenn ich somit gestehe, daß dies mein Versehen ist, so liegt es jetzt Deiner taktvollen Klugheit ob, mit allen Mitteln dafür zu sorgen, daß durch Deine Umsicht zum Guten ausschlägt, was ich durch Mangel an kluger Voraussicht verschuldet habe. Und wenn Du selbst Dir ganz ernstlich vornimmst, allseitig in gutem Rufe zu stehen, so daß Du nicht mit andern, sondern nunmehr mit Dir selbst im Wettstreit liegst, wenn Du all Dein Denken, Sinnen und Trachten vornehmlich auf das Bestreben richtest, in allen Dingen rühmenswert zu erscheinen, glaub' mir, dann wird dies eine Jahr, um das Du Deine Mühsal verlängert siehst, uns Freude für viele Jahre und Ruhm noch unsern Nachfahren bringen.

Darum bitte ich Dich vor allem um eins: werde nicht kopfscheu und mutlos, laß Dich nicht von der Schwere der Aufgabe wie von einer Flutwelle erdrücken, sondern raffe Dich auf, stemme Dich dagegen, ja, schaue Deinen Aufgaben kühl ins Auge; führst Du doch nicht die Verwaltung eines Reichsteiles, in dem man nur Glück zu haben braucht, sondern wo es vor allen Dingen auf klug berechnende Umsicht ankommt. Ja, wärest Du dabei, einen schweren, gefahrvollen Krieg zu führen, und ich sähe deshalb Dein Kommando verlängert, dann würde ich erbeben bei dem Gedanken, daß damit gleichzeitig auch dem Zufall seine Macht über uns verlängert wäre. Nun ist Dir aber der Teil unsres Staates anvertraut, wo so gut wie nichts vom Zufall bestimmt wird und alles offensichtlich nur von Deiner Tüchtigkeit und Selbstbeherrschung abhängt. Wir haben ja wohl keinen feindlichen Anschlag, keinen Kampf mit den Waffen zu befürchten, keinen Abfall der Bündner, keine Schwierigkeit mit der Besoldung oder Verpflegung, keine Meuterei im Heere, Dinge, von denen gar oft die klügsten Männer betroffen worden sind, so daß sie der Wucht des Schicksals nicht Herr werden konn-

quemadmodum gubernatores optimi vim tempestatis, sic illi impetum fortunae superare non possent. tibi data est summa pax, summa tranquillitas, ita tamen, ut ea dormientem gubernatorem vel obruere, vigilantem etiam delectare possit; constat enim ea provincia 6 primum ex eo genere sociorum, quod est ex hominum omni genere humanissimum, deinde ex eo genere civium, qui aut, quod publicani sunt, nos summa necessitudine attingunt aut, quod ita negotiantur, ut locupletes sint, nostri consulatus beneficio se incolumes fortunas habere arbitrantur.

At enim inter hos ipsos exsistunt graves contro- 7 versiae, multae nascuntur iniuriae, magnae contentiones consequuntur. quasi vero ego id putem, non te aliquantum negotii sustinere. intellego permagnum esse negotium et maximi consilii, sed memento consilii me hoc esse negotium magis aliquanto quam fortunae putare; quid est enim negotii continere eos, quibus praesis, si te ipse contineas? id autem sit magnum et difficile ceteris, sicut est difficillimum: tibi et fuit hoc semper facillimum et vero esse debuit, cuius natura talis est, ut etiam sine doctrina videatur moderata esse potuisse, ea autem adhibita doctrina est, quae vel vitiosissimam naturam attollere possit. tu cum pecuniae, cum voluptati, cum omnium rerum cupiditati resistes, ut facis, erit, credo, periculum, ne improbum negotiatorem, paulo cupidiorem publicanum comprimere non possis! nam Graeci quidem sic te ita viventem intuebuntur, ut quendam ex annalium memoria aut etiam de caelo divinum hominem esse in provinciam delapsum putent.

Atque haec nunc non ut facias, sed ut te facere et 8 fecisse gaudeas scribo; praeclarum est enim summo cum imperio fuisse in Asia triennium sic, ut nullum

ten, wie die besten Steuerleute ohnmächtig sind gegen die Gewalt des Sturmes. Dir ist es gegeben, in tiefstem Frieden zu wirken, bei schönstem Wetter, das allerdings den Steuermann, wenn er schläft, wohl gar ins Verderben stürzen kann, ihn aber ebenso, wenn er die Augen offen hält, zu beglücken vermag. Denn in Deiner Provinz finden sich zum ersten Bündner, die die gebildetsten in der ganzen Welt sind, zum andern Bürger, die entweder als Staatspächter in ganz engen Beziehungen zu uns stehen oder als erfolgreiche Kaufleute davon durchdrungen sind, daß sie es meinem Konsulat zu verdanken haben, wenn sie in ihrem Hab und Gut unversehrt geblieben sind.

Gewiß, zwischen diesen beiden Gruppen bestehen schwere Mißhelligkeiten; Rechtsbruch reiht sich an Rechtsbruch, und die Folge sind endlose Prozesse. Ich bestreite ja auch gar nicht, daß Dein Amt Dir allerhand Schwierigkeiten aufbürdet. Ich weiß, Deine Aufgabe ist gar nicht leicht und bedarf höchster Klugheit; aber bedenke, daß es dabei meiner Ansicht nach wesentlich mehr auf einsichtiges Verhalten ankommt als auf Glück. Denn worin sollte die Schwierigkeit liegen, Deine Untergebenen in Schach zu halten, wenn Du Dich selbst in der Gewalt hast? Mag das für jeden andern nicht ganz leicht sein – und es ist in der Tat recht schwer –: Dir ist es immer ganz leicht gefallen und mußte es gewiß auch bei Deinem Charakter, der Dich offenbar auch ohne philosophische Bildung befähigt, Selbstbeherrschung zu üben, und erst recht, wo Du eine Unterweisung erfahren hast, die selbst einen ganz lasterhaften Charakter zu veredeln vermöchte. Wenn Du wie bisher dem Gelde, Vergnügungen und Verlockungen jeder Art widerstehst – ja, dann wirst Du höchstwahrscheinlich nicht fähig sein, einen unverschämten Händler, einen reichlich gierigen Staatspächter in die Schranken zu weisen! Die Griechen jedenfalls werden bei diesen Deinen Grundsätzen auf Dich blicken, als wäre ein Mann aus guten alten Zeiten oder gar ein Halbgott vom Himmel in ihre Provinz heruntergestiegen.

All dies schreibe ich Dir nicht, damit Du Dich in Zukunft danach richtest, sondern damit Du das frohe Bewußtsein hast, schon jetzt und immer so gehandelt zu haben. Es ist doch etwas Herrliches, drei Jahre lang ausgestattet mit unumschränkter Befehlsgewalt in

te signum, nulla pictura, nullum vas, nulla vestis, nullum mancipium, nulla forma cuiusquam, nulla condicio pecuniae, quibus rebus abundat ista provincia, ab summa integritate continentiaque deduxerit. quid 9 autem reperiri tam eximium aut tam expetendum potest quam istam virtutem, moderationem animi, temperantiam non latere in tenebris neque esse abditam, sed in luce Asiae, in oculis clarissimae provinciae atque in auribus omnium gentium ac nationum esse positam? non itineribus tuis perterreri homines, non sumptu exhauriri, non adventu commoveri? esse, quocumque veneris, et publice et privatim maximam laetitiam, cum urbs custodem, non tyrannum, domus hospitem, non expilatorem recepisse videatur?

His autem in rebus iam te usus ipse profecto eru- 10 divit nequaquam satis esse ipsum hasce habere virtutes, sed esse circumspiciendum diligenter, ut in hac custodia provinciae non te unum, sed omnes ministros imperii tui sociis et civibus et rei publicae praestare videare. quamquam legatos habes eos, qui ipsi per se habituri sint rationem dignitatis suae; de quibus honore et dignitate et aetate praestat Tubero, quem ego arbitror, praesertim cum scribat historiam, multos ex suis annalibus posse deligere, quos velit et possit imitari, Allienus autem noster est cum animo et benevolentia, tum vero etiam imitatione vivendi. nam quid ego de Gratidio dicam? quem certe scio ita laborare de existimatione sua, ut propter amorem in nos fraternum etiam de nostra laboret. quaestorem habes 11 non tuo iudicio delectum sed eum, quem sors dedit; hunc oportet et sua sponte esse moderatum et tuis institutis ac praeceptis obtemperare.

Quorum si quis forte esset sordidior, ferres eatenus,

Asia gewesen zu sein, ohne daß Dich ein einziges Standbild, ein Gemälde, ein Hausgerät, ein Teppich, ein Sklave, jemandes Schönheit, eine Gelegenheit, Geld zu machen, lauter Dinge, an denen es in Deiner Provinz nicht mangelt, vom Wege unbedingter Redlichkeit und Selbstbeherrschung abgebracht hat. Was kann es aber Erhebenderes und Erstrebenswerteres geben, als daß solche Tugend, Selbstbeherrschung und Mäßigung sich nicht versteckt und im Verborgenen blüht, sondern sich im hellen Tageslicht Asias, vor den Augen unsrer glänzendsten Provinz, vor den Ohren aller Völker und Stämme betätigt! Daß die Leute bei Deinen Dienstreisen nicht in Schrecken geraten, nicht durch Deine Ansprüche ausgebeutet, nicht durch Dein Erscheinen beunruhigt werden! Daß, wohin Du kommst, im öffentlichen und im privaten Leben eitel Freude herrscht, wenn die Gemeinde sieht, daß sie einen Schirmherrn, nicht einen Tyrannen, das Privathaus einen Gast, nicht einen Strauchdieb aufgenommen hat!

Aber schon die Erfahrung hat Dich sicherlich darüber belehrt, daß es in all diesen Dingen nicht genügt, persönlich diese Tugenden aufzuweisen; Du mußt sorgfältig darauf sehen, daß man merkt, wie bei dieser Schirmherrschaft über die Provinz nicht Du allein die Verantwortung gegenüber Bündnern, Bürgern und Staat trägst, sondern alle Dir unterstellten Beamten. Als Legaten hast Du ja nun Männer, die selbst wissen werden, was sie ihrer Stellung schuldig sind. Unter ihnen steht Tubero, was Ehren, Rang und Lebensalter angeht, an der Spitze; er könnte, meine ich, gerade als Geschichtsschreiber, aus seinen Annalen manch einen heraussuchen, willig und fähig, sich ihn als Vorbild zu nehmen. Allienus ist in seiner wohlwollenden Gesinnung und vor allem in seiner gleichgerichteten Lebensauffassung ganz unser Mann. Über Gratidius brauche ich kein Wort zu verlieren; bin ich mir doch gewiß, daß er nicht weniger um seinen eigenen Namen bemüht ist, als aus verwandtschaftlicher Liebe zu uns auch um den unsrigen. Deinen Quästor hast Du Dir nicht nach eigenem Urteil aussuchen können, er ist Dir durchs Los zugewiesen worden. Er muß sich aus sich selbst als charakterfest erweisen und andrerseits sich Deinen Absichten und Anordnungen fügen.

Sollte einer dieser Männer sich einmal nicht ganz anständig be-

quoad per se neglegeret eas leges, quibus esset adstric-
tus, non ut ea potestate, quam tu ad dignitatem per-
misisses, ad quaestum uteretur; neque enim mihi sane
placet, praesertim cum hi mores tantum iam ad nimiam lenitatem et ad ambitionem incubuerint, scru-
tari te omnes sordis, excutere unum quemque eorum,
sed, quanta sit in quoque fides, tantum cuique committere.

Atque internos eos, quos tibi comites et adiutores
negotiorum publicorum dedit ipsa res publica, dumtaxat finibus iis praestabis, quos ante praescripsi;
quos vero aut ex domesticis convictionibus aut ex
necessariis apparitionibus tecum esse voluisti, qui 12
quasi ex cohorte praetoris appellari solent, horum
non modo facta sed etiam dicta omnia praestanda
nobis sunt. sed habes eos tecum, quos possis recte
facientes facile diligere, minus consulentes existimationi tuae facillime coercere. a quibus, rudis cum
esses, videtur potuisse tua liberalitas decipi – nam ut
quisque est vir optimus, ita difficillime esse alios im-
probos suspicatur –; nunc vero tertius hic annus
habeat integritatem eandem, quam superiores, cautiorem etiam ac diligentiorem. sint aures tuae, quae 13
id, quod audiunt, existimentur audire, non in quas
ficte et simulate quaestus causa insusurretur. sit anu-
lus tuus non ut vas aliquod sed tamquam ipse tu, non
minister alienae voluntatis sed testis tuae. accensus
sit eo numero, quo eum maiores nostri esse voluerunt,
qui hoc non in beneficii loco sed in laboris ac muneris
non temere nisi libertis suis deferebant, quibus illi
quidem non multo secus ac servis imperabant. sit
lictor non suae saevitiae sed tuae lenitatis apparitor,
maioraque praeferant fasces illi ac secures dignitatis
insignia quam potestatis. toti denique sit provinciae

tragen, so wirst Du das hinnehmen, soweit er nur für sich die Grundsätze verletzt, an die er moralisch gebunden ist; keinesfalls darf er seine amtliche Stellung, die Du ihm verliehen hast, um ihm Geltung zu verschaffen, zu seiner Bereicherung mißbrauchen. Denn ich halte es für ganz abwegig, zumal angesichts der Tatsache, daß die heutigen Anschauungen an sich schon zu übertriebener Nachsicht und Gunstbuhlerei drängen, wenn Du jedem Makel nachforschen, einem jeden die Taschen umkehren wolltest; nein, vertraue jedem, soweit er Vertrauen verdient.

Für das interne Personal, das Dir der Staat selbst als Begleiter und Helfer bei Deinen amtlichen Geschäften gestellt hat, wirst Du lediglich in den oben umschriebenen Grenzen die Verantwortung tragen; für diejenigen jedoch, die Du als persönliches Gefolge oder als unumgänglich notwendige Dienerschaft auf eigenen Wunsch um Dich hast, die man sozusagen als Garde des Statthalters bezeichnet, für deren Taten, ja, für jedes ihrer Worte sind wir verantwortlich. Aber das sind Leute, die Du, bewähren sie sich, unbesehen lieb- und werthalten, zeigen sie sich weniger besorgt um Deinen Ruf, ohne Umstände zurechtweisen kannst. Anscheinend hat diese Gesellschaft, als Du noch unerfahren warst, Deine Großzügigkeit zu mißbrauchen verstanden – natürlich, je anständiger man selbst ist, um so schwerer verdächtigt man andre als Schurken. Jetzt möge dies dritte Jahr die gleiche Redlichkeit zeigen wie die früheren, aber gepaart mit noch mehr Vorsicht und Achtsamkeit. Halte Deine Ohren offen für das, was sie selbst vernehmen, aber stelle Dich taub gegen verlogene, heuchlerische Einflüsterungen aus Gewinnsucht. Dein Siegelring sei nicht wie ein beliebiges Gerät, sondern stehe gleichsam für Dich selbst, sei nicht der Diener eines fremden Willens, sondern Zeuge des Deinigen. Der Amtsdiener sei und bleibe, wozu ihn unsre Vorfahren ausersehen haben, die seine Tätigkeit nicht als Sinekure, sondern als arbeitsreiches Amt mit Vorbedacht nur ihren Freigelassenen übertrugen, denen sie nicht viel anders als wie Sklaven ihre Befehle erteilten. Der Liktor sei Vollstrecker nicht seiner üblen Laune, sondern Deiner Milde und führe die Rutenbündel und Beile mehr als ein äußeres Zeichen Deiner Stellung denn Deiner Machtbefugnis. Schließlich möge die ganze Provinz das Bewußtsein haben, daß Dir nichts mehr

cognitum tibi omnium, quibus praesis, salutem, liberos, famam, fortunas esse carissimas. denique haec
opinio sit, non modo iis, qui aliquid acceperint, sed
iis etiam, qui dederint, te inimicum, si id cognoveris,
futurum; neque vero quisquam dabit, cum erit hoc
perspectum, nihil per eos, qui simulant se apud te
multum posse, abs te solere impetrari.

Nec tamen haec oratio mea est eiusmodi, ut te in 14
tuos aut durum esse nimium aut suspiciosum velim;
nam si quis est eorum, qui tibi biennii spatio numquam in suspicionem avaritiae venerit, ut ego Cae-
sium et Chaerippum et Labeonem et audio et, quia
cognovi, existimo, nihil est, quod non et iis et si quis
est alius eiusdem modi et committi et credi rectissime
putem; sed si quis est, in quo iam offenderis, de quo
aliquid senseris, huic nihil credideris, nullam partem
existimationis tuae commiseris.

In provincia vero ipsa si quem es nactus, qui in 15
tuam familiaritatem penitus intrarit, qui nobis ante
fuerit ignotus, huic quantum credendum sit, vide;
non quin possint multi esse provinciales viri boni,
sed hoc sperare licet, iudicare periculosum est. multis
enim simulationum involucris tegitur et quasi velis
quibusdam obtenditur uniuscuiusque natura; frons,
oculi, vultus persaepe mentiuntur, oratio vero saepissime. quam ob rem qui potes reperire ex eo genere
hominum, qui pecuniae cupiditate adducti careant iis
rebus omnibus, a quibus nos divulsi esse non possumus, te autem, alienum hominem, ament ex animo
ac non sui commodi causa simulent? mihi quidem
permagnum videtur, praesertim si idem homines privatum non fere quemquam, praetores semper omnes
amant. quo ex genere si quem forte tui cognosti aman-
tiorem – fieri enim potuit – quam temporis, hunc vero

am Herzen liege als Deiner Untergebenen Wohlergehn, Kinder, Ruf und Eigentum. Überhaupt muß die Überzeugung herrschen, daß Du nicht nur gegen die, die etwas angenommen haben, einschreiten wirst, sondern auch gegen die, die etwas gegeben haben, wenn Du davon erfährst. Hat man erst einmal durchschaut, daß Leute, die sich als einflußreich bei Dir aufspielen, gemeinhin bei Dir nichts erreichen, dann wird gewiß auch niemand mehr einen Bestechungsversuch machen.

Indessen will ich mit diesen meinen Ausführungen nicht sagen, daß Du Dich allzu hart und argwöhnisch gegen Deine Leute erweisen solltest. Wenn jemand unter ihnen Dir in diesen zwei Jahren niemals Anlaß zum Verdacht der Habsucht gegeben hat, wie ich es von Caesius, Chaerippus und Labeo höre und, weil ich sie kenne, auch glaube, so wüßte ich nicht, warum Du ihnen und gleichermaßen andern bewährten Männern nicht mit gutem Gewissen volles Vertrauen schenken solltest. Wer jedoch schon einmal bei Dir Anstoß erregt hat und Dir irgendwie aufgefallen ist, dem traue nicht über den Weg und liefere ihm kein Tüttelchen Deines guten Namens aus.

Findest Du unter den Leuten in der Provinz selbst jemanden, der es verstanden hat, Dein volles Vertrauen zu gewinnen, der uns aber bis dahin nicht bekannt war, so mußt Du sehen, wie weit Du ihm trauen kannst. Gewiß, viele Provinzialen sind möglicherweise Ehrenmänner, aber das darf man allenfalls hoffen; sich darauf zu verlassen wäre gefährlich. Denn ein jeder verbirgt seinen wahren Charakter hinter Hüllen von Heucheleien und überzieht ihn gleichsam mit einer Art von Schleier; Stirn, Augen und Gesichtsausdruck lügen gar oft, am häufigsten aber das gesprochene Wort. Wie also willst Du bei dieser Sorte von Menschen herausfinden, wer aus Geldgier all das hinter sich wirft, wovon wir uns auf die Dauer nicht losreißen können, Dich aber, einen Mann, an den ihn nichts bindet, wirklich liebhat und nicht des eigenen Vorteils halber nur so tut? Mir erscheint das überaus wichtig, besonders wenn ebendiese Leute kaum jemals eine Privatperson, immer aber die Statthalter lieben. Solltest Du aber bei einem dieser Leute zu der Überzeugung kommen, daß es ihm bei Dir mehr um den Menschen als um Deine Stellung geht – möglich wäre es ja –, so nimm ihn gern

ad tuum numerum libenter adscribito; sin autem id
non perspicies, nullum genus erit in familiaritate
cavendum magis, propterea quod et omnes vias pecuniae norunt et omnia pecuniae causa faciunt et,
quicum victuri non sunt, eius existimationi consulere
non curant.

Atque etiam e Graecis ipsis diligenter cavendae 16
sunt quaedam familiaritates praeter hominum per-
paucorum, si qui sunt vetere Graecia digni; sic vero
fallaces sunt permulti et leves et diuturna servitute
ad nimiam adsentationem eruditi. quos ego universos
adhiberi liberaliter, optimum quemque hospitio ami-
citiaeque consuetudine coniungi dico oportere: ni-
miae familiaritates eorum neque honestae neque tam
fideles sunt; non enim audent adversari nostris volun-
tatibus et invident non nostris solum verum etiam
suis.

Iam qui in eiusmodi rebus, in quibus vereor etiam 17
ne durior sim, cautus esse velim ac diligens, quo me
animo in servis esse censes? quos quidem cum omnibus in locis tum praecipue in provinciis regere
debemus. quo de genere multa praecipi possunt, sed
hoc et brevissimum est et facillime teneri potest, ut
ita se gerant in istis Asiaticis itineribus, ut si iter Appia
via faceres, neve interesse quicquam putent, utrum
Trallis an Formias venerint. ac si quis est ex servis
egregie fidelis, sit in domesticis rebus et privatis: quae
res ad officium imperii tui atque ad aliquam partem
rei publicae pertinebunt, de iis rebus ne quid attingat;
multa enim, quae recte committi servis fidelibus possunt, tamen sermonis et vituperationis vitandae causa
committenda non sunt.

Sed nescio quo pacto ad praecipiendi rationem 18
delapsa est oratio mea, cum id mihi propositum initio
non fuisset; quid enim ei praecipiam, quem ego in
hoc praesertim genere intellegam prudentia non esse

in Deinen Freundeskreis auf; bist Du Dir dessen jedoch nicht ganz sicher, dann gibt es keinen Menschenschlag, vor dem man sich bei seinen Freundschaften mehr in acht nehmen müßte, weil sie alle Wege zum Gelde kennen, alles um des Geldes willen tun und sich nichts machen aus dem Ruf dessen, mit dem sie später nicht zusammenleben brauchen.

Auch bei den Griechen muß man mit dem freundschaftlichen Verkehr überaus vorsichtig sein; in Frage kommen nur solche, die sich des alten Griechentums würdig erweisen, und das sind nur ganz wenige, so intrigant sind sie im allgemeinen, charakterlos und durch lange Unfreiheit zu übertriebener Liebedienerei abgerichtet. Als Gesamtheit muß man sie freundlich behandeln, aber nur die Besten ins Haus ziehen und in den engeren Freundeskreis aufnehmen. Allzu große Vertraulichkeit von ihrer Seite ist weder ehrenvoll noch ganz ehrlich – sie wagen ja nicht, sich unsern Wünschen zu widersetzen, und beneiden nicht nur unsre, sondern auch ihre eigenen Landsleute.

Du siehst, wie vorsichtig und gewissenhaft ich bei derartigen Beziehungen sein möchte, und vielleicht bin ich wirklich ein wenig zu streng darin; wie möchte ich es nun wohl mit den Sklaven gehalten wissen? Wir müssen sie überall und vor allem in den Provinzen an die Kandare nehmen. In dieser Hinsicht ließen sich manche Regeln aufstellen; die kürzeste und am leichtesten zu befolgende ist diese: sie müssen sich bei Deinen Dienstreisen in Asia so aufführen, als ob Du auf der Via Appia reistest, und sich immer bewußt sein, daß es einerlei ist, ob sie nach Tralles oder nach Formiae kommen. Hast Du unter Deinen Sklaven einen besonders vertrauenswürdigen Menschen, so bewähre er sich in Deinen häuslichen und persönlichen Angelegenheiten; von Dingen, die Deinen Pflichtenkreis als Statthalter oder staatliche Belange berühren, lasse er die Finger. Gewiß kann man zuverlässigen Sklaven manche Aufgabe unbedenklich anvertrauen, tut es aber lieber nicht, um tadelnde Nachrede zu vermeiden.

Aber da bin ich mit meinen Ausführungen unversehens ins Lehrhafte geraten, was eigentlich nicht meine Absicht war. Denn wie sollte ich wohl jemandem Lehren erteilen, der, wie ich weiß, gerade auf diesem Gebiet mir nichts nachgibt an Klugheit, an Erfahrung

inferiorem quam me, usu vero etiam superiorem?
sed tamen si ad ea, quae faceres, auctoritas accederet
mea, tibi ipsi illa putavi fore iucundiora. quare sint
haec fundamenta dignitatis tuae: tua primum inte-
gritas et continentia, deinde omnium, qui tecum
sunt, pudor, dilectus in familiaritatibus et provin-
cialium hominum et Graecorum percautus et diligens, familiae gravis et constans disciplina. quae cum
honesta sint in his privatis nostris cottidianisque 19
rationibus, in tanto imperio, tam depravatis moribus,
tam corruptrice provincia divina videantur necesse
est. haec institutio atque haec disciplina potest sustinere in rebus statuendis et decernendis eam severitatem, qua tu in iis rebus usus es, ex quibus nonnullas
simultates cum magna mea laetitia susceptas habemus; nisi forte me Paconi nescio cuius, hominis ne
Graeci quidem ac Mysi aut Phrygis potius, querelis
moveri putas aut Tusceni, hominis furiosi ac sordidi,
vocibus, cuius tu ex impurissimis faucibus inhones-
tissimam cupiditatem eripuisti summa cum aequitate.

Haec et cetera plena severitatis, quae statuisti in ista 20
provincia, non facile sine summa integritate sustine-
remus; quare sit summa in iure dicendo severitas,
dummodo ea ne varietur gratia sed conservetur
aequabilis. sed tamen parvi refert abs te ipso ius dici
aequaliter et diligenter, nisi idem ab iis fiet, quibus
tu eius muneris aliquam partem concesseris. ac mihi
quidem videtur non sane magna varietas esse negotiorum in administranda Asia, sed ea tota iuris dic-
tione maxime sustineri; in qua scientiae praesertim
provincialis ratio ipsa expedita est, constantia est
adhibenda et gravitas, quae resistat non solum gratiae
verum etiam suspicioni.

Adiungenda etiam est facilitas in audiendo, lenitas 21
in decernendo, in satis faciendo ac disputando dili-

mir gar überlegen ist! Immerhin wird Dir, denke ich mir, Deine Tätigkeit weniger unangenehm sein, wenn ich Dir dabei mit meinem Rate zur Seite stehe. Das also seien die Fundamente Deiner Stellung: in erster Linie Deine eigene Lauterkeit und Charakterfestigkeit, sodann die Ehrenhaftigkeit Deiner ganzen Gefolgschaft, vorsichtige, gewissenhafte Auswahl in Deinen freundschaftlichen Beziehungen zu Provinzialen und Griechen, strenge, stetige Zucht in Deinem Hauswesen. Diese Grundsätze, in unserm hiesigen privaten Alltagsleben ehrenwert, müssen in Deinem hohen Amte, bei dem heutigen Sittenverfall, in einer so verführerischen Provinz geradezu als von Gott eingegeben erscheinen. Solch ein diszipliniertes Betragen verträgt sich durchaus mit der Strenge Deiner Anordnungen und Entscheidungen, die Du in einigen Fällen angewandt hast, durch die wir uns zu meiner großen Freude eine Reihe von Feindschaften zugezogen haben; denn daß ich mich über die Klagen irgendeines Paconius – der Mann ist ja noch nicht einmal ein Grieche, sondern ein Myser oder besser noch Phryger – aufregen könnte, glaubst Du doch selbst nicht, oder über die Äußerungen eines Tuscenius, dieses verrückten Schmutzfinken, dem Du mit vollem Recht den Gegenstand seiner unanständigen Begierde aus dem unsauberen Rachen gerissen hast.

Diese und sonstige überaus strenge Maßnahmen in Deiner Provinz würden wir nur schwer vertreten können, wenn sie nicht mit völliger Uneigennützigkeit verbunden wären. Darum magst Du in der Rechtsprechung so streng verfahren, wie Du willst, wenn Du Dich nur nicht durch Gefälligkeiten beeinflussen läßt, sondern konsequent bleibst. Indessen verschlägt es nur wenig, daß Du persönlich mit gewissenhafter Unparteilichkeit Recht sprichst, wenn nicht ebenfalls die Männer es tun, denen Du einen Teil dieser Aufgabe überträgst. Wie mir scheint, sind die Obliegenheiten in der Verwaltung Asiens nicht übermäßig vielseitig; im großen und ganzen handelt es sich vornehmlich um die Rechtsprechung. Dabei bietet die Handhabung zumal des Provinzialrechts an sich keine Schwierigkeiten; auf Stetigkeit und sittlichen Ernst kommt es an, um der Beeinflussung, ja, schon dem Verdacht der Parteilichkeit zu begegnen.

Weiterhin hat das Verhör in umgänglicher Form, die Entscheidung gelassen, die Festsetzung der Buße und die Erörterung des

gentia. his rebus nuper Cn. Octavius iucundissimus
fuit, apud quem primus lictor quievit, tacuit accensus,
quotiens quisque voluit dixit et quam voluit diu;
quibus ille rebus fortasse nimis lenis videretur, nisi
haec lenitas illam severitatem tueretur. cogebantur
Sullani homines, quae per vim et metum abstulerant,
reddere; qui in magistratibus iniuriose decreverant,
eodem ipsis privatis erat iure parendum. haec illius
severitas acerba videretur, nisi multis condimentis
humanitatis mitigaretur.

Quodsi haec lenitas grata Romae est, ubi tanta ad- 22
rogantia est, tam immoderata libertas, tam infinita
hominum licentia, denique tot magistratus, tot auxilia,
tanta vis plebis, tanta senatus auctoritas, quam iucunda tandem praetoris comitas in Asia potest esse! in
qua tanta multitudo civium, tanta sociorum, tot urbes,
tot civitates unius hominis nutum intuentur, ubi
nullum auxilium est, nulla conquestio, nullus senatus,
nulla contio. quare permagni hominis est et cum
ipsa natura moderati tum vero etiam doctrina atque
optimarum artium studiis eruditi sic se adhibere in
tanta potestate, ut nulla alia potestas ab iis, quibus
is praesit, desideretur. Cyrus ille a Xenophonte non 23
ad historiae fidem scriptus sed ad effigiem iusti imperii, cuius summa gravitas ab illo philosopho cum
singulari comitate coniungitur – quos quidem libros
non sine causa noster ille Africanus de manibus ponere
non solebat; nullum est enim praetermissum in iis
officium diligentis et moderati imperii; eaque si sic
coluit ille, qui privatus futurus numquam fuit, quonam modo retinenda sunt iis, quibus imperium ita
datum est, ut redderent, et ab iis legibus datum est,
ad quas revertendum est?

Für und Wider mit Behutsamkeit zu geschehen. In dieser Hinsicht
hat sich kürzlich Cn. Octavius sehr beliebt gemacht, indem bei ihm
der erste Liktor nichts zu tun hatte, der Amtsdiener den Mund hielt
und jeder reden durfte, sooft und solange er wollte. Nach diesen
Vorgängen könnte es vielleicht so aussehen, als ginge er zu weit
in seiner Rücksichtnahme, wenn sie nicht andrerseits mit Strenge
gepaart wäre. Anhänger Sullas sahen sich gezwungen herauszu-
geben, was sie sich durch Anwendung von Gewalt und Terror angeeignet hatten; wer als Beamter rechtswidrige Verordnungen erlassen hatte, mußte jetzt in amtloser Stellung sich diesen gleichermaßen fügen. Diese seine Strenge würde herb erscheinen, würde sie
nicht gemildert durch eine tüchtige Beigabe von Leutseligkeit.

Ist somit solche Milde schon in Rom willkommen, wo eine derartige Anmaßung, so ungezügelte Freiheit und so grenzenlose Willkür unter den Leuten herrscht, ferner so viele Amtsstellen vorhanden, so viele Rechtsmittel möglich sind, der Einfluß des Volkes
und das Ansehen des Senats so viel bedeutet, wie angenehm muß
da in Asien die Leutseligkeit des Statthalters empfunden werden,
wo eine solche Anzahl von Bürgern und Bündnern, so viele Städte
und Gemeinden nach dem Wink des einen Mannes blicken, wo es
kein Rechtsmittel, keine Beschwerdemöglichkeit, keinen Senat und
keine Volksversammlung gibt! Somit gilt als großer Mann, der
schon aus Veranlagung besonnen ist und sich dazu noch durch
Unterweisung und Beschäftigung mit den schönen Künsten weiter-
gebildet hat, wer sich in einem so hohen Amte so führt, daß seine
Untergebenen sich keinen andern Amtsträger wünschen. Xenophons „Cyrus", vom Autor nicht der historischen Wahrheit entsprechend, sondern nach dem Idealbild eines gerechten Herrschers
gestaltet, in welchem der Philosoph höchste Majestät mit außergewöhnlicher Leutseligkeit verbindet – übrigens ein Buch, das
unser Africanus mit gutem Grunde nie aus der Hand legte, weil in
ihm alle Pflichten eines umsichtigen, maßvollen Fürsten aufgeführt
werden. Wenn nun Cyrus, der doch niemals ins Privatleben zurück-
treten sollte, diese Herrschertugenden so gepflegt hat, wie müssen
dann erst diejenigen sie betätigen, denen ihr Amt übertragen ist mit
der Maßgabe, es wieder abzugeben, und übertragen ist auf Grund
von Gesetzen, unter deren Gebot sie zurückkehren müssen!

Ac mihi quidem videntur huc omnia esse referenda 24
iis, qui praesunt aliis, ut ii, qui erunt in eorum imperio,
sint quam beatissimi; quod tibi et esse antiquissimum
et ab initio fuisse, ut primum Asiam attigisti, con-
stante fama atque omnium sermone celebratum est.
est autem non modo eius, qui sociis et civibus, sed
etiam eius, qui servis, qui mutis pecudibus praesit,
eorum, quibus praesit, commodis utilitatique servire.
cuius quidem generis constare inter omnes video abs 25
te summam adhiberi diligentiam: nullum aes alienum
novum contrahi civitatibus, vetere autem magno et
gravi multas abs te esse liberatas; urbes complures
dirutas ac paene desertas, in quibus unam Ioniae
nobilissimam, alteram Cariae, Samum et Halicarnas-
sum, per te esse recreatas; nullas esse in oppidis sedi-
tiones, nullas discordias; provideri abs te, ut civitates
optimatium consiliis administrentur; sublata Mysiae
latrocinia, caedes multis locis repressas, pacem tota
provincia constitutam, neque solum illa itinerum
atque agrorum sed multo etiam plura et maiora oppi-
dorum et fanorum latrocinia esse depulsa; remotam
a fama et a fortunis et ab otio locupletium illam acer-
bissimam ministram praetorum avaritiae, calumniam;
sumptus et tributa civitatum ab omnibus, qui earum
civitatum fines incolant, tolerari aequaliter; facillimos
esse aditus ad te, patere aures tuas querelis omnium,
nullius inopiam ac solitudinem non modo illo populari accessu ac tribunali sed ne domo quidem et cubi-
culo esse exclusam tuo; toto denique imperio nihil
acerbum esse, nihil crudele, atque omnia plena clementiae, mansuetudinis, humanitatis.

Quantum vero illud est beneficium tuum, quod 26
iniquo et gravi vectigali aedilicio cum magnis nostris
simultatibus Asiam liberasti! etenim si unus homo
nobilis queritur palam te, quod edixeris, ne ad ludos

Mir will scheinen, wer andern zu gebieten hat, muß eins zur
Richtschnur all seines Handelns machen: das größtmögliche Glück
derer, die ihm unterstellt werden. Daß Dir dies als das Wichtigste
gilt und von jeher gegolten hat, seit Du in Asien eingetroffen bist,
ist stetig und einmütig anerkannt worden. Jedoch nicht nur wer
über Bündner und Bürger, auch wer über Sklaven, über das stumme
Vieh gesetzt ist, sollte deren Vorteil und Interessen dienen. Daß
Du darin mit größter Umsicht verfährst, darüber sind sich offenbar
alle einig: die Gemeinden nehmen keine neuen Schulden auf, manche hast Du von lange bestehenden, umfangreichen, drückenden
Verpflichtungen befreit; eine Reihe zerstörter und nahezu veröderter
Städte, darunter eine hochberühmte in Ionien, eine zweite in Carien,
Samus und Halicarnassus, hast Du neu belebt; in den Landstädten
gibt es keine Unruhen, keine Zwistigkeiten; Du sorgst in den Gemeinden für eine einsichtige Verwaltung der Optimaten; in Mysien
ist das Räuberunwesen unterdrückt, in vielen Gegenden dem Meu-
chelmord Einhalt getan, überall in der Provinz der Friede fest begründet und nicht nur die Unsicherheit auf den Straßen und dem
platten Lande, sondern vor allem auch die noch viel häufigeren und
schlimmeren Ausplünderungen von Städten und Heiligtümern beseitigt; der Ruf, das Vermögen, die Ruhe der Besitzenden ist gegen
die schlimmste Dienerin statthalterlicher Habsucht, die Verleum-
dung, gesichert; die Aufwendungen und Abgaben der Gemeinden
werden von allen Ortsansässigen gleichmäßig getragen; Du bist
für jeden zu sprechen, leihst jedweder Beschwerde Dein Ohr, niemandem ist in Hilflosigkeit und Verlassenheit der Zutritt zu Deinen
allgemeinen Audienzen und zu Deinem Tribunal, ja, nicht einmal
zu Deinem Hause, Deinem Schlafgemach verwehrt: kurz, in Deinem ganzen Herrschaftsbereich gibt es keine Hartherzigkeit, keine
Grausamkeit, überall herrscht eitel Milde, Sanftmut und Leutseligkeit.

Wie groß ist nun aber erst Dein Verdienst, daß Du Asien von
den unberechtigten, drückenden Abgaben für die Ädilen befreit
hast, womit wir uns allerdings schwere Anfeindungen zugezogen
haben! Wenn schon ein einzelner Mann von Adel sich in aller
Öffentlichkeit darüber beklagt, ihm seien infolge Deines Erlasses,
daß keine Gelder für die Spiele ausgeworfen werden dürften,

pecuniae decernerentur, HS $\overline{cc}$ sibi eripuisse, quanta
tandem pecunia penderetur, si omnium nomine, quicumque Romae ludos facerent – quod erat iam institutum – erogaretur? quamquam has querelas hominum nostrorum illo consilio oppressimus – quod in
Asia nescio quonam modo, Romae quidem non
mediocri cum admiratione laudatur –, quod, cum
ad templum monumentumque nostrum civitates
pecunias decrevissent cumque id et pro meis magnis
meritis et pro tuis maximis beneficiis summa sua
voluntate fecissent nominatimque lex exciperet, ut
ad templum et monumentum capere liceret, cumque
id, quod dabatur, non esset interiturum sed in orna-
mentis templi futurum, ut non mihi potius quam
populo Romano ac dis immortalibus datum videretur,
tamen id, in quo erat dignitas, erat lex, erat eorum,
qui faciebant, voluntas, accipiendum non putavi
cum aliis de causis tum etiam, ut animo aequiore fer-
rent ii, quibus nec deberetur nec liceret.

Quapropter incumbe toto animo et studio omni 27
in eam rationem, qua adhuc usus es, ut eos, quos tuae
fidei potestatique senatus populusque Romanus com-
misit et credidit, diligas et omni ratione tueare et
esse quam beatissimos velis. quodsi te sors Afris aut
Hispanis aut Gallis praefecisset, immanibus ac bar-
baris nationibus, tamen esset humanitatis tuae consulere eorum commodis et utilitati salutique servire;
cum vero ei generi hominum praesimus, non modo
in quo ipsa sit sed etiam a quo ad alios pervenisse
putetur humanitas, certe iis eam potissimum tribuere
debemus, a quibus accepimus. non enim me hoc iam 28
dicere pudebit, praesertim in ea vita atque iis rebus
gestis, in quibus non potest residere inertiae aut levitatis ulla suspicio, nos ea, quae consecuti sumus, iis

200 000 Sestertien aus der Nase gegangen, welche gewaltige Summe
würde die Provinz dann zahlen müssen, wenn – wozu man auf dem
besten Wege war – im Namen aller Spielgeber in Rom Geld von
ihr gefordert würde! Indessen haben wir derartige Klagen unsrer
Leute durch unsern Entschluß zum Schweigen gebracht, dessen
Eindruck in Asien ich nicht kenne, der aber in Rom nicht wenig
bewundert und gepriesen wird: als die Gemeinden für einen Tempel zur Erinnerung an uns Gelder ausgeworfen hatten, und zwar
ganz freiwillig als Dank für meine bedeutenden Verdienste und
Deine umfangreichen Wohltaten, da glaubte ich, obwohl das Gesetz ausdrücklich den Ausnahmefall statuierte, daß es gestattet sei,
Geld zum Bau eines Tempels und Erinnerungsmals anzunehmen,
und obwohl das, was man uns anbot, ja nicht verlorengehen, sondern für die Ausstattung des Tempels dienen sollte, so daß es
gleichsam nicht so sehr für mich wie für das Römische Volk und
die unsterblichen Götter aufgewendet wurde, die gebotene Gabe,
die wir an sich verdienten, die sich mit dem Gesetz vertrug und
von seiten der Spender freiwillig geschah, trotzdem nicht annehmen
zu sollen, aus mancherlei Gründen, vor allem aber, um es denen,
die nichts zu fordern haben und (nach Deinem Erlaß) nichts fordern
dürfen, leichter zu machen, sich damit abzufinden.

Darum bleib mit ganzer Seele und allem Eifer dem von Dir bisher vertretenen Grundsatz treu, alle, die Dir Senat und Volk von
Rom auf Gedeih und Verderb überlassen und anvertraut haben,
zu achten, in jeder Weise zu schützen und Dich zu bemühen, sie so
glücklich wie möglich zu machen. Hätte Dich das Los an die Spitze
von wilden Barbarenstämmen, Afrikanern, Spaniern oder Galliern,
berufen, Deine Menschenfreundlichkeit würde Dich trotzdem verpflichten, für ihren Vorteil zu sorgen und ihren Interessen, ihrem
Wohlergehen zu dienen. Nun sind wir aber über eine Bevölkerung
gesetzt, die nicht nur selbst Kultur besitzt, sondern die sie auch,
wie allgemein anerkannt, andern vermittelt hat; da müssen wir gewiß vor allem denen gegenüber Kultur beweisen, von denen wir
sie empfangen haben. Denn ich scheue mich nachgerade nicht, zumal angesichts unsrer Lebensführung und unsrer Taten irgendein
Verdacht von Laxheit oder Charakterlosigkeit nicht aufkommen
kann, offen auszusprechen, daß wir unsre Erfolge der Beschäftigung

studiis et artibus esse adeptos, quae sint nobis Grae-
ciae monumentis disciplinisque tradita. quare praeter
communem fidem, quae omnibus debetur, praeterea
nos isti hominum generi praecipue debere videmur,
ut, quorum praeceptis sumus eruditi, apud eos ipsos,
quod ab iis didicerimus, velimus expromere.

Atque ille quidem princeps ingenii et doctrinae 29
Plato tum denique fore beatas res publicas putavit,
si aut docti ac sapientes homines eas regere coepissent
aut ii, qui regerent, omne suum studium in doctrina
et sapientia conlocassent; hanc coniunctionem videlicet potestatis et sapientiae saluti censuit civitatibus
esse posse. quod fortasse aliquando universae rei
publicae nostrae, nunc quidem profecto isti provinciae contigit, ut is in ea summam potestatem haberet,
cui in doctrina, cui in virtute atque humanitate perci-
pienda plurimum a pueritia studii fuisset et temporis.

Quare cura, ut hic annus, qui ad laborem tuum 30
accessit, idem ad salutem Asiae prorogatus esse videatur: quoniam in te retinendo fuit Asia felicior quam
nos in deducendo, perfice, ut laetitia provinciae desiderium nostrum leniatur. etenim si in promerendo,
ut tibi tanti honores haberentur, quanti haud scio an
nemini, fuisti omnium diligentissimus, multo maiorem in his honoribus tuendis adhibere diligentiam 31
debes. equidem de isto genere honorum quid sentirem, scripsi ad te ante: semper eos putavi, si vulgares
essent, viles, si temporis causa constituerentur, leves;
si vero, id quod ita factum 'est, meritis tuis tribueren-
tur, existimabam multam tibi in his honoribus tuendis
operam esse ponendam. quare quoniam in istis urbi-
bus cum summo imperio et potestate versaris, in
quibus tuas virtutes consecratas et in deorum numero
conlocatas vides, in omnibus rebus, quas statues,
quas decernes, quas ages, quid tantis hominum
opinionibus, tantis de te iudiciis, tantis honoribus

mit den Wissenschaften und Künsten verdanken, die uns in den Denkmälern und Lehren Griechenlands überliefert sind. Mithin, will mir scheinen, sind wir, abgesehen von der selbstverständlichen Aufgeschlossenheit, die wir jedem Menschen schulden, darüber hinaus diesem Menschenschlag gegenüber besonders dazu verpflichtet, uns zu bemühen, bei denen, deren Unterweisung wir unsre Bildung verdanken, zu betätigen, was wir von ihnen gelernt haben.

Plato, der Fürst im Reiche des Geistes und der Gelehrsamkeit, ist ja der Ansicht, ein Staat werde erst dann glücklich sein, wenn gelehrte, weise Männer seine Regierung übernähmen oder seine Regenten sich mit allem Eifer der Gelehrsamkeit und Weisheit widmeten; nur diese Verbindung von Regierungsgewalt und Weisheit kann, so glaubt er, dem Gemeinwesen Heil bringen. Vielleicht ist dies Glück unserm Gesamtstaate schon einmal zuteil geworden, auf jeden Fall aber jetzt Deiner Provinz, daß in ihr ein Mann die höchste Gewalt ausübt, der von Kindesbeinen an jederzeit sein ganzes Streben darauf gerichtet hat, sich wissenschaftliche Bildung, Tugend und Menschlichkeit anzueignen.

Darum laß es Deine Sorge sein, daß dieses Jahr, das Deine Mühsal verlängert, gleichzeitig zum Heile Asiens hinzugekommen zu sein scheint, und wenn Asien glücklicher dran ist, Dich zu behalten, als ich mit meinem Bemühen, Deine Ablösung durchzusetzen, so wirke Du dahin, daß die Freude der Provinz meine Sehnsucht nach Dir lindert. Denn wenn Du gewissenhafter als jeder andre Dir den Anspruch auf derartige Ehrungen erworben hast, wie sie vielleicht keinem zweiten zuteil werden, so mußt Du jetzt noch weit gewissenhafter darauf bedacht sein, die Berechtigung dieser Ehrungen zu erweisen. Wie ich über derartige Ehrungen denke, habe ich Dir neulich schon geschrieben. Ich habe sie immer für wohlfeil gehalten, wenn sie an jedermann vergeben wurden, für nichtssagend, wenn sie mit Rücksicht auf den Augenblick erfolgten; werden sie Dir aber, wie es doch der Fall ist, für wirkliche Verdienste erwiesen, dann mußt Du, meine ich, alles daranwenden, um Dich dieser Ehrungen würdig zu erweisen. Weil Du also in Deiner Eigenschaft als höchster Militär- und Zivilbeamter dort in Städten weilst, in denen Du Deine Tugenden verewigt und zu Göttern erhoben siehst, wirst Du bei allem, was Du festsetzt, beschließt und tust, daran

debeas, cogitabis; id autem erit eiusmodi, ut consu-
las omnibus, ut medeare incommodis hominum, pro-
videas saluti, ut te parentem Asiae et dici et haberi
velis.

Atque huic tuae voluntati ac diligentiae difficul-   32
tatem magnam adferunt publicani: quibus si adver-
samur, ordinem de nobis optime meritum et per nos
cum re publica coniunctum, et a nobis et a re publica
diiungemus; sin autem omnibus in rebus obsequemur,
funditus eos perire patiemur, quorum non modo
saluti sed etiam commodis consulere debemus. haec
est una, si vere cogitare volumus, in toto imperio tuo
difficultas; nam esse abstinentem, continere omnes
cupiditates, suos coercere, iuris aequabilem tenere
rationem, facilem te in rebus cognoscendis, in hominibus audiendis admittendisque praebere praeclarum
magis est quam difficile; non est enim positum in
labore aliquo sed in quadam inductione animi et
voluntate.

Illa causa publicanorum quantam acerbitatem ad-   33
ferat sociis, intelleximus ex civibus, qui nuper in
portoriis Italiae tollendis non tam de portorio quam
de nonnullis iniuriis portitorum querebantur; quare
non ignoro, quid sociis accidat in ultimis terris, cum
audierim in Italia querelas civium. hic te ita versari,
ut et publicanis satis facias, praesertim publicis male
redemptis, et socios perire non sinas, divinae cuiusdam virtutis esse videtur, id est tuae. ac primum Graecis id, quod acerbissimum est, quod sunt vectigales,
non ita acerbum videri debet, propterea quod sine
imperio populi Romani suis institutis per se ipsi ita
fuerunt; nomen autem publicani aspernari non possunt, qui pendere ipsi vectigal sine publicano non

denken, wozu Dich die hohe Meinung der Leute, ihr Urteil über Dich und all diese großartigen Ehrungen verpflichten; das heißt aber, daß Du Dich um alle kümmerst, den Schäden der Leute abhilfst, für ihr Wohlergehen sorgst und Dich bemühst, „Vater Asiens" zu heißen und dafür zu gelten.

Deinem guten Willen und redlichen Bemühn macht nur eins große Schwierigkeiten: die Staatspächter. Legen wir ihnen etwas in den Weg, dann werden wir ihren Stand, der große Verdienste um mich hat und von mir für die Interessen des Staates gewonnen worden ist, uns und dem Staate entfremden; fügen wir uns ihnen aber in allen Dingen, befördern wir damit den völligen Ruin derer, für deren Wohlergehen und Glück zu sorgen wir verpflichtet sind. Das ist aber auch, wenn wir es recht bedenken, die einzige Schwierigkeit in Deiner gesamten Verwaltungstätigkeit. Denn uneigennützig zu sein, alle Begierden zu zügeln, seine Leute fest in der Hand zu haben, unparteiisch Recht zu sprechen, sich leutselig zu erweisen bei gerichtlichen Untersuchungen, Vernehmungen und Audienzen, das alles macht sich zwar vortrefflich, ist aber nicht gerade schwer, denn es bedarf dazu keiner besonderen Bemühungen, sondern nur eines festen Vorsatzes und guten Willens.

Welche Drangsal das Verhalten der Staatspächter den Bündnern verursacht, habe ich erst kurzlich von Landsleuten zu hören bekommen, die sich, als es sich um die Aufhebung der Hafenzölle in Italien handelte, nicht so sehr über den Zoll an sich als über gewisse Übergriffe der Zolleinnehmer beschwerten. Wie mag es da erst den Untertanen in den entlegensten Ländern gehen, wenn ich schon unsre Landsleute in Italien jammern höre! Sich in diesem Punkte so zu drehen und zu wenden, daß man einerseits den Staatspächtern entgegenkommt, zumal wenn sie die Staatseinkünfte unter Verlust gepachtet haben, andrerseits aber die Untertanen nicht ruinieren läßt, dazu scheint es einer geradezu gottbegnadeten, das heißt also: Deiner Tüchtigkeit zu bedürfen. Zunächst einmal braucht den Griechen das, was besonders hart ist, die Tributpflichtigkeit, nicht gerade als Härte zu erscheinen, weil sie es auch vor Eintritt der römischen Herrschaft nach ihren eigenen Einrichtungen schon waren. Das Wort „Staatspächter" kann ihnen aber eigentlich kein Greuel sein, wo sie selbst ohne die Hilfe des Staatspächters die Kontribu-

potuerint, quod iis aequaliter Sulla discripserat; non
esse autem leniores in exigendis vectigalibus Graecos
quam nostros publicanos hinc intellegi potest, quod
Caunii nuper omnesque ex insulis, quae erant a
Sulla Rhodiis attributae, confugerunt ad senatum,
nobis ut potius vectigal quam Rhodiis penderent.
quare nomen publicani neque ii debent horrere, qui
semper vectigales fuerunt, neque ii aspernari, qui
postulaverunt. simul et illud Asia cogitet, nullam ab 34
se neque belli externi neque domesticarum discor-
diarum calamitatem afuturam fuisse, si hoc imperio
non teneretur; id autem imperium cum retineri sine
vectigalibus nullo modo possit, aequo animo parte
aliqua suorum fructuum pacem sibi sempiternam
redimat atque otium.

Quodsi genus ipsum et nomen publicani non in- 35
iquo animo sustinebunt, poterunt iis consilio et prudentia tua reliqua videri mitiora; possunt in pactioni-
bus faciendis non legem spectare censoriam sed potius
commoditatem conficiendi negotii et liberationem
molestiae; potes etiam tu id facere, quod et fecisti
egregie et facis, ut commemores, quanta sit in publicanis dignitas, quantum nos illi ordini debeamus,
ut remoto imperio ac vi potestatis et fascium publicanos cum Graecis gratia atque auctoritate coniungas
et ab iis, de quibus optime tu meritus es et qui tibi
omnia debent, hoc petas, ut facilitate sua nos eam
necessitudinem, quae est nobis cum publicanis, obtinere et conservare patiantur.

Sed quid ego te haec hortor, quae tu non modo 36
facere potes tua sponte sine cuiusquam praeceptis,
sed etiam magna iam ex parte perfecisti? non enim
desistunt nobis agere cottidie gratias honestissimae
et maximae societates; quod quidem mihi idcirco

tion nicht haben zahlen können, die Sulla gleichmäßig auf sie verteilt hatte. Daß aber Griechen bei der Eintreibung von Kontri-
butionen nicht sanfter verfahren als unsre Staatspächter, kann man
daraus ersehen, daß kürzlich die Caunier und alle Inselbewohner,
die Sulla den Rhodiern zugeteilt hatte, ihre Zuflucht zum Senat
nahmen, um lieber uns als den Rhodiern tributpflichtig zu sein.
Darum können weder die, die stets tributpflichtig gewesen sind,
ein Grauen haben vor dem Staatspächter, noch auch die ihn ablehnen, die die Kontribution aus eigener Kraft nicht haben zahlen
können, noch auch schließlich die ihn zurückweisen, die ihn selbst
gefordert haben. Im übrigen sollte Asien doch bedenken, daß ihm
das Unheil auswärtiger Kriege und innerer Zwistigkeiten nicht erspart geblieben wäre, wenn wir es nicht unter unsrer Herrschaft
hielten. Da sich diese Herrschaft aber ohne Abgaben einfach nicht
aufrechterhalten läßt, so mag es auch diesen ewigen, ungestörten
Friedenszustand getrost mit einem Teil seiner Erträgnisse bezahlen.
Nehmen sie nun also diese Tatsache und mit ihr den Staatspächter willig hin, so wird ihnen unter Deiner klugen, einsichtigen Verwaltung auch alles übrige in milderem Lichte erscheinen. So könnten sie etwa beim Abschluß von Sonderverträgen mit den Pächtern
unter Umgehung der Lex censoria auf einen bequemeren, weniger
drückenden Zahlungsmodus bedacht sein. Auch könntest Du sie,
wie Du es bisher so schön getan hast und weiter tust, daran erinnern, welch hohen Rang die Staatspächter einnehmen, was wir
ihrem Stande verdanken, und so, ohne auf Dein Imperium, auf
Deine Amtsgewalt und die Rutenbündel zu pochen, vermöge Deines Einflusses und Ansehens ein Einvernehmen zwischen Staatspächtern und Griechen herbeiführen und sie, um die Du Dich aufs
höchste verdient gemacht hast und die Dir alles verdanken, bitten,
durch ihr Entgegenkommen die Aufrechterhaltung und Fortset-
zung unsrer engen Beziehungen zu den Staatspächtern zu ermöglichen.
Doch warum rufe ich Dich überhaupt dazu auf, was Du auf
eigene Hand, ohne daß erst jemand Dich darauf hinweist, zu tun
vermagst, ja, größtenteils auch schon fertiggebracht hast? Kommen
doch große, hochangesehene Pachtgesellschaften täglich zu mir,
um mir zu danken, was mir um so angenehmer ist, als die Griechen

iucundius est, quod idem faciunt Graeci; difficile est
autem ea, quae commodis, utilitate et prope natura
diversa sunt, voluntate coniungere. at ea quidem,
quae supra scripta sunt, non ut te instituerem, scripsi
– neque enim prudentia tua cuiusquam praecepta
desiderat –, sed me in scribendo commemoratio tuae
virtutis delectavit; quamquam in his litteris longior
fui, quam aut vellem aut quam me putavi fore.

Unum est, quod tibi ego praecipere non desinam, 37
neque te patiar, quantum erit in me, cum exceptione
laudari. omnes enim, qui istinc veniunt, ita de tua
virtute, integritate, humanitate commemorant, ut in
tuis summis laudibus excipiant unam iracundiam;
quod vitium cum in hac privata cottidianaque vita
levis esse animi atque infirmi videtur, tum vero nihil
est tam deforme quam ad summum imperium etiam
acerbitatem naturae adiungere. quare illud non susci-
piam, ut, quae de iracundia dici solent a doctissimis
hominibus, ea nunc tibi exponam, cum et nimis lon-
gus esse nolim et ex multorum scriptis ea facile possis
cognoscere: illud, quod est epistulae proprium, ut is,
ad quem scribitur, de iis rebus, quas ignorat, certior
fiat, praetermittendum esse non puto.

Sic ad nos omnes fere deferunt: nihil, cum absit 38
iracundia, dicere solent te fieri posse iucundius, sed,
cum te alicuius improbitas perversitasque commoverit, sic te animo incitari, ut ab omnibus tua desideretur humanitas. quare, quoniam in eam rationem
vitae nos non tam cupiditas quaedam gloriae quam
res ipsa ac fortuna deduxit, ut sempiternus sermo
hominum de nobis futurus sit, caveamus, quantum
efficere et consequi possumus, ut ne quod in nobis
insigne vitium fuisse dicatur. neque ego nunc hoc
contendo, quod fortasse cum in omni natura tum
iam in nostra aetate difficile est, mutare animum et,
si quid est penitus insitum moribus, id subito evellere,

es ebenso machen. Allerdings ist es nicht ganz leicht, die von Nutzen und Vorteil bestimmten, nahezu naturgegebenen Interessengegensätze durch freiwilligen Entschluß der Partner auszugleichen. Doch will ich Dich mit meinen obigen Ausführungen nicht belehren – bedarf doch Deine Klugheit keiner Belehrung von irgendeiner Seite –; ich habe nur beim Schreiben meine Freude daran gehabt, von Deinen guten Eigenschaften sprechen zu können. Freilich ist mein Brief dadurch länger geraten, als ich dachte und beabsichtigte.

Nur in einem Punkte werde ich Dir auch weiterhin Lehren erteilen und, soviel an mir liegt, nicht dulden, daß man Dich nur unter Vorbehalt lobt. Alle Leute, die von dort kommen, sprechen zwar von Deiner Tüchtigkeit, Redlichkeit und Leutseligkeit, machen aber bei ihren Elogen auf Dich eine Einschränkung: Deinen Jähzorn. Wird dieses Gebrechen schon in unserm privaten Alltagsleben als Ausfluß eines unbeständigen, haltlosen Charakters betrachtet, so gibt es nichts Häßlicheres, als wenn sich zu dem Besitz eines hohen Amtes noch abstoßendes Wesen gesellt. Darum will ich mich jetzt nicht damit aufhalten, Dir auseinanderzusetzen, was die größten Weisen gemeinhin über den Jähzorn sagen – das würde zu weit führen, und überdies kann man sich aus zahlreichen Schriften darüber unterrichten –; aber das, was der Hauptzweck eines Briefes ist, daß der Empfänger Dinge, die er nicht weiß, erfährt, das glaube ich nicht außer acht lassen zu sollen.

Was fast alle mir berichten, ist folgendes: Wenn Du nicht erregt seist, so versichern sie immer wieder, seist Du der liebenswürdigste Mensch; bringe Dich aber jemandes Unredlichkeit oder Gemeinheit auf, dann gerietest Du so außer Dir, daß jedermann Deine sonstige Leutseligkeit vermisse. Wenn also schon weniger eine unbestimmte Ruhmsucht als die tatsächlichen Verhältnisse und das Schicksal unser Leben in der Richtung bestimmt haben, daß wir fortgesetzt in aller Munde sein werden, so wollen wir doch, soweit das in unsern Kräften steht, dafür Sorge tragen, daß man uns nicht irgendein hervorstechendes, in die Augen fallendes Gebrechen nachsagen kann. Ich verlange jetzt nicht, was vielleicht für jeden Menschen schwer ist, besonders aber in unserm Alter, eine völlige Sinnesänderung und plötzliche Ausrottung einer im Charakter verwurzelten Eigenart; nur um dies eine bitte ich Dich dringend:

sed te illud admoneo, ut, si hoc plene vitare non potes,
quod ante occupatur animus ab iracundia, quam
providere ratio potuit, ne occuparetur, ut te ante com-
pares cottidieque meditere resistendum esse iracundiae, cumque ea maxime animum moveat, tum tibi
esse diligentissime linguam continendam; quae quidem mihi virtus interdum non minor videtur quam
omnino non irasci. nam illud est non solum gravi-
tatis sed nonnumquam etiam lentitudinis; moderari
vero et animo et orationi, cum sis iratus, aut etiam
tacere et tenere in sua potestate motum animi et dolorem, etsi non est perfectae sapientiae, tamen est non
mediocris ingenii. atque in hoc genere multo te esse 39
iam commodiorem mitioremque nuntiant: nullae
tuae vehementiores animi concitationes, nulla maledicta ad nos, nullae contumeliae perferuntur, quae
cum abhorrent a litteris, ab humanitate, tum vero
contraria sunt imperio ac dignitati; nam si implaca-
biles iracundiae sunt, summa est acerbitas, sin autem
exorabiles, summa levitas, quae tamen, ut in malis,
acerbitati anteponenda est.

Sed quoniam primus annus habuit de hac repre- 40
hensione plurimum sermonis, credo propterea, quod
tibi hominum iniuriae, quod avaritia, quod insolentia
praeter opinionem accidebat et intolerabilis videbatur, secundus autem multo lenior, quod et consuetudo
et ratio et, ut ego arbitror, meae quoque litterae te
patientiorem lenioremque fecerunt, tertius annus
ita debet esse emendatus, ut ne minimam quidem
rem quisquam possit ullam reprehendere. ac iam 41
hoc loco non hortatione neque praeceptis sed precibus tecum fraternis ago, totum ut animum, curam
cogitationemque tuam ponas in omnium laude
undique colligenda. quodsi mediocris tantum sermonis ac praedicationis nostrae res essent, nihil abs te
eximium, nihil praeter aliorum consuetudinem postu-

wenn Du schon dieses Gebrechens nicht gänzlich Herr werden kannst, weil die Seele vom Jähzorn gepackt wird, ehe der Verstand es verhindern kann, triff vorher die nötigen Vorsichtsmaßregeln und übe Dich täglich in dem Gedanken, daß man sich gegen den Jähzorn stemmen muß, und daß man um so gewissenhafter seine Zunge im Zaume halten muß, je heftiger er einen überkommt, eine Fähigkeit, die mir bisweilen nicht geringer erscheint als überhaupt nicht in Zorn zu geraten. Denn letzteres ist nicht immer ein Zeichen von Charakterstärke, sondern manchmal auch von Gleichgültigkeit; Herz und Zunge aber im Zorn zu zügeln oder gänzlich zu schweigen und Herr zu bleiben über Erregung und Erbitterung ist zwar noch nicht vollkommene Weisheit, zeugt aber immerhin von nicht unbedeutenden moralischen Fähigkeiten. In dieser Hinsicht bist Du nach den Berichten schon wesentlich milder und umgänglicher geworden. Ich höre schon nichts mehr von übermäßig heftigen Wutausbrüchen, nichts mehr von Schmähungen und Beleidigungen, die sich nicht vertragen mit philosophischer Bildung und feiner Lebensart, überdies im Widerspruch stehen mit Deinem Amt und Deiner Würde. Denn Unversöhnlichkeit im Jähzorn verrät einen unerbittlich harten, Nachgiebigkeit einen haltlos schwankenden Charakter, ist aber doch, wenn ich unter den beiden Übeln wählen soll, der Härte vorzuziehen.

War es hauptsächlich das erste Jahr, in dem man Dich in dieser Beziehung tadeln hörte, wohl weil Dir die Rechtswidrigkeiten der Leute, ihre Habsucht und Unverschämtheit ganz überraschend kamen und unerträglich erschienen, war das zweite schon wesentlich milder, weil Gewöhnung und Vernunft und, wie ich glaube, auch meine Briefe Dich geduldiger und milder gemacht haben, so muß Dein drittes Jahr jetzt so korrekt sein, daß niemand auch nur das Geringste daran auszusetzen hat. So wende ich mich denn hier nicht mehr mit Ermahnungen und guten Ratschlägen an Dich, sondern mit der brüderlichen Bitte, all Dein Denken, Sinnen und Trachten darauf zu richten, überall bei jedermann Lob zu ernten. Ja, wenn unsre Verhältnisse danach wären, daß man nicht allzuviel Redens und Rühmens davon machte, dann würde man nichts Außergewöhnliches, nichts von der Praxis andrer Abweichendes von Dir verlangen. Jetzt aber können wir angesichts des Glanzes und der Größe

laretur; nunc vero propter earum rerum, in quibus
versati sumus, splendorem et magnitudinem, nisi
summam laudem ex ista provincia adsequimur, vix
videmur summam vituperationem posse vitare. ea
nostra ratio est, ut omnes boni cum faveant tum etiam
omnem a nobis diligentiam virtutemque et postulent
et exspectent, omnes autem improbi, quod cum iis
bellum sempiternum suscepimus, vel minima re ad
reprehendendum contenti esse videantur.

Quare, quoniam eius modi theatrum totius Asiae 42
virtutibus tuis est datum, celebritate refertissimum,
magnitudine amplissimum, iudicio eruditissimum,
natura autem ita resonans, ut usque Romam significationes vocesque referantur, contende, quaeso,
atque elabora, non modo ut his rebus dignus fuisse
sed etiam ut illa omnia tuis artibus superasse videare,
et quoniam mihi casus urbanam in magistratibus ad- 43
ministrationem rei publicae, tibi provincialem dedit,
si mea pars nemini cedit, fac ut tua ceteros vincat.
simul et illud cogita, nos non de reliqua et sperata
gloria iam laborare sed de parta dimicare, quae quidem non tam expetenda nobis fuit quam tuenda est.
ac si mihi quicquam esset abs te separatum, nihil
amplius desiderarem hoc statu, qui mihi iam partus
est; nunc vero sic res sese habet, ut, nisi omnia tua
facta atque dicta nostris rebus istinc respondeant,
ego me tantis meis laboribus tantisque periculis, quorum tu omnium particeps fuisti, nihil consecutum
putem. quodsi, ut amplissimum nomen consequere-
mur, unus praeter ceteros adiuvisti, certe idem, ut
id retineamus, praeter ceteros elaborabis. non est
tibi his solis utendum existimationibus ac iudiciis,
qui nunc sunt, hominum sed iis etiam, qui futuri sunt;
quamquam illorum erit verius iudicium obtrectatione
et malevolentia liberatum. denique etiam illud debes 44
cogitare, non te tibi soli gloriam quaerere; quod si

unsrer politischen Vergangenheit wohl kaum dem schärfsten Tadel entgehen, wenn wir nicht aus Deiner Tätigkeit in der Provinz höchste Anerkennung ernten. Unsre Bilanz sieht so aus: alle anständigen Leute stehen auf unsrer Seite, fordern und erwarten aber auch von uns alle Umsicht und Tatkraft; alle unsauberen Elemente aber sind, weil wir dauernd mit ihnen im Kampfe liegen, schon zufrieden, wenn sie auch nur das Geringste zu tadeln finden.

Wenn Dir also mit ganz Asien solch ein Schauplatz für Deine Fähigkeiten angewiesen ist, an dem sich die Besucher drängen, der an Größe alles übertrifft, ein gesundes Urteil besitzt, von Natur solch ein Echo gibt, daß man jedes Wort, jede Beifallskundgebung bis nach Rom hin hört, so gib Dir bitte alle erdenkliche Mühe, daß man sieht, Du bist Deiner Tätigkeit nicht nur würdig gewesen, sondern hast alle Erwartungen durch Deine Charaktereigenschaften übertroffen. Mir hat der Zufall Verwaltungsaufgaben in Amtsstellungen der Stadt zugespielt, Dir in der Provinz. Wenn ich in der Durchführung meiner Rolle hinter niemandem zurückstehe, so mach' Du, daß Du die Deinige besser spielst als jeder andre. Zugleich denk' immer daran, daß wir uns nicht mehr um zukünftigen Ruhm mühen, sondern um den bereits gewonnenen ringen; ihn zu wahren ist wesentlicher, als ihn erstrebt zu haben. Hätte ich etwas, was nicht auch Dich anginge, ich würde mit der Stellung zufrieden sein, die ich mir bereits erworben habe. Nun ist es aber doch so, daß ich, fänden nicht meine Erfolge in all Deinen dortigen Taten und Worten ihren Widerhall, mit all meinen Bemühungen, in all den Fährnissen, die Du stets mit mir geteilt hast, nichts erreicht zu haben glauben müßte. Wenn Du mehr als jeder andre dazu beigetragen hast, daß wir es zu einem glänzenden Namen gebracht haben, so wirst Du sicherlich auch mehr als jeder andre bestrebt sein, ihn uns zu erhalten. Du mußt dabei nicht nur an die Ansichten und Urteile unsrer Zeitgenossen denken, sondern auch an die der kommenden Generationen; allerdings wird ihr Urteil, weil frei von Mißgunst und Übelwollen, aufrichtiger sein. Schließlich mußt Du auch bedenken, daß Du nicht für Dich allein auf Ruhm bedacht bist; wäre es so, würdest Du Dich trotzdem nicht gehen lassen,

esset, tamen non neglegeres, praesertim cum amplissimis monumentis consecrare voluisses memoriam
nominis tui. sed ea tibi est communicanda mecum,
prodenda liberis nostris; in qua cavendum est, ne,
si neglegentior fueris, tibi parum consuluisse sed
etiam tuis invidisse videaris.

Atque haec non eo dicuntur, ut te oratio mea dor- 45
mientem excitasse sed potius ut currentem incitasse
videatur; facies enim perpetuo, quae fecisti, ut omnes
aequitatem tuam, temperantiam, severitatem integri-
tatemque laudarent. sed me quaedam tenet propter
singularem amorem infinita in te aviditas gloriae.
quamquam illud existimo, cum iam tibi Asia sicuti
unicuique sua domus nota esse debeat, cum ad tuam
summam prudentiam tantus usus accesserit, nihil esse,
quod ad laudem attineat, quod non tu optime perspicias et tibi non sine cuiusquam hortatione in mentem veniat cottidie. sed ego quia, cum tua lego, te
audire, et quia, cum ad te scribo, tecum loqui videor,
idcirco et tua longissima quaque epistula maxime
delector et ipse in scribendo sum saepe longior.

Illud te ad extremum et oro et hortor, ut, tamquam 46
poetae boni et actores industrii solent, sic tu in extrema parte et conclusione muneris ac negotii tui diligentissimus sis, ut hic tertius annus imperii tui tamquam
tertius actus perfectissimus atque ornatissimus fuisse
videatur. id facillime facies, si me, cui semper uni
magis quam universis placere voluisti, tecum semper
esse putabis et omnibus iis rebus, quas dices et facies,
interesse.

Reliquum est, ut te orem, ut valetudini tuae, si me
et tuos omnis valere vis, diligentissime servias.

zumal Du den Wunsch hattest, das Andenken Deines Namens in prächtigen Denkmälern verewigt zu sehen. Nein, Du mußt ihn mit mir teilen, ihn an unsre Kinder vererben. Sei auf der Hut! Sonst könnte es, wenn Du darin zu gleichgültig gewesen bist, so aussehen, als hättest Du nicht genügend an Dich gedacht und wohl gar den Deinen den Ruhm mißgönnt.

Dies alles sage ich nicht, um Dich wie einen Schlafenden mit meinen Worten zu wecken, sondern um Dich im Laufen noch anzufeuern. Denn Du wirst ja wie bisher fortfahren, um mit Deiner Rechtlichkeit, Selbstbeherrschung, Strenge und Uneigennützigkeit überall Anerkennung zu finden. Aber weil ich Dich liebhabe wie keinen zweiten, beseelt mich ein geradezu grenzenloser Ehrgeiz, wenn es um Dich geht, obwohl ich überzeugt bin, wo Dir Asien nachgerade vertraut sein muß wie jedem andern sein eigenes Heim, wo zu Deiner überragenden Klugheit jetzt noch so viel Erfahrung getreten ist, daß Du alles, was den Ruhm angeht, sehr wohl im Auge hast und täglich daran denkst, ohne daß Dich jemand erst dazu ermahnen müßte. Aber weil ich meine, Dich reden zu hören, wenn ich Deine Briefe lese, und mit Dir zu sprechen, wenn ich Dir schreibe, deshalb habe ich so unbändige Freude gerade an Deinen längsten Briefen und werde selbst häufig ein wenig zu langstielig beim Schreiben.

Zum Schluß bitte und ermahne ich Dich, mach' es wie die guten Poeten und routinierten Schauspieler, sei in dem letzten, abschließenden Teil Deiner amtlichen Tätigkeit besonders behutsam, damit dies dritte Jahr Deines Kommandos gleichsam als ein vollendeter, wohlgelungener dritter Akt erscheint! Das wird Dir nicht schwerfallen, wenn Du Dir vorstellst, daß ich, bei dem allein Du stets mehr als bei allen andern zusammen hast Anerkennung finden wollen, immer bei Dir bin und an allem, was Du sprichst und tust, teilnehme.

Es bleibt mir nur noch, Dich zu bitten, sorgsam auf Deine Gesundheit zu achten, wenn Dir daran liegt, daß es mir und all Deinen Lieben gut geht.

(Rom, Ende 60/Anfang 59)

II.
MARCVS QVINTO FRATRI SALVTEM

Statius ad me venit a. d. VIII Kal. Nov. eius adven- 1
tus, quod ita scripsisti, direptum iri te a tuis, dum is
abesset, molestus mihi fuit; quod autem exspectationem tui concursumque eum, qui erat futurus, si una
tecum decederet neque antea visus esset, sustulit, id
mihi non incommode visum est accidisse; exhaus-
tus est enim sermo hominum et multae emissae iam
eiusmodi voces, 'ἀλλ' αἰεί τινα ϥῶτα μέγαν', quae te
absente confecta esse laetor. quod autem idcirco a te 2
missus est, mihi ut se purgaret, id necesse minime
fuit. primum enim numquam ille mihi fuit suspectus,
neque ego, quae ad te de illo scripsi, scripsi meo iudicio, sed cum ratio salusque omnium nostrum, qui
ad rem publicam accedimus, non veritate solum sed
etiam fama niteretur, sermones ad te aliorum semper,
non mea iudicia perscripsi. qui quidem quam frequentes essent et quam graves, adventu suo Statius
ipse cognovit; etenim intervenit nonnullorum querelis, quae apud me de illo ipso habebantur, et sentire
potuit sermones iniquorum in suum potissimum nomen erumpere. quod autem me maxime movere sole- 3
bat, cum audiebam illum plus apud te posse quam
gravitas istius aetatis, imperii, prudentiae postularet –
quam multos enim mecum egisse putas, ut se Statio
commendarem, quam multa autem ipsum ἀφελῶς
mecum in sermone ita posuisse, 'id mihi non placuit',
'monui', 'suasi', 'deterrui'? quibus in rebus etiamsi
fidelitas summa est – quod prorsus credo, quoniam
tu ita iudicas –, tamen species ipsa tam gratiosi liberti
aut servi dignitatem habere nullam potest. atque hoc
sic habeto – nihil tamen nec temere dicere nec astute
reticere debeo –, materiam omnem sermonum eorum,

2.

Marcus grüßt Bruder Quintus

Statius ist am 25. Oktober bei mir eingetroffen; sein Kommen war mir nicht angenehm, weil Du schreibst, solange er fern sei, würdest Du von Deinen Leuten ausgeplündert werden. Daß er jedoch die Spannung auf Dich und das Aufsehen, das entstehen mußte, wenn er mit Dir zusammen aus der Provinz abreiste und nicht vorher hier gesehen worden wäre, illusorisch gemacht hat, das scheint mir doch nicht ohne Nutzen geschehen zu sein. Denn das Gerede der Leute hat sich erschöpft, und wenn man gar oft schon Äußerungen hören konnte wie „Aber schon immer wartete ich auf Riesen", so bin ich jetzt froh, daß das alles in Deiner Abwesenheit überstanden ist. Hast Du ihn aber nur deswegen zu mir geschickt, damit er sich rechtfertige, so wäre das wirklich nicht notwendig gewesen. Zunächst einmal ist er mir niemals verdächtig gewesen, und was ich Dir über ihn geschrieben habe, gibt nicht mein eigenes Urteil wieder; da jedoch die Politiker alle auf Gedeih und Verderb nicht allein von der Wahrheit abhängig sind, sondern auch von Gerüchten, habe ich Dir stets nur die Äußerungen andrer, nicht mein Urteil berichtet. Wie zahlreich und belastend diese waren, hat Statius bei seinem Eintreffen selbst feststellen können. Er kam nämlich gerade darüber zu, wie einige Leute sich bei mir ausgerechnet über ihn beschwerten, und konnte sich so davon überzeugen, daß das böswillige Gerede vor allem auf seine Person zielte. Was mich aber immer ganz besonders verdroß, wenn ich hören mußte, daß er bei Dir mehr Einfluß besaß, als es Dein gereiftes Alter, die Würde Deines Amtes und Deine eigene Klugheit rechtfertigte – was meinst Du wohl, wie viele sich an mich gewandt haben mit der Bitte, sie an Statius zu empfehlen? Wie oft er selbst im Gespräch mit mir ganz naiv Worte gebrauchte wie „Das habe ich nicht für richtig gehalten", „Ich habe ihn gewarnt", „ihm geraten", „ihn davon abgebracht"! Selbst wenn sich darin seine große Treuherzigkeit offenbart, was ich gern glaube, da Du es so ansiehst, so kann doch die Erscheinung an sich, daß ein Freigelassener oder Sklave derartigen Einfluß besitzt, kaum als ein würdiger Zustand gelten. Jedenfalls sollst Du wissen — ich spreche kein unbedachtes Wort, darf aber doch auch nichts hinterhältig verschweigen —: den Stoff

qui de te detrahere velint, Statium dedisse; antea tantum intellegi potuisse iratos tuae severitati esse nonnullos, hoc manumisso iratis, quod loquerentur, non defuisse.

Nunc respondebo ad eas epistulas, quas mihi red- 4 didit L. Caesius, cui, quoniam ita te velle intellego, nullo loco deero; quarum altera est de Blaundeno Zeuxide, quem scribis certissimum matricidam tibi a me intime commendari. qua de re et de hoc genere toto, ne forte me in Graecos tam ambitiosum factum esse mirere, pauca cognosce. ego cum Graecorum querelas nimium valere sentirem propter homimum ingenia ad fallendum parata, quoscumque de te queri audivi, quacumque potui ratione placavi. primum Dionysopolitas, qui erant inimicissimi, lenivi; quorum principem Hermippum non solum sermone meo sed etiam familiaritate devinxi. ego Apamensem Hephaestium, ego levissimum hominem, Megaristum Antandrium, ego Niciam Smyrnaeum, ego nugas maximas omni mea comitate sum complexus, Nymphonem etiam Colophonium. quae feci omnia, non quo me aut hi homines aut tota natio delectaret; pertaesum est levitatis, adsentationis, animorum non officiis sed temporibus servientium.

Sed ut ad Zeuxim revertar, cum is de M. Cascelli 5 sermone secum habito, quae tu scribis, ea ipsa loqueretur, obstiti eius sermoni et hominem in familiaritatem recepi. tua autem quae fuerit cupiditas tanta, nescio, quod scribis cupisse te, quoniam Smyrnae duos Mysos insuisses in culleum, simile in superiore parte provinciae edere exemplum severitatis tuae et idcirco Zeuxim elicere omni ratione voluisse, quem adductum in iudicium fortasse an dimitti non oportuerit, conquiri vero et elici blanditiis, ut tu scribis, ad iudicium

für all das Gerede, das Dir etwas am Zeuge flicken will, hat Statius geliefert; bisher konnte man nur erkennen, daß manch einer wegen Deiner Strenge auf Dich erbost war, seit seiner Freilassung fehlt es den Erzürnten nicht an einem Thema zum Klatschen.

Und nun will ich Deine beiden Briefe beantworten, die mir L. Caesius eingehändigt hat, für den ich, wo ich sehe, daß Du es so wünschst, alles tun werde. Der eine betrifft Zeuxis aus Blaundus, und Du schreibst, in ihm werde Dir von mir ein ausgemachter Muttermörder aufs dringendste empfohlen. Vielleicht wunderst Du Dich, daß ich so rücksichtsvoll gegen die Griechen geworden bin; darum will ich Dir über den Fall Zeuxis und dies Kapitel überhaupt einiges zur Erklärung sagen. Ich hatte das Gefühl, daß Beschwerden der Griechen nur so starken Eindruck machen, weil sie charakterlich zum Lügen neigen, und so habe ich alle, die ich über Dich klagen hörte, auf jede erdenkliche Weise begütigt. So habe ich zuerst die Dionysopoliten milder gestimmt, die Dir besonders feindlich gesinnt waren. Ihren Wortführer Hermippus habe ich für mich gewonnen, indem ich ihm nicht nur gut zuredete, sondern ihn auch in meinen Freundeskreis zog. Ich habe Hephaestius von Apamea, Megaristus von Antandrus, den argen Windbeutel, Nicias von Smyrna, die größten Nichtsnutze mit aller mir zu Gebote stehenden Liebenswürdigkeit behandelt, auch Nympho von Colophon. Das alles habe ich nicht etwa getan, weil ich an diesen Leuten oder der Nation überhaupt Gefallen fand; mich ekelt ihre Charakterlosigkeit, Liebedienerei, die ganze Art, wie sie sich nicht an ihre Pflichten halten, sondern nach den Umständen schielen.

Um aber auf Zeuxis zurückzukommen: als er mir über sein Gespräch mit M. Cascellius genau dasselbe sagte, was Du in Deinem Briefe schreibst, da habe ich ihm den Mund gestopft, indem ich den Mann in meinen Freundeskreis aufnahm. Aber ich weiß gar nicht, worauf Du eigentlich so versessen bist, daß Du schreibst, Du habest in Smyrna zwei Myser in den Sack nähen lassen und nun auch im oberen Teil Deiner Provinz ein ähnliches Exempel Deiner Strenge zu statuieren beabsichtigt und deshalb Zeuxis mit allen Mitteln herauslocken wollen. Gewiß, hätte man ihn vor Gericht gebracht, hätte er vielleicht nicht davonkommen dürfen; aber ihm nachzuspüren und ihn, wie Du es mir schilderst, mit Vorspiege-

necesse non fuit, eum praesertim hominem, quem
ego et ex suis civibus et ex multis aliis cottidie magis
cognosco nobiliorem esse prope quam civitatem
suam.

At enim Graecis solis indulgeo. quid? L. Caecilium 6
nonne omni ratione placavi? quem hominem, qua
ira, quo spiritu! quem denique praeter Tuscenium,
cuius causa sanari non potest, non mitigavi? ecce
supra caput homo levis ac sordidus sed tamen equestri censu, Catienus; etiam is lenietur. cuius tu in
patrem quod fuisti asperior, non reprehendo; certo
scio te enim fecisse cum causa. sed quid opus fuit
eiusmodi litteris, quas ad ipsum misisti, illum crucem
sibi ipsum constituere, ex qua tu eum ante detraxisses;
te curaturum fumo ut combureretur plaudente tota
provincia? quid vero ad C. Fabium nescio quem – nam
eam quoque epistulam T. Catienus circumgestat –,
renuntiari tibi Licinium plagiarium cum suo pullo
milvino tributa exigere? deinde rogas, Fabium ut et
patrem et filium vivos comburat, si possit; si minus,
ad te mittat, uti iudicio comburantur. hae litterae abs
te per iocum missae ad C. Fabium, si modo sunt tuae,
cum leguntur, invidiosam atrocitatem verborum
habent.

Ac si omnium mearum litterarum praecepta repe- 7
tes, intelleges esse nihil a me nisi orationis acerbitatem
et iracundiam et, si forte, raro litterarum missarum
indiligentiam reprehensam. quibus quidem in rebus
si apud te plus auctoritas mea quam tua sive natura
paulo acrior sive quaedam dulcedo iracundiae sive
dicendi sal facetiaeque valuissent, nihil sane esset,
quod nos paeniteret. et mediocri me dolore putas
adfici, cum audiam, qua sit existimatione Vergilius,
qua tuus vicinus, C. Octavius? nam si te interioribus
vicinis tuis, Ciliciensi et Syriaco, anteponis, valde

lungen vor Gericht zu locken, wäre wirklich nicht notwendig gewesen, zumal bei einem Manne, der, wie ich von seinen Mitbürgern und vielen andern von Tag zu Tag häufiger höre, beinahe angesehener ist als seine Vaterstadt.

Aber natürlich, ich erweise mich immer nur Griechen gefällig! Wie? Habe ich nicht L. Caecilius mit allen Mitteln versöhnt? Und was für ein Mensch ist das! Dieser Zorn, diese Überheblichkeit! Wen habe ich schließlich nicht besänftigt, abgesehen von Tuscenius, bei dem Hopfen und Malz verloren ist? Aber da schwebt ja noch drohend über unserm Haupte ein charakterloser, unsauberer Geselle, aber immerhin von Stand ein Ritter, Catienus! Nun, auch der wird beschwichtigt werden. Daß Du gegen seinen Vater ziemlich scharf vorgegangen bist, will ich nicht tadeln, denn ich weiß genau, daß Du dafür Deine Gründe gehabt hast. Aber wozu dann dieser Brief, den Du an ihn selbst geschrieben hast: er richte sich selbst das Kreuz auf, von dem Du ihn schon einmal abgenommen habest; Du würdest dafür sorgen, daß er zu Tode geräuchert würde, und die ganze Provinz werde applaudieren? Und weiter an einen gewissen C. Fabius – auch diesen Brief zeigt T. Catienus herum –: Dir werde gemeldet, der Menschenräuber Licinius treibe zusammen mit seiner Falkenbrut Tribute ein. Sodann bittest Du Fabius, wenn möglich, Vater und Sohn bei lebendigem Leibe zu verbrennen; wenn nicht, sie zu Dir zu schicken, damit sie gerichtlich zum Feuertode verurteilt würden. Dieser Brief an C. Fabius, wenn anders er von Dir ist, ist gewiß scherzhaft gemeint; aber wenn man ihn liest, ist er im Ausdruck doch von schneidender Härte.

Wenn Du Dir die Ratschläge all meiner Briefe vergegenwärtigst, wirst Du finden, daß ich immer nur die Schärfe und Jäheit Deiner Worte getadelt habe und, wenn überhaupt, nur selten die Unüberlegtheit Deiner Korrespondenz. Wenn in diesen Dingen mein Rat Dir mehr gegolten hätte als Dein recht heftiges Naturell oder eine Art Wollustgefühl im Jähzorn oder der Hang zu beißender Ironie, hätten wir jetzt überhaupt nichts zu bereuen. Und Du meinst, es verdrieße mich nicht sonderlich, wenn ich hörte, in welchem Ansehen C. Vergilius oder Dein Nachbar C. Octavius stehen? Denn wenn Du Dich besser dünkst, als Deine unmittelbaren Nachbarn, der Cilicier und der Syrer, dann will das nicht eben viel besagen.

magnum facis! atque is dolor est, quod, cum ii, quos
nominavi, te innocentia non vincant, vincunt tamen
artificio benevolentiae colligendae, qui neque Cyrum
Xenophontis neque Agesilaum noverint, quorum
regum summo imperio nemo umquam verbum ullum
asperius audivit.

Sed haec a principio tibi praecipiens quantum pro- 8
fecerim, non ignoro; nunc tamen decedens, id quod
mihi iam facere videris, relinque, quaeso, quam iucun-
dissimam memoriam tui. successorem habes perblan-
dum; cetera valde illius adventu tua requirentur. in
litteris mittendis – saepe ad te scripsi – nimium te
exorabilem praebuisti; tolle omnes, si potes, iniquas,
tolle inusitatas, tolle contrarias. Statius mihi narravit
scriptas ad te solere adferri, a se legi, et si iniquae sint,
fieri te certiorem; antequam vero ipse ad te venisset,
nullum delectum litterarum fuisse; ex eo esse volu-
mina selectarum epistularum, quae reprehendi sole-
rent.

Hoc de genere nihil te nunc quidem moneo – sero 9
est enim, ac scire potes multa me varie diligenterque
monuisse –; illud tamen, quod Theopompo mandavi,
cum essem admonitus ab ipso, vide per homines
amantes tui, quod est facile, ut haec genera tollantur
epistularum: primum iniquarum, deinde contraria-
rum, tum absurde et inusitate scriptarum, postremo
in aliquem contumeliosarum. atque ego haec tam
esse, quam audio, non puto, et si sunt occupationibus
tuis minus animadversa, nunc perspice et purga. legi
epistulam, quam ipse scripsisse Sulla nomenclator
dictus est, non probandam; legi nonnullas iracundas.

Sed tempore ipso de epistulis. nam cum hanc pagi- 10

Und was mich ärgert, ist der Umstand, daß die Genannten zwar nicht rechtschaffener sind als Du, es aber doch besser verstehen, sich Sympathien zu verschaffen. Dabei dürften sie weder Xenophons Cyrus noch den Agesilaus kennen, diese beiden Könige, aus deren Munde trotz ihrer Machtstellung nie jemand ein allzu böses Wort gehört hat.

Auf diese Dinge habe ich Dich von Anfang an hingewiesen; wie viel ich damit erreicht habe, weiß ich wohl. Jetzt jedoch, wenn Du die Provinz verläßt – und Du scheinst ja drauf und dran zu sein –, sieh bitte zu, daß Du ein recht gutes Andenken an Dich hinterläßt. Du bekommst einen sehr gewinnenden Nachfolger; im übrigen wird man aber, wenn er erst da ist, Deine guten Eigenschaften bei ihm suchen. Nur in der Erteilung von Requisitionsbriefen bist Du, wie ich Dir mehrfach geschrieben habe, allzu entgegenkommend gewesen. Kassiere, wenn möglich, alle, die die Billigkeit verletzen, gegen den guten Ton verstoßen oder sich nachteilig auswirken. Wie Statius mir erzählt hat, werden Dir diese Briefe meist schon ausgefertigt vorgelegt; er lese sie dann und mache Dich, wenn sie unbillig seien, darauf aufmerksam; bevor er jedoch zu Dir gekommen sei, habe eine solche Zensur nicht stattgefunden; daher kämen die Sammlungen „ausgewählter Briefe", über die man immer herziehe.

Wegen dieses Verfahrens will ich Dir jetzt keine Vorhaltungen machen; es ist zu spät, und Du weißt ganz genau, daß ich Dich mehrfach bald so, bald so dringend gewarnt habe. Trotzdem – was ich Theopomp aufgetragen habe, der mich selbst auf den Gedanken brachte: sieh zu, daß durch Dir ergebene Männer, was nicht schwer sein dürfte, diese Art von Briefen kassiert wird, vor allem die unbilligen, dann die bedenklichen, weiter die stillosen, gegen den guten Ton verstoßenden, schließlich die für irgendwen beleidigenden. Freilich kann ich mir nicht denken, daß es so arg ist, wie man mir erzählt, und wenn Du bei Deiner starken Inanspruchnahme diese Dinge nicht recht beachtet hast, sieh sie jetzt durch und sichte sie. Ich habe einen ganz unmöglichen Brief zu lesen bekommen, den angeblich der Nomenklator Sulla selbst verfaßt hat, ebenso einige recht temperamentvolle.

Aber da bin ich gerade im rechten Augenblick bei Deinen Brie-

nam tenerem, L. Flavius, praetor designatus, ad me
venit, homo mihi valde familiaris; is mihi te ad pro-
curatores suos litteras misisse, quae mihi visae sunt
iniquissimae, ne quid de bonis, quae L. Octavi Nasonis
fuissent, cui L. Flavius heres est, deminuerent, antequam C. Fundanio pecuniam solvissent, itemque
misisse ad Apollonidensis, ne de bonis, quae Octavi
fuissent, deminui paterentur, priusquam Fundanio
debitum solutum esset. haec mihi veri similia non
videntur; sunt enim a prudentia tua remotissima. ne
deminuat heres? quid, si infitiatur? quid, si omnino
non debet? quid? praetor solet iudicare deberi? quid?
ego Fundanio non cupio, non amicus sum, non misericordia moveor? nemo magis; sed via iuris eiusmodi
est quibusdam in rebus, ut nihil sit loci gratiae. atque
ita mihi dicebat Flavius scriptum in ea epistula, quam
tuam esse dicebat, te aut quasi amicis tuis gratias
acturum aut quasi inimicis incommoda laturum. quid 11
multa? ferebat graviter; id vehementer mecum quere-
batur orabatque, ut ad te quam diligentissime scriberem. quod facio et te prorsus vehementer etiam
atque etiam rogo, ut et procuratoribus Flavi remittas
de deminuendo et Apollonidensibus ne quid praescri-
bas, quod contra Flavium sit, amplius. et Flavi causa
et scilicet Pompei facies omnia. nolo medius fidius
ex tua iniuria in illum tibi liberalem me videri, sed
te oro, ut tu ipse auctoritatem et monumentum aliquod decreti aut litterarum tuarum relinquas, quod
sit ad Flavi rem et ad causam accommodatum; fert
enim graviter homo et mei observantissimus et sui
iuris dignitatisque retinens se apud te neque amicitia
nec iure valuisse; et, ut opinor, Flavi aliquando rem
et Pompeius et Caesar tibi commendarunt et ipse ad

fen: eben habe ich diese Seite in Arbeit, da erscheint bei mir der designierte Prätor L. Flavius, ein sehr guter Freund von mir: Du habest an seine Geschäftsführer ein Schreiben gerichtet, das mir äußerst unbillig erscheint; sie sollten von den Gütern, die bisher L. Octavius Naso gehört hätten, den L. Flavius beerbt, nichts veräußern, bevor sie nicht C. Fundanius das Geld gezahlt hätten; ebenso an die Einwohner von Apollonis, sie sollten nicht dulden, daß von den Gütern, die bisher Octavius gehört hätten, etwas veräußert würde, ehe Fundanius das geschuldete Geld erhalten habe. Mir erscheint die ganze Geschichte unwahrscheinlich; dazu bist Du eigentlich zu klug. Der Erbe soll nichts veräußern dürfen? Wie, wenn er nun leugnet oder wirklich überhaupt nichts schuldig ist? Und weiter: gehört es zu den Obliegenheiten des Statthalters zu entscheiden, ob ein Schuldverhältnis besteht? Wünsche ich Fundanius nicht alles Gute, bin ich nicht sein Freund, habe ich nicht Mitgefühl für ihn? Niemand mehr als ich! Aber manchmal ist der Rechtsgang so, daß für persönliche Zuneigung kein Platz ist. Im übrigen behauptet Flavius, in dem angeblich von Dir stammenden Schreiben stehe wörtlich, entweder würdest Du Dich ihnen als Freunden dankbar zeigen oder ihnen als Feinden Ungelegenheiten bereiten. Wie dem auch sei, er war ungehalten, beklagte sich bitter bei mir und bat mich, recht dringlich an Dich zu schreiben. Das tue ich hiermit und bitte Dich ein ums andre Mal inständig, Flavius' Geschäftsträgern, was die Veräußerung angeht, entgegenzukommen und den Apollonidensern keine Maßnahmen mehr zu diktieren, die sich gegen Flavius richten. Gewiß wirst Du Flavius, und das heißt: Pompeius zuliebe alles tun. Du sollst um Gottes willen nicht den Eindruck gewinnen, ich wollte mich im Anschluß an Deinen Mißgriff Liebkind machen; ich bitte Dich jedoch, selbst eine Willenserklärung zu hinterlassen, ein Dokument in Form eines Dekrets oder Schreibens von Deiner Hand, das Flavius' Interessen und seiner Sache gerecht wird. Der Mann, der gegen mich besonders aufmerksam ist und auf sein Recht und seine Ehre hält, trägt schwer daran, daß er bei Dir weder als Freund noch durch Hinweis auf sein gutes Recht etwas erreicht hat; außerdem, meine ich, haben Dir doch Pompeius und Caesar einmal Flavius' Sache ans Herz gelegt, Flavius selbst hat Dir geschrieben, und ich ganz bestimmt.

te scripserat Flavius et ego certe. quare, si ulla res
est, quam tibi me faciendam petente putes, haec ea
sit. si me amas, cura, elabora, perfice, ut Flavius et
tibi et mihi quam maximas gratias agat; hoc te ita
rogo, ut maiore studio rogare non possim.

Quod ad me de Hermia scribis, mihi mehercule 12
valde molestum fuit. litteras ad te parum fraterne
scripseram; quas oratione Diodoti, Luculli liberti,
commotus, de pactione statim quod audieram, iracun-
dius scripseram et revocare cupiebam; huic tu epistulae non fraterne scriptae fraterne debes ignoscere.

De Censorino, Antonio, Cassiis, Scaevola: te ab iis 13
diligi, ut scribis, vehementer gaudeo. cetera fuerunt
in eadem epistula graviora, quam vellem, 'ὀρθὰν τὰν
ναῦν' et 'ἅπαξ θανεῖν'. 'maiora ista erunt'. meae obiur-
gationes fuerunt amoris plenissimae diligentiaeque.
'sunt non nulla, sed tamen mediocria et parva potius'.
ego te numquam ulla in re dignum minima reprehen-
sione putassem, cum te sanctissime gereres, nisi inimicos multos haberemus. quae ad te aliqua cum
monitione aut obiurgatione scripsi, scripsi propter
diligentiam cautionis meae, in qua et maneo et
manebo et, idem ut facias, non desistam rogare.

Attalus Hypaepenus mecum egit, ut se ne impe- 14
dires, quo minus, quod ad Q. Publici statuam decre-
tum est, erogaretur; quod ego te et rogo et admoneo,
ne talis viri tamque nostri necessarii honorem minui
per te aut impediri velis. praeterea Aesopi, nostri
familiaris, Licinus servus tibi notus aufugit. is Athenis apud Patronem Epicureum pro libero fuit; inde in
Asiam venit. postea Plato quidam Sardianus, Epi-
cureus, qui Athenis solet esse multum et qui tum
Athenis fuerat, cum Licinus eo venisset, cum eum
fugitivum esse postea ex Aesopi litteris cognosset,
hominem comprehendit et in custodiam Ephesi tra-
didit, sed in publicamne an in pistrinum, non satis

Wenn es also eine Sache gibt, in der Du glaubst meinen Bitten willfahren zu sollen, so laß es diese sein! Ich bitte Dich herzlich, sorge, bemühe Dich und bring es dahin, daß Flavius sich Dir wie mir gegenüber recht sehr zu Dank verpflichtet fühlt! Darum bitte ich Dich, so dringend ich nur kann.

Was Du mir von Hermias schreibst, ist mir weiß Gott sehr unangenehm. Mein Brief an Dich war wenig brüderlich; ich habe ihn, durch Diodotus', des Lucullus Freigelassenen, Worte bewogen, gleich als ich von dem Kontrakt hörte, in zorniger Aufwallung geschrieben und möchte ihn jetzt zurückrufen; diesen unbrüderlichen Brief mußt Du brüderlich verzeihen.

Daß Censorinus, Antonius, die Cassier und Scaevola Dich, wie Du sagst, schätzen, freut mich riesig. Was sonst noch in dem Briefe steht, klingt härter, als mir lieb ist: „mit vollen Segeln" und „lieber gleich sterben". „Du wirst es noch ärger treiben!" – Meine Vorwürfe waren nur von besorgter Liebe diktiert! – „Es ist da einiges vorgefallen, jedoch unerheblich und eigentlich so gut wie nichts." – Ich hätte nie Anlaß genommen, Dich auch nur im geringsten zu tadeln, wo Du Dich sonst so makellos führtest, hätten wir nicht viele Feinde. Wenn ich Dich also in meinem Briefe ein wenig warnte oder tadelte, so ist das aus übergroßer Vorsicht meinerseits geschehen; davon gehe ich jetzt und in Zukunft nicht ab und werde Dich immer wieder bitten, es ebenso zu machen.

Attalus aus Hypaepa ist an mich herangetreten, Du mögest ihm nicht im Wege sein, daß das für das Standbild des Q. Publicius ausgeworfene Geld ausgezahlt würde. Darum bitte ich Dich dringend, daß Du der Ehre des anständigen, mir so eng verbundenen Mannes von Dir aus keinen Abbruch tust oder sie verhinderst. Außerdem ist Licinus, der Sklave meines Freundes Aesop – Du kennst ihn ja –, entlaufen. Er hat sich in Athen bei Patro, dem Epikureer, als freien Mann ausgegeben und ist dann nach Asien gegangen. Dort hat ihn späterhin Plato aus Sardes, ebenfalls Epikureer, der häufig nach Athen kommt und auch damals in Athen war, als Licinus sich dort blicken ließ, den Kerl verhaften lassen, als er hernach aus einem Briefe Aesops erfuhr, daß er ein entlaufener Sklave sei, und in Ephesus ins Gefängnis eingeliefert; ob in das Staatsgefängnis oder die Stampfmühle, konnte ich aus seinem

ex litteris eius intellegere potuimus. tu, quoquo modo
est, quoniam Ephesi est, hominem investiges velim
summaque diligentia vel Romam mittas vel tecum
deducas. noli spectare, quanti homo sit; parvi enim
pretii est, qui iam nihil sit. sed tanto dolore Aesopus
est adfectus propter servi scelus et audaciam, ut nihil
ei gratius facere possis, quam si illum per te reciperarit.

Nunc ea cognosce, quae maxime exoptas. rem 15
publicam funditus amisimus, adeo ut Cato, adulescens nullius consilii sed tamen civis Romanus et Cato,
vix vivus effugeret, quod, cum Gabinium de ambitu
vellet postulare neque praetores diebus aliquot adiri
possent vel potestatem sui facerent, in contionem
ascendit et Pompeium 'privatum dictatorem' appellavit; propius nihil est factum, quam ut occideretur.
ex hoc, qui sit status totius rei publicae, videre potes.

Nostrae tamen causae non videntur homines de- 16
futuri; mirandum in modum profitentur, offerunt se,
pollicentur. equidem cum spe sum maxima tum maiore etiam animo; spe, ut superiores fore nos confidam; animo, ut in hac re publica ne casum quidem
ullum pertimescam. sed tamen se res sic habet: si
diem nobis dixerit, tota Italia concurret, ut multi-
plicata gloria discedamus; sin autem vi agere conabitur, spero fore studiis non solum amicorum sed
etiam alienorum, ut vi resistamus. omnes et se et suos
amicos, clientes, libertos, servos, pecunias denique
suas pollicentur. nostra antiqua manus bonorum ardet
studio nostri atque amore. si qui antea aut alieniores
fuerant aut languidiores, nunc horum regum odio se
cum bonis coniungunt. Pompeius omnia pollicetur
et Caesar; quibus ego ita credo, ut nihil de mea comparatione deminuam. tribuni pl. designati sunt nobis
amici; consules se optime ostendunt; praetores habe-

Schreiben nicht deutlich entnehmen. Wie dem auch sei, jedenfalls ist er in Ephesus, und so möchte ich Dich bitten, den Kerl aufzuspüren und unter schärfster Bewachung nach Rom zu schicken oder selbst mitzubringen. Was der Kerl wert ist, muß Dir einerlei sein, und gewiß ist ein solcher Taugenichts nichts wert, aber Aesop ist arg empört über den frechen Frevel des Sklaven, und so kannst Du ihm keinen größeren Gefallen tun, als wenn er ihn durch Dich wiederbekommt.

Und nun sollst Du hören, was Du vor allem andern hören möchtest. Mit dem Staat ist es restlos aus, soweit, daß Cato, an sich ein unbedarfter junger Mann, aber immerhin ein Römer und ein Cato, kaum mit dem Leben davongekommen ist. Er wollte Gabinius wegen Amtserschleichung anklagen; aber die Prätoren waren mehrere Tage nicht zu sprechen oder ließen sich von ihm nicht sprechen; so ging er in die Volksversammlung und bezeichnete dort Pompeius als „selbsternannten Diktator". Es fehlte wirklich nicht viel, und er wäre erschlagen worden. Daraus magst Du entnehmen, wie es überhaupt um den Staat steht.

Mir persönlich jedoch wird es an Helfern wahrscheinlich nicht fehlen. Erstaunlich, wie die Leute sich zur Verfügung stellen, sich anbieten, ihren Beistand versprechen. So habe ich viel Hoffnung und noch mehr Vertrauen: die Hoffnung, unbedingt als Sieger aus dem Kampfe hervorzugehen, das Vertrauen, bei den gegenwärtigen Zuständen selbst einen bösen Zufall nicht fürchten zu brauchen. Die Sache liegt doch so: fordert er mich vor Gericht, wird ganz Italien sich um mich scharen, und ich gehe mit vervielfachtem Ruhm aus dem Prozeß hervor; versucht er es mit Gewalt, werde ich mich hoffentlich vermöge der Einsatzbereitschaft meiner Freunde, ja, ganz fremder Leute mit Gewalt wehren können. Sie alle stellen sich und ihre Freunde, Klienten, Freigelassenen und Sklaven, schließlich auch ihr Geld zur Verfügung. Meine alte Optimatengarde brennt vor Eifer und Liebe für mich. Wer bisher ein wenig abseits stand oder zu bequem war, schließt sich jetzt aus Haß gegen diese Tyrannen den Patrioten an. Pompeius verspricht alles mögliche, ebenso Caesar, aber ich traue ihnen nicht recht; jedenfalls lasse ich von meinen Vorsichtsmaßnahmen nichts ab. Die designierten Volkstribunen stehen zu mir, die Konsuln benehmen sich

mus amicissimos et acerrimos cives, Domitium, Nigi-
dium, Memmium, Lentulum; bonos etiam alios, sed
hos singulares. quare magnum animum fac habeas et
spem bonam. de singulis tamen rebus, quae cottidie
gerantur, faciam te crebro certiorem.

III.
MARCVS QVINTO FRATRI SALVTEM

Mi frater, mi frater, mi frater, tune id veritus es, 1
ne ego iracundia aliqua adductus pueros ad te sine
litteris miserim aut etiam ne te videre noluerim?
ego tibi irascerer? tibi ego possem irasci? scilicet,
tu enim me adflixisti, tui me inimici, tua me invidia
ac non ego te misere perdidi. meus ille laudatus
consulatus mihi te, liberos, patriam, fortunas, tibi
velim ne quid eripuerit praeter unum me. sed
certe a te mihi omnia semper honesta et iucunda
ceciderunt, a me tibi luctus meae calamitatis,
metus tuae, desiderium, maeror, solitudo. ego te
videre noluerim? immo vero me a te videri nolui;
non enim vidisses fratrem tuum, non eum, quem
reliqueras, non eum, quem noras, non eum, quem
flens flentem, prosequentem proficiscens dimiseras,
ne vestigium quidem eius nec simulacrum sed quandam effigiem spirantis mortui. atque utinam me mor-
tuum prius vidisses aut audisses, utinam te non solum
vitae sed etiam dignitatis meae superstitem reli-
quissem! sed testor omnis deos me hac una 2
voce a morte esse revocatum, quod omnes in mea
vita partem aliquam tuae vitae repositam esse dicebant. qua in re peccavi scelerateque feci; nam si occi-
dissem, mors ipsa meam pietatem amoremque in te
facile defenderet; nunc commisi, ut vivo me careres,
vivo me aliis indigeres, mea vox in domesticis peri-

tadellos. Unter den Prätoren sind mir eng befreundete, energische Männer wie Domitius, Nigidius, Memmius, Lentulus, brav auch andre, aber diese ganz besonders. Also sei guten Muts und hab Vertrauen. Über die Einzelheiten der täglichen Vorgänge werde ich Dir recht häufig berichten.

(Rom, zwischen dem 23. November und 10. Dezember 59)

3.
Marcus grüßt Bruder Quintus

Mein Bruder! Mein Bruder! Mein Bruder! Wie konntest Du nur befürchten, ich hätte in einer Zornesaufwallung meine Boten ohne einen Brief an Dich abgehen lassen oder gar Dich nicht sehen wollen, sei böse auf Dich, könnte Dir überhaupt zürnen! Natürlich, Du bist es ja gewesen, der mich gestürzt hat; Deine Feinde, Dein Neid haben mich ins Elend gebracht, nicht ich Dich! Mein vielgerühmtes Konsulatsjahr hat mir Dich, meine Kinder, Heimat und Vermögen geraubt, Dir hoffentlich nur mich! Von Deiner Seite ist mir gewiß immer nur Ehre und Freude zuteil geworden, Dir hingegen von meiner Seite Trauer über mein Unglück, Furcht vor eigenem, Sehnsucht, Gram und Vereinsamung. Ich sollte Dich nicht haben sehen wollen? Vielmehr wollte ich mich nicht von Dir sehen lassen, denn es wäre nicht Dein Bruder gewesen, den Du gesehen hättest, nicht der, den Du hinter Dir gelassen hast, nicht der, den Du kanntest, nicht der, der Dir bei Deiner Abreise das Geleit gab und den Du, selbst in Tränen, weinend gehen ließest; keine Spur von ihm, kein Schatten, sondern sozusagen das Bild eines lebenden Leichnams. Ach hättest Du mich doch früher tot gesehen oder meinen Tod vernommen, hätte ich Dich doch nicht nur mein Leben, sondern auch meine Ehre überdauernd zurückgelassen! Aber ich rufe alle Götter zu Zeugen an, nur dies eine Wort hat mich vom Tode zurückgerufen, daß alle erklärten, an meinem Leben hänge auch ein Teil Deines Lebens. Aber dabei habe ich gefehlt und schuldhaft gehandelt. Wäre ich aus dem Leben gegangen, dann würde eben mein Tod bezeugen, mit welch inniger Liebe ich an Dir hange. So aber ist es mein Verschulden, daß ich lebe und Du doch meiner entbehrst, daß ich lebe und Du doch auf die Hilfe andrer angewiesen bist, daß gerade in der Stunde der Gefahr für die Meinigen

culis potissimum occideret, quae saepe alienissimis
praesidio fuisset. nam quod ad te pueri sine litteris
venerunt, quoniam vides non fuisse iracundiae causam, certe pigritia fuit et quaedam infinita vis lacri-
marum et dolor.

Haec ipsa me quo fletu putas scripsisse? eodem, quo 3
te legere certe scio. an ego possum aut non cogitare
aliquando de te aut umquam sine lacrimis cogitare?
cum enim te desidero, fratrem solum desidero? ego
vero suavitate fratrem prope aequalem, obsequio
filium, consilio parentem; quid mihi sine te umquam
aut tibi sine me iucundum fuit? quid, quod eodem
tempore desidero filiam? qua pietate, qua modestia,
quo ingenio! effigiem oris, sermonis, animi mei.
quid? filium venustissimum mihique dulcissimum?
quem ego ferus ac ferreus e complexu dimisi meo,
sapientiorem puerum quam vellem; sentiebat enim
miser iam, quid ageretur. quid vero? tuum filium,
quid? imaginem eam, quam meus Cicero et amabat
ut fratrem et iam ut maiorem fratrem verebatur?
quid, quod mulierem miserrimam, fidelissimam con-
iugem, me prosequi non sum passus, ut esset, quae
reliquias communis calamitatis, communes liberos
tueretur?

Sed tamen, quoquo modo potui, scripsi et dedi 4
litteras ad te Philogono, liberto tuo, quas credo tibi
postea redditas esse; in quibus idem te hortor et rogo,
quod pueri tibi verbis meis nuntiarunt, ut Romam
protinus pergas et properes. primum enim te praesidio esse volui, si qui essent inimici, quorum cru-
delitas nondum esset nostra calamitate satiata; deinde
congressus nostri lamentationem pertimui; digres-
sum vero non tulissem atque etiam id ipsum, quod
tu scribis, metuebam, ne a me distrahi non posses.
his de causis hoc maximum malum, quod te non vidi,
quo nihil amantissimis et coniunctissimis fratribus

mein Wort verstummte, das oft wildfremden Menschen Schutz geboten hat. Wenn also meine Boten ohne einen Brief zu Dir gekommen sind, so siehst Du nun wohl, nicht Jähzorn steckt dahinter,
sondern gewißlich Verdrossenheit, unendliches Leid und ein nie
versiegender Tränenstrom.

Was meinst Du wohl, wie viele Tränen mich eben diese Worte
kosten? Gewiß nicht weniger, als Du vergießen wirst, wenn Du
sie liest. Könnte ich nur einen Augenblick nicht an Dich denken
oder je ohne Tränen? Denn wenn ich mich nach Dir sehne, ist es
da nur der Bruder, nach dem ich mich sehne? O nein! Du bist mir
alles in einem: Bruder, mir fast gleich an Jahren, durch Dein lieb-
reiches Wesen, Sohn durch Deine Willfährigkeit, Vater durch
Deine Klugheit. Was hätte je mir ohne Dich, was je Dir ohne mich
Freude machen können? Wie soll ich es tragen, daß ich gleichzeitig
meine Tochter vermissen muß, dies liebe, sittsame, kluge Geschöpf,
mein Ebenbild in Antlitz, Rede und Charakter! Meinen reizenden,
mir besonders ans Herz gewachsenen Jungen, den ich hart und
gefühllos aus meinen Armen gelassen habe, reifer für sein Alter,
als mir lieb ist; fühlte der arme Junge doch schon, um was es ging!
Und nun gar Deinen Sohn, das Idol, das mein Cicero wie einen
leiblichen Bruder liebte und schon wie einen älteren Bruder respek-
tierte! Wie soll ich es verwinden, daß ich dem armen Weibe,
meiner mir treu ergebenen Frau, nicht gestatten konnte, mich zu
begleiten, damit sie schütze, was aus unserm gemeinsamen Unglück geblieben ist, und über unsre Kinder wache!

Aber trotz alledem habe ich, so gut es ging, an Dich geschrieben
und Deinem Freigelassenen Philogonus einen Brief mitgegeben,
den Du nun wohl inzwischen erhalten hast. In ihm spreche ich dieselben Ermahnungen und Bitten aus, die meine Boten Dir mündlich
ausgerichtet haben: reise weiter nach Rom, und beeile Dich! Denn
erstens war es mein Wunsch, Dich auf dem Posten zu sehen für den
Fall, daß dort Feinde sind, deren Grausamkeit durch mein Elend
noch nicht genug getan ist. Sodann fürchtete ich den Jammer bei
unsrer Begegnung, und gar den Abschied hätte ich nicht ertragen
und besorgte eben das, was Du mir schreibst. Du würdest Dich
nicht von mir trennen können. Das sind die Gründe, weshalb mir
dies schwere Leid, Dich nicht gesehen zu haben – vielleicht das

acerbius ac miserius videtur accidere potuisse, minus
acerbum, minus miserum fuit, quam fuisset cum
congressio tum vero digressio nostra.

Nunc, si potes, id quod ego, qui tibi semper fortis 5
videbar, non possum, erige te et confirma, si qua subeunda dimicatio erit. spero, si quid mea spes habet
auctoritatis, tibi et integritatem tuam et amorem in
te civitatis et aliquid etiam misericordiam nostri
praesidii laturam; sin eris ab isto periculo vacuus,
ages scilicet, si quid agere posse de nobis putabis. de
quo scribunt ad me quidem multi multa et se sperare
demonstrant; sed ego quod sperem, non dispicio,
cum inimici plurimum valeant, amici partim de-
seruerint me, partim etiam prodiderint, qui in meo
reditu fortasse reprehensionem sui sceleris pertimes-
cant. sed ista qualia sint, tu velim perspicias mihique
declares. ego tamen, quamdiu tibi opus erit, si quid
periculi subeundum videbis, vivam; diutius in hac
vita esse non possum; neque enim tantum virium
habet ulla aut prudentia aut doctrina, ut tantum dolorem possit sustinere. scio fuisse et honestius morien- 6
di tempus et utilius; sed non hoc solum, multa alia
praetermisi, quae si queri velim praeterita, nihil agam
nisi ut augeam dolorem tuum, indicem stultitiam
meam. illud quidem nec faciendum est nec fieri potest,
me diutius, quam aut tuum tempus aut firma spes
postulabit, in tam misera tamque turpi vita commorari, ut, qui modo fratre fuerim, liberis, coniuge,
copiis, genere ipso pecuniae beatissimus, dignitate,
auctoritate, existimatione, gratia non inferior, quam
qui umquam fuerunt amplissimi, is nunc in hac tam
adflicta perditaque fortuna neque me neque meos
lugere diutius possim.

Quare quod ad me scripsisti de permutatione – 7
quasi vero nunc me non tuae facultates sustineant,
qua in re ipsa video miser et sentio quid sceleris ad-

bitterste und schlimmste, das zwei in herzlicher Liebe verbundenen Brüdern hat geschehen können –, weniger bitter erschien, als es das Zusammensein mit Dir und hinterher der Abschied gewesen wäre.

Jetzt, wenn Du kannst, was ich, der ich Dir immer unverzagt erschien, nicht kann, ermanne Dich und fasse Mut für den Fall, daß Dir ein Kampf bevorsteht. Ich hoffe – wenn meine Hoffnung noch etwas zu bedeuten hat –, Deine Redlichkeit, Deine Beliebtheit bei der Bürgerschaft und schließlich auch das Mitleid mit mir wird Dir ein wenig Schutz gewähren. Bist Du aber dieser Gefahr ledig, rechne ich natürlich auf Dich, falls Du meinst, für mich etwas tun zu können. In diesem Sinne schreiben mir viele Leute mancherlei und zeigen, daß sie noch Hoffnung haben; aber ich weiß wirklich nicht, was ich hoffen sollte, wo meine Feinde den größten Einfluß haben, meine Freunde mich teils im Stiche gelassen, teils sogar verraten haben und nun vielleicht befürchten, mit meiner Rückkehr ihr unfaires Verhalten getadelt zu sehen. Doch wie es damit steht, mußt Du einmal zu ermitteln suchen und mir dann berichten. Solange Du mich brauchst, falls Du Dich von einer Gefahr bedroht siehst, werde ich doch am Leben bleiben; länger halte ich es in diesem Leben nicht aus. Keine Klugheit und kein Wissen verleiht genügend Kraft, um diesen Jammer zu ertragen. Ich weiß, es hat einen Augenblick gegeben, wo der Tod anständiger und nützlicher für mich gewesen wäre; aber nicht nur das, auch vieles andre habe ich verpaßt, und wollte ich über das Vergangene jammern, würde ich damit nur Deinen Schmerz steigern und mich selbst der Torheit zeihen. Eins aber kann und darf ich nicht tun: länger als Deine Interessen oder eine sichere Aussicht es fordern, in diesem Leben bleiben, so jämmerlich und schmachvoll, daß ich, der ich eben noch durch meinen Bruder, meine Kinder, meine Frau, meinen Wohlstand, die Herkunft meines Geldes zu den glücklichsten Menschen gehörte, an Würde und Einfluß, Achtung und Beliebtheit nicht niedriger stand als alle, die jemals einen hohen Rang eingenommen haben, jetzt in dieser elenden, verzweifelten Lage weder meinen noch meiner Lieben Gram länger ertragen kann.

Darum, wenn Du mir da von einem Wechsel sprichst – als ob im Augenblick Deine Mittel zu meinem Unterhalt nicht ausreichten! Gerade dabei empfinde ich Ärmster, wie schwer ich mich vergan-

miserim, cum de visceribus tuis et filii tui satis facturus sis, quibus debes, ego acceptam ex aerario pecuniam tuo nomine frustra dissiparim. sed tamen et
M. Antonio, quantum tu scripseras, et Caepioni tan-
tundem solutum est; mihi ad id, quod cogito, hoc,
quod habeo, satis est; sive enim restituimur sive
desperamur, nihil amplius opus est. tu, si forte quid
erit molestiae, te ad Crassum et ad Calidium conferas
censeo.

Quantum Hortensio credendum sit, nescio; me 8
summa simulatione amoris summaque adsiduitate
cottidiana sceleratissime insidiosissimeque tractavit
adiuncto Q. Arrio; quorum ego consiliis, promissis,
praeceptis destitutus in hanc calamitatem incidi. sed
haec occultabis, ne quid obsint; illud caveto – et eo
puto per Pomponium fovendum tibi esse ipsum Hor-
tensium –, ne ille versus, qui in te erat collatus, cum
aedilitatem petebas, de lege Aurelia, falso testimonio
confirmetur. nihil enim tam timeo, quam ne, cum
intellegant homines, quantum misericordiae nobis
tuae preces et tua salus adlatura sit, oppugnent te
vehementius. Messalam tui studiosum esse arbitror; 9
Pompeium etiam simulatorem puto. sed haec utinam
ne experiare! quod precarer deos, nisi meas preces
audire desissent. verum tamen precor, ut his infinitis
nostris malis contenti sint; in quibus non modo tamen
nullius inest peccati infamia, sed omnis dolor est,
quod optime factis poena maxima est constituta.

Filiam meam et tuam Ciceronemque nostrum quid 10
ego, mi frater, tibi commendem? quin illud maereo,
quod tibi non minorem dolorem illorum orbitas adferet quam mihi; sed te incolumi orbi non erunt.
Reliqua, ita mihi salus aliqua detur potestasque in
patria moriendi, ut me lacrimae non sinunt scribere!

gen habe, da Du mit Deinem und Deines Sohnes Hab und Gut
Deine Gläubiger befriedigen mußt, ich aber das auf Deine Rechnung vom Fiskus empfangene Geld für nichts und wieder nichts
verplempert habe. Immerhin ist M. Antonius mit der von Dir
angegebenen Summe und Caepio ebenso hoch abgefunden worden;
was ich noch habe, genügt mir für meine Zwecke; ich brauche ja
nicht mehr, mag ich nun begnadigt oder aufgegeben werden. Du
würdest Dich, wenn Du in Verlegenheit kommst, am besten wohl
an Crassus oder Calidius wenden.

Wie weit Hortensius zu trauen ist, weiß ich nicht. Mich hat er
ganz gemein und hinterhältig behandelt, indem er mir herzliche
Liebe vorspiegelte und sich beharrlich alle Tage um mich bemühte,
und Q. Arrius mit ihm. Durch ihre Ratschläge, Versprechungen
und Anweisungen verraten und verkauft, bin ich in dies Elend
geraten. Aber das behalt für Dich, es könnte mir schaden. Auf eins
gib acht – und darum müßtest Du Dir wohl gerade Hortensius
durch Pomponius' Vermittlung warm halten –, daß jener Vers, den
man Dir während Deiner Bewerbung um die Ädilität anhängte,
auf die Lex Aurelia, nicht durch falsches Zeugnis als Dein Produkt
bestätigt wird. Nichts fürchte ich ja so sehr, wie daß die Leute,
wenn sie merken, wieviel Mitgefühl mir Deine Bitten und die
Tatsache, daß Du unbehelligt bleibst, verschaffen könnten, Dich
dann um so schärfer bekämpfen. Messala ist Dir, glaube ich, gewogen, aber Pompeius halte ich sogar für einen Heuchler. Hoffentlich
erfährst Du das nicht am eigenen Leibe! Darum würde ich die
Götter bitten, wollten sie meine Gebete noch erhören. Aber darum
bitte ich sie doch, es mit diesem meinem grenzenlosen Leid genug
sein zu lassen; es beruht ja doch nicht auf dem Makel einer Verfeh-
lung; mein ganzer Schmerz ist, daß mich für ehrenhaftes Handeln
so schwere Strafe treffen muß.

Wozu soll ich Dir, lieber Bruder, meine und damit auch Deine
Tochter und unsern Cicero ans Herz legen? Wirklich, es tut mir
weh, daß ihre Verwaisung Dich nicht weniger schmerzen wird als
mich, aber sie sind ja nicht verwaist, solange Du am Leben bist!

Mehr zu schreiben verbieten mir die Tränen, so wahr ich hoffe,
daß es noch eine Rettung für mich gibt und die Möglichkeit, in
der Heimat zu sterben. Nimm Dich bitte auch Terentias an und

etiam Terentiam velim tueare mihique de omnibus rebus rescribas; sis fortis, quoad rei natura patiatur. Id. Iun. Thessalonicae.

IV.
MARCVS QVINTO FRATRI SALVTEM

Amabo te, mi frater, ne, si uno meo fato et tu et 1 omnes mei corruistis, improbitati et sceleri meo potius quam imprudentiae miseriaeque adsignes. nullum est meum peccatum, nisi quod iis credidi, a quibus nefas putarem esse me decipi aut etiam quibus ne id expedire quidem arbitrabar. intimus, proximus, familiarissimus quisque aut sibi pertimuit aut mihi invidit. ita mihi nihil misero praeter fidem amicorum, cautum meum consilium defuit.

Quodsi te satis innocentia tua et misericordia homi- 2 num vindicat hoc tempore a molestia, perspicis profecto, ecquaenam nobis spes salutis relinquatur. nam me Pomponius et Sestius et Piso noster adhuc Thessalonicae retinuerunt, cum longius discedere propter nescio quos motus vetarent; verum ego magis exitum illorum litteris quam spe certa exspectabam; nam quid sperem potentissimo inimico, dominatione obtrectatorum, infidelibus amicis, plurimis invidis?

De novis autem tribunis pl. est ille quidem in me 3 officiosissimus Sestius et, spero, Curius, Milo, Fadius, Gratidius, sed valde adversante Clodio, qui etiam privatus eadem manu poterit contiones concitare; deinde etiam intercessor parabitur.

Haec mihi proficiscenti non proponebantur, sed 4 saepe triduo summa cum gloria dicebar esse rediturus. 'quid tu igitur?' inquies. quid? multa con-

schreib mir über alle Vorgänge. Sei guten Muts, soweit die Verhältnisse es gestatten!

Thessalonich, den 13. Juni (58)

4.

Marcus grüßt Bruder Quintus

Wenn einzig mein Verhängnis Dich, lieber Bruder, mitsamt all meinen Lieben ins Verderben gestürzt hat, so gib bitte nicht frevelhafter Schlechtigkeit, sondern meiner erbärmlichen Kurzsichtigkeit die Schuld. Mein ganzes Vergehen besteht darin, daß ich mich auf Leute verlassen habe, denen ich am wenigsten die Ruchlosigkeit zugetraut hätte, mich zu hintergehen, oder die meiner Ansicht nach auch nur ein Interesse daran haben konnten. Gerade meine engsten, vertrautesten, liebsten Freunde fürchteten für ihre eigene Person oder waren neidisch auf mich. So hat es mir Ärmsten nur an der Treue meiner Freunde und der nötigen Vorsicht in meinen Entschlüssen gefehlt.

Dich schützen ja nun zur Zeit Deine Unsträflichkeit und das Mitgefühl der Leute zur Genüge, aber welche Aussicht auf Rettung mir noch bleibt, übersiehst Du gewiß ganz genau. Pomponius, Sestius und unser Piso haben mich bisher noch in Thessalonich festgehalten und mir wegen irgendwelcher Strömungen untersagt, mich noch weiter zu entfernen. Indessen warte ich auf deren Ergebnis mehr, weil sie so schreiben, als daß ich feste Zuversicht hegte. Denn was habe ich zu hoffen, wo mein Feind so mächtig ist, meine Widersacher das Regiment führen, meine Freunde sich als treulos erweisen und fast alle mich beneiden?

Unter den zukünftigen Volkstribunen ist dieser Sestius mir zwar herzlich zugetan und hoffentlich auch Curius, Milo, Fadius und Gratidius, aber Clodius bleibt ein gefährlicher Gegner; auch ohne Amt wird er imstande sein, mit denselben Banden wie bisher die Volksversammlungen gegen mich aufzuhetzen, und auch für einen Interzedenten wird er dann schon sorgen.

Solche trüben Aussichten stellte man mir bei meiner Abreise nicht vor Augen, vielmehr hieß es mehr als einmal, in drei Tagen würde ich in allen Ehren zurückkehren. „Und was hast du dir dabei gedacht?" wirst Du sagen. Ja, was wohl? Mancherlei kam zusam-

venerunt, quae mentem exturbarent meam: subita
defectio Pompei, alienatio consulum, etiam praetorum, timor publicanorum, arma. lacrimae meorum
me ad mortem ire prohibuerunt; quod certe et ad
honestatem et ad effugiendos intolerabiles dolores
fuit aptissimum. sed de hoc scripsi ad te in ea epistula,
quam Phaethonti dedi.

Nunc tu, quoniam in tantum luctum, laborem
detrusus es, quantum nemo umquam, si levare potest
communem casum misericordia hominum, scilicet
incredibile quiddam adsequeris; sin plane occidimus,
me miserum! ego omnibus meis exitio fuero, quibus
ante dedecori non eram.

Sed tu, ut ante ad te scripsi, perspice rem et per- 5
tempta et ad me, ut tempora nostra, non ut amor
tuus fert, vere perscribe. ego vitam, quoad aut putabo tua interesse aut ad spem servandam esse, retine-
bo. tu nobis amicissimum Sestium cognosces; credo
tua causa velle Lentulum, qui erit consul; quamquam
sunt facta verbis difficiliora. tu, et quid opus sit et
quid sit, videbis. omnino, si tuam solitudinem com-
munemque calamitatem nemo despexerit, aut per te
aliquid confici aut nullo modo poterit; sin te quoque
inimici vexare coeperint, ne cessaris; non enim gladiis
mecum sed litibus agetur. verum haec absint velim.

Te oro, ut ad me de omnibus rebus rescribas et in
me animi potius aut consilii minus putes esse quam
antea, amoris vero et officii non minus.

men, was mir die Besinnung rauben mußte, Pompeius' plötzlicher Umfall, das Abschwenken der Konsuln und ebenso der Prätoren, die Angst der Staatspächter, die bewaffneten Banden. Nur die Tränen meiner Lieben hielten mich davon zurück, in den Tod zu gehen, was gewiß das angemessenste gewesen wäre, um meine Ehre zu wahren und diesem unerträglichen Jammer zu entgehen. Doch davon habe ich Dir ja schon in dem von Phaethon beförderten Briefe geschrieben.

Nun bist Du so tief in Trauer und Drangsal hinabgestoßen worden wie nie jemand zuvor, und wenn das Mitgefühl der Leute unser gemeinsames Leid lindern kann, dann wird Dir damit etwas kaum Denkbares zuteil; ist es aber gänzlich aus mit uns, dann bin ich Ärmster schuld am Verderben all meiner Lieben gewesen, denen ich bisher nie Unehre gemacht habe.

Aber tu, was ich Dir schon neulich geschrieben habe, sieh Dir die Verhältnisse an, bilde Dir ein Urteil und berichte mir ungeschminkt, wie es meine Lage verlangt, ohne Rücksicht auf Deine Liebe zu mir. Ich werde am Leben bleiben, solange ich annehmen kann, daß Du mich brauchst oder ich es für die Zukunft bewahren muß. In Sestius wirst Du einen mir herzlich ergebenen Freund finden, auch Lentulus, der zukünftige Konsul, wird für Dich zu haben sein. Freilich, Worte sind noch keine Taten! Aber Du mußt sehen, wie es steht und was nottut. Alles in allem, wenn in Deiner Vereinsamung und unserm gemeinsamen Unglück niemand Dir die Teilnahme versagt, ist entweder durch Dich etwas zu erreichen oder überhaupt nicht. Gehen aber meine Feinde dazu über, auch Dir zuzusetzen, dann wirf die Flinte nicht ins Korn! Sie werden mir ja nicht mit Schwertern, sondern mit Prozessen kommen. Hoffentlich kommt es aber gar nicht dazu.

Berichte mir bitte über alle Einzelheiten und glaub' mir, eher sind Mut und Überlegung bei mir schwächer geworden gegen früher, nicht aber Liebe und Hingabe!

(Thessalonich, um den 5. August 58)

LIBER SECVNDVS

I.

MARCVS QVINTO FRATRI SALVTEM

Epistulam, quam legisti, mane dederam; sed fecit ı
humaniter Licinius, quod ad me misso senatu vesperi
venit, ut, si quid esset actum, ad te, si mihi videretur,
perscriberem.

Senatus fuit frequentior, quam putabamus esse
posse mense Decembri sub dies festos: consulares
nos fuimus et duo consules designati, P. Servilius,
M. Lucullus, Lepidus, Vulcacius, Glabrio; praetorii
sane frequentes; fuimus omnino ad cc. commorat
exspectationem Lupus; egit causam agri Campani
sane accurate; auditus est magno silentio. materiam
rei non ignoras; nihil ex nostris actionibus praeter-
misit; fuerunt nonnulli aculei in Caesarem, contumeliae in Gellium, expostulationes cum absente Pompeio. causa sero perorata sententias se rogaturum
negavit, ne quod onus simultatis nobis imponeret;
ex superiorum temporum conviciis et ex praesenti
silentio, quid senatus sentiret, se intellegere dixit.
senatum coepit dimittere. tum Marcellinus 'noli' inquit 'ex taciturnitate nostra, Lupe, quid aut probemus
hoc tempore aut improbemus, iudicare. ego, quod
ad me attinet, itemque arbitror ceteros, idcirco taceo,
quod non existimo, cum Pompeius absit, causam agri
Campani agi convenire.' tum ille se senatum negavit ᴤ
tenere. Racilius surrexit et de iudiciis referre coepit;
Marcellinum quidem primum rogavit. is cum graviter
de Clodianis incendiis, trucidationibus, lapidationibus

ZWEITES BUCH

I.

Marcus grüßt Bruder Quintus

Den Brief, den Du gelesen hast, habe ich heute morgen geschrieben; aber Licinius war so freundlich, abends nach Schluß der Senatssitzung noch zu mir zu kommen, damit ich, falls etwas vorgefallen sein sollte, es Dir, wenn ich wollte, berichten könnte.

Der Senat war besser besucht, als ich es im Dezember kurz vor den Festtagen für möglich gehalten hätte. An Konsularen waren außer mir und den beiden designierten Konsuln P. Servilius, M. Lucullus, Lepidus, Volcacius und Glabrio zugegen; die Prätorier waren ziemlich zahlreich vertreten; im ganzen waren wir etwa 200. Lupus hatte eine gewisse Spannung erregt. Ausführlich behandelte er die Sache des Ager Campanus, und man hörte ihn mit lautloser Aufmerksamkeit an. Die Materie ist Dir ja nicht unbekannt. Keine einzige meiner Aktionen überging er. Es fielen ein paar Seitenhiebe auf Caesar, Schmähungen gegen Gellius, Herausforderungen an Pompeius, der nicht anwesend war. Erst spät kam er mit seiner Sache zu Ende und erklärte dann, er wolle keine Debatte eröffnen, um uns nicht die Last der Feindschaft aufzupacken; er kenne ja den Standpunkt des Senats aus dem Gezänk bei früheren Gelegenheiten und dem heutigen Schweigen. Und schon schickte er sich an, die Sitzung zu schließen, als Marcellinus sagte: „Aus unserm Schweigen darfst Du keinen Schluß ziehen, was wir zur Zeit billigen oder ablehnen, Lupus; ich für meine Person – und wahrscheinlich gilt das auch für alle übrigen – schweige nur deswegen, weil es meiner Ansicht nach unpassend ist, über die Sache des Ager Campanus zu verhandeln, wenn Pompeius nicht dabei ist." Darauf sagte jener, er wolle den Senat nicht länger aufhalten. Racilius erhob sich und begann über die Konstituierung der Gerichtshöfe zu referieren. Als ersten fragte er Marcellinus nach seiner Meinung. Der erhob zunächst schwere Anklagen gegen Clodius wegen seiner Brandstiftungen, Morde und Straßenschlachten; sodann stellte er den Antrag, er selbst solle

questus esset, sententiam dixit, ut ipse iudices per
praetorem urbanum sortiretur, iudicum sortitione
facta comitia haberentur; qui iudicia impedisset, eum
contra rem publicam esse facturum. adprobata valde
sententia C. Cato contra dixit et Cassius maxima
acclamatione senatus, cum comitia iudiciis anteferrent.
Philippus adsensit Lentulo. postea Racilius de privatis 3
me primum sententiam rogavit. multa feci verba de
toto furore latrocinioque P. Clodi; tamquam reum
accusavi multis et secundis admurmurationibus cuncti
senatus. orationem meam conlaudavit satis multis
verbis non mehercule indiserte Vetus Antistius, isque
iudiciorum causam suscepit antiquissimamque se
habiturum dixit. ibatur in eam sententiam. tum Clodius rogatus diem dicendo eximere coepit; furebat
a Racilio se contumaciter inurbaneque vexatum.
deinde eius operae repente a Graecostasi et gradibus
clamorem satis magnum sustulerunt, opinor, in Q.
Sextilium et amicos Milonis incitatae; eo metu iniecto
repente magna querimonia omnium discessimus.

Habes acta unius diei; reliqua, ut arbitror, in mensem Ianuarium reicientur. de tribunis pl. longe optimum Racilium habemus; videtur etiam Antistius
amicus nobis fore; nam Plancius totus noster est.

Fac, si me amas, ut considerate diligenterque navi-
ges de mense Decembri.

II.
MARCVS QVINTO FRATRI SALVTEM

Non occupatione, qua eram sane impeditus, sed 1
parvula lippitudine adductus sum, ut dictarem hanc
epistulam et non, ut ad te soleo, ipse scriberem.

durch den Stadtprätor die Geschworenen auslosen lassen, und erst nach deren Auslosung sollten die Wahlen stattfinden; wer die Konstituierung der Gerichtshöfe verhindere, handle gegen das Interesse des Staates. Der Antrag fand starken Beifall, und als C. Cato dagegen sprach und Cassius, da erhob sich lautes Murren im Senat, weil sie die Wahlen vor der Konstituierung der Gerichtshöfe ansetzen wollten. Philippus stimmte Lentulus zu. Dann fragte Racilius mich als ersten unter den Nichtbeamteten nach meiner Meinung. Da habe ich mich eingehend ausgelassen über P. Clodius' ganzes Wüten mit seiner Räuberbande; als ob er vor Gericht stände, habe ich ihn angeklagt, häufig von Beifallskundgebungen des gesamten Senats unterbrochen. Meine Ausführungen fanden in Vetus Antistius einen ziemlich weitschweifigen, aber durchaus nicht ungeschickten Lobredner; er nahm die Sache der Gerichtshöfe auf und erklärte, er werde sie als besonders wichtig behandeln. Dem pflichtete man bei. Als dann Clodius befragt wurde, versuchte er, den Tag mit einer Dauerrede zu verschleppen. Er war wütend, daß Racilius ihm in unfeiner Form so übel mitgespielt habe. Plötzlich erhoben da seine Mietlinge von der Graecostasis und der Treppe her ein ziemlich lautes Geschrei, vermutlich aufgehetzt gegen Q. Sextilius und Milos Freunde. Damit wurde die Lage bedrohlich, und wir gingen mit einem Schlage unter lautem Protest auseinander.

Das sind die Vorgänge dieses einen Tages; der Rest wird wohl auf den Januar vertagt werden. Unter den Volkstribunen ist Racilius bei weitem der beste; aber auch Antistius wird sich wahrscheinlich freundlich zu mir stellen; Plancius ist mir ja ganz ergeben.

Sei bitte besonnen und vorsichtig bei der Überfahrt jetzt mitten im Dezember!

(Rom, den 10. Dezember [20. November] 57)

2.

Marcus grüßt Bruder Quintus

Nicht die Geschäfte, die mich allerdings stark in Anspruch nehmen, sondern eine leichte Augenentzündung zwingt mich, diesen Brief zu diktieren und Dir nicht wie sonst eigenhändig zu schreiben.

Et primum me tibi excuso in eo ipso, in quo te accuso; me enim nemo adhuc rogavit, num quid in Sardiniam velim, te puto saepe habere, qui, numquid Romam velis, quaerant.

Quod ad me Lentuli et Sesti nomine scripsisti, locutus sum cum Cincio; quomodo res se habet, non est facillima. sed habet profecto quiddam Sardinia adpositum ad recordationem praeteritae memoriae; nam ut ille Gracchus augur, posteaquam in istam provinciam venit, recordatus est, quid sibi in campo Martio comitia consulum habenti contra auspicia accidisset, sic tu mihi videris in Sardinia de forma Numisiana et de nominibus Pomponianis in otio recogitasse. sed ego adhuc emi nihil. Culleonis auctio facta est. Tusculano emptor nemo fuit; si condicio valde bona fuerit, fortassis non amittam.

De aedificatione tua Cyrum urgere non cesso; 2 spero eum in officio fore. sed omnia sunt tardiora propter furiosae aedilitatis exspectationem; nam comitia sine mora futura videntur; edicta sunt in a. d. xi Kal. Febr. te tamen sollicitum esse nolo; omne genus a nobis cautionis adhibebitur.

De rege Alexandrino factum est senatus consultum 3 cum multitudine eum reduci periculosum rei publicae videri. reliqua cum esset in senatu contentio, Lentulusne an Pompeius reduceret, obtinere causam Lentulus videbatur; in ea re nos et officio erga Lentulum mirifice et voluntati Pompei praeclare satisfecimus, sed per obtrectatores Lentuli calumnia extracta est. consecuti sunt dies comitiales, per quos senatus haberi non poterat. quid futurum sit latrocinio tribunorum, non divino, sed tamen suspicor per vim rogationem Caninium perlaturum. in ea re Pompeius quid velit, non dispicio; familiares eius quid cupiant, omnes

Zunächst möchte ich mich Dir gegenüber rechtfertigen wegen
des Vorwurfs, den gerade ich Dir mache: mich hat bisher noch
niemand gefragt, ob ich nach Sardinien etwas zu bestellen hätte,
während Du wohl oft Leute findest, die Dich nach Aufträgen für
Rom fragen.

Du schreibst mir wegen Lentulus und Sestius. Ich habe mit
Cincius gesprochen; wie die Dinge liegen, wird es nicht ganz leicht
sein. Aber Sardinien hat gewiß die Eigenschaft, einem die Erinnerung an vergangene Dinge aufzufrischen; jedenfalls geht es Dir
wie dem Augur Gracchus. Als der in Deine jetzige Provinz kam,
fiel ihm wieder ein, was ihm bei Abhaltung der Konsulwahlen auf
dem Marsfelde gegen die Auspizien passiert war. Genauso hast Du
jetzt anscheinend in Sardinien in aller Ruhe wieder an Numisius'
Grundriß und die Darlehen des Pomponius gedacht. Aber ich
habe bisher noch nichts gekauft. Culleos Auktion hat bereits stattgefunden. Für das Tusculanum hat sich kein Käufer gefunden.
Wenn die Bedingungen besonders günstig sind, lasse ich es mir
vielleicht nicht entgehen.

Wegen Deines Neubaus dränge ich Cyrus unentwegt; hoffentlich tut er seine Pflicht. Aber es ist alles ein wenig gehemmt wegen
der Spannung auf den verdammten Ädilen. Denn die Wahlen
werden wahrscheinlich unverzüglich stattfinden; sie sind auf den
20. Januar anberaumt. Doch brauchst Du Dich nicht zu be-
unruhigen; ich nehme mich in jeder Weise in acht.

Über den König von Alexandria ist ein Senatsbeschluß ergangen,
es sei wahrscheinlich gefährlich für den Staat, wenn er „mit einer
Menge" zurückgeführt werde. Es kam dann weiter im Senat zum
Streit, ob Lentulus oder Pompeius ihn zurückführen solle; Lentulus schien seinen Anspruch durchzusetzen. Dabei habe ich Lentulus gegenüber voll meine Schuldigkeit getan und doch auch ganz
in Pompeius' Sinne gehandelt, aber Lentulus' Neider haben es verstanden, durch ihre Ränke die Sache zu verschleppen. Es folgten
nun die Komitialtage, an denen keine Senatssitzung stattfinden
konnte. Was angesichts des Terrors der Tribunen jetzt geschieht,
ahne ich nicht, nehme aber doch an, Caninius wird seinen Antrag
mit Gewalt durchbringen. Was Pompeius in dieser Angelegenheit
will, durchschaue ich nicht, was seine Freunde begehren, sieht

vident; creditores vero regis aperte pecunias suppe-
ditant contra Lentulum. sine dubio res a Lentulo
remota videtur esse cum magno meo dolore, quamquam multa fecit, quare, si fas esset, iure ei suscensere
possemus.

Tu, si ista expedieris, velim quam primum bona 4
et certa tempestate conscendas ad meque venias;
innumerabiles enim res sunt, in quibus te cottidie
in omni genere desiderem.

Tui nostrique valent.

XIIII Kal. Febr.

III.
MARCVS QVINTO FRATRI SALVTEM

Scripsi ad te antea superiora; nunc cognosce, postea 1
quae sint acta.

Kal. Febr. legationes in Id. Febr. reiciebantur;
eo die res confecta non est. a. d. IIII Non. Febr. Milo
adfuit; ei Pompeius advocatus venit; dixit M. Marcellus a me rogatus; honeste discessimus; prodicta
dies est in VII Id. Febr. interim reiectis legationibus
in Idus referebatur de provinciis quaestorum et de
ornandis praetoribus; sed res multis querelis de re
publica interponendis nulla transacta est. C. Cato
legem promulgavit de imperio Lentuli abrogando;
vestitum filius mutavit.

A. d. VII Id. Febr. Milo adfuit. dixit Pompeius sive 2
voluit; nam ut surrexit, operae Clodianae clamorem
sustulerunt, idque ei perpetua oratione contigit, non
modo ut acclamatione sed ut convicio et maledictis
impediretur. qui ut peroravit – nam in eo sane fortis
fuit; non est deterritus; dixit omnia atque interdum
etiam silentio, cum auctoritate perfregerat – sed ut
peroravit, surrexit Clodius. ei tantus clamor a nostris

jeder; die Gläubiger des Königs vollends stellen in aller Öffentlichkeit Schmiergelder gegen Lentulus zur Verfügung. Zweifellos schwimmen Lentulus die Felle weg, und das tut mir sehr leid; freilich hat er allerhand getan, weswegen ich ihm zürnen könnte, wenn das nicht unanständig wäre.

Wenn Du Deinen Auftrag dort erledigt hast, schiffe Dich so bald wie möglich bei gutem, beständigem Wetter ein und komm zu mir; in tausenderlei Dingen vermisse ich Dich überall Tag für Tag.

Die Deinigen und die Meinigen sind wohlauf.

(Rom,) den 17. Januar (56) [26. Dezember 57]

3.
Marcus grüßt Bruder Quintus

Die früheren Ereignisse habe ich Dir neulich geschildert; höre nun, was hernach geschehen ist!

Am 1. Februar versuchte man, die Gesandtschaften auf den 13. Februar zu vertagen; die Sache wurde an diesem Tage nicht erledigt. Am 2. Februar erschien Milo vor Gericht; als sein Rechtsbeistand kam Pompeius. Auf meine Bitte ergriff M. Marcellus das Wort; wir bestanden in allen Ehren. Der nächste Termin wurde auf den 7. Februar angesetzt. Inzwischen waren auch die Gesandtschaften endgültig auf den 13. vertagt, und man verhandelte über die Provinzen der Quästoren und die Ausstattung der Prätoren. Aber vor lauter Klagen über die politischen Zustände wurde nichts erledigt. C. Cato kündigte einen Gesetzesantrag an, Lentulus seines Kommandos zu entkleiden; darauf legte sein Sohn Trauerkleidung an.

Am 7. Februar erschien Milo vor Gericht. Pompeius sprach oder versuchte jedenfalls zu sprechen. Denn als er sich erhob, begannen Clodius' Mietlinge zu lärmen, und das widerfuhr ihm während seiner ganzen Rede, um ihn durch Gebrüll, ja, Beschimpfungen und Schmähungen aus dem Konzept zu bringen. Als er zu Ende war – denn er hielt sich dabei ganz wacker, ließ sich nicht einschüchtern, sagte alles, und zuweilen herrschte sogar Stille, wenn seine Autorität durchschlug – also als er zu Ende war, erhob sich Clodius. Den empfingen unsre Leute mit solchem Spektakel – sie wollten ihm

– placuerat enim referre gratiam –, ut neque mente
nec lingua neque ore consisteret. ea res acta est, cum
hora sexta vix Pompeius perorasset, usque ad horam
octavam, cum omnia maledicta, versus denique ob-
scenissimi in Clodium et Clodiam dicerentur. ille furens
et exsanguis interrogabat suos in clamore ipso, quis
esset, qui plebem fame necaret; respondebant operae
'Pompeius'. quis Alexandriam ire cuperet; respondebant 'Pompeius'. quem ire vellent; respondebant
'Crassum'. is aderat tum Miloni animo non amico.
hora fere nona quasi signo dato Clodiani nostros
consputare coeperunt; exarsit dolor. urgere illi, ut
loco nos moverent; factus est a nostris impetus;
fuga operarum; eiectus de rostris Clodius, ac nos
quoque tum fugimus, ne quid in turba. senatus vo-
catus in curiam; Pompeius domum; neque ego tamen
in senatum, ne aut de tantis rebus tacerem aut in Pompeio defendendo – nam is carpebatur a Bibulo, Curione, Favonio, Servilio filio – animos bonorum
virorum offenderem; res in posterum dilata est. Clodius in Quirinalia prodixit diem.

A. d. vi Id. Febr. senatus ad Apollinis fuit, ut Pom- 3
peius adesset; acta res est graviter a Pompeio; eo die
nihil perfectum est. a. d. v Id. Febr. senatus ad Apollinis; senatus consultum factum est ea, quae facta
essent a. d. vii Id. Febr., contra rem publicam esse
facta. eo die Cato vehementer est in Pompeium invectus et eum oratione perpetua tamquam reum accusavit; de me multa me invito cum mea summa laude
dixit, cum illius in me perfidiam increparet; auditus
est magno silentio malevolorum. respondit ei vehementer Pompeius Crassumque descripsit dixitque
aperte se munitiorem ad custodiendam vitam suam
fore, quam Africanus fuisset, quem C. Carbo inter-
emisset.

mit gleicher Münze heimzahlen –, daß er den Faden verlor, sich verhaspelte und ganz blaß wurde. Pompeius war bis 12 Uhr eben fertig geworden; diese Szene spielte dann bis gegen 2 Uhr, wobei man allerlei Schmähworte und schließlich sogar recht anzügliche Verse auf Clodius und Clodia zu hören bekam. Wutentbrannt und totenblaß fragte er mitten im Spektakel seine Leute, wer es denn sei, der die Leute verhungern lasse? „Pompeius!" antwortete die Meute. Wer gern nach Alexandria gehen möchte? „Pompeius!" Wer denn nach ihrem Wunsche gehen solle? „Crassus!" – der trat zwar für Milo ein, war ihm aber nicht recht grün. Etwa um 3 Uhr begannen die Clodianer wie auf Kommando die Unsrigen anzuspeien. Erbitterung wallte auf. Jene drängelten, um uns zu verdrängen, unsre Leute gingen zum Gegenangriff über. Flucht der Meute; Clodius wurde von den Rostren heruntergeworfen, und auch ich machte mich aus dem Staube, um in dem Gedränge nicht unter die Füße zu kommen. Der Senat wurde in die Kurie berufen, Pompeius ging nach Hause. Auch ich bin doch lieber nicht in den Senat gegangen, um nicht entweder über die beschämenden Vorgänge schweigen oder für Pompeius eintreten zu müssen und damit bei den Optimaten Anstoß zu erregen, denn Bibulus, Curio, Favonius und Servilius jr. hecheln ihn dauernd durch. Die Sache wurde auf den folgenden Tag verschoben, Clodius setzte den nächsten Termin auf die Quirinalien an.

Am 8. Februar Senatssitzung im Apollotempel; es wurde der Beschluß gefaßt, die Vorgänge vom 7. Februar hätten den Staat gefährdet. An diesem Tage fuhr Cato heftig auf Pompeius los und nahm ihn sich in einer Dauerrede wie einen Angeklagten vor, wobei er – wovon ich gar nicht erbaut war – manches Wort zu meinem Lobe einfließen ließ, indem er seinen Verrat an mir geißelte; mit eisigem Schweigen als Ausdruck des Übelwollens hörte man ihn an. Pompeius entgegnete ihm scharf, spielte auf Crassus an und sagte ganz unverhohlen, er werde sein Leben besser zu wahren wissen als Africanus, den C. Carbo beseitigt habe.

Itaque magnae mihi res iam moveri videbantur. 4
nam Pompeius haec intellegit nobiscumque commu-
nicat, insidias vitae suae fieri, C. Catonem a Crasso
sustentari, Clodio pecuniam suppeditari, utrumque
et ab eo et a Curione, Bibulo ceterisque suis obtrecta-
toribus confirmari; vehementer esse providendum,
ne opprimatur contionario illo populo a se prope
alienato, nobilitate inimica, non aequo senatu, iuventute improba; itaque se comparat, homines ex agris
accersit. operas autem suas Clodius confirmat; manus
ad Quirinalia paratur. in ea multo sumus superiores
ipsius Milonis copiis; sed magna manus ex Piceno et
Gallia exspectatur, ut etiam Catonis rogationibus de
Milone et Lentulo resistamus.

A. d. IIII Id. Febr. Sestius ab indice Cn. Nerio 5
Pupinia de ambitu est postulatus et eodem die a quodam M. Tullio de vi. is erat aeger. domum, ut debui-
mus, ad eum statim venimus eique nos totos tradidi-
mus idque fecimus praeter hominum opinionem,
qui nos ei iure suscensere putabant, ut humanissimi
gratissimique et ipsi et omnibus videremur, itaque
faciemus. sed idem Nerius index edidit alligatos Cn.
Lentulum Vatiam et C. Cornelium Stellatina. et eodem
die senatus consultum factum est, ut sodalitates de-
curiatique discederent lexque de iis ferretur, ut, qui
non discessissent, ea poena, quae est de vi, tenerentur.

A. d. III Id. Febr. dixi pro Bestia de ambitu apud 6
praetorem Cn. Domitium in foro medio maximo
conventu incidique in eum locum in dicendo, cum
Sestius multis in templo Castoris vulneribus acceptis
subsidio Bestiae servatus esset. hic προῳκονομησάμην
quiddam εὐκαίρως de iis, quae in Sestium adparabantur
crimina, et eum ornavi veris laudibus magno adsensu

Somit scheinen sich mir jetzt große Dinge vorzubereiten. Pompeius merkt es und spricht mit mir darüber, daß ein Anschlag gegen sein Leben beabsichtigt sei: Crassus unterstütze C. Cato, stelle Clodius Geld zur Verfügung, beiden werde von ihm wie auch von Curio, Bibulus und seinen sonstigen Neidern der Rücken gestärkt; er müsse scharf aufpassen, daß er nicht unter die Räder komme, wo die Tagediebe in den Volksversammlungen ihm beinahe entfremdet seien, die Nobilität ihn anfeinde, der Senat sich wenig gewogen zeige, auf die Jugend kein Verlaß sei. So trifft er denn seine Gegenmaßnahmen, holt Leute vom Lande heran. Aber auch Clodius verstärkt seine Banden; für die Quirinalien wird ein Handstreich vorbereitet. Doch für diesen Fall sind wir durch Milos eigene Gefolgschaft besser gerüstet; außerdem erwarten wir noch starken Zuzug aus Picenum und Gallien, so daß wir auch Catos Anträgen gegen Milo und Lentulus entgegentreten können.

Am 10. Februar wurde Sestius von dem Denunzianten Cn. Nerius aus der Tribus Pupinia wegen Bestechung und am gleichen Tage von einem gewissen M. Tullius wegen Gewalttat angeklagt. Er selbst war krank. Wie es sich gehört, habe ich ihn gleich besucht und mich ihm ganz zur Verfügung gestellt, und zwar wider aller Erwarten; die Leute meinten, ich zürnte ihm mit Recht, und so erschien ich ihm selbst und allen andern besonders liebenswürdig und dankbar. Und dabei bleibe ich. Übrigens gab derselbe Denunziant Nerius noch Cn. Lentulus Vatia und C. Cornelius aus der Tribus Stellatina als mitbelastet an. Und am gleichen Tage erging ein Senatsbeschluß, die Zünfte und politischen Zellen sollten sich auflösen und ein Gesetzesantrag eingebracht werden des Inhalts, daß diejenigen Klubs, die sich nicht auflösten, mit der auf Gewalttat stehenden Strafe belegt werden sollten.

Am 11. Februar habe ich vor dem Prätor Cn. Domitius für Bestia in seinem Bestechungsprozeß plädiert, mitten auf dem Forum, unter gewaltigem Zulauf. In meiner Rede kam ich auch auf den Punkt zu sprechen, daß Sestius, im Castortempel schwer verwundet, durch Bestias Hilfe gerettet worden sei. Ich nahm die Gelegenheit wahr und baute ein wenig vor bezüglich der gegen Sestius erhobenen Beschuldigungen und strich ihn unter lautem Beifall von allen Seiten mit ehrlich gemeinten Lobsprüchen heraus.

omnium; res homini fuit vehementer grata. quae tibi
eo scribo, quod me de retinenda Sesti gratia litteris
saepe monuisti.

Prid. Id. Febr. haec scripsi ante lucem; eo die apud 7
Pomponium in eius nuptiis eram cenaturus. cetera
sunt in rebus nostris, cuiusmodi tu mihi fere diffi-
denti praedicabas, plena dignitatis et gratiae; quae
quidem tua, mi frater, patientia, virtute, pietate, suavitate etiam tibi mihique sunt restituta. domus tibi
ad lucum Pisonis Liciniana conducta est, sed, ut
spero, paucis mensibus post Kal. Quint. in tuam
commigrabis; tuam in Carinis mundi habitatores
Lamiae conduxerunt.

A te post illam Ulbiensem epistulam nullas litteras
accepi; quid agas et ut te oblectes, scire cupio
maximeque te ipsum videre quam primum.

Cura, mi frater, ut valeas et, quamquam est hiems,
tamen Sardiniam istam esse cogites.
xv Kal. Mart.

IV.
MARCVS QVINTO FRATRI SALVTEM

Sestius noster absolutus est a. d. II Id. Mart. et, 1
quod vehementer interfuit rei publicae, nullam videri
in eiusmodi causa dissensionem esse, omnibus sententiis absolutus est. illud, quod tibi curae saepe esse
intellexeram, ne cui iniquo relinqueremus vituperandi
locum, qui nos ingratos esse diceret, nisi illius perver-
sitatem quibusdam in rebus quam humanissime fer-
remus, scito hoc nos in eo iudicio consecutos esse,
ut omnium gratissimi iudicaremur; nam defendendo
moroso homine cumulatissime satis fecimus et, id
quod ille maxime cupiebat, Vatinium, a quo palam

Der Mann freute sich riesig. Ich schreibe Dir das, weil Du mich in Deinen Briefen mehrfach ermahnt hast, es mit Sestius nicht zu verderben.

Diese Zeilen schreibe ich am 12. Februar vor Tagesanbruch. Heute bin ich bei Pomponius zum Hochzeitsdiner. Im übrigen steht es mit mir so, wie Du es mir vorzuhalten pflegtest, als ich beinahe schon alles Vertrauen verloren hatte: hochangesehen und einflußreich; beides haben Dir und mir, lieber Bruder, Deine Geduld, Deine Tatkraft, Deine Liebe und auch Dein anziehendes Wesen wiederverschafft. Ein Haus habe ich Dir gemietet, das des Licinius an Pisos Park, aber hoffentlich wirst Du in einigen Monaten nach dem 1. Quintilis Dein eigenes beziehen können. Dein Haus in den Carinen haben die Lamier, respektable Leute, gemietet.

Von Dir habe ich seit jenem Brief aus Ulbia noch keinen wieder bekommen. Gern wüßte ich, was Du treibst und wie Du Dich vergnügst; vor allem aber wünsche ich, Dich selbst möglichst bald wiederzusehen.

Bleib gesund, lieber Bruder, und obwohl es Winter ist, denk' daran, daß Du dort in Sardinien bist!

(Rom,) den 15. Februar [22. Januar] (56)

4.
Marcus grüßt Bruder Quintus

Unser Sestius ist am 14. März freigesprochen worden, und zwar einstimmig, was insofern politisch höchst bedeutsam ist, als man sieht, bei solch einer Sache gibt es keine Meinungsverschiedenheiten. Was Dir, wie ich weiß, immer wieder Sorge macht, ich könnte irgendeinem Querkopf Gelegenheit geben, mich als undankbar zu tadeln, wenn ich über seine Verschrobenheit in gewissen Dingen nicht großzügig hinwegsähe, so wisse: ich habe es bei diesem Verfahren erreicht, daß man mich für den Dankbarsten von allen erklärte. Denn ich habe durch meine Verteidigung dem grämlichen Manne in reichstem Maße Genüge getan und seinen sehnlichsten Wunsch erfüllt, indem ich Vatinius, der ihn vor aller

oppugnabatur, arbitratu nostro concidimus dis hominibusque plaudentibus. quin etiam Paulus noster,
cum testis productus esset in Sestium, confirmavit
se nomen Vatini delaturum, si Macer Licinius cunc-
taretur, et Macer ab Sesti subselliis surrexit ac se illi
non defuturum adfirmavit. quid quaeris? homo petu-
lans et audax, Vatinius, valde perturbatus debilitatus-
que discessit.

Quintus filius tuus, puer optimus, eruditur egregie; 2
hoc nunc magis animum adverto, quod Tyrannio
docet apud me.

Domus utriusque nostrum aedificatur strenue; red-
emptori tuo dimidium pecuniae curavi; spero nos
ante hiemem contubernales fore.

De nostra Tullia tui mehercule amantissima spero
cum Crassipede nos confecisse; sed dies erant duo,
qui post Latinas habentur religiosi – ceterum confectum erat Latiar –, et erat exiturus.

V.
MARCVS QVINTO FRATRI SALVTEM

* * * ἀμφιλαφίαν autem illam, quam tu soles dicere, 1
bono modo desidero, sic prorsus, ut advenientem
excipiam libenter, latentem etiam nunc non excitem.
tribus locis aedifico, reliqua reconcinno. vivo paulo
liberalius, quam solebam; opus erat. si te haberem,
paulisper fabris locum darem. sed et haec, ut spero,
brevi inter nos communicabimus.

Res autem Romanae sese sic habent. consul est 2
egregius   Lentulus   non   impediente   collega,
sic, inquam, bonus, ut meliorem non viderim. dies
comitiales exemit omnes; nam etiam Latinae instau-

Augen schikanierte, unter Beifall von Göttern und Menschen nach meinem Dafürhalten erledigte. Sogar mein Paulus versicherte, als Zeuge gegen Sestius aufgerufen, er werde Vatinius vor den Richter bringen, wenn Macer Licinius zögere, und Macer erhob sich von der Bank, wo Sestius saß, und erklärte, er werde ihn nicht im Stiche lassen. Kurz und gut, dieser unverschämte, freche Kerl, der Vatinius, zog vollkommen verstört und niedergeschlagen ab.

Dein Sohn Quintus, der prächtige Bengel, macht gute Fortschritte in seiner Ausbildung. Das merke ich jetzt so recht, wo Tyrannio ihn bei mir unterrichtet.

An unser beider Häusern wird eifrig gebaut. Deinem Unternehmer habe ich die Hälfte des Geldes überwiesen. Ich hoffe, vor Wintersanfang sind wir Nachbarn.

Was meine Tullia angeht, die Dich wirklich sehr liebhat, hoffe ich, mit Crassipes einig geworden zu sein; aber es waren gerade die beiden Tage nach dem Latinerfest, die als Feiertage gelten – das eigentliche Latiar war schon vorüber –, und außerdem war er drauf und dran zu verreisen.

(Rom, Mitte März [Februar] 56)

5.
Marcus grüßt Bruder Quintus

... Diesem „Goldregen", mit dem Du mich zu uzen pflegst, sehe ich mit Gelassenheit entgegen, das heißt: wenn er kommt, fange ich ihn gern auf, läßt er auch jetzt noch auf sich warten, führe ich ihn nicht künstlich herbei. Ich baue an drei Stellen; meine sonstigen Häuser lasse ich ausbessern; außerdem lebe ich ein wenig großzügiger als sonst, es mußte ja sein. Wenn ich Dich hier hätte, würde ich den Handwerkern ein Weilchen Zeit lassen, aber auch das können wir, wie ich hoffe, bald mündlich miteinander besprechen.

Mit den Verhältnissen in Rom steht es so: Lentulus ist ein trefflicher Konsul, und sein Kollege legt ihm nichts in den Weg; so trefflich, will ich sagen, daß ich noch nie einen besseren gesehen habe. Alle Komitialtage hat er aufgehoben; er läßt sogar das Latinerfest wiederholen, und es fehlte doch auch nicht an Prozes-

rantur, nec tamen deerant supplicationes. sic legibus 3
perniciosissimis obsistitur, maxime Catonis, cui tamen
egregie imposuit Milo noster. nam ille vindex gladia-
torum et bestiariorum emerat de Cosconio et Pomponio bestiarios nec sine iis armatis umquam in publi-
co fuerat; hos alere non poterat, itaque vix tenebat.
sensit Milo; dedit cuidam non familiari negotium,
qui sine suspicione emeret eam familiam a Catone.
quae simul atque abducta est, Racilius, qui unus est
hoc tempore tribunus pl., rem patefecit eosque homines sibi emptos esse dixit – sic enim placuerat – et
tabulam proscripsit se familiam Catonianam vendi-
turum; in eam tabulam magni risus consequebantur.
hunc igitur Catonem Lentulus a legibus removit et
eos, qui de Caesare monstra promulgarunt, quibus
intercederet nemo. nam quod de Pompeio Caninius
agit, sane quam refrixit; neque enim res probatur et
Pompeius noster in amicitia P. Lentuli vituperatur
et hercule non est idem; nam apud perditissimam illam atque infimam faecem populi propter Milonem
suboffendit, et boni multa ab eo desiderant, multa
reprehendunt. Marcellinus autem hoc uno mihi quidem non satisfacit, quod eum nimis aspere tractat;
quamquam id senatu non invito facit; quo ego me
libentius a curia et ab omni parte rei publicae sub-
traho.

In iudiciis ii sumus, qui fuimus; domus celebratur 4
ita, ut cum maxime. unum accidit imprudentia Milonis incommode, de Sexto Cloelio, quem neque hoc
tempore neque ab imbecillis accusatoribus mihi placuit accusari; ei tres sententiae deterrimo in consilio
defuerunt. itaque hominem populus revocat, et retra-
hatur necesse est; non enim ferunt homines, et quia,
cum apud suos diceret, paene damnatus est, vident

sionen. So begegnet er den gefährlichen Gesetzesanträgen, besonders Catos; doch dem hat unser Milo etwas Nettes eingebrockt.
Dieser Beschützer von Gladiatoren und Tierkämpfern hatte nämlich solche von Cosconius und Pomponius gekauft und betrat nie
mehr die Straße ohne diese bewaffnete Garde. Aber er konnte sie
nicht ernähren, und so machte es ihm Mühe, sie zu halten. Das
merkte Milo und gab irgendwem, der nicht zu seinem Hause
gehörte, den Auftrag, ohne Aufsehen diese Truppe von Cato zu
kaufen. Kaum war sie abgeholt, da enthüllte Racilius – zur Zeit
übrigens der einzige wirkliche Volkstribun – die Sache, erklärte,
die Leute seien für seine Rechnung gekauft – so war es nämlich
vereinbart worden – und ließ einen Anschlag machen, er wolle die
Cato-Truppe verkaufen. Der Anschlag erregte große Heiterkeit.
Diesem Cato machte also Lentulus seine Gesetzesanträge unmöglich und ebenso denen, die zugunsten Caesars geradezu ungeheuerliche Anträge ankündigten, gegen die keiner sein Veto eingelegt
hätte. Denn von Caninius' Vorhaben betreffs Pompeius ist es vollkommen still geworden. Die Sache findet an sich keinen Beifall,
und außerdem schilt man unsren Pompeius wegen des Verrats an
seiner Freundschaft mit P. Lentulus, und er hat weiß Gott auch
nicht mehr denselben Einfluß; bei der gemeinsten, verworfensten
Hefe des Volkes erregt er Anstoß wegen Milo, und die Optimaten
verlangen viel von ihm und tadeln viel an ihm. Marcellinus macht
es mir nur in einem Punkte nicht recht: er behandelt ihn allzu
schroff. Allerdings ist der Senat ganz damit einverstanden; um so
lieber entziehe ich mich der Kurie und überhaupt jeder politischen
Tätigkeit.

Vor Gericht bin ich immer noch der Alte; man läuft mir das
Haus ein, wie eben jetzt. Nur bei Cloelius ist uns durch Milos Un-
vorsichtigkeit ein Malheur passiert; mir war es überhaupt nicht
recht, daß er in diesem Augenblick und von so ohnmächtigen
Klägern angeklagt wurde. Trotz des verworfenen Beirats fehlten
zu seiner Verurteilung nur drei Stimmen. So fordert denn das Volk
eine Wiederaufnahme des Verfahrens, und er muß auch unbedingt
noch einmal heran. Die Leute lassen sich das nicht gefallen und
betrachten ihn als verurteilt, weil er beinahe verurteilt worden wäre,
obwohl er vor Männern seines Schlages stand. Aber der Umstand,

damnatum. ea ipsa in re Pompei offensio nobis ob-
stitit; senatorum enim urna copiose absolvit, equitum
adaequavit, tribuni aerarii condemnarunt. sed hoc
incommodum consolantur cottidianae damnationes
inimicorum, in quibus me perlibente Sevius adlisus
est, ceteri conciduntur. C. Cato contionatus est comitia haberi non siturum, si sibi cum populo dies agendi
essent exempti. Appius a Caesare nondum redierat.

Tuas mirifice litteras exspecto; atque adhuc clau- 5
sum mare fuisse scio, sed quosdam venisse tamen
Ostiam dicebant, qui te unice laudarent plurimique in
provincia fieri dicerent. eosdem aiebant nuntiare te
prima navigatione transmissurum; id cupio et, quamquam te ipsum scilicet maxime, tamen etiam litteras
tuas ante exspecto.

Mi frater, vale.

VI.
MARCVS QVINTO FRATRI SALVTEM

Dederam ad te litteras antea, quibus erat scriptum 1
Tulliam nostram Crassipedi prid. Non. Apr. esse
desponsam, ceteraque de re publica privataque per-
scripseram. postea sunt haec acta.

Non. Apr. senatus consulto Pompeio pecunia decreta in rem frumentariam ad HS ⌐CCCC⌐. sed eodem
die vehementer actum de agro Campano clamore senatus prope contionali; acriorem causam inopia pecuniae faciebat et annonae caritas. non praetermittam 2
ne illud quidem: M. Furium Flaccum, equitem Romanum, hominem nequam, Capitolini et Mercuriales
de collegio eiecerunt praesentem ad pedes unius
cuiusque iacentem.

daß er Pompeius schikaniert, stand uns gerade bei dieser Sache im
Wege: die Senatoren sprachen ihn mit großer Majorität frei, bei
den Rittern fand sich Stimmengleichheit, die Ärartribunen ver-
urteilten ihn. Über diese Schlappe trösten mich jedoch die alltäg-
lichen Verurteilungen meiner Feinde hinweg, unter denen zu
meiner großen Freude Sevius nicht ohne Schaden weggekommen
ist, die übrigen draufgehen. C. Cato hat in der Volksversammlung
erklärt, er werde es nicht zu Wahlen kommen lassen, falls man ihm
die Tage zu Verhandlungen mit dem Volke nehme. Appius ist noch
nicht von Caesar zurück.

Ich erwarte mit Ungeduld Nachricht von Dir. Freilich weiß ich,
die Schiffahrt ist bisher noch nicht wieder offen, aber wie man hört,
sind doch Leute in Ostia eingetroffen, die Dich außerordentlich
rühmen und behaupten, Du seiest hochangesehen in der Provinz.
Angeblich berichten sie weiterhin, Du wollest gleich bei der ersten
Fahrgelegenheit herüberkommen. Das wäre fein; aber obwohl ich
Dich persönlich natürlich vor allem erwarte, so doch immerhin
vorher noch einen Brief von Dir.

Leb wohl, lieber Bruder!

(Rom, Ende [Anfang] März 56)

6.
Marcus grüßt Bruder Quintus

Kürzlich habe ich Dir mitgeteilt, daß unsre Tullia sich am 4. April
mit Crassipes verlobt habe, und Dir die sonstigen öffentlichen und
privaten Ereignisse geschildert. Seitdem ist folgendes passiert.

Am 5. April wurde auf Senatsbeschluß Pompeius eine Summe
von 40 Millionen für die Getreideversorgung bewilligt. Am
gleichen Tage kam es zu lebhaften Debatten über den Ager Campanus, wobei sich im Senat Lärmszenen abspielten wie in einer
Volksversammlung. Verschärft wurde die Sache noch durch die
Geldknappheit und die Teuerung. Auch dies will ich nicht übergehen: M. Furius Flaccus, ein Römischer Ritter und nichtsnutziger
Kerl, ist von den Capitolini und Mercuriales aus ihrem Kollegium
ausgestoßen worden, obwohl er sich einem jeden persönlich zu
Füßen warf.

A. d. VIII Id. Apr. sponsalia Crassipedi praebui;
huic convivio puer optimus, Quintus tuus meusque,
quod perleviter commotus fuerat, defuit. a. d. VI Id.
Apr. veni ad Quintum eumque vidi plane integrum,
multumque is mecum sermonem habuit et perhuma-
num de discordiis mulierum nostrarum. quid quaeris?
nihil festivius. Pomponia autem etiam de te questa
est; sed haec coram agemus.

A puero ut discessi, in aream tuam veni. res age- 3
batur multis structoribus; Longilium redemptorem
cohortatus sum; fidem mihi faciebat se velle nobis
placere. domus erit egregia; magis enim cerni iam
poterat, quam quantum ex forma iudicabamus; itemque nostra celeriter aedificabatur. eo die cenavi apud
Crassipedem; cenatus in hortos ad Pompeium lectica
latus sum. luci eum convenire non potueram, quod
afuerat; videre autem volebam, quod eram postridie
Roma exiturus et quod ille in Sardiniam iter habebat. hominem conveni et ab eo petivi, ut quam primum te nobis redderet; 'statim' dixit. erat autem
iturus, ut aiebat, a. d. III Id. Apr., ut aut Labrone aut
Pisis conscenderet. tu, mi frater, simul et ille venerit,
primam navigationem, dum modo idonea tempestas
sit, ne omiseris.

A. d. V Id. Apr. ante lucem hanc epistulam dicta- 4
veram conscripseramque in itinere, ut eo die apud
T. Titium in Anagnino manerem; postridie autem
in Laterio cogitabam, inde, cum in Arpinati quinque
dies fuissem, ire in Pompeianum, rediens aspicere
Cumanum, ut, quoniam in Non. Mai. Miloni dies
prodicta est, prid. Non. Romae essem teque, mi carissime et suavissime frater, ad eam diem, ut sperabam,
viderem. aedificationem Arcani ad tuum adventum
sustentari placebat.

Fac, mi frater, ut valeas quam primumque venias.

Am 6. April habe ich Crassipes sein Verlobungsdiner ausgerichtet. Dein und mein Quintus fehlten bei dem Mahle wegen einer leichten Unpäßlichkeit. Als ich Quintus am 7. April besuchte, fand ich ihn schon ganz wiederhergestellt, und er unterhielt sich eingehend und überaus dezent mit mir über das gespannte Verhältnis zwischen unsern Frauen. Wirklich, ein ganz reizender Bengel! Pomponia hat sich jedoch auch über Dich beklagt; aber davon reden wir mündlich.

Von dem Jungen begab ich mich zu Deinem Bauplatz. Da waren sie mit vielen Bauleuten zugange. Deinem Unternehmer Longilius habe ich gut zugeredet. Er machte mir den Eindruck, als ob er uns zufriedenstellen möchte. Das Haus wird großartig; man kann das nämlich jetzt schon besser erkennen, als wir es uns an Hand des Grundrisses vorstellten. Auch meins schreitet rüstig fort. Ich speiste dann bei Crassipes; anschließend ließ ich mich in der Sänfte in die Gärten zu Pompeius tragen. Bei Tage hatte ich ihn nicht aufsuchen können, weil er unterwegs war; sprechen wollte ich ihn aber, weil ich anderntags Rom zu verlassen gedachte, und weil er eine Reise nach Sardinien vorhatte. So habe ich ihn denn auch angetroffen und ihn gebeten, Dich mir möglichst bald zurückzugeben. „Sofort", sagte er. Er wollte aber, wie er sagte, am 11. April abreisen, um sich entweder in Labro oder in Pisa einzuschiffen. Also, lieber Bruder, sobald er da ist, laß Dir die erste beste Gelegenheit zur Rückfahrt nicht entgehen, wenn nur das Wetter einigermaßen ist.

Diesen Brief habe ich am 9. April beim Morgengrauen diktiert und geschrieben; ich bin unterwegs, um heute bei T. Titius auf dem Anagninum zu übernachten, morgen, denke ich, auf dem Laterium, um dann, nach einem Aufenthalt von fünf Tagen in Arpinum, aufs Pompeianum zu gehen. Auf dem Rückwege werfe ich einen Blick nach Cumae, um am 6. Mai wieder in Rom zu sein, denn am 7. Mai hat Milo Termin, und dann hoffentlich Dich, mein herzlieber Bruder, dort anzutreffen. Den Bau des Arcanum glaube ich bis zu Deinem Eintreffen einstellen zu sollen.

Halt Dich munter, lieber Bruder, und mach, daß Du recht bald kommst!

(Auf dem Wege nach Anagnia, den 9. April [16. März] 56)

VII.
MARCVS QVINTO FRATRI SALVTEM

O litteras mihi tuas iucundissimas, exspectatas, ac 1
primo quidem cum desiderio, nunc vero etiam cum
timore! atque has scito litteras me solas accepisse post
illas, quas tuus nauta attulit Ulbia datas. sed cetera,
ut scribis, praesenti sermoni reserventur; hoc tamen
non queo differre: Id. Mai. senatus frequens divinus
fuit in supplicatione Gabinio deneganda. adiurat Procilius hoc nemini accidisse; foris valde plauditur.
mihi cum sua sponte iucundum tum iucundius, quod
me absente; est enim εἰλικρινές iudicium, sine oppu-
gnatione, sine gratia nostra, eram Antii, quod Idibus
et postridie fuerat dictum de agro Campano actum
iri, ut est actum. in hac causa mihi aqua haeret.

Sed plura, quam constitueram; coram enim. vale,
mi optime et optatissime frater, et advola; idem te
pueri nostri rogant. illud scilicet: cenabis, cum veneris.

VIII (IX).
MARCVS QVINTO FRATRI SALVTEM

Tu metuis, ne me interpelles? primum, si in isto 1
essem, tu scis, quid sit interpellare; Antiates mehercule mihi docere videris istius generis humanitatem,
qua quidem ego nihil utor abs te. tu vero ut me et
appelles et interpelles et obloquare et conloquare
velim; quid enim mihi suavius? non mehercule quisquam μουσοπάτακτος libentius sua recentia poemata
legit, quam ego te audio quacumque de re, publica,
privata, rustica, urbana. sed mea factum est insulsa
verecundia, ut te proficiscens non tollerem. opposu-

7.
Marcus grüßt Bruder Quintus

Welch reizender Brief von Dir! Langerwartet, und zwar zunächst mit Sehnsucht, jetzt aber auch nicht ohne Besorgnis. Und wisse: dies ist der einzige Brief, den ich erhalten habe seit jenem aus Ulbia, den mir Dein Schiffer gebracht hat. Nun, alles übrige wollen wir, wie Du ganz richtig sagst, für eine mündliche Aussprache zurückstellen, nur eins kann ich mir nicht verkneifen: am 15. Mai hat sich der zahlreich versammelte Senat ganz großartig benommen, als er daranging, Gabinius das Dankfest zu versagen. Procilius versichert unter Eid, das sei noch nie jemandem passiert. Draußen ist man restlos begeistert. Mir ist es an und für sich angenehm, und um so angenehmer, als ich nicht dabeigewesen bin. So erscheint die Entscheidung sauber, ohne Opposition und Beeinflussung von meiner Seite. Ich war in Antium, weil für den 15. und 16. dem Vernehmen nach über den Ager Campanus verhandelt werden sollte, wie es denn auch geschehen ist. Bei dieser Sache habe ich ein Schloß vor dem Mund.

Aber das ist mehr, als ich eigentlich wollte; also mündlich! Leb' wohl, mein bester, heißersehnter Bruder, und spute Dich! Darum bitten Dich auch unsre Jungen. Selbstverständlich speist Du bei mir, wenn du kommst!

(Rom, kurz nach dem 16. Mai [21. April] 56)

8. (9.)
Marcus grüßt Bruder Quintus

Du befürchtest, mich zu stören? Erstens, wenn ich wirklich an der Arbeit wäre, weißt Du, was stören heißt; anscheinend willst Du mir weiß Gott den Antiaten diese Höflichkeit beibringen, von der ich bei Dir nichts wissen will. Nein, sprich mich nur an, störe mich, rede mir drein und unterhalt Dich mit mir, denn was könnte es Angenehmeres geben? Wirklich, kein begeisterter Musensohn liest lieber seine frischgebackenen Produkte vor, als ich Dich über alles mögliche reden höre, Privates und Öffentliches, aus Stadt und Land. Aber meine alberne Schüchternheit ist schuld daran, daß ich Dich bei meiner Abreise nicht zur Mitreise aufgefordert habe. Einmal hast Du mir einen unwiderleglichen Grund entgegen-

isti semel ἀναντίλεκτον causam, Ciceronis nostri valetudinem; conticui. iterum Cicerones; quievi. nunc
mihi iucunditatis plena epistula hoc adspersit molestiae, quod videris, ne mihi molestus esses, veritus esse
atque etiam nunc vereri. litigarem tecum, si fas esset;
sed mehercule, istuc si umquam suspicatus ero, nihil
dicam aliud nisi verebor, ne quando ego tibi, cum
sum una, molestus sim. video te ingemuisse; sic fit,
εἰ δεῖν᾽ ἔφησας. numquam enim dicam ἔδρασας. Marium
autem nostrum in lecticam mehercule coniecissem,
non illam regis Ptolomaei Asicianam; memini enim,
cum hominem portarem ad Baias Neapoli octaphoro
Asiciano machaerophoris centum sequentibus, miros
risus nos edere, cum ille ignarus sui comitatus repente
aperuit lecticam et paene ille timore, ego risu corrui.
hunc, ut dico, certe sustulissem, ut aliquando subtili-
tatem veteris urbanitatis et humanissimi sermonis
attingerem; sed hominem infirmum in villam apertam
ac ne rudem quidem etiam nunc invitare nolui. hoc 3
vero mihi peculiare fuerit, hic etiam isto frui; nam
illorum praediorum scito mihi vicinum Marium lu-
men esse. apud Anicium videbimus, ut paratum sit.
nos enim ita philologi sumus, ut vel cum fabris habitare possimus; habemus hanc philosophiam non ab
Hymetto sed ab †araxira†. Marius et valetudine est
et natura imbecillior. de interpellatione: tamen sumam 4
a vobis temporis ad scribendum, quantum dabitis;
utinam nihil detis, ut potius vestra iniuria quam igna-
via mea cessem!

De re publica nimium te laborare doleo et meliorem
civem esse quam Philoctetam, qui accepta iniuria ea
spectacula quaerebat, quae tibi acerba esse video.
amabo te, advola – consolabor te et omnem abster-

gehalten, den Gesundheitszustand unsres Cicero, und so schwieg ich; ein zweites Mal beide Cicerones, und da habe ich es aufgegeben. Jetzt übergießt Dein so überaus reizender Brief mich mit dem Mißbehagen, daß Du offenbar befürchtet hast, mir lästig zu fallen, und dies noch befürchtest. Ich würde mit Dir zanken, wenn es recht wäre, aber, bei Gott, sollte ich jemals wieder diesen Gedanken bei Dir vermuten, werde ich nichts andres sagen als nur, daß ich befürchten muß, Dir einmal lästig zu fallen, wenn ich bei Dir bin. Ich sehe, wie Du aufseufzt; ja, so geht's, wenn man etwas Schlimmes gesagt hat – „getan hat" werde ich ja nie zu sagen brauchen. Aber unsern Marius hätte ich weiß Gott gern in die Sänfte gepackt. Nicht in die asicianische des Königs Ptolomaeus; mir fällt da nämlich ein, als ich den Mann von Neapel nach Baiae in der Achtmännersänfte des Asicius mit einem Gefolge von hundert Leibwächtern transportierte, wie wir da beide gelacht haben, als er, nichts ahnend von seinem Geleit, plötzlich die Sänfte öffnete und dann vor Angst, ich vor Lachen fast platzte. Wie gesagt, ihn hätte ich gern mitgenommen, um wieder einmal die Feinheit alter Lebensart und hochgebildeter Unterhaltung zu kosten; aber ich wollte den anfälligen Mann jetzt noch nicht in das ungedeckte, kaum im Rohbau fertige Haus einladen. Es wird mir fürwahr ein besonderes Vergnügen sein, auch hier seine Gesellschaft zu genießen, denn wisse: Marius als Nachbar ist für mich der Glanzpunkt jener Besitzungen. Ich will sehen, daß ich ihn bei Anicius unterbringe. Ich bin nämlich ein solcher Bücherwurm, daß ich selbst mit den Handwerkern zusammen wohnen könnte. Diese Philosophie habe ich nicht vom Hymettus, sondern von … bezogen. Marius ist von Konstitution und Veranlagung nicht so stark. Was aber Eure Störung angeht, werde ich mir doch Zeit zum Schriftstellern nehmen, so viel Ihr mir zugesteht. Hoffentlich schenkt Ihr mir keine Minute, dann kann ich mein Nichtstun besser mit Eurem unbilligen Verhalten als mit meiner Faulheit entschuldigen.

Daß Du unter den politischen Verhältnissen allzusehr leidest und ein besserer Staatsbürger bist als Philoctet, der angesichts des erlittenen Unrechts dies Spektakel genoß, das Dich, wie ich sehe, verbittert, tut mir leid. Sei so lieb und flieg herbei; ich werde Dich

gebo dolorem – et adduc, si me amas, Marium; sed
adproperate. hortus domi est.

IX (VIII).
MARCVS QVINTO FRATRI SALVTEM

Placiturum tibi esse librum secundum suspicabar; 1
tam valde placuisse, quam scribis, valde gaudeo.
quod me admones de †non curantia† suadesque, ut
meminerim Iovis orationem, quae est in extremo illo
libro, ego vero memini et illa omnia mihi magis scripsi
quam ceteris.

Sed tamen postridie, quam tu es profectus, multa 2
nocte cum Vibullio veni ad Pompeium; cumque ego
egissem de istis operibus atque inscriptionibus, per
mihi benigne respondit; magnam spem attulit; cum
Crasso se dixit loqui velle mihique, ut idem facerem,
suasit. Crassum consulem ex senatu domum reduxi;
suscepit rem dixitque esse, quod Clodius hoc tempore
cuperet per se et per Pompeium consequi; putare se,
si ego eum non impedirem, posse me adipisci sine
contentione, quod vellem; totum ei negotium per-
misi meque in eius potestate dixi fore. interfuit huic
sermoni P. Crassus adulescens nostri, ut scis, studiosissimus. illud autem, quod cupit Clodius, est legatio
aliqua – si minus per senatum, per populum – libera
aut Byzantium aut ad Brogitarum aut utrumque;
plena res nummorum; quod ego non nimium laboro,
etiamsi minus adsequor, quod volo. Pompeius tamen
cum Crasso locutus est; videntur negotium suscepisse.
si perficiunt, optime; si minus, ad nostrum Iovem
revertamur.

A. d. iii Id. Febr. senatus consultum est factum 3
de ambitu in Afrani sententiam, quam ego dixeram,
cum tu adesses; sed magno cum gemitu senatus con-

trösten und Dir alle Kummerfalten glätten. Und bring' bitte Marius mit; aber beeilt Euch! Ein Garten ist im Hause.

(Antium, im Juni 56)

9. (8.)
Marcus grüßt Bruder Quintus

Daß Dir mein zweites Buch gefallen würde, habe ich erwartet, und daß es Dir so ausnehmend gefallen hat, freut mich ganz riesig. Du erinnerst mich an ... und rätst mir, mich der Rede Iuppiters am Ende dieses Buches zu erinnern; nun, ich erinnere mich ihrer und habe dies alles mehr für mich als für die andern geschrieben.

Ich bin aber doch am Tage nach Deiner Abreise mit Vibullius spät in der Nacht zu Pompeius gegangen, habe ihm über meine Bauten und die Inschriften berichtet, und er hat mir sehr liebenswürdig geantwortet und mir große Hoffnungen gemacht. Er versicherte, er werde mit Crassus sprechen, und riet mir, es auch zu tun. Ich habe daraufhin den Konsul Crassus aus dem Senat nach Hause begleitet. Er nahm sich der Sache an und sagte, Clodius hege zur Zeit einen Wunsch, den er durch ihn und Pompeius erfüllt wissen möchte; wenn ich ihm dabei nichts in den Weg legte, könne ich mein Ziel ohne Schwierigkeiten erreichen. Ich habe ihm also die ganze Sache anheimgestellt und ihm gesagt, ich würde mich ganz nach ihm richten. Dem Gespräch wohnte der junge P. Crassus bei, der mir, wie Du weißt, herzlich zugetan ist. Was Clodius übrigens wünscht, ist eine freie Gesandtschaft – wenn nicht durch den Senat, dann eben durch das Volk – nach Byzanz oder zu Brogitarus oder auch beides, ein einträgliches Geschäft; aber das regt mich nicht allzusehr auf, auch wenn ich nicht ganz erreiche, was ich will. Jedenfalls hat Pompeius mit Crassus gesprochen, und anscheinend wollen sie sich der Sache annehmen. Wenn sie damit durchkommen, gut; wenn nicht, kehren wir zu unserm Iuppiter zurück.

Am 11. Februar ist ein Senatsbeschluß über das Bestechungsunwesen im Anschluß an einen Antrag des Afranius ergangen, den ich schon einmal in Deinem Beisein gestellt hatte; aber trotz lauten Murrens des Senats sind die Konsuln nicht auf die Anträge derer

sules non sunt persecuti eorum sententias, qui, Afra-
nio cum essent adsensi, addiderunt, ut praetores ita
crearentur, ut dies sexaginta privati essent. eo die
Catonem plane repudiarunt. quid multa? tenent omnia idque ita omnes intellegere volunt.

X.
MARCVS QVINTO FRATRI SALVTEM

Epistulam hanc convicio efflagitarunt codicilli tui. 1
nam res quidem ipsa et is dies, quo tu es profectus,
nihil mihi ad scribendum argumenti sane dabat. sed
quemadmodum, coram cum sumus, sermo nobis
deesse non solet, sic epistulae nostrae debent interdum alucinari.

Tenediorum igitur libertas securi Tenedia praecisa 2
est, cum eos praeter me et Bibulum et Calidium et
Favonium nemo defenderet. de te a Magnetibus ab
Sipylo mentio est honorifica facta, cum te unum dicerent postulationi L. Sesti Pansae restitisse.

Reliquis diebus si quid erit, quod te scire opus sit,
aut etiam si nihil erit, tamen scribam cottidie aliquid.
prid. Id. neque tibi neque Pomponio deero.

Lucreti poemata, ut scribis, ita sunt, multis lumini-
bus ingenii, multae tamen artis; sed cum veneris.

Virum te putabo si Sallusti Empedoclea legeris,
hominem non putabo.

XI.
MARCVS QVINTO FRATRI SALVTEM

Gaudeo tibi iucundas esse meas litteras, nec tamen 1
habuissem scribendi nunc quidem ullum argumentum, nisi tuas accepissem. nam prid. Id., cum Appius
senatum infrequentem coegisset, tantum fuit frigus,
ut pipulo coactus sit nos dimittere.

eingegangen, die für Afranius eintraten, jedoch hinzufügten, die Prätoren sollten gewählt werden mit der Maßgabe, daß sie noch zwei Monate als Privatleute gelten sollten. Cato haben sie an diesem Tage endgültig abgelehnt. Mit einem Worte: sie können machen, was sie wollen, und wollen, daß auch jeder sich dessen bewußt ist.

(Rom, kurz nach dem 11. Februar [8. Januar] 55)

10.

Marcus grüßt Bruder Quintus

Diesen Brief hat das Gequake Deines Billetts herausgefordert. Die Sache an sich und der Tag Deiner Abreise bietet mir nämlich wirklich keinen Stoff zum Schreiben. Aber wie uns, wenn wir beieinander sind, der Gesprächsstoff im allgemeinen nicht ausgeht, so müssen auch unsre Briefe bisweilen einmal schwatzen.

Also die Freiheit der Tenedier ist mit dem Tenedierbeil geköpft worden, denn außer mir, Bibulus, Calidius und Favonius trat niemand für sie ein. Du bist von den Magneten am Sipylus in ehrenvoller Weise genannt worden als der einzige, der den Forderungen des L. Sestius Pansa entgegengetreten sei.

In Zukunft werde ich Dir auf jeden Fall alle Tage schreiben, falls es etwas gibt, was Du wissen mußt, oder auch, wenn es nichts gibt. Am 12. stehe ich Dir und Pomponius gern zur Verfügung.

Mit Lucrez' Gedichten ist es, wie Du schreibst: manch schöner Geistesblitz, aber doch auch beachtenswerter Kunstsinn; doch davon, wenn Du wieder da bist.

Wenn Du mit Sallusts Empedoclea fertig wirst, bist Du in meinen Augen ein Held, aber kein Mensch.

(Anfang Februar [Januar] 54)

11.

Marcus grüßt Bruder Quintus

Es freut mich, daß Du an meinen Briefen Gefallen findest; für den Augenblick hätte ich allerdings keinen Stoff für ein Schreiben, hätte ich den Deinigen nicht erhalten. Denn als Appius am 12. eine schlecht besuchte Senatssitzung zusammenbrachte, herrschte eine solche Kälte, daß er sich durch unser Geschimpfe gezwungen sah, uns nach Hause gehen zu lassen.

De Commageno, quod rem totam discusseram, 2
mirifice mihi et per se et per Pomponium blanditur
Appius; videt enim, hoc genere dicendi si utar in
ceteris, Februarium sterilem futurum. eumque lusi
iocose satis, neque solum illud extorsi oppidulum,
quod erat positum in Euphrati Zeugmate, sed praeterea togam sum eius praetextam, quam erat adeptus
Caesare consule, magno hominum risu cavillatus.
'quod vult' inquam 'renovari honores eosdem, quo 3
minus togam praetextam quotannis interpolet, decer-
nendum nihil censeo; vos autem homines nobiles,
qui Bostrenum praetextatum non ferebatis, Com-
magenum feretis?' genus vides et locum iocandi;
multa dixi in ignobilem regem, quibus totus est ex-
plosus. quo genere commotus, ut dixi, Appius totum
me amplexatur; nihil est enim facilius quam reliqua
discutere. sed non faciam, ut illum offendam,

                              ne implorét fidem
     Iovis Hóspitalis, Graios omnes cónvocet,

per quos mecum in gratiam rediit.
Theopompo satisfaciemus. de Caesare fugerat me 4
ad te scribere; video enim, quas tu litteras exspectaris.
sed ille scripsit ad Balbum fasciculum illum epistularum, in quo fuerat mea et Balbi, totum sibi aqua
madidum redditum esse, ut ne illud quidem sciat, meam
fuisse aliquam epistulam. sed ex Balbi epistula pauca
verba intellexerat, ad quae rescripsit his verbis: 'de
Cicerone te video quiddam scripsisse, quod ego non
intellexi; quantum autem coniectura consequebar, id
erat eiusmodi, ut magis optandum quam sperandum
putarem.' itaque postea misi ad Caesarem eodem illo 5
exemplo litteras. iocum autem illius de sua egestate
ne sis aspernatus; ad quem ego rescripsi nihil esse,
quod posthac arcae nostrae fiducia conturbaret, lusi-
que in eo genere et familiariter et cum dignitate. amor
autem eius erga nos perfertur omnium nuntiis singu-

Was den Commagener angeht, hatte ich die ganze Sache hintertrieben, und daraufhin geht mir Appius jetzt persönlich und über Pomponius eifrig um den Bart. Er sieht nämlich, wenn ich diesen Jargon weiterhin praktiziere, wird der ganze Februar unfruchtbar sein. Und ich habe ihn recht spaßig gefoppt, ihm nicht nur das Städtchen am Euphrat-Zeugma entwunden, sondern auch die Toga praetexta, die ihm unter Caesars Konsulat verliehen worden war, unter lautem Gelächter bespöttelt. „Wenn er sich die gleichen Ehrenrechte erneuern lassen will", sagte ich, „so habe ich durchaus nichts dagegen, daß er seine Toga praetexta Jahr für Jahr flickt. Ihr Nobiles aber, die ihr es nicht dulden wolltet, daß ein Bostrener mit der Praetexta herumlief, wollt es bei dem Commagener dulden?" Du siehst, worin meine Fopperei bestand und worauf sie zielte. So habe ich mancherlei auf den unbedeutenden Fürsten gesagt, wodurch er völlig lächerlich wurde. Wie gesagt, durch dies Verfahren sieht Appius sich bewogen, mich ganz in sein Herz zu schließen. Nichts wäre ja leichter, als so alles zu hintertreiben. Aber so weit will ich es nicht kommen lassen, daß ich ihn ernstlich erzürne,

„damit er den Schutz des Iuppiter

Hospitalis anruft und alle Griechen zusammentrommelt", die seine Versöhnung mit mir zustande gebracht haben.

Theopomp werde ich zufriedenstellen. Dir von Caesar zu schreiben, habe ich ganz vergessen; was für einen Brief Du erwartest, kann ich mir wohl denken. Wie er an Balbus schreibt, hat er das Briefbündel, in dem sich mein Brief und der des Balbus befand, völlig durchnäßt erhalten und weiß somit nicht einmal, daß einer von mir dabeigewesen ist. Aber in Balbus' Brief waren einige wenige Worte lesbar, auf die er folgendermaßen antwortet: „Wie ich sehe, hast Du irgend etwas über Cicero geschrieben, was ich aber nicht lesen kann; soviel ich vermutungsweise feststellen kann, ist es mehr dazu angetan, mich es wünschen als hoffen zu lassen." Darum habe ich gleich noch einmal in demselben Sinne an Caesar geschrieben. Seinen Scherz über seine eigene Bedürftigkeit brauchst Du nicht tragisch zu nehmen. Ich habe ihm erwidert, im Vertrauen auf unsern Säckel brauche er hernach nicht gleich Bankrott anzumelden, und ihn in dieser Weise freundschaftlich und doch achtungsvoll geneckt. Seine außergewöhnliche Liebe zu uns lassen

laris. litterae quidem ad id, quod exspectas, fere cum tuo reditu iungentur.

Reliqua singulorum dierum scribemus ad te, si modo tabellarios tu praebebis. quamquam eiusmodi frigus impendebat, ut summum periculum esset, ne Appio suae aedes urerentur.

XII.
MARCVS QVINTO FRATRI SALVTEM

Risi 'nivem atram' teque hilari animo esse et promp- 1 to ad iocandum valde me iuvat. de Pompeio adsentior tibi vel tu potius mihi. nam, ut scis, iam pridem istum canto Caesarem; mihi crede, in sinu est neque ego discingor.

Cognosce nunc Idus; decimus erat Caelio dies; 2 Domitius ad numerum iudices non habuit. vereor, ne homo taeter et ferus, Pola Servius, ad accusationem veniat; nam noster Caelius valde oppugnatur a gente Clodia. certi nihil est adhuc, sed veremur.

Eodem igitur die Tyriis est senatus datus frequens; frequentes contra Syriaci publicani. vehementer vexatus Gabinius; exagitati tamen a Domitio publicani, quod eum essent cum equis prosecuti. L. noster Lamia paulo ferocius, cum Domitius dixisset 'vestra culpa haec acciderunt, equites Romani; dissolute enim iudicatis', 'nos iudicamus, vos laudatis' inquit. actum est eo die nihil; nox diremit.

Comitialibus diebus, qui Quirinalia sequuntur, 3 Appius interpretatur non impediri se lege Pupia, quo minus habeat senatum et, quod Gabinia sanctum sit, etiam cogi ex Kal. Febr. usque ad Kal. Mart. legatis senatum cottidie dare. ita putantur detrudi comitia in

alle Nachrichten von dort erkennen. Ein Brief, Deine Erwartungen
betreffend, wird etwa mit Deiner Rückkehr zusammenfallen.

Was sonst an den einzelnen Tagen passiert ist, werde ich Dir
berichten, wenn Du nur die Kuriere dafür stellst. Allerdings
herrscht solch eine Kälte, daß höchste Gefahr besteht, Appius'
eigenes Haus könnte in Brand geraten.

(Rom, den 12. Februar 54 [30. Dezember 55])

12.
Marcus grüßt Bruder Quintus

Über den „schwarzen Schnee" habe ich herzlich gelacht und
freue mich, daß Du so vergnügt und zu Scherzen aufgelegt bist.
Betreffs Pompeius gebe ich Dir recht, oder vielmehr Du mir. Denn
wie Du weißt, Deinen Caesar besinge ich schon lange. Glaub' mir,
ich habe ihn ganz in mein Herz geschlossen, und ich lasse ihn nicht
wieder los!

Und nun höre vom 13.! Es war der zehnte Tag für Caelius.
Domitius hatte nicht die vorgeschriebene Zahl von Geschworenen
beisammen. Ich befürchte, der widerwärtige, unbändige Kerl, der
Pola Servius, kommt zur Anklage. Denn unserm Caelius wird von
der Clodiersippe arg zugesetzt. Sicher ist bis jetzt noch nichts, aber
ich bin besorgt.

Am gleichen Tage erschienen also die Tyrier vor zahlreich ver-
sammeltem Senat; zahlreich vertreten war aber auch die Gegenseite,
die syrischen Steuerpächter. Gabinius bekam allerhand zu hören.
Immerhin wurden die Pächter von Domitius getadelt, weil sie ihm
zu Pferde das Geleit gegeben hätten. Als Domitius sagte: „Ihr seid
selbst schuld, meine Herren Ritter, denn ihr urteilt leichtfertig",
erwiderte unser L. Lamia ziemlich schroff: „Wir urteilen, ihr
lobt!" Erledigt wurde an diesem Tage nichts; die Nacht kam dazwischen.

Appius läßt sich dahin vernehmen, daß die Lex Pupia ihn nicht
hindere, an den auf die Quirinalien folgenden Komitialtagen eine
Senatssitzung abzuhalten, ja nach der Lex Gabinia sehe er sich
geradezu gezwungen, vom 1. Februar bis zum 1. März fremden
Gesandten Tag für Tag eine Sitzung zu gewähren. So werden denn
wohl die Wahlen auf den März verschoben. Indessen erklären die

mensem Martium. sed tamen his comitialibus tribuni
pl. de Gabinio se acturos esse dicunt.

Omnia colligo, ut novi scribam aliquid ad te; sed,
ut vides, res me ipsa deficit. itaque ad Callisthenem et 4
ad Philistum redeo, in quibus te video volutatum.
Callisthenes quidem vulgare et notum negotium,
quemadmodum aliquot Graeci locuti sunt. Siculus
ille capitalis, creber, acutus, brevis, paene pusillus
Thucydides, sed utros eius habueris libros – duo
enim sunt corpora – an utrosque nescio; me magis
'De Dionysio' delectat; ipse est enim veterator ma-
gnus et perfamiliaris Philisto Dionysius. sed quod
adscribis, adgrederisne ad historiam? me auctore
potes; et quoniam tabellarios subministras, hodierni
diei res gestas Lupercalibus habebis.

Oblecta te cum Cicerone nostro quam bellissime.

XIII.
MARCVS QVINTO FRATRI SALVTEM

Duas adhuc a te accepi epistulas, quarum alteram in 1
ipso discessu nostro, alteram Arimino datam; plures,
quas scribis te dedisse, non acceperam.

Ego me in Cumano et Pompeiano, praeterquam
quod sine te, ceterum satis commode oblectabam, et
eram in isdem locis usque ad Kal. Iun. futurus. scribebam illa, quae dixeram, πολιτικά, spissum sane opus
et operosum; sed si ex sententia successerit, bene erit
opera posita, sin minus, in illud ipsum mare deicie-
mus, quod spectantes scribimus, adgrediemur alia,
quoniam quiescere non possumus.

Tua mandata persequar diligenter et adiungendis 2
hominibus et in quibusdam non alienandis; maximae
vero mihi curae erit, ut Ciceronem tuum nostrumque

Volkstribunen, sie würden sich an den kommenden Komitialtagen mit Gabinius' Sache befassen.

Alles mögliche suche ich her, um Dir etwas Neues zu schreiben. Aber Du siehst es ja, es fehlt mir einfach an Stoff. So komme ich denn auf Callisthenes und Philistus zurück, mit denen Du Dich, wie ich sehe, beschäftigt hast. Callisthenes ist eine vulgäre, banale Sache, wie einige Griechen sich ausgedrückt haben; aber der Sizilier ist erstklassig, inhaltsreich, scharfsinnig, treffend, fast ein kleiner Thucydides; doch weiß ich nicht, welches seiner Bücher Du in Händen gehabt hast – es gibt nämlich zwei Werke von ihm –; vielleicht beide? Mir macht der „Dionysius" mehr Spaß. Dionys selbst ist nämlich ein alter Fuchs und stand sehr vertraut mit Philistus. Und wie Du hinzufügst, willst Du Dich jetzt an die Geschichte machen? Kein schlechter Gedanke! Und wo Du mir die Kuriere zur Verfügung stellst, wirst Du die Ereignisse des heutigen Tages schon an den Lupercalien haben.

Vergnüge Dich mit unserm Cicero, so nett es geht!

(Rom, den 13. Februar 54 [31. Dezember 55])

13.
Marcus grüßt Bruder Quintus

Zwei Briefe habe ich bisher von Dir bekommen; den einen hast Du unmittelbar nach unsrer Trennung aufgegeben, der andre ist aus Ariminum. Weitere, die Du geschrieben haben willst, habe ich nicht erhalten.

Ich amüsiere mich ganz gut auf dem Cumanum und Pompeianum, nur daß ich Dich nicht dabei habe, und bleibe bis zum 1. Juni in dieser Gegend. Ich arbeite an dem staatswissenschaftlichen Werke, von dem ich Dir sprach, eine weitschichtige, mühevolle Arbeit. Aber wenn es mir nach Wunsch gelingt, ist die Mühe gut angelegt; wenn nicht, werfe ich es geradewegs ins Meer, in dessen Anblick ich schreibe, und greife etwas andres an; stillsitzen kann ich ja nun einmal nicht.

Deine Weisung, Leute für mich zu interessieren und gewisse andre mir nicht zu entfremden, werde ich gewissenhaft befolgen. Meine Hauptsorge jedoch wird es sein, Deinen und meinen Cicero selbstverständlich täglich zu sehen und mich so oft wie möglich

videam scilicet cottidie, sed inspiciam, quid discat,
quam saepissime; et nisi ille contemnet, etiam magistrum me ei profitebor, cuius rei nonnullam consuetudinem nactus sum in hoc horum dierum otio Cicerone
nostro minore producendo.

Tu, quemadmodum scribis, quod, etiamsi non 3
scriberes, facere te diligentissime tamen sciebam,
facies scilicet, ut mea mandata digeras, persequare,
conficias. ego cum Romam venero, nullum praetermittam Caesaris tabellarium, cui litteras ad te non
dem. his diebus – ignosces –, cui darem, fuit nemo
ante hunc M. Orfium, equitem Romanum, nostrum
et per se pernecessarium et quod est ex municipio
Atellano, quod scis esse in fide nostra. itaque eum
tibi commendo in maiorem modum, hominem domi
splendidum, gratiosum etiam extra domum; quem
fac ut tua liberalitate tibi obliges. est tribunus militum in exercitu vestro. gratum hominem observan-
temque cognosces. Trebatium ut valde ames, vehementer te rogo.

XIV.
MARCVS QVINTO FRATRI SALVTEM

A. d. IIII Non. Iun., quo die Romam veni, accepi 1
tuas litteras datas Placentia, deinde alteras postridie
datas Blandenone cum Caesaris litteris refertis omni
officio, diligentia, suavitate. sunt ista quidem magna
vel potius maxima; habent enim vim magnam ad
gloriam et ad summam dignitatem. sed, mihi crede,
quem nosti, quod in istis rebus ego plurimi aestimo,
id iam habeo, te scilicet primum tam inservientem
communi dignitati, deinde Caesaris tantum in me
amorem, quem omnibus iis honoribus, quos me a se
exspectare vult, antepono. litterae vero eius una datae
cum tuis, quarum initium est, quam suavis ei tuus

von seinen Fortschritten zu überzeugen, und wenn er nichts dagegen hat, werde ich sogar den Schulmeister bei ihm spielen, eine Tätigkeit, in der ich während der augenblicklichen Tatenlosigkeit hier bei der Förderung unseres kleineren Cicero einige Übung erlangt habe.

Wie ich aus Deinem Briefe ersehe – und auch wenn Du es nicht ausdrücklich schriebest, weiß ich doch, daß Du es gewissenhaft tust –, willst Du meine Aufträge arrangieren, in die Hand nehmen und erledigen. Wenn ich wieder in Rom bin, lasse ich keinen Kurier Caesars vorbei, ohne ihm einen Brief an Dich mitzugeben. Dieser Tage fand ich leider keinen Überbringer vor diesem M. Ofilius, einem Römischen Ritter, der mit mir schon an für sich eng verbunden ist, aber auch deswegen, weil er aus Atella stammt, das, wie Du weißt, unter meinem Patronat steht. Somit empfehle ich ihn Dir ganz besonders; er ist daheim angesehen und auch außerhalb beliebt. Sieh also zu, daß Du ihn Dir durch Wohlwollen verpflichtest. Er dient als Kriegstribun in Eurer Armee, und Du wirst in ihm einen dankbaren, aufmerksamen Menschen finden. Daß Du Trebatius recht schätzen lernst, ist mein herzlicher Wunsch.

(Cumanum oder Pompeianum, im Mai [April] 54)

14.
Marcus grüßt Bruder Quintus

Am 2. Juni bin ich wieder in Rom angekommen und erhielt dort Deinen Brief aus Placentia; einen zweiten dann tags darauf aus Blandeno zusammen mit einem Schreiben Caesars voll aller nur denkbaren Aufmerksamkeiten, Gefälligkeiten und Liebenswürdigkeiten. Was Du mir da schreibst, ist bedeutungsvoll oder vielmehr ganz unschätzbar; vermag es doch viel beizutragen zu Ruhm und höchstem Ansehen. Aber Du kennst mich ja und wirst es mir glauben: was mir das Wichtigste an der ganzen Sache ist, habe ich schon: erstens, meine ich, Dich, der Du Dich so energisch für unser beider Geltung einsetzt, zum andern Caesars herzliche Zuneigung, die mir wichtiger ist als all die Ehren, die er mir zugedacht hat. Sein gleichzeitig mit dem Deinigen geschriebener Brief beginnt mit der Versicherung, wie sehr er sich über Dein Eintreffen gefreut habe und wie gern er sich unsrer alten Freundschaft erinnere;

adventus fuerit et recordatio veteris amoris, deinde se
effecturum, ut ego in medio dolore ac desiderio tui te,
cum a me abesses, potissimum secum esse laetarer,
incredibiliter delectarunt.

Quare facis tu quidem fraterne, quod me hortaris, 2
sed mehercule currentem nunc quidem, ut omnia mea
studia in istum unum conferam. ego vero ardenti
quidem studio, ac fortasse efficiam, quod saepe via-
toribus, cum properant, evenit, ut, si serius, quam
voluerint, forte surrexerint, properando etiam citius,
quam si de nocte vigilassent, perveniant, quo velint;
sic ego, quoniam in isto homine colendo tam indor-
mivi diu te mehercule saepe excitante, cursu corrigam
tarditatem cum equis tum vero – quoniam tu scribis
poema ab eo nostrum probari – quadrigis poeticis;
modo mihi date Britanniam, quam pingam coloribus
tuis, penicillo meo. sed quid ago? quod mihi tempus,
Romae praesertim, ut iste me rogat, manenti, vacuum ostenditur? sed videro; fortasse enim, ut fit, vin-
cet unus amor omnes difficultates.

Trebatium quod ad se miserim, persalse et huma- 3
niter etiam gratias mihi agit; negat enim in tanta multitudine eorum, qui una essent, quemquam fuisse, qui
vadimonium concipere posset. M. Curtio tribunatum
ab eo petivi – nam Domitius se derideri putasset, si
esset a me rogatus; hoc enim est eius cottidianum, se
ne tribunum militum quidem facere; etiam in senatu
lusit Appium collegam propterea isse ad Caesarem,
ut aliquem tribunatum auferret –, sed in alterum annum; id et Curtius ita volebat.

Tu quemadmodum me censes oportere esse et in 4
re publica et in nostris inimicitiis, ita et esse et fore
oricula infima scito molliorem.

Res Romanae se sic habebant: erat nonnulla spes 5
comitiorum, sed incerta, erat aliqua suspicio dicta-

weiterhin versichert er mir, er wolle dafür sorgen, daß ich mitten in meinem schmerzlichen Verlangen nach Dir froh darüber würde, daß Du, wo Du nun schon einmal von mir getrennt seiest, gerade bei ihm seiest. Ich habe mich ganz riesig gefreut.

So sehe ich denn darin nur ein Zeichen brüderlicher Liebe, wenn Du mich, der ich doch jetzt weiß Gott schon in vollem Laufe bin, noch mahnst, all mein Tun und Treiben ihm allein zu widmen. Ja, mit glühendem Eifer! Und vielleicht bringe ich fertig, was zuweilen dem eiligen Wanderer geschieht: wenn er einmal später, als beabsichtigt, aufsteht, dann eilt er sich und kommt so noch schneller ans Ziel, als wenn er die Nacht zum Tage gemacht hätte. Genauso hoffe ich, wo ich die Gelegenheit, diesem Manne zu dienen, so lange verschlafen habe, obwohl Du mich oft genug zu wecken suchtest, meine Verspätung durch Eile aufzuholen, zu Pferde, ja auch, wo Du mir schreibst, mein Poem finde seinen Beifall, auf dem Viergespann des Dichters. Gebt mir nur Britannien, und ich werde es mit Deinen Farben, meinem Pinsel malen! Doch was fällt mir ein! Wann finde ich einen freien Augenblick, zumal, wenn ich seinem Wunsche gemäß in Rom bleibe? Aber ich will sehen; vielleicht räumt trotzdem meine grenzenlose Liebe alle Schwierigkeiten aus dem Wege.

Dafür, daß ich ihm Trebatius geschickt habe, spricht er mir sehr liebenswürdig und witzig gar noch seinen Dank aus, indem er erklärt, unter all den Leuten, die er um sich habe, sei nicht einer gewesen, der eine gerichtliche Vorladung habe aufsetzen können. Für M. Curtius habe ich ihn um eine Tribunenstelle gebeten – Domitius hätte sich ja gefoppt gefühlt, wenn ich mich an ihn gewandt hätte; kann man doch Tag für Tag von ihm hören, er dürfe nicht einmal einen Tribunen ernennen; sogar im Senat spottete er, sein Kollege Appius sei nur deswegen zu Caesar gegangen, um ein Tribunat zu ergattern –, aber für nächstes Jahr, wie Curtius es selbst wünscht.

Was das politische Leben und unsre persönlichen Feindschaften angeht, wisse, daß ich bin und bleibe, wie ich Deiner Ansicht nach sein muß, geschmeidiger als ein Ohrläppchen.

Hier in Rom sieht es so aus: Es besteht einige Aussicht auf Wahlen, aber sicher ist nichts; ein wenig Argwohn, es könne zur

turae, ne ea quidem certa, summum otium forense,
sed senescentis magis civitatis quam adquiescentis,
sententia autem nostra in senatu eiusmodi, magis ut
alii nobis adsentiantur quam nosmet ipsi. τοιαῦθ᾽ ὁ
τλήμων πόλεμος ἐξεργάζεται.

XV.
MARCVS QVINTO FRATRI SALVTEM

Calamo et atramento temperato, charta etiam den- 1
tata res agetur; scribis enim te meas litteras superiores vix legere potuisse. in quo nihil eorum, mi frater,
fuit, quae putas; neque enim occupatus eram neque
perturbatus nec iratus alicui, sed hoc facio semper, ut,
quicumque calamus in manus meas venerit, eo sic
utar tamquam bono.

Verum attende nunc, mi optime et suavissime frater, 2
ad ea dum rescribo, quae tu in hac eadem brevi epistula πραγματικῶς valde scripsisti. de quo petis, ut
ad te nihil occultans, nihil dissimulans, nihil tibi in-
dulgens genuine fraterneque rescribam, id est, utrum
advoles, ut dixeramus, an ad expediendum te, si
causa sit, commorere. si, mi Quinte, parva aliqua res
esset, in qua sciscitarere, quid vellem, tamen, cum
tibi permissurus essem, ut faceres, quod velles, ego
ipse, quid vellem, ostenderem; in hac vero re hoc
profecto quaeris, cuiusmodi illum annum, qui sequitur, exspectem. plane aut tranquillum nobis aut certe
munitissimum, quod cottidie domus, quod forum,
quod theatri significationes declarant; nec † laborant,
quod mea conscientia † copiarum nostrarum, quod
Caesaris, quod Pompei gratiam tenemus; haec me ut
confidam faciunt. sin aliquis erumpet amentis hominis
furor, omnia sunt ad eum frangendum expedita. haec 3
ita sentio, iudico, ad te explorate scribo; dubitare te
non adsentatorie sed fraterne veto.

Diktatur kommen, aber auch das ist unsicher; im übrigen ist es auf dem Forum ganz still, doch ist es mehr die Ruhe eines altersschwachen denn eines sich ausruhenden Staatswesens; mein Auftreten im Senat derartig, daß andre mehr damit einverstanden sind als ich selbst. „Das sind die Folgen des leidigen Krieges."
(Rom, Anfang Juni [Mai] 54)

15.

Marcus grüßt Bruder Quintus

Mit Feder und Tinte, nicht zu dick und nicht zu dünn, dazu auch einem Blatt glatten Papiers mache ich mich ans Werk. Denn wie Du schreibst, hast Du meinen letzten Brief kaum lesen können. Daran ist nichts von alledem schuld, was Du vermutest; weder war ich beschäftigt noch verstört noch erbost auf irgend jemanden, vielmehr mache ich es immer so, daß ich die erste beste Feder nehme, die mir in die Finger kommt, ohne nach der Güte zu fragen.

Aber jetzt, liebster, bester Bruder, merk' auf, während ich auf Deine ganz sachlichen Ausführungen in ebendiesem kurzen Briefe antworte. Die Frage, die ich Dir freimütig und brüderlich beantworten soll, ohne aus Rücksichtnahme auf Dich etwas zu verheimlichen oder zu vertuschen, ob Du, wie verabredet, herkommen oder, um Dich zu rangieren, unter Umständen noch bleiben sollst – ja, mein lieber Quintus, wenn es sich um irgendeine Nebensächlichkeit handelte, in der Du nach meinen Wünschen fragtest, würde ich Dir freie Hand lassen, nach Belieben zu handeln, Dir aber doch meine eigenen Wünsche darlegen. In diesem Falle läuft aber Deine Frage einfach darauf hinaus, was ich mir für das kommende Jahr erwarte. Es wird entweder vollkommen ruhig für mich verlaufen, oder mir kann jedenfalls nichts passieren, das lassen die Vorgänge in meinem Hause und auf dem Forum sowie die Kundgebungen im Theater Tag für Tag erkennen; ... wo ich Caesars und Pompeius Gunst genieße; dies alles macht, daß ich voll Zuversicht bin. Kommt aber einmal die Wut des verrückten Kerls zum Ausbruch, so ist alles bereit, um ihn zu bändigen. Das ist meine Überzeugung, so beurteile ich die Lage, und was ich Dir sage, ist hieb- und stichfest, das mußt Du mir schon glauben, nicht aus Liebedienerei, sondern aus brüderlichem Vertrauen.

Quare suavitatis equidem nostrae fruendae causa
cuperem te ad id tempus venire, quod dixeras, sed
illud malo tamen, quod putas. illa etiam magni aesti-
mem, ἀμφιλαφίαν illam tuam et exspectationem, magis
etiam explicationem debitorum tuorum. illud quidem
sic habeto, nihil nobis expeditis, si valebimus, fore
fortunatius; parva sunt, quae desunt, pro nostris quidem moribus, et ea sunt ad explicandum expeditis-
sima, modo valeamus.

Ambitus redit immanis; numquam fuit par. Id. 4
Quint. faenus fuit bessibus ex triente coitione Mem-
mi et consulum cum Domitio; hanc Scaurus unus
vix poterit vincere; Messala flaccet. non dico ὑπερβολάς,
vel HS centiens constituunt in praerogativa pronun-
tiare. res ardet invidia. tribunicii candidati compro-
miserunt HS quingenis in singulos apud M. Catonem
depositis petere eius arbitratu, ut, qui contra fecisset,
ab eo condemnaretur; quae quidem comitia si gra-
tuita fuerint, ut putantur, plus unus Cato potuerit
quam omnes leges omnesque iudices.

XVI.
MARCVS QVINTO FRATRI SALVTEM

Cum a me litteras librarii manu acceperis, ne pau- 1
lum quidem me otii habuisse iudicato, cum autem
mea, paulum; sic enim habeto, numquam me a causis
et iudiciis districtiorem fuisse, atque id anni tempore
gravissimo et caloribus maximis. sed haec, quoniam
tu ita praescribis, ferenda sunt, neque committendum,
ut aut spei aut cogitationi vestrae ego videar defuisse,
praesertim cum, si id difficilius fuerit, tamen ex hoc
labore magnam gratiam magnamque dignitatem sim

Darum möchte ich wohl, um die Annehmlichkeit unsres Beiein-
anderseins zu genießen, Du kämest zu der angegebenen Zeit.
Lieber ist mir aber doch, Du tust, was Du für richtig hältst. Auch
dies möchte ich hoch anschlagen, den von Dir erwarteten „Goldregen", mehr aber noch die Abdeckung Deiner Schulden. Davon
darfst Du überzeugt sein: wenn wir leben und gesund sind, werden
wir nach Erledigung dieser Verpflichtungen die glücklichsten Menschen sein, die es gibt; was fehlt, ist nicht viel, so wie wir veranlagt sind, und das läßt sich leicht erledigen, wenn wir nur leben
und gesund sind.

Hier sind wieder wüste Bestechungen im Gange, schlimmer denn
je. Am 15. Quintilis stieg der Zinsfuß von 4% auf 8% infolge einer
Vereinbarung, die Memmius und die Konsuln mit Domitius
getroffen hatten. Dagegen kommt Scaurus allein kaum auf; Messala läßt die Flügel hängen. Ich übertreibe nicht: wohl 10 Millionen
Sestertien wollen sie der Praerogativa versprechen. Alles ist tief
empört darüber. Die Bewerber um das Volkstribunat haben je
500 000 Sestertien pro Kopf bei Cato deponiert und sich gegenseitig verpflichtet, ihn als Schiedsrichter über ihr Verhalten bei der
Bewerbung anzuerkennen; wer gegen die guten Sitten verstößt,
soll sie verwirkt haben. Sollte es bei diesen Wahlen wirklich, wie
man annimmt, ohne Bestechungen abgehen, dann hat Cato allein
mehr fertiggebracht als alle Gesetze und Richter.

(Rom, Ende Juli [Juni] 54)

16.
Marcus grüßt Bruder Quintus

Wenn Du einen Brief von der Hand meines Sekretärs erhältst,
kannst Du daraus schließen, daß ich auch nicht einen Augenblick
Zeit gehabt habe, wenn einen eigenhändigen, nur ein wenig. Du
mußt nämlich wissen, daß ich noch niemals so stark in Anspruch
genommen gewesen bin durch Prozesse und Gerichtsverhandlungen,
und das in der schlimmsten Jahreszeit bei glühender Hitze. Aber
Du forderst es so, und so muß ich es tragen und den Anschein
vermeiden, als hätte ich Euren Erwartungen oder Absichten nicht
entsprochen, zumal ich, wenn es auch nicht ganz leicht ist, durch
diese Mühe doch großen Einfluß und hohes Ansehen ernten werde.

collecturus. itaque, ut tibi placet, damus operam, ne
cuius animum offendamus atque ut etiam ab iis ipsis,
qui nos cum Caesare tam coniunctos dolent, diliga-
mur, ab aequis vero aut etiam a propensis in hanc
partem vehementer et colamur et amemur.

De ambitu cum atrocissime ageretur in senatu mul- 2
tos dies, quod ita erant progressi candidati consulares,
ut non esset ferendum, in senatu non fui; statui ad
nullam medicinam rei publicae sine magno praesidio
accedere.

Quo die haec scripsi, Drusus erat de praevaricatione 3
a tribunis aerariis absolutus in summa quattuor sententiis, cum senatores et equites damnassent. ego
eodem die post meridiem Vatinium aderam defen-
surus; ea res facilis est. comitia in mensem Septem-
brem reiecta sunt. Scauri iudicium statim exercebitur,
cui nos non deerimus. Συνδείπνους Σοφοκλέους, quamquam a te actam fabellam video esse festive, nullo
modo probavi.

Venio nunc ad id, quod nescio an primum esse 4
debuerit. o iucundas mihi tuas de Britannia litteras!
timebam Oceanum, timebam litus insulae; reliqua
non equidem contemno, sed plus habent tamen spei
quam timoris, magisque sum sollicitus exspectatione
ea quam metu. te vero ὑπόθεσιν scribendi egregiam
habere video: quos tu situs, quas naturas rerum et
locorum, quos mores, quas gentes, quas pugnas, quem
vero ipsum imperatorem habes! ego te libenter, ut
rogas, quibus rebus vis, adiuvabo et tibi versus, quos
rogas, γλαῦκ' εἰς 'Αθήνας, mittam.

Sed heus tu! celari videor a te. quomodonam, mi 5
frater, de nostris versibus Caesar? nam primum librum
se legisse scripsit ad me ante, et prima sic, ut neget se
ne Graeca quidem meliora legisse; reliqua ad quendam locum ῥᾳθυμότερα; hoc enim utitur verbo. dic

Somit bin ich Deinem Wunsche gemäß bemüht, bei niemandem Anstoß zu erregen und mir auch die Achtung derer zu erhalten, denen meine engen Beziehungen zu Caesar ein Ärgernis sind, bei wohlgesinnten Leuten aber oder gar seinen Parteigängern mir Hochachtung und Liebe zu gewinnen.

Über die Wahlumtriebe hat der Senat manchen Tag scharf verhandelt, denn die Konsulatskandidaten haben es so toll getrieben, daß es so nicht mehr weiterging, aber ich bin nicht dabeigewesen. Mein Entschluß steht fest, zum Arzt am Staate gebe ich mich nicht ohne starke Rückendeckung her.

Heute ist Drusus in seinem Prävarikationsprozeß von den Ärartribunen mit im ganzen vier Stimmen freigesprochen worden, während die Senatoren und Ritter ihn für schuldig erklärten. Ich muß heute nachmittag Vatinius verteidigen, was nicht weiter schlimm ist. Die Wahlen sind auf den September verschoben worden. Scaurus' Prozeß wird alsbald zur Verhandlung kommen, wobei ich ihm zur Seite stehen werde. Von den „Tischgenossen" des Sophocles bin ich gar nicht erbaut, wiewohl Du die Fabel offensichtlich hübsch durchgeführt hast.

Und jetzt komme ich zu dem Punkte, den ich vielleicht zuerst hätte behandeln sollen. Wie freue ich mich über das, was Du von Britannien schreibst! Ich hatte Angst vor dem Ozean, Angst vor den schroffen Küsten des Landes. Zwar nehme ich auch das Weitere nicht leicht, aber es bietet doch mehr Anlaß zu Hoffnung als zu Angst, und was mich in Unruhe versetzt, ist weniger Furcht vor als Spannung auf den Fortgang. Du aber hast wahrhaftig einen glänzenden Stoff für Deine Schriftstellerei. Was für geographische und kulturelle Eigenarten, was für Völker, was für Schlachten, ja vor allem, was für einen Feldherrn! Gern will ich Dir mit dem Gewünschten aushelfen und Dir die erbetenen Verse schicken – „Eulen nach Athen!".

Aber hör' mal, ich glaube, Du verheimlichst mir etwas. Was sagt Caesar eigentlich zu meinem Epos, lieber Bruder? Neulich schrieb er mir doch, er habe das erste Buch gelesen, und der erste Teil sei so vortrefflich, daß er selbst bei den Griechen nie etwas Besseres gelesen zu haben meint. Der Rest bis zu einer gewissen Stelle sei etwas matt – so drückt er sich aus. Sag mir die Wahrheit,

mihi verum, num aut res eum aut χαραϰτήρ non
delectat? nihil est, quod vereare; ego enim ne pilo
quidem minus me amabo. hac de re φιλαληθῶς et,
ut tu soles scribere, fraterne.

findet er am Inhalt oder an der Form etwas auszusetzen? Du brauchst kein Blatt vor den Mund zu nehmen, denn ich bin trotzdem nicht um ein Haar weniger mit mir zufrieden. Also darüber schreib mir freimütig und, wie immer, in brüderlicher Liebe!

(Rom, Ende August [Juli] 54)

LIBER TERTIVS

I.
MARCVS QVINTO FRATRI SALVTEM

Ego ex magnis caloribus – non enim meminimus 1
maiores – in Arpinati summa cum amoenitate fluminis
me refeci ludorum diebus Philotimo tribulibus com-
mendatis. in Arcano a. d. IIII Id. Sept. fui; ibi Mescidium cum Philoxeno aquamque, quam ii ducebant
non longe a villa, belle sane fluentem vidi, praesertim
maxima siccitate, uberioremque aliquanto sese col-
lecturos esse dicebant; apud Herum recte erat. in
Maniliano offendi Diphilum Diphilo tardiorem; sed
tamen nihil ei restabat praeter balnearia et ambulatio-
nem et aviarium. villa mihi valde placuit propterea,
quod summam dignitatem pavimentata porticus
habebat, quod mihi nunc denique apparuit, posteaquam et ipsa tota patet et columnae politae sunt.
totum in eo est, quod mihi erit curae, tectorium ut
concinnum sit. pavimenta recte fieri videbantur; ca-
meras quasdam non probavi mutarique iussi. quo 2
loco in porticu te scribere aiunt ut atriolum fiat, mihi,
ut est, magis placebat; neque enim satis loci videbatur
esse atriolo neque fere solet nisi in iis aedificiis fieri, in
quibus est atrium maius, nec habere poterat adiuncta
cubicula et eiusmodi membra; nunc hoc vel honestae
testudinis vel valde boni aestivi locum obtinebit; tu
tamen si aliter sentis, rescribe quam primum. in balneariis assa in alterum apodyterii angulum promovi
propterea, quod ita erant posita, ut eorum vaporarium
esset subiectum cubiculis. subgrande cubiculum autem et hibernum altum valde probavi, quod et ampla

DRITTES BUCH

1.

Marcus grüßt Bruder Quintus

Von der fürchterlichen Hitze – ich entsinne mich nicht, jemals eine solche erlebt zu haben – habe ich mich während der Spieltage in Arpinum erholt, mich an der Lieblichkeit des Flusses freuend, nachdem ich meine Tribulen Philotomus' Obhut anvertraut hatte. Auf Deinem Arcanum bin ich am 10. September gewesen, traf dort Mescidius mit Philoxenus und konnte mich überzeugen, daß die Wasserleitung, die sie nicht weit vom Hause zogen, sehr hübsch strömte, und das trotz der unsäglichen Trockenheit; sie sagten, sie würden ihr noch bedeutend mehr Wasser zuführen. Bei Herus war alles in Ordnung. Auf dem Manilianum fand ich Diphilus sich selbst an Saumseligkeit übertreffend; immerhin fehlte ihm nur noch das Bad, die Wandelhalle und das Vogelhaus. Das Gutshaus gefällt mir ausnehmend; die Arkaden mit ihrem Estrich machen nämlich einen sehr würdigen Eindruck, was mir jetzt erst so recht zu Bewußtsein gekommen ist, wo sie ganz offen und die Säulen poliert sind. Alles kommt nun darauf an, daß die Stukkatur recht hübsch wird, und dafür werde ich aufpassen. Mit den Fußböden machten sie es anscheinend richtig. Einige Gewölbe gefielen mir nicht und habe ich ändern lassen. Die Stelle in den Arkaden, wo Du ein kleines Atrium haben möchtest – sie sagen, Du schriebest so –, gefiel mir besser so, wie sie ist. Der Platz reicht nämlich für ein kleines Atrium wohl nicht aus, und überdies pflegt man es nur bei solchen Gebäuden einzubauen, die ein größeres Atrium haben; auch verträgt es dort keine anschließenden Schlafzimmer und derartige Nebenräume. Wie es jetzt ist, wird es eine reizende Grotte oder einen sehr hübschen Sommerraum abgeben. Aber wenn Du andrer Meinung bist, schreib mir recht bald darüber. Im Bad habe ich den Schwitzraum in die andre Ecke des Auskleidezimmers verlegt, weil er bisher so lag, daß das zu ihm führende Dampfrohr unter den Schlafräumen einherlief. Das mittelgroße Schlafgemach und der hohe Wintergarten gefallen mir ausnehmend; sie sind geräumig

erant et loco posita ambulationis uno latere, eo, quod
est proximum balneariis. columnas neque rectas neque
e regione Diphilus collocarat; eas scilicet demolietur;
aliquando perpendiculo et linea discet uti. omnino
spero paucis mensibus opus Diphili perfectum fore;
curat enim diligentissime Caesius, qui tum mecum
fuit.

Ex eo loco recta Vitularia via profecti sumus in 3
Fufidianum fundum, quem tibi proximis nundinis
Arpini de Fufidio HS cccIↃↃ cIↃ emeramus. ego locum aestate umbrosiorem vidi numquam; permultis
locis aquam profluentem et eam uberem. quid quaeris?
iugera L prati Caesius irrigaturum facile te arbitraba-
tur. equidem hoc, quod melius intellego, adfirmo, mirifica suavitate villam habiturum piscina et salientibus
additis, palaestra et silva † virdicata †. fundum audio
te hunc Bovillanum velle retinere; de eo quid videatur,
ipse constitues. Caesius aiebat aqua dempta et eius
aquae iure constituto et servitute fundo illi imposita
tamen nos pretium servare posse, si vendere vellemus.
Mescidium mecum habui; is sese ternis nummis in
pedem tecum transegisse dicebat, sese autem mensum
pedibus aiebat passuum IIICIↃ. mihi plus visum est;
sed praestabo sumptum nusquam melius posse poni.
Cillonem arcessieram Venafro; sed eo ipso die quattuor eius conservos et discipulos Venafri cuniculus
oppresserat.

Id. Sept. in Laterio fui. viam perspexi; quae mihi 4
ita placuit, ut opus publicum videretur esse, praeter
CL passuum – sum enim ipse mensus – ab eo ponticulo,
qui est ad Furinae, Satricum versus. eo loco pulvis
non glarea iniecta est – id mutabitur –, et ea viae pars
valde acclivis est; sed intellexi aliter duci non potuisse,
praesertim cum tu neque per Lucustae neque Var-

und haben auf der dem Bade benachbarten Seite des Wandelganges gerade ihren richtigen Platz. Die Säulen hatte Diphilus nicht lotrecht und auch nicht genau einander gegenübergestellt. Die muß er also wieder abreißen; er wird es schon noch lernen, mit Lot und Richtschnur umzugehen! Auf jeden Fall hoffe ich, daß Diphilus in einigen Monaten mit seiner Arbeit fertig wird; jedenfalls ist Caesius, der mit mir dort war, tüchtig hinter ihm her.

Vom Manilianum begab ich mich geradewegs auf der Kälberstraße zu Fufidius' Anwesen, das ich am letzten Markttage in Arpinum um 101 000 Sestertien von Fufidius für Dich gekauft hatte. Ich habe noch nie einen im Sommer so schattigen Platz gesehen; überall rieselt Wasser, und zwar ausgiebig. Kurz und gut, 50 Morgen Wiesenland, meint Caesius, würdest Du bequem berieseln können. Davon verstehe ich nicht viel, eins aber kann ich Dir versichern, Du bekommst einen überaus lieblichen Landsitz, wenn Du einen Fischteich und einen Springbrunnen hinzufügst, einen Ringplatz und ein Wäldchen. Das Grundstück in Bovillae willst Du, wie ich höre, behalten. Was Du damit machen willst, mußt Du selbst bestimmen. Caesius sagte, auch wenn man ihm Wasser entnimmt, das Recht dazu festlegt und das Grundstück mit dieser Verbindlichkeit belastet, könnten wir trotzdem den Preis halten, falls wir verkaufen wollten. Ich hatte Mescidius mit; der erklärte, er habe mit Dir auf drei Sestertien pro Fuß abgeschlossen; er habe die Strecke abgeschritten, es seien 3000 Schritt. Mir schienen es mehr zu sein; jedenfalls stehe ich dafür ein, daß man nirgends sein Geld besser anlegen kann. Cillo hatte ich aus Venafrum hinbeordert, aber gerade an dem Tage waren vier seiner Mitsklaven und Lehrlinge in Venafrum im Schacht verschüttet worden.

Am 13. September war ich auf dem Laterium. Ich habe die Zufahrtstraße in Augenschein genommen; ich fand sie so gut, daß man sie fast für einen Staatsbau halten könnte, bis auf 150 Schritt – ich habe es selbst ausgemessen – von der kleinen Brücke beim Furina-Heiligtum ab in Richtung auf Satricum. An dieser Stelle hat man nicht Kies, sondern Sand aufgeschüttet, aber dem ist abzuhelfen; außerdem ist dieser Teil der Straße ziemlich steil, doch hat sie, wie ich mich überzeugt habe, nicht anders geführt werden können, zumal Du sie weder über Lucustas noch über Varros

ronis velles ducere. Varro clivum ante suum fundum
probe munierat; Lucusta non attigerat. quem ego
Romae adgrediar et, ut arbitror, commovebo, et simul
M. Taurum, quem tibi audio promisisse, qui nunc
Romae erat, de aqua per fundum eius ducenda rogabo.

Nicephorum, vilicum tuum, sane probavi quaesivi- 5
que ex eo, ecquid ei de illa aedificatiuncula Lateri, de
qua mecum locutus es, mandavisses; tum is mihi
respondit se ipsum eius operis HS $\overline{\text{xvi}}$ conductorem
fuisse, sed te postea multa addidisse ad opus, nihil ad
pretium; itaque id se omisisse. mihi mehercule valde
placet te illa, ut constitueras, addere; quamquam ea
villa, quae nunc est, tamquam philosopha videtur
esse, quae obiurget ceterarum villarum insaniam;
verum tamen illud additum delectabit. topiarium lau-
davi; ita omnia convestivit hedera, qua basim villae,
qua intercolumnia ambulationis, ut denique illi palliati
topiariam facere videantur et hederam vendere. iam
ἀποδυτηρίῳ nihil alsius, nihil muscosius.

Habes fere de rebus rusticis. urbanam expolitionem 6
urget ille quidem et Philotimus et Cincius, sed etiam
ipse crebro interviso, quod est facile factu; quam ob
rem ea te cura liberatum volo.

De Cicerone quod me semper rogas, ignosco equi- 7
dem tibi, sed tu quoque mihi velim ignoscas; non
enim concedo tibi, plus ut illum ames, quam ipse amo.
atque utinam mihi his diebus in Arpinati, quod et ipse
cupierat et ego non minus, mecum fuisset! quod ad
Pomponiam, si tibi videtur, scribas velim, cum aliquo
exibimus, eat nobiscum puerumque educat. clamores
efficiam, si eum mecum habuero otiosus; nam Romae

Grundstück geführt wissen willst. Varro hatte die abschüssige Stelle vor seinem Grundstück gut gepflastert, Lucusta keinen Finger gerührt. Den nehme ich mir in Rom vor und bringe ihn hoffentlich dazu, und gleichzeitig werde ich mit M. Taurus wegen der über sein Grundstück zu führenden Wasserleitung sprechen; er ist augenblicklich in Rom und hat Dir, wie ich höre, Zusicherungen gemacht.

Deinen Verwalter Nicephorus habe ich bewährt gefunden. Ich fragte ihn, ob Du ihm irgendwelche Aufträge erteilt habest betreffs des kleinen Gebäudes auf dem Laterium, von dem Du mit mir gesprochen hast, und bekam zur Antwort, er selbst habe die Arbeit für 16 000 Sestertien übernommen, aber Du habest hernach zwar Deine Ansprüche wesentlich gesteigert, nicht aber den Lohn; somit habe er es aufgegeben. Ich bin durchaus einverstanden mit den Erweiterungen, die Du im Auge hast; immerhin erscheint das jetzige Haus gleichsam als Philosoph, der die übrigen Landsitze in ihrer überladenen Pracht schilt. Aber jedenfalls wird Deine Erweiterung einen guten Eindruck machen. Deinem Gärtner konnte ich ein Lob erteilen; er hat alles so hübsch mit Efeu bekleidet, die Grundmauern des Hauses wie auch die Zwischenräume zwischen den Säulen der Wandelhalle, daß es bald so aussieht, als betrieben die Statuen im Philosophenmantel eine Kunstgärtnerei und böten Efeu zum Verkauf. Das Auskleidezimmer ist schon ganz mit Moos bewachsen und hübsch kühl.

Soviel etwa über Deine ländlichen Besitzungen. Mit der Ausschmückung des Stadthauses gibt sich der Mann wie auch Philotimus und Cincius alle Mühe; aber auch ich sehe häufig nach dem Rechten, was nicht weiter unbequem ist. In dieser Beziehung kannst Du ganz beruhigt sein.

Daß Du mich fortgesetzt nach Cicero fragst, nehme ich Dir nicht übel; aber nimm auch Du mir's nicht übel: ich gestatte Dir nicht, ihn mehr zu lieben als ich. Ach, wäre er doch dieser Tage mit mir in Arpinum gewesen, wie er selbst es sich gewünscht hatte und ich nicht weniger! Schreib das doch bitte Pomponia, wenn's Dir recht ist, wenn ich irgendwohin verreise, soll sie mitkommen und auch den Jungen mitnehmen. Es wird Furore machen, wenn ich ihn in meinen Mußestunden bei mir habe; in Rom kommt man ja kaum

respirandi non est locus. id me scis antea gratis tibi
esse pollicitum; quid nunc putas, tanta mihi abs te
mercede proposita?

Venio nunc ad tuas litteras, quas pluribus epistulis 8
accepi, dum sum in Arpinati; nam mihi uno die tres
sunt redditae et quidem, ut videbantur, eodem abs te
datae tempore, una pluribus verbis, in qua primum
erat, quod antiquior dies in tuis fuisset adscripta litteris quam in Caesaris. id facit Oppius nonnumquam
necessario, ut, cum tabellarios constituerit mittere
litterasque a nobis acceperit, aliqua re nova impedia-
tur et necessario serius, quam constituerat, mittat,
neque nos datis iam epistulis diem commutari cure-
mus.

Scribis de Caesaris summo in nos amore; hunc et 9
tu fovebis et nos quibuscumque poterimus rebus
augebimus. de Pompeio et facio diligenter et faciam,
quod mones. quod tibi mea permissio mansionis tuae
grata est, id ego summo meo dolore et desiderio tamen
ex parte gaudeo. in Hippodamis et nonnullis aliis
arcessendis quid cogites, non intellego; nemo istorum est, quin abs te munus fundi suburbani instar
exspectet. Trebatium vero meum quod isto admisceas,
nihil est: ego illum ad Caesarem misi, qui mihi iam
satisfecit; si ipsi minus, praestare nihil debeo teque
item ab eo vindico et libero. quod scribis te a Caesare
cottidie plus diligi, immortaliter gaudeo; Balbum vero,
qui est istius rei, quemadmodum scribis, adiutor, in
oculis fero. Trebonium meum a te amari teque ab illo
pergaudeo.

De tribunatu quod scribis, ego vero nominatim 10
petivi Curtio et mihi ipse Caesar nominatim Curtio
paratum esse perscripsit meamque in rogando vere-
cundiam obiurgavit. si cui praeterea petiero – id quod
etiam Oppio dixi ut ad illum scriberet – facile patiar

zum Aufatmen. Das habe ich Dir neulich für umsonst versprochen; was meinst Du jetzt wohl, wo mir ein so schöner Lohn von Deiner Seite winkt?

Und nun zu Deinen Briefen, die ich in mehreren Sendungen während meines Aufenthaltes in Arpinum erhalten habe; eines Tages wurden mir drei gebracht, alle, wie mir scheint, gleichzeitig von Dir aufgegeben, darunter ein längerer, an dem mir gleich auffiel, daß er ein älteres Datum trug als Caesars Schreiben. Das passiert bei Oppius zuweilen und ist nicht zu ändern: will er Kuriere abgehen lassen und hat von mir einen Brief zur Mitnahme erhalten, dann kommt ihm irgend etwas Unvorhergesehenes dazwischen, und sie gehen dann notgedrungen später als beabsichtigt ab, ohne daß ich, wenn mein Brief einmal aufgegeben ist, das Datum ändern lasse.

Du schreibst von Caesars herzlicher Liebe zu uns. Halt Du sie uns warm, wie ich sie auf jede mögliche Weise steigern werde. Was Pompeius angeht, bemühe ich mich jetzt und in Zukunft, es Dir recht zu machen. Wenn Dir meine Erlaubnis, noch dort zu bleiben, willkommen ist, freut mich das immerhin ein wenig, wenn ich Dich auch sehr schmerzlich vermisse. Wie Du auf den Gedanken kommst, einen Hippodamus und einige andre seines Schlages nach Gallien zu holen, begreife ich nicht; sie alle erwarten von Dir nur ein Geschenk von der Größe eines Suburbanums. Aber meinen Trebatius darfst Du nicht mit ihnen in eine Reihe stellen; den habe ich zu Caesar geschickt, der mir selbst bereits Genüge tut; wenn er nicht recht zufrieden ist, bin ich dafür nicht verantwortlich und spreche auch Dich von jeder Verpflichtung gegen ihn los und ledig. Ganz unendlich freue ich mich über Deine Mitteilung, daß Du von Caesar täglich mehr geschätzt wirst; Balbus, der das nach Deinen Worten fördert, liebe ich wie meinen Augapfel. Daß Du meinen Trebonius liebst und er Dich, freut mich außerordentlich.

Was die von Dir erwähnte Tribunenstelle betrifft, so habe ich sie für Curtius namentlich beantragt, und Caesar selbst hat mir geantwortet, er halte sie für Curtius namentlich offen, und meine Schüchternheit im Bitten gescholten. Wenn ich mich fortan sonst noch für jemanden einsetze – und ich habe auch Oppius gesagt, er solle ihm das schreiben –, wird es mich nicht weiter verdrießen,

mihi negari, quoniam illi, qui mihi molesti sunt, sibi
negari a me non facile patiuntur. ego Curtium, id quod
ipsi dixi, non modo rogatione sed etiam testimonio
tuo diligo, quod litteris tuis studium illius in salutem
nostram facile perspexi.

De Britannicis rebus cognovi ex tuis litteris nihil
esse nec quod metuamus nec quod gaudeamus.

De publicis negotiis, quae vis ad te Tironem scribere, neglegentius ad te ante scribebam, quod omnia
minima maxima ad Caesarem mitti sciebam.

Rescripsi epistulae maximae. audi nunc de minus- 11
cula, in qua primum est de Clodi ad Caesarem litteris;
in quo Caesaris consilium probo, quod tibi amantissime petenti veniam non dedit, uti ullum ad illam fu-
riam verbum rescriberet. alterum est de Calventi Mari
oratione, quod scribis; miror tibi placere me ad eam
rescribere, praesertim cum illam nemo lecturus sit, si
ego nihil rescripsero, meam in illum pueri omnes
tamquam dictata perdiscant.

Libros meos omnes, quos exspectas, incohavi, sed
conficere non possum his diebus. orationes efflagitatas
pro Scauro et pro Plancio absolvi. poema ad Caesarem,
quod institueram, incidi; tibi, quod rogas, quoniam
ipsi fontes iam sitiunt, si quid habebo spatii, scribam.

Venio ad tertiam. Balbum quod ais mature Romam 12
bene comitatum esse venturum mecumque adsidue
usque ad Id. Mai. futurum, id mihi pergratum perque
iucundum. quod me in eadem epistula, sicut saepe antea, cohortaris ad ambitionem et ad laborem, faciam
equidem, sed quando vivemus?
Quarta epistula mihi reddita est Id. Sept., quam 13
a. d. IIII Id. Sext. ex Britannia dederas. in ea nihil sane

wenn ich einen Korb erhalte, weil die Leute, die mir lästig fallen, sich ja nur schwer damit abfinden, wenn ich selbst ihnen einen Korb gebe. Aber Curtius – und das habe ich ihm auch selbst erklärt – schätze ich nicht nur, weil Du mich darum bittest, sondern auch auf Dein Zeugnis hin, denn aus Deinem Briefe ersehe ich leicht, wie sehr er sich für meine Rückberufung eingesetzt hat.

Bezüglich des Unternehmens gegen Britannien besteht also für uns, nach Deinem Schreiben zu urteilen, kein Anlaß zur Besorgnis, aber auch nicht zur Freude.

Von den Staatsgeschäften, über die Tiro Dir berichten soll, habe ich Dir bisher weniger eingehend geschrieben, weil ich wußte, daß Caesar von allen Vorgängen, wichtigen und unwichtigen, unterrichtet wird.

Damit habe ich den längsten Deiner drei Briefe beantwortet; vernimm jetzt also, was ich zu dem kürzesten zu sagen habe. Er handelt zunächst von Clodius' Schreiben an Caesar. Caesar hat recht daran getan, daß er Deiner gutgemeinten Bitte nicht nachgegeben hat, diesem Biest auch nur ein Wort zu antworten. Weiterhin sprichst Du von dem Pamphlet des Calventius Marius. Da wundere ich mich doch über Deinen Standpunkt, ich müßte eine Replik draufsetzen, zumal doch niemand es liest, wenn ich dazu schweige, während meins auf ihn jeder Junge wie eine aufgegebene Lektion auswendig lernt.

Meine von Dir erwarteten Bücher habe ich alle begonnen, doch zum Abschluß komme ich dieser Tage nicht. Die geforderten Reden für Scaurus und Plancius sind fertig; das begonnene Gedicht auf Caesar habe ich abgebrochen. Um was Du mich bittest, werde ich Dir, wo die Quellen selbst zur Zeit ausgetrocknet sind, schreiben, wenn ich einmal Zeit habe.

Und nun zu dem dritten Brief. Balbus kommt also demnächst wohlgeleitet nach Rom und wird bis zum 15. Mai dauernd mit mir zusammen sein? Das ist mir überaus lieb und angenehm. Wenn Du mich in dem gleichen Briefe wie schon so manches Mal zu ehrgeiziger Arbeit treibst, so will ich das ja gern tun; aber wann läßt man mich endlich einmal wieder leben?

Einen vierten Brief von Dir vom 10. Sextilis aus Britannien habe ich am 13. September erhalten. Er enthält ja gar nichts Neues außer

erat novi praeter Erigonam – quam si ab Oppio ac-
cepero, scribam ad te, quid sentiam, nec dubito, quin
mihi placitura sit – et, quod paene praeterii, de eo,
quem scripsisti de Milonis plausu scripsisse ad Caesarem. ego vero facile patior ita Caesarem existimare,
illum quam maximum fuisse plausum. et prorsus ita
fuit; et tamen ille plausus, qui illi datur, quodammodo
nobis videtur dari.

Reddita etiam mihi est pervetus epistula, sed sero 14
adlata, in qua de aede Telluris et de porticu Catuli me
admones. fit utrumque diligenter. ad Telluris quidem
etiam tuam statuam locavi. item de hortis me quod
admones, nec fui umquam valde cupidus, et nunc
domus suppeditat mihi hortorum amoenitatem.

*

Romam cum venissem a. d. xiii Kal. Oct., absolutum offendi in aedibus tuis tectum, quod supra conclavia non placuerat tibi esse multorum fastigiorum;
id nunc honeste vergit in tectum inferioris porticus.

Cicero noster, dum ego absum, non cessavit apud
rhetorem; de eius eruditione quod labores, nihil est,
quoniam ingenium eius nosti, studium ego video;
cetera eius suscipio, ut me putem praestare debere.

Gabinium tres adhuc factiones postulant: L. Len- 15
tulus, flaminis filius, qui iam de maiestate postulavit;
Ti. Nero cum bonis subscriptoribus; C. Memmius
tribunus pl. cum L. Capitone. ad urbem accessit a. d.
xii Kal. Oct.; nihil turpius nec desertius; sed his
iudiciis nihil audeo confidere. quod Cato non valebat,
adhuc de pecuniis repetundis non erat postulatus.
Pompeius a me valde contendit de reditu in gratiam,
sed adhuc nihil profecit nec, si ullam partem libertatis
tenebo, proficiet. tuas litteras vehementer exspecto.

der Nachricht von der Erigona – wenn Oppius sie mir bringt, sage
ich Dir mein Urteil, aber sie wird mir zweifellos gefallen – und was
ich beinahe vergessen hätte, von dem, der, wie Du schreibst, an
Caesar von Milos Beifall berichtet hat. Mir ist es schon recht, wenn
Caesar glaubt, daß der Beifall kaum stärker hätte sein können.
Gewiß, es war schon so; indessen will es mir doch scheinen, als
gälte dieser ihm gespendete Beifall gewissermaßen mir.

Außerdem hat man mir verspätet noch einen ganz alten Brief
von Dir gebracht, in welchem Du mich an den Tellustempel und
Catulus' Säulenhalle erinnerst. Beides wird ganz gewissenhaft besorgt. Beim Tellustempel habe ich sogar ein Standbild von Dir aufstellen lassen. Ebenso erinnerst Du mich an die Gärten; ich bin nie
übermäßig darauf versessen gewesen, und augenblicklich ersetzt
mir mein Haus den Reiz der Gärten.

*

Am 15. September bin ich nach Rom zurückgekehrt und fand
das Dach auf Deinem Hause fertig vor. Du warst damals nicht einverstanden mit den vielen Giebeln über den Zimmern; jetzt neigt sich
das Dach in hübschem Schwunge zum First der unteren Arkaden.

Unser Cicero ist während meiner Abwesenheit bei seinem Rhetor
nicht müßig gewesen. Wegen seiner Ausbildung brauchst Du Dir
keine Sorge zu machen; Du kennst doch seine Begabung, und ich
sehe ja, wie eifrig er ist. Im übrigen sorge ich für ihn in dem Bewußtsein, die Verantwortung dafür zu tragen.

Gegen Gabinius klagen bisher schon drei Parteien: L. Lentulus,
der Sohn des Flamen, der ihn bereits wegen Majestätsverbrechens
belangt hat; Ti. Nero zusammen mit angesehenen Nebenklägern;
der Volkstribun C. Memmius zusammen mit L. Capito. Am
19. September ist er vor der Stadt angekommen, ein ganz schäbiges,
trostloses Bild. Aber unsern Gerichtshöfen wage ich nicht zu trauen.
Nur weil Cato nicht auf dem Damm ist, schwebt bis jetzt noch kein
Verfahren wegen Erpressung gegen ihn. Pompeius besteht entschieden darauf, daß ich mich mit ihm versöhne, bisher ohne Erfolg, und wenn ich nur irgendeinen Rest von Freiheit behalte, wird
er auch nichts erreichen. Ich bin gespannt, was Du dazu sagst.

Quod scribis te audisse in candidatorum consu- 16
larium coitione me interfuisse, id falsum est; eiusmodi
enim pactiones in ea coitione factae sunt, quas postea
Memmius patefecit, ut nemo bonus interesse debuerit,
et simul mihi committendum non fuit, ut iis coitioni-
bus interessem, quibus Messala excluderetur. cui quidem vehementer satisfacio rebus omnibus; ut arbitror,
etiam Memmio. Domitio ipsi multa iam feci, quae
voluit quaeque a me petivit. Scaurum beneficio defen-
sionis valde obligavi. adhuc erat valde incertum, et
quando comitia et qui consules futuri essent.

Cum hanc iam epistulam complicarem, tabellarii a 17
vobis venerunt a. d. xi Kal., septimo vicesimo die. o
me sollicitum! quantum ego dolui in Caesaris suavis-
simis litteris! sed quo erant suaviores, eo maiorem
dolorem illius ille casus adferebat.
Sed ad tuas venio litteras. primum tuam reman-
sionem etiam atque etiam probo, praesertim cum, ut
scribis, cum Caesare communicaris. Oppium miror
quicquam cum Publio; mihi enim non placuerat.

Quod inferiore epistula scribis, me Id. Sept. Pom- 18
peio legatum iri, id ego non audivi scripsique ad Caesarem neque Vibullium Caesaris mandata de mea
mansione ad Pompeium pertulisse nec Oppium. quo
consilio? quamquam Oppium ego tenui, quod priores
partes Vibulli erant; cum eo enim coram Caesar ege-
rat, ad Oppium scripserat. ego vero nullas δευτέρας
φροντίδας habere possum in Caesaris rebus; ille mihi
secundum te et liberos nostros ita est, ut sit paene par.
videor id iudicio facere – iam enim debeo –, sed tamen
amore sum incensus.

Cum scripsissem haec infima, quae sunt mea manu, 19
venit ad nos Cicero tuus ad cenam, cum Pomponia

Wenn Du schreibst, Du habest gehört, ich hätte bei der Vereinbarung der Konsulatsbewerber die Hand im Spiele gehabt, so ist das falsch; die Abmachungen in dieser Vereinbarung – Memmius hat sie später enthüllt – waren doch derartig, daß ein anständiger Mensch sich unmöglich daran beteiligen konnte. Zudem durfte ich mich auf keinen Fall zu Vereinbarungen hergeben, von denen man Messala ausschloß. Ihm tue ich in jeder Beziehung Genüge, so gut ich kann, und ebenso, glaube ich, Memmius. Domitius persönlich habe ich schon manchen seiner Wünsche und Bitten erfüllt. Scaurus fühlt sich mir wegen meiner gelungenen Verteidigung sehr verpflichtet. Bis zum Augenblick ist es noch ganz ungewiß, wann die Wahlen stattfinden und wer Konsul wird.

Als ich diesen Brief zusammenfaltete, kamen heute, am 20., Eure Kuriere, nach 27 tägiger Reise. Ich bin erschüttert! Wie schmerzlich berührt mich Caesars so überaus liebenswürdiger Brief! Aber gerade seine Liebenswürdigkeit läßt mich seinen schmerzlichen Verlust doppelt mitempfinden.

Doch jetzt zu Deinem Briefe! Zunächst also erkläre ich mich noch einmal ausdrücklich mit Deinem Bleiben einverstanden, zumal Du Dich, wie Du schreibst, mit Caesar besprochen hast. – Sonderbar, daß Oppius sich mit Publius eingelassen hat; mir hat das nämlich gar nicht gefallen.

Am Ende Deines Briefes sprichst Du davon, ich würde am 13. September von Pompeius zum Legaten ernannt werden; davon weiß ich nichts und habe an Caesar geschrieben, weder Vibullius habe Pompeius Weisungen, mein Hierbleiben betreffend, überbracht noch auch Oppius. Was steckt dahinter? Allerdings habe ich Oppius zurückgehalten, weil Vibullius den Vortritt hatte, denn mit ihm hatte Caesar persönlich gesprochen, an Oppius nur geschrieben. Von Hintergedanken kann, wenn es sich um Caesar handelt, bei mir wahrlich keine Rede sein; er kommt für mich gleich hinter Dir und unsern Kindern, ja, steht Euch fast gleich. Es sieht so aus, als täte ich das aus kühler Berechnung – ich stehe ja bereits in seiner Schuld –, aber es treibt mich doch echte Zuneigung.

Als ich diese letzten Zeilen eigenhändig geschrieben hatte, kam Dein Cicero zu mir zum Essen, während Pomponia außerhalb

foris cenaret. dedit mihi epistulam legendam tuam,
quam paulo ante acceperat, Aristophaneo modo valde
mehercule et suavem et gravem; qua sum admodum
delectatus. dedit etiam alteram illam mihi, qua iubes
eum mihi esse adfixum tamquam magistro. quam
illum epistulae illae delectarunt, quam me! nihil
puero illo suavius, nihil nostri amantius. hoc inter
cenam Tironi dictavi, ne mirere alia manu esse.

Annali pergratae litterae tuae fuerunt, quod et cu-   20
rares de se diligenter et tamen consilio se verissimo
iuvares. P. Servilius pater ex litteris, quas sibi a Caesare missas esse dicebat, significat valde te sibi gratum fecisse, quod de sua voluntate erga Caesarem
humanissime diligentissimeque locutus esses.

Cum Romam ex Arpinati revertissem, dictum mihi   21
est Hippodamum ad te profectum esse. non possum
scribere me miratum esse illum tam inhumaniter fecisse, ut sine meis litteris ad te proficisceretur; illud
scribo, mihi molestum fuisse. iam enim diu cogita-
veram ex eo, quod tu ad me scripseras, ut, si quid esset,
quod ad te diligentius perferri vellem, illi darem, quod
mehercule hisce litteris, quas vulgo ad te mitto, nihil
fere scribo, quod, si in alicuius manus inciderit, moleste ferendum sit. Minucio me et Salvio et Labeoni
reservabam; Labeo aut tarde proficiscetur aut hic
manebit. Hippodamus ne numquid vellem quidem
rogavit. T. Pinarius amabiles ad me de te litteras mit-   22
tit, se maxime litteris, sermonibus, cenis denique tuis
delectari; is homo semper me delectavit fraterque eius
mecum est multum; quare, uti instituisti, complectere
adulescentem.

Quod multos dies epistulam in manibus habui   23
propter commorationem tabellariorum, ideo multa
coniecta sunt aliud alio tempore velut hoc: T. Anicius mihi saepe iam dixit sese tibi suburbanum, si quod

speiste. Er gab mir Deinen wirklich mit aristophanischem Charme und Ernst geschriebenen Brief zu lesen, den er eben erhalten hatte; ich habe meine rechte Freude daran gehabt. Auch den andern zeigte er mir, in welchem Du ihm befiehlst, mir wie einem Lehrer nicht von der Seite zu gehen. Wie freute er sich über diesen Brief, und ich nicht weniger! Er ist ein ganz reizender Bengel und liebt mich wie kein zweiter. (Dies habe ich Tiro bei Tisch diktiert, damit Du Dich nicht etwa wunderst, daß es von andrer Hand ist!)

Annalis ist entzückt von Deinem Brief, daß Du Dich gewissenhaft um ihn kümmerst und ihm doch mit ungeschminktem Rat zur Seite stehst. P. Servilius sen. läßt im Anschluß an den Brief, den er, wie er mir sagte, von Caesar erhalten hat, erkennen, daß Du ihm einen großen Gefallen getan hast, indem Du Dich über seine Ergebenheit gegen Caesar so liebenswürdig und besorgt geäußert hast.

Bei meiner Heimkehr von Arpinum nach Rom erfuhr ich, daß Hippodamus zu Dir aufgebrochen sei. Ich kann nicht sagen, ich wunderte mich über sein unziemliches Verhalten, ohne einen Brief von mir sich zu Dir auf den Weg zu machen; ich sage nur, es ist mir unangenehm. Denn nach dem, was Du mir geschrieben hattest, dachte ich schon lange daran, wenn einmal etwas wäre, was ich Dir besonders gewissenhaft überbracht wissen wollte, es ihm mitzugeben, weil ich in diesen Briefen, die ich Dir durch den ersten besten zustellen lasse, im allgemeinen nicht schreibe, was mich in Verlegenheit bringen würde, wenn es einem Unrechten in die Hände fiele. So halte ich mich denn an Minucius, Salvius und Labeo. Labeo reist übrigens vorläufig nicht oder bleibt ganz hier. Hippodamus hat überhaupt nicht gefragt, ob ich irgendwelche Wünsche hätte. T. Pinarius schreibt mir ganz reizend von Dir; Deine literarischen Arbeiten, Deine Gespräche, schließlich auch Deine Diners machten ihm riesige Freude. Der Mann hat mir schon immer gefallen, und sein Bruder verkehrt viel mit mir. Also nimm Dich, wie bisher, des jungen Mannes an!

Der Abgang der Kuriere hat sich verzögert, und so habe ich diesen Brief viele Tage unter den Händen gehabt. Daher ist mancherlei hineingeraten, gestern dies, heute das; so auch folgendes: T. Anicius hat mir schon mehrfach gesagt, falls er ein Suburbanum

invenisset, non dubitaturum esse emere. in eius sermone ego utrumque soleo admirari, et te de suburbano emendo, cum ad illum scribas, non modo ad me
non scribere, sed etiam aliam in sententiam de suburbano scribere, et, cum ad illum scribas, nihil te recordari de epistulis illis, quas in Tusculano eius tu mihi
ostendisti, nihil de praeceptis Epicharmi, γνῶθι πῶς
ἄλλῳ κέχρηται, totum denique vultum, sermonem, animum eius, quemadmodum conicio, quasi ***; sed
haec tu videris. de suburbano cura ut sciam, quid 24
velis, et simul, ne quid ille turbet, vide.

Quid praeterea? quid? etiam. Gabinius a. d. IIII
Kal. Oct. noctu in urbem introierat et hodie hora VIII,
cum edicto C. Alfi de maiestate eum adesse oporteret,
concursu magno et odio universi populi paene adflic-
tus est. nihil illo turpius; proximus est tamen Piso;
itaque mirificum embolium cogito in secundum librum meorum temporum includere, dicentem Apol-
linem in concilio deorum, qualis reditus duorum imperatorum futurus esset, quorum alter exercitum per-
didisset, alter vendidisset.

Ex Britannia Caesar ad me Kal. Sept. dedit litteras, 25
quas ego accepi a. d. IIII Kal. Oct., satis commodas
de Britannicis rebus, quibus, ne admirer, quod a te
nullas acceperim, scribit se sine te fuisse, cum ad
mare accesserit. ad eas ego ei litteras nihil rescripsi,
ne gratulandi quidem causa, propter eius luctum.

Te oro etiam atque etiam, mi frater, ut valeas.

II.
MARCVS QVINTO FRATRI SALVTEM

A. d. VI Id. Oct. Salvius Ostiam vesperi navi pro- 1
fectus erat cum iis rebus, quas tibi domo mitti vo-
lueras. eodem die Gabinium ad populum luculente

fände, würde er es sofort für Dich erwerben. Bei seinem Gerede fällt mir jedesmal zweierlei auf: einmal schreibst Du ihm vom Kauf eines Suburbanums, während ich nicht nur nichts davon erfahre, sondern sogar das Gegenteil von Dir höre; zum andern korrespondierst Du mit ihm und vergißt dabei ganz die Briefe, die Du mir auf seinem Tusculanum gezeigt hast, vergißt die Lehren Epicharms: „Gib acht, wie er sich andern gegenüber verhält!", vergißt, daß schließlich sein ganzes Gebaren, seine Redensarten, seinen Charakter, wie ich vermute,*** Aber das ist Deine Sache. Laß mich nur wissen, wie Du es mit dem Suburbanum halten willst, und paß auf, daß er keine Geschichten macht!

Sonst noch etwas? Doch! Gabinius ist am 27. September bei Nacht und Nebel in die Stadt eingezogen, wäre heute bei dem gewaltigen Gedränge und dem Haß des gesamten Volkes beinahe zu Schaden gekommen, als er um 2 Uhr auf C. Alfius' Gebot hin wegen Majestätsverbrechens vor Gericht erscheinen mußte. Ein ganz übler Patron! Aber gleich hinter ihm kommt Piso! So gehe ich denn mit dem Gedanken um, eine wunderbare Einlage in das zweite Buch von „Meine Zeiten" einzuschieben: Apollo schildert im Rate der Götter, wie sich die Heimkehr zweier Feldherren gestalten wird, von denen der eine sein Heer verloren, der andre es verkauft hat.

Aus Britannien hat mir Caesar am 1. September einen Brief geschrieben, den ich am 27. September erhalten habe, ziemlich beruhigend über die Vorgänge in Britannien, und ich solle mich nicht wundern, wenn ich von Dir keine Nachricht erhalten hätte; Du seiest nicht bei ihm gewesen, als er ans Meer gerückt sei. Ich habe ihm auf diesen Brief nichts geantwortet, nicht einmal, um ihm meinen Glückwunsch auszusprechen, in Rücksicht auf seine Trauer.

Ich bitte Dich ein übers andre Mal, lieber Bruder, bleib gesund!
(Arpinum und Rom, im September [August] 54)

2.

Marcus grüßt Bruder Quintus

Gestern abend, am 10. Oktober, ist Salvius zu Schiff nach Ostia abgegangen und hat die Dinge mitgenommen, die Du aus Deinem Hause haben wolltest. Am gleichen Tage hat Memmius dem Gabi-

calefecerat Memmius sic, ut Calidio verbum facere
pro eo non licuerit. postridie autem eius diei, qui erat
tum futurus, cum haec scribebam ante lucem, apud
Catonem erat divinatio in Gabinium futura inter
Memmium et Ti. Neronem et C. L. Antonios M. f.;
putabamus fore, ut Memmio daretur, etsi erat Nero-
nis mira contentio. quid quaeris? probe premitur,
nisi noster Pompeius dis hominibusque invitis negotium everterit.

Cognosce nunc hominis audaciam et aliquid in re 2
publica perdita delectare. cum Gabinius, quacumque
veniebat, triumphum se postulare dixisset subitoque
bonus imperator noctu in urbem hostium plane inva-
sisset, in senatum se non committebat. interim ipso
decimo die, quo eum oportebat hostiarum numerum
et militum renuntiare, irrepsit summa infrequentia.
cum vellet exire, a consulibus retentus est; introducti
publicani. homo undique actus et, cum a me maxime
vulneraretur, non tulit et me trementi voce exsulem
appellavit. hic – o di! nihil umquam honorificentius
nobis accidit – consurrexit senatus cum clamore ad
unum sic, ut ad corpus eius accederet; pari clamore
atque impetu publicani. quid quaeris? omnes, tamquam si tu esses, ita fuerunt. nihil hominum sermone
foris clarius. ego tamen me teneo ab accusando, vix
mehercule, sed tamen teneo, vel quod nolo cum Pompeio pugnare – satis est, quod instat de Milone – vel
quod iudices nullos habemus. ἀπότευγμα formido,
addo etiam malevolentiam hominum, et timeo, ne illi
me accusante aliquid accedat, nec despero rem et sine
me et nonnihil per me confici posse.

De ambitu postulati sunt omnes, qui consulatum 3
petunt, a Memmio Domitius, a Q. Acutio, bono et

nius vor dem Volke gehörig eingeheizt, so daß Calidius gar nicht
für ihn zu Worte gekommen ist. Heute aber – der Tag bricht gerade
an, während ich dies schreibe – werden sich Memmius und T. Nero
sowie C. und L. Antonius, die Söhne des M., bei Cato einigen, wer
die Anklage übernehmen soll. Ich nehme an, Memmius erhält sie,
obwohl Nero sich sehr darum bemüht. Kurz und gut, man geht ihm
tüchtig zu Leibe, es sei denn, unser Pompeius vereitelt gegen den
Willen von Göttern und Menschen die ganze Sache.

Höre jetzt, wie unverschämt der Kerl ist, und ergötze Dich ein
wenig an den verfahrenen politischen Verhältnissen. Wo er ging
und stand, hatte Gabinius erklärt, er fordere einen Triumph; aber
plötzlich drang der tüchtige Feldherr einfach bei Nacht und Nebel
in die feindliche Stadt ein; in den Senat wagte er sich jedoch nicht.
Inzwischen kam er am zehnten Tage, an dem er die Zahl der Opfertiere und Soldaten hätte anmelden müssen, in die schlecht besuchte
Senatssitzung geschlichen. Als er wieder gehen wollte, hielten die
Konsuln ihn fest, und die Steuerpächter wurden hereingeführt.
Von allen Seiten fiel man über ihn her, und als vor allem ich ihm
Hiebe versetzte, konnte er nicht an sich halten und warf mir mit
wutbebender Stimme „Verbannter" an den Kopf. Mein Gott! Da
wurde mir eine Ehrenbezeigung zuteil wie nie zuvor; unter wildem
Lärm erhob sich der Senat bis auf den letzten Mann und drohte,
ihm zu Leibe zu rücken, und mit gleichem Geschrei und Schwung
die Steuerpächter. Wirklich, sie alle verhielten sich so, wie Du es
getan hättest. Ebenso die Kundgebungen der Leute draußen: deutlich genug. Trotzdem zwinge ich mich, auf die Beteiligung an der
Anklage zu verzichten; es fällt mir zwar nicht leicht, gewiß nicht,
aber trotzdem: ich möchte nicht mit Pompeius in Konflikt geraten –
mir genügt gerade, was mir mit Milo bevorsteht –; auch haben wir
ja keine wirklichen Richter. Mir graut vor einem Fiasko, und ich
füge hinzu: vor dem Übelwollen der Leute; ich befürchte, er be-
kommt Oberwasser, wenn ich als Ankläger auftrete, aber ich gebe
die Hoffnung nicht auf, daß die Sache sich ohne mich oder mit ein
wenig Nachhilfe von mir machen läßt.

　　Alle Konsulatsbewerber sind wegen Bestechung angeklagt,
Domitius von Memmius, Memmius von Q. Acutius, einem treff-

erudito adulescente, Memmius, a Q. Pompeio Messala, a Triario Scaurus. magna res in motu est, propterea quod aut hominum aut legum interitus ostenditur. opera datur, ut iudicia ne fiant. res videtur
spectare ad interregnum. consules comitia habere
cupiunt; rei nolunt, et maxime Memmius, quod Caesaris adventu se sperat futurum consulem, sed mirum
in modum iacet. Domitius cum Messala certus esse
videbatur; Scaurus refrixerat. Appius sine lege curiata
confirmat se Lentulo nostro successurum; qui quidem mirificus illo die, quod paene praeterii, fuit in
Gabinium; accusavit maiestatis; nomina data, cum
ille verbum nullum.

Habes forensia. domi recte, et ipsa domus a redemp-
toribus tractatur non indiligenter.

III.
MARCVS QVINTO FRATRI SALVTEM

Occupationum mearum signum tibi sit librarii 1
manus. diem scito esse nullum, quo die non dicam
pro reo; ita, quicquid conficio aut cogito, in ambulationis tempus fere confero. negotia se nostra sic habent, domestica vero, ut volumus. Valent pueri,
studiose discunt, diligenter docentur, et nos et inter
se amant. expolitiones utriusque nostrum sunt in
manibus, sed tua ad perfectum iam res rustica Arcani
et Lateri. praeterea de aqua, de via nihil praetermisi
quadam epistula quin enucleate ad te perscriberem.
sed me illa cura sollicitat angitque vehementer, quod
dierum iam amplius quinquaginta intervallo nihil a
te, nihil a Caesare, nihil ex istis locis non modo litterarum sed ne rumoris quidem adfluxit; me autem
iam et mare istuc et terra sollicitat neque desino, ut
fit in amore, ea, quae minime volo, cogitare. quare

lichen, gebildeten jungen Manne, Messala von Q. Pompeius, Scaurus von Triarius. Ein entscheidender Punkt ist erreicht, denn es geht darum, ob die Menschen oder die Gesetze untergehen. Man bemüht sich, die Prozesse zu verhindern; die Sache soll anscheinend auf ein Interregnum hinauslaufen. Die Konsuln möchten Wahlen abhalten, aber die Angeklagten wollen es nicht, vor allem Memmius nicht, weil er hofft, Konsul zu werden, wenn Caesar kommt; aber er ist eigentümlich bedrückt. Domitius zusammen mit Messala scheint sicher zu sein; von Scaurus ist keine Rede mehr. Appius erklärt, er werde ohne Kuriatgesetz meines Lentulus Nachfolge antreten; übrigens hat er sich neulich – was ich beinahe vergessen hätte – sonderbar gegen Gabinius verhalten; er beschuldigte ihn des Majestätsverbrechens; Zeugen wurden benannt, aber er sagte kein Wort.

Soviel von den Gerichtsaffären. Daheim ist alles in Ordnung, und Dein Haus wird von den Pächtern ganz achtsam behandelt.

(Rom, den 11. Oktober [14. September] 54)

3.
Marcus grüßt Bruder Quintus

Wie beschäftigt ich bin, magst Du daraus entnehmen, daß mein Sekretär schreibt. Es vergeht nämlich kein Tag, an dem ich nicht für einen Angeklagten spreche. So schiebe ich alles, was ich zu erledigen oder zu bedenken habe, meist auf die Zeit des Spazierganges. So steht es um meine berufliche Tätigkeit; zu Hause geht es nach Wunsch. Die Jungen sind gesund, lernen eifrig, erhalten ordentlichen Unterricht, lieben uns und sich gegenseitig. Die Ausschmükkung unsrer beiderseitigen Häuser ist in Arbeit; Deine Landsitze, das Arcanum und das Laterium, sind schon beinahe fertig. Was weiter die Wasserleitung und die Straße betrifft, habe ich in einem meiner letzten Briefe nichts versäumt, um Dir haarklein zu berichten. Was mich furchtbar aufregt und ängstigt, ist die Sorge, daß nun schon mehr als sieben Wochen lang nichts von Dir, nichts von Caesar, kein Brief aus Eurer Gegend oder auch nur ein Gerücht hierher geflattert ist. Mich aber beunruhigt schon das Meer dort und das Land, und wie es in der Liebe zu gehen pflegt, ich will nicht dran denken und denke doch dauernd dran. Darum bitte ich Dich

non equidem iam te rogo, ut ad me de te, de rebus
istis scribas – numquam enim, cum potes, praeter-
mittis –, sed hoc te scire volo, nihil fere umquam me
sic exspectasse ut, cum haec scribebam, tuas litteras.

Nunc cognosce ea, quae sunt in re publica. comi- 2
tiorum cottidie singuli dies tolluntur obnuntiationibus
magna voluntate bonorum omnium; tanta invidia sunt
consules propter suspicionem pactorum a candidatis
praemiorum. candidati consulares quattuor omnes
rei; causae sunt difficiles, sed enitemur, ut Messala
noster salvus sit, quod est etiam cum reliquorum
salute coniunctum. Gabinium de ambitu reum fecit
P. Sulla subscribente privigno Memmio, fratre Cae-
cilio, Sulla filio; contra dixit L. Torquatus omnibus-
que libentibus non obtinuit.

Quaeris, quid fiat de Gabinio. sciemus de maiestate 3
triduo; quo quidem in iudicio odio premitur omnium
generum, maxime testibus caeditur, accusatoribus
frigidissimis utitur; consilium varium, quaesitor
gravis et firmus Alfius, Pompeius vehemens in iudicibus rogandis. quid futurum sit, nescio; locum tamen
illi in civitate non video. animum praebeo ad illius
perniciem moderatum, ad rerum eventum lenissimum.

Habes fere de omnibus rebus. unum illud addam: 4
Cicero tuus nosterque summo studio est Paeoni sui
rhetoris, hominis, opinor, valde exercitati et boni;
sed nostrum instituendi genus esse paulo eruditius et
θετικώτερον non ignoras. quare neque ego impediri
Ciceronis iter atque illam disciplinam volo, et ipse
puer magis illo declamatorio genere duci et delectari
videtur. in quo quoniam ipsi quoque fuimus, patiamur illum ire nostris itineribus; eodem enim perven-
turum esse confidimus. sed tamen, si nobiscum eum
rus aliquo eduxerimus, in hanc nostram rationem

nicht mehr, mir von Dir, von den dortigen Vorgängen zu schreiben – das tust Du ja immer, sooft Du kannst –, aber Du solltest doch wissen, fast noch nie habe ich etwas so sehnlich erwartet wie in diesem Augenblick einen Brief von Dir!

Jetzt vernimm, wie es in der Politik aussieht. Die einzelnen Komitialtage werden jedesmal durch Obnuntiation aufgehoben, und alle anständigen Leute sind sehr damit einverstanden, so verhaßt sind die Konsuln, weil von den seitens der Bewerber vereinbarten Bestechungsgeldern etwas durchgesickert ist. Alle vier Konsulatsbewerber sind angeklagt. Eine schwierige Situation, aber ich werde alles daransetzen, daß unser Messala ungeschoren bleibt, wovon dann auch der Freispruch der übrigen abhängt. Gabinius ist von P. Sulla wegen Bestechung angeklagt worden; Mitkläger sind sein Stiefsohn Memmius, sein Vetter Caecilius und Sulla jr. L. Torquatus hat widersprochen, ist aber zu jedermanns Freude nicht damit durchgedrungen.

Nun fragst Du gewiß, was mit Gabinius geschieht. Was das Majestätsverbrechen angeht, werden wir es in drei Tagen erfahren. Bei diesem Prozeß lastet der Haß aller Stände auf ihm, vor allem die Zeugen wollen ihn zu Fall bringen, aber seine Ankläger sind ganz schlapp, der Beirat ist wankelmütig, der Untersuchungsrichter Alfius hart und unbeirrbar, Pompeius bestürmt die Geschworenen mit Bitten. Was geschieht, weiß ich nicht, aber daß er seinen Platz in der Bürgerschaft behält, kann ich mir nicht vorstellen. Sein Verderben nehme ich gelassen hin; die weitere Entwicklung läßt mich völlig kalt.

Das ist so ziemlich alles; nur noch eins will ich hinzufügen: Dein und mein Cicero ist begeistert von seinem Rhetor Paeonius, einem, wie mir scheint, beschlagenen, tüchtigen Manne. Daß meine Art der Unterweisung ein wenig theoretischer und gründlicher ist, weißt Du wohl. Somit möchte ich Cicero in seinem Lehrgang nach jenem System nicht gehindert sehen; andrerseits scheint der Junge selbst durch die Schulberedsamkeit mehr angezogen und gefesselt zu werden. Die habe ich selbst ja auch durchgemacht, und so wollen wir ihn auf meinen Wegen wandeln lassen; er wird schon zum gleichen Ziel kommen, da bin ich gar nicht bange. Immerhin, wenn ich ihn mit mir irgendwohin aufs Land nehme, werde ich ihn

consuetudinemque inducemus; magna enim nobis a
te proposita merces est, quam certe nostra culpa numquam minus adsequemur.

Quibus in locis et qua spe hiematurus sis, ad me
quam diligentissime scribas velim.

IV.
MARCVS QVINTO FRATRI SALVTEM

Gabinius absolutus est. omnino nihil accusatore 1
Lentulo subscriptoribusque eius infantius, nihil illo
consilio sordidius; sed tamen nisi incredibilis contentio, preces Pompei, dictaturae etiam rumor plenus
timoris fuisset, ipsi Lentulo non respondisset, qui
tamen illo accusatore illoque consilio sententiis con-
demnatus sit xxxii, cum lxx tulissent. est omnino
tam gravi fama hoc iudicium, ut videatur reliquis
iudiciis periturus et maxime de pecuniis repetundis.
sed vides nullam esse rem publicam, nullum senatum,
nulla iudicia, nullam in ullo nostrum dignitatem. quid
plura de iudicibus? duo praetorii sederunt, Domitius
Calvinus – is aperte absolvit, ut omnes viderent – et
Cato: is diribitis tabellis de circulo se subduxit et
Pompeio primus nuntiavit.

Aiunt nonnulli, ut Sallustius, me oportuisse accu- 2
sare. his ego iudicibus committerem? quid essem, si
me agente esset elapsus? sed me alia moverunt: non
putasset sibi Pompeius de illius salute sed de sua
dignitate mecum esse certamen; in urbem introisset;
ad inimicitias res venisset; cum Aesernino Samnite
Pacideianus comparatus viderer; auriculam fortasse
mordicus abstulisset, cum Clodio quidem certe redis-
set in gratiam. ego vero meum consilium, si praesertim tu non improbas, vehementer adprobo. ille cum

in meine Methode einführen. Winkt mir doch von Deiner Seite ein schöner Lohn, und wenn ich ihn nicht erhalte, wird es jedenfalls niemals an mir liegen.

Schreib mir doch, wo und mit welchen Aussichten Du den Winter verbringen wirst!

(Rom, den 21. Oktober [24. September] 54)

4.
Marcus grüßt Bruder Quintus

Gabinius ist freigesprochen worden. Kindischer konnten sich sein Ankläger Lentulus und dessen Mitkläger überhaupt nicht anstellen, und der Beirat konnte nicht gemeiner sein. Aber trotzdem, wäre nicht diese unglaubliche Parteinahme und Pompeius' Bitten, nicht auch dies angstvolle Gerede von Diktatur gewesen, hätte er sich selbst einem Lentulus nicht gestellt, wo doch trotz dieses Anklägers und dieses Beirats von siebzig stimmenden Geschworenen immerhin noch zweiunddreißig für Verurteilung waren. Überhaupt hat dieser Prozeß solch schlechten Eindruck gemacht, daß er bei den weiteren wahrscheinlich zu Fall kommt, besonders bei dem wegen Erpressung. Aber wie Du siehst, es gibt keinen Staat mehr, keinen Senat, keine Gerichte, keine Würde mehr bei uns allen. Was soll ich Dir noch viel von den Geschworenen erzählen? Da saßen zwei Prätorier, Domitius Calvinus – der war offen für Freispruch, alle konnten es sehen – und Cato – der stahl sich nach Auszählung der Stimmen aus der Versammlung weg und meldete Pompeius als erster das Ergebnis.

Manche, wie etwa Sallust, meinen, ich hätte die Anklage übernehmen sollen. Mit diesen Geschworenen hätte ich mich herumschlagen sollen? Wo bliebe ich jetzt, wenn er gegen meine Anklage entwischt wäre? Indessen, was mich bestimmte, war etwas andres. Pompeius hätte den Eindruck gewonnen, in dem Kampf mit mir gehe es nicht um Gabinius' Wohl und Wehe, sondern um seine eigene Stellung; er wäre in die Stadt eingerückt, und der Bruch wäre da; ich wäre wie Pacideianus´gegen den Samniten Aeserninus angetreten; vielleicht hätte er mir mit den Zähnen das Ohrläppchen abgebissen, auf jeden Fall aber sich mit Clodius versöhnt. Wirklich, mein Entschluß reut mich ganz und gar nicht, zumal wenn auch

a me singularibus meis studiis ornatus esset cumque
ego illi nihil deberem, ille mihi omnia, tamen in re
publica me a se dissentientem non tulit – nihil dicam
gravius – et minus potens eo tempore, quid in me
florentem posset, ostendit; nunc cum ego ne curem
quidem multum posse, res quidem publica certe nihil
possit, unus ille omnia possit, cum illo ipso conten-
derem? sic enim faciendum fuisset. non existimo te
putare id mihi suscipiendum fuisse. 'alterutrum' in- 3
quit idem Sallustius; 'defendisses idque Pompeio
contendenti dedisses; etenim vehementer orabat.'
lepidum amicum Sallustium, qui mihi aut inimicitias
putet periculosas subeundas fuisse aut infamiam sempiternam! ego vero hac mediocritate delector, ac mihi
illud iucundum est, quod, cum testimonium secundum fidem et religionem gravissime dixissem, reus se
dixit, si in civitate licuisset sibi esse, mihi se satisfac-
turum, neque me quicquam interrogavit.

De versibus, quos tibi a me scribi vis, deest mihi 4
quidem opera, quae non modo tempus sed etiam
animum vacuum ab omni cura desiderat; sed abest
etiam ἐνθουσιασμός, non enim sumus omnino sine
cura venientis anni, etsi sumus sine timore. simul et
illud – sine ulla mehercule ironia loquor –: tibi istius
generis in scribendo priores partes tribuo quam mihi.
    De bibliotheca tua Graeca supplenda, libris com- 5
mutandis, Latinis comparandis: valde velim ista confici, praesertim cum ad meum quoque usum spectent.
sed ego, mihi ipsi ista per quem agam, non habeo;
neque enim venalia sunt, quae quidem placeant, et
confici nisi per hominem et peritum et diligentem
non possunt. Chrysippo tamen imperabo et cum Ty-
rannione loquar. de fisco quid egerit Scipio, quaeram;
quod videbitur rectum esse, curabo. de Ascanione tu

Du ihn für richtig hältst. Obwohl er von mir mit hingebendem
Eifer geehrt worden war, ich ihm nichts schuldig blieb, er mir alles,
konnte er es trotzdem nicht ertragen, wenn ich in der Politik nicht
mit ihm einig war – um keinen stärkeren Ausdruck zu gebrauchen –,
und hat mich damals, obwohl weniger mächtig, fühlen lassen, was
er gegen mich trotz meiner angesehenen Stellung vermochte. Da
sollte ich ihm jetzt, wo ich mich gar nicht einmal bemühe, viel zu
gelten, der Staat jedenfalls ohnmächtig ist und er allein alles vermag,
den Kampf ansagen? Denn darauf wäre es hinausgelaufen. Du
meinst doch wohl selbst nicht, daß ich das hätte riskieren dürfen?
„Eins von beiden", sagt wieder Sallust; „Du hättest eben die Verteidigung übernommen und damit Pompeius' Verlangen nachgegeben, wo er Dich doch so dringend bat." Ein reizender Freund,
dieser Sallust! Meint, ich hätte mir entweder eine gefährliche Feindschaft oder ewige Schande zuziehen sollen! Nein, ich bin mehr für
diese Mittelstraße, und mit Genugtuung stelle ich fest, daß der
Angeklagte auf meine mit allem Gewicht nach Pflicht und Gewissen
gemachte Zeugenaussage hin erklärte, sollte es ihm vergönnt sein,
weiter Bürger zu bleiben, werde er mir zu danken wissen, und mich
nicht weiter ins Kreuzverhör nahm.

Was die Verse angeht, die ich Dir schreiben soll, so fehlt es mir
an Arbeitslust, die nicht nur Muße, sondern auch ein sorgenfreies
Gemüt voraussetzt; aber auch der göttliche Funke will sich nicht
einstellen. Denn so ganz unbesorgt wegen des kommenden Jahres
bin ich doch nicht, wenn ich auch nicht gerade Angst habe. Und
außerdem – ich sage das wirklich ohne Ironie –: in dieser Art
Schriftstellerei lasse ich Dir gern den Vorrang.

An der Vervollständigung Deiner griechischen Bibliothek, dem
Austausch von Büchern und der Beschaffung der Lateiner habe ich
großes Interesse, zumal doch auch ich mir Vorteil davon erwarten
darf. Aber ich weiß nicht einmal jemanden, den ich für mich selbst
damit beauftragen könnte, denn was Du Dir gedacht hast, ist nicht
käuflich und kann auch nur von einem erfahrenen, umsichtigen
Manne erledigt werden. Doch will ich Chrysipp einen entsprechen-
den Auftrag erteilen und mit Tyrannio sprechen. Scipio werde ich
fragen, was er beim Fiskus ausgerichtet hat, und veranlassen, was
mir richtig erscheint. Mit Ascanio halt es, wie Du willst; ich stecke

vero, quod voles, facies; me nihil interpono. de
suburbano quod non properas, laudo; ut habeas,
hortor.

Haec scripsi a. d. viii Kal. Nov., quo die ludi com- 6
mittebantur, in Tusculanum proficiscens ducensque
mecum Ciceronem meum in ludum discendi, non
lusionis, ea re non longius quam vellem, quod Pomp-
tino ad triumphum a. d. iiii Non. Nov. volebam
adesse. etenim erit nescio quid negotioli; nam Cato
et Servilius praetores prohibituros se minantur, nec,
quid possint, scio – ille enim et Appium consulem
secum habebit et praetores et tribunos pl. –, sed minantur tamen in primisque Ἄρη πνέων Q. Scaevola.

Cura, mi suavissime et carissime frater, ut valeas.

V.
MARCVS QVINTO FRATRI SALVTEM

Quod quaeris, quid de illis libris egerim, quos, cum 1
essem in Cumano, scribere institui, non cessavi neque
cesso, sed saepe iam scribendi totum consilium ratio-
nemque mutavi. nam iam duobus factis libris, in quibus novendialibus feriis, quae fuerunt Tuditano et
Aquilio consulibus, sermo est a me institutus Africani
paulo ante mortem et Laeli, Phili, Manili, P. Rutili,
Q. Tuberonis et Laeli generorum, Fanni et Scaevolae,
sermo autem in novem et dies et libros distributus de
optimo statu civitatis et de optimo cive – sane texe-
batur opus luculente hominumque dignitas aliquantum orationi ponderis adferebat –, ii libri cum in Tusculano mihi legerentur audiente Sallustio, admonitus
sum ab illo multo maiore auctoritate illis de rebus
dici posse, si ipse loquerer de re publica, praesertim
cum essem non Heraclides Ponticus sed consularis et
is, qui in maximis versatus in re publica rebus essem;

mich nicht dazwischen. Daß Du es mit dem Suburbanum nicht so eilig hast, ist mir ganz recht, aber ich rate Dir doch, eines zu erwerben.

Heute ist der 24. Oktober, der Tag, an dem die Spiele beginnen. Ich bin beim Aufbruch nach dem Tusculanum und nehme meinen Cicero mit; zur Lernschule, nicht zur Spielschule! Ich wäre gern weiter weggegangen, aber ich möchte dasein, wenn Pomptinus am 2. November seinen Triumph feiert; dabei wird es nämlich etwas zu tun geben. Die Prätoren Cato und Servilius drohen, den Triumph zu verhindern, und ich weiß nicht, was sie erreichen – er wird nämlich den Konsul Appius sowie die Prätoren und Volkstribunen hinter sich haben –, aber sie drohen jedenfalls, und vor allem – „wutschnaubend" – Q. Scaevola.

Sieh zu, liebster, bester Bruder, daß Du gesund bleibst!
(Rom, den 24. Oktober [15. September] 54)

5.
Marcus grüßt Bruder Quintus

Du fragst, wie weit ich mit der Schrift bin, die ich während meines Aufenthaltes auf dem Cumanum begonnen habe. Nun, nach wie vor bin ich an der Arbeit, habe aber schon mehrfach den ganzen Plan geändert. Zwei Bücher waren bereits fertig, in denen ich ein Gespräch während des neuntägigen Sühnfestes im Konsulatsjahr des Tuditanus und Aquilius beginnen ließ zwischen Africanus kurz vor seinem Tode und Laelius, Philus, Manilius, P. Rutilius, Q. Tubero und Laelius' beiden Schwiegersöhnen, Fannius und Scaevola. Das Gespräch sollte sich auf neun Tage und ebenso viele Bücher verteilen und von der besten Verfassung und dem besten Bürger handeln. Das Werk ging mir recht hübsch von der Hand, und der Rang der Gesprächspartner gab ihren Ausführungen nicht wenig Gewicht – diese Bücher ließ ich mir also auf dem Tusculanum vorlesen, und Sallust hörte zu. Er war es dann, der mich darauf hinwies, wie diese Dinge bedeutend eindrucksvoller vorgetragen werden könnten, wenn ich selbst über den Staat das Wort nähme, zumal ich doch kein Heraclides Ponticus sei, sondern ein Konsular, dazu ein Mann, der sich bei hochwichtigen politischen Ereignissen betätigt habe; was ich so alten Leuten in den Mund legte, würde

quae tam antiquis hominibus attribuerem, ea visum
iri ficta esse; oratorum sermonem in illis nostris libris,
quod esset de ratione dicendi, belle a me removisse, ad
eos tamen rettulisse, quos ipse vidissem; Aristotelem
denique, quae de re publica et praestante viro scribat,
ipsum loqui. commovit me, et eo magis, quod maxi- 2
mos motus nostrae civitatis attingere non poteram,
quod erant inferiores quam illorum aetas, qui loquebantur; ego autem id ipsum tum eram secutus, ne in
nostra tempora incurrens offenderem quempiam. nunc
et id vitabo et loquar ipse tecum et tamen illa, quae
institueram, ad te, si Romam venero, mittam; puto
enim te existimaturum a me illos libros non sine aliquo
meo stomacho esse relictos.

Caesaris amore, quem ad me perscripsit, unice de- 3
lector; promissis iis, quae ostendit, non valde pendeo.
nec sitio honores nec desidero gloriam magisque eius
voluntatis perpetuitatem quam promissorum exitum
exspecto; vivo tamen in ea ambitione et labore, quasi
id, quod non postulo, exspectem.

Quod me de versibus faciendis rogas, incredibile 4
est, mi frater, quam egeam tempore, nec sane satis com-
moveor animo ad ea, quae vis, canenda. †ΑΜΠΩΕΙΣ†
vero ad ea, quae ipse ego ne cogitando quidem conse-
quor, tu, qui omnes isto eloquendi et exprimendi
genere superasti, a me petis? facerem tamen, ut possem, sed, quod te minime fugit, opus est ad poema
quadam animi alacritate, quam plane mihi tempora
eripiunt. abduco equidem me ab omni rei publicae
cura dedoque litteris, sed tamen indicabo tibi, quod
mehercule in primis te celatum volebam. angor, mi
suavissime frater, angor nullam esse rem publicam,
nulla iudicia, nostrumque hoc tempus aetatis, quod

man gleich als erfunden erkennen; bei dem Gespräch der Redner
in meinen bekannten Büchern hätte ich, weil es sich um die Redekunst handelte, zwar meine eigene Person sehr richtig aus dem Spiel
gelassen, es aber doch jedenfalls von Männern führen lassen, die
ich selbst noch gekannt hätte; schließlich führe doch auch Aristoteles in seinen Schriften über den Staat und den hervorragenden
Bürger selbst das Wort. Das leuchtete mir ein, um so mehr, als ich
anders die gewaltigen Erschütterungen unsres Gemeinwesens nicht
berühren konnte, weil sie später fallen als die Zeit der Sprecher.
Für meinen ursprünglichen Plan war gerade der Gedanke maßgebend gewesen, niemanden vor den Kopf zu stoßen, wenn ich in
unsre Zeiten geriete. Das werde ich jetzt vermeiden und selbst das
Wort an Dich richten. Trotzdem schicke ich Dir meine erste Aus-
arbeitung, wenn ich wieder nach Rom komme, denn Du kannst
Dir wohl denken, daß ich die beiden Bücher nicht ganz ohne Mißbehagen aufgegeben habe.

Caesar schreibt mir, wie sehr er mich schätzt, und ich freue mich
dessen ganz maßlos. An die Aussichten, die er mir macht, hänge
ich mein Herz nicht allzusehr; ich dürste nicht nach Ehren, sehne
mich nicht nach Ruhm, hoffe mehr auf die Dauer seiner Zuneigung
als auf die Erfüllung seiner Versprechungen. Trotzdem lebe und
webe ich in solch ehrgeizigem Bemühn, als ob ich erwartete, was
ich gar nicht haben will.

Was Deine Bitte um Verse angeht, so glaubst Du gar nicht, lieber
Bruder, wie es mir an Zeit gebricht; außerdem bin ich gar nicht
recht in Stimmung, das von Dir Gewünschte zu dichten. Verlangst
Du wirklich von mir . . . auf etwas, wovon ich mir auch nicht die
geringste Vorstellung machen kann, Du, der Du alle andern in
dieser Art von Darstellung und Schilderung übertroffen hast?
Trotzdem täte ich es, so gut ich könnte, aber Du weißt doch selbst
ganz genau, daß es zum Dichten einer gewissen Begeisterung
bedarf, die mir die Zeitläufte vollkommen versagen. Ich halte mich
von allen politischen Sorgen fern und ergebe mich der Wissenschaft,
aber ich will Dir doch sagen, was ich weiß Gott gerade Γ r am
liebsten verheimlicht hätte: es quält mich, liebster Bruder, quält
mich furchtbar, daß wir keinen Staat mehr haben, keine Gerichte,
daß ich in meinem Alter, in dem ich eigentlich als hochangesehener

in illa auctoritate senatoria florere debebat, aut forensi
labore iactari aut domesticis litteris sustentari, illud
vero, quod a puero adamaram,

πολλὸν ἀριστεύειν καὶ ὑπείροχος ἔμμεναι ἄλλων,

totum occidisse, inimicos a me partim non oppu-
gnatos, partim etiam esse defensos, meum non modo
animum sed ne odium quidem esse liberum, unumque
ex omnibus Caesarem esse inventum, qui me tantum,
quantum ego vellem, amaret, aut etiam, sicut alii
putant, hunc unum esse, qui vellet. quorum tamen
nihil est eiusmodi, ut ego me non multa consolatione
cottidie leniam; sed illa erit consolatio maxima, si una
erimus. nunc ad illa vel gravissimum accedit desiderium tui.

Gabinium si, ut Pansa putat oportuisse, defendis- 5
sem, concidissem. qui illum oderunt – ii sunt toti
ordines –, propter quem oderunt, me ipsum odisse
coepissent. tenui me, ut puto, egregie, tantum ut
facerem, quantum omnes viderent; et in omni summa,
ut mones, valde me ad otium pacemque converto.

De libris: Tyrannio est cessator. Chrysippo dicam; 6
sed res operosa est et hominis perdiligentis. sentio ipse,
qui in summo studio nihil adsequor. de Latinis vero,
quo me vertam, nescio; ita mendose et scribuntur et
veneunt; sed tamen, quod fieri poterit, non neglegam.

M. Taurus crebrius, ut ante ad te scripsi, Romae
est, et qui omnia adnuat, debere tibi valde renuntiavit.
ab aerario puto confectum esse, dum absum.

Quattuor tragoedias sedecim diebus absolvisse 7
cum scribas, tu quicquam ab alio mutuaris? et ἔλεος
quaeris, cum Electram et †Trodam† scripseris? cessator esse noli et illud 'γνῶθι σεαυτόν' noli putare ad
adrogantiam minuendam solum esse dictum, verum

Senator glänzend dastehen müßte, mich mit Prozessen herum-
schlage oder mich mit privaten literarischen Arbeiten hinschleppe,
daß der Stern, der mir von Kindesbeinen an voranleuchtete –
„Immer der erste zu sein und sich auszuzeichnen vor allen" –
völlig erloschen ist, daß ich meine persönlichen Feinde teils unbehelligt lassen, teils gar verteidigen muß, daß ich nicht in meiner
Gesinnung, ja, nicht einmal in meinem Haß frei bin, daß ich unter
allen in Caesar den einzigen gefunden habe, der mich so schätzt,
wie ich es wünsche, oder auch, wie andre meinen, er der einzige ist,
der es wünscht. Das alles drückt mich freilich nicht so schwer, daß
ich mir nicht täglich durch mannigfachen Trost Erleichterung verschaffen könnte, aber der wirksamste Trost wird es sein, wenn wir
wieder beieinander sind. Zur Zeit kommt zu all dem Leid als
bitterstes noch die Sehnsucht nach Dir!

Hätte ich, wie es nach Pansas Meinung nötig gewesen wäre,
Gabinius verteidigt, wäre es um mich geschehen gewesen. Die ihn
hassen – und das sind alle Stände –, würden begonnen haben, den
zu hassen, um dessentwillen sie ihn hassen, das heißt: mich. Ich
habe mich, meine ich, trefflich gehalten, sofern ich nur tat, was
jedermann sehen konnte. Und das Fazit: Deiner Mahnung gemäß
wende ich mich ganz zu Ruhe und Frieden.

Was Deine Bücher angeht: Tyrannio ist ein Faulpelz. Ich werde
es Chrysipp sagen, aber es ist eine mühevolle Aufgabe und verlangt
einen umsichtigen Mann. Das merke ich selbst, der ich trotz eifrig-
sten Suchens nichts finde. Wohin ich mich wegen der Lateiner
wenden soll, weiß ich schon gar nicht, so fehlerhaft wie sie kopiert
und verkauft werden. Immerhin will ich alles tun, was möglich ist.

M. Taurus ist, wie ich Dir schon neulich schrieb, häufiger in
Rom, und zwar ist er mit allem einverstanden und erklärt, er sei
Dir sehr verpflichtet. Die Sache mit dem Fiskus ist in meiner Ab-
wesenheit wohl in Ordnung gekommen?

Du schreibst mir, Du habest in sechzehn Tagen vier Tragödien
fertigbekommen, und da willst Du noch bei einem andern eine
Anleihe machen? Und bettelst um Mitleid, wo Du eine Electra und
zwar eine . . . geschrieben hast? Hör auf mit Deiner Bedenklich-
keit und sage Dir, daß jenes „Erkenne dich selbst" nicht nur
gesprochen ist, um unsern Hochmut zu dämpfen; wir sollen uns

etiam ut bona nostra norimus; sed et istam et Erigonam mihi velim mittas. habes ad duas epistulas proximas.

Romae et maxime in Appia a Martis mira prolu- 8 vies; Crassipedis ambulatio ablata, horti, tabernae plurimae; magna vis aquae usque ad piscinam publicam. viget illud Homeri:

ἤματ' ὀπωρινῷ, ὅτε λαβρότατον χέει ὕδωρ
Ζεύς, ὅτε δή ῥ' ἄνδρεσσι κοτεσσάμενος χαλεπήνῃ

– cadit enim in absolutionem Gabini –

οἳ βίῃ εἰν ἀγορῇ σκολιὰς κρίνωσι θέμιστας,
ἐκ δὲ δίκην ἐλάσωσι, θεῶν ὄπιν οὐκ ἀλέγοντες.

Sed haec non curare decrevi. Romam cum venero, 9 quae perspexero, scribam ad te et maxime de dictatura, et ad Labienum et ad Ligurium litteras dabo.

Hanc scripsi ante lucem ad lychnuchum ligneolum, qui mihi erat periucundus, quod eum te aiebant, cum esses Sami, curasse faciendum.

Vale, mi suavissime et optime frater.

VI.
MARCVS QVINTO FRATRI SALVTEM

Superiori epistulae quod respondeam, nihil est, quae 1 plena stomachi et querelarum est, quo in genere alteram quoque te scribis pridie Labieno dedisse, quae adhuc non venerat; delevit enim mihi omnem molestiam recentior epistula. tantum te et moneo et rogo, ut in istis molestiis et laboribus et desideriis recordere, consilium nostrum quod fuerit profectionis tuae. non enim commoda quaedam sequebamur parva ac mediocria. quid enim erat, quod discessu nostro emendum

auch unsrer Vorzüge bewußt werden. Aber schicke mir doch bitte
das Stück und die Erigona. Soviel als Antwort auf Deine letzten
beiden Briefe.

In Rom und besonders an der Via Appia in der Gegend des Mars-
tempels herrscht eine riesige Überschwemmung; Crassipes' Wandelhalle ist weggespült, Gärten und zahlreiche Buden; eine endlose
Wasserfläche bis zum Städtischen Fischteich. Homers Wort gilt
immer noch:

„hart am herbstlichen Tage bedrängt, wenn ein reißendes Wasser
Zeus ergießt, im Zorne die frevelnden Männer zu strafen"
– es paßt nämlich zu Gabinius' Freispruch –
„welche gewaltsam richtend im Rat die Gesetze verdrehen
und vertreiben das Recht, das Auge der Götter mißachtend."

Aber darüber wollte ich mich ja nicht mehr aufregen. Sobald ich
in Rom bin, berichte ich Dir von meinen Eindrücken, vor allem,
wie es mit der Diktatur wird. Auch an Labienus und Ligurius
werde ich schreiben.

Diesen Brief schreibe ich vor Tagesanbruch beim Schein des
geschnitzten Leuchters; er ist mir besonders lieb, weil Du ihn, wie
sie sagen, während Deines Aufenthaltes auf Samos hast anfertigen
lassen.

Leb wohl, mein liebster, bester Bruder!

(Tusculanum, Ende Oktober/Anfang November [Ende Septem-
ber] 54)

6.
Marcus grüßt Bruder Quintus

Auf Deinen ersten Brief weiß ich nichts zu antworten; er ist
voller verdrießlicher Klagen, und von derselben Art ist, wie Du
schreibst, ein zweiter, den Du tags zuvor Labienus eingehändigt
hast, der aber bisher noch nicht eingetroffen ist. Dein neuerer Brief
hat mir nun ja allen Kummer genommen. Ich möchte Dich nur
bitten und ermahnen, bei all den Unannehmlichkeiten, Mühen und
Entbehrungen daran zu denken, was wir mit Deiner Reise bezweckt
haben. Es geht uns ja nicht um ein paar kleine, unbedeutende Vor-
teile. Was war es doch, was wir durch unsre Trennung zu erkaufen
meinten? Es war uns zu tun um einen sicheren Schutz hinsichtlich

putaremus? praesidium firmissimum petebamus ex
optimi et potentissimi viri benevolentia ad omnem
statum nostrae dignitatis. plura ponuntur in spe, quam
petimus; reliqua ad iacturam reserventur. quare si
crebro referes animum tuum ad rationem et veteris
consilii nostri et spei, facilius istos militiae labores
ceteraque, quae te offendunt, feres et tamen, cum
voles, depones; sed eius rei maturitas nequedum venit
et tamen iam adpropinquat.

Etiam illud te admoneo, ne quid ullis litteris com- 2
mittas, quod, si prolatum sit, moleste feramus; multa
sunt, quae ego nescire malo quam cum aliquo periculo
fieri certior. plura ad te vacuo animo scribam, cum,
ut spero, se Cicero meus belle habebit. tu velim cures,
ut sciam, quibus nos dare oporteat eas, quas ad te
deinde litteras mittemus, Caesarisne tabellariis, ut is
ad te protinus mittat, an Labieni; ubi enim isti sint
Nervii et quam longe absint, nescio.

De virtute et gravitate Caesaris, quam in summo 3
dolore adhibuisset, magnam ex epistula tua cepi vo-
luptatem. quod me institutum ad illum poema iubes
perficere, etsi distentus cum opera tum animo sum
multo magis, tamen, quoniam ex epistula, quam ad
te miseram, cognovit Caesar me aliquid esse exorsum,
revertar ad institutum idque perficiam his suppli-
cationum otiosis diebus, quibus Messalam iam nostrum reliquosque molestia levatos vehementer gaudeo; eumque quod certum consulem cum Domitio
numeratis, nihil a nostra opinione dissentitis. ego
Messalam Caesari praestabo. sed Memmius in adventu
Caesaris habet spem; in quo illum puto errare; hic
quidem friget. Scaurum autem iam pridem Pompeius
abiecit.

Res prolatae; ad interregnum comitia adducta. 4
rumor dictatoris iniucundus bonis, mihi etiam magis,
quae loquuntur; sed tota res et timetur et refrigescit.

des gesamten Standes unsrer Würde durch das Wohlwollen des besten, mächtigsten Mannes. Man stellt uns mehr in Aussicht, als wir erwarten; der Überschuß mag für den Fall eines Verlustes aufgehoben werden. Wenn Du Dich also immer wieder besinnst auf unsre ursprüngliche Absicht und Erwartung, wirst Du Dich auch leichter abfinden mit den Beschwerden des Kriegsdienstes und den sonstigen Verdrießlichkeiten und Dich ihnen doch entziehen, wenn Du willst. Aber noch ist der Zeitpunkt dafür nicht gekommen, wenn er sich auch schon nähert.

Übrigens möchte ich Dich auch warnen, Deinen Briefen etwas anzuvertrauen, was uns, wenn es an die Öffentlichkeit dringen sollte, Ungelegenheiten bereiten könnte. Es gibt manches, was ich lieber nicht wissen als unter Gefahren erfahren möchte. Ich schreibe Dir sorglosen Herzens mehr, wenn es meinem Cicero, wie ich hoffe, besser geht. Laß mich bitte wissen, wem ich alsdann meinen Brief an Dich mitgeben soll, Caesars Kurieren, damit der ihn Dir dann gleich zustellt, oder denen des Labienus, denn wo diese Nervier eigentlich stecken und wie weit das ist, weiß ich nicht.

Was Du mir über Caesars mannhafte Würde schreibst, die er in seinem tiefen Schmerz bewiesen hat, hat mich sehr angenehm berührt. Du forderst mich auf, das begonnene Gedicht an ihn zu vollenden. Zwar bin ich körperlich und vor allem seelisch ziemlich herunter, aber wo Caesar nun schon aus meinem Brief an Dich ersehen hat, daß ich etwas angefangen habe, will ich das Begonnene wieder aufnehmen und in der Muße der kommenden Prozessionen vollenden, durch die nun auch zu meiner großen Freude mein Messala und die übrigen aus ihrer mißlichen Lage befreit sind, und wenn Ihr seine Wahl zum Konsul zusammen mit Domitius für gesichert haltet, so trefft Ihr damit genau unsre Erwartungen. Für Messala werde ich mich bei Caesar verbürgen. Memmius setzt seine Hoffnung auf Caesars Kommen; aber da irrt er sich wahrscheinlich. Hier läßt er kalt, und Scaurus hat Pompeius längst fallen lassen.

Die öffentlichen Geschäfte sind vertagt; bei den Wahlen läßt man es auf ein Interregnum ankommen. Das Gerede von Diktatur fällt den Optimaten auf die Nerven; mir noch mehr, was man so redet. Aber die ganze Geschichte macht zunächst Angst und ver-

Pompeius plane se negat velle; antea mihi ipse non negabat. Hirrus auctor fore videtur, o di, quam ineptus, quam se ipse amans sine rivali! Crassum Iunianum, hominem mihi deditum, per me deterruit. velit, nolit, scire difficile est; Hirro tamen agente nolle se non probabit. aliud hoc tempore de re publica nihil loquebantur; agebatur quidem certe nihil.

Serrani Domestici filii funus perluctuosum fuit 5 a. d. viii Kal. Dec.; laudavit pater scripto meo.

Nunc de Milone. Pompeius ei nihil tribuit et om- 6 nia Guttae dicitque se perfecturum, ut illo Caesar incumbat; hoc horret Milo, nec iniuria, et, si ille dictator factus sit, paene diffidit. intercessorem dictaturae si iuverit manu et praesidio suo, Pompeium metuit inimicum; si non iuverit, timet, ne per vim perferatur. ludos adparat magnificentissimos, sic, inquam, ut nemo sumptuosiores, stulte bis terque non postulatus, vel quia munus magnificum dederat vel quia facultates non erant vel quia magister vel quia potuerat magistrum se, non aedilem putare.

Omnia fere scripsi. cura, mi carissime frater, ut valeas.

VII.
MARCVS QVINTO FRATRI SALVTEM

De Gabinio nihil fuit faciendum istorum, quae 1 amantissime cogitata sunt; τότε μοι χάνοι—! feci summa cum gravitate, ut omnes sentiunt, et summa cum lenitate, quae feci; illum neque ursi neque levavi, testis vehemens fui, praeterea quievi. exitum iudicii foedum et perniciosum lenissime tuli; quod quidem

liert dann wieder an Interesse. Pompeius versichert, er wolle auf keinen Fall; mir gegenüber hat er neulich nicht nein gesagt. Anscheinend soll Hirrus den Antrag einbringen – mein Gott, dieser Tropf, diese Eigenliebe ohne Nebenbuhler! Crassus Iunianus, einen mir ergebenen Mann, hat er durch mich davon abbringen lassen. Ob er nun will oder nicht, ist schwer zu sagen; aber wenn Hirrus die Sache aufs Tapet bringt, wird er niemand weismachen, daß er nicht will. Zur Zeit redet man in der Politik von nichts andrem, und es ist auch wirklich nichts andres akut.

Der junge Serranus, des Domesticus Sohn, ist am 23. November unter allgemeiner Teilnahme beigesetzt worden; der Vater hielt ihm die Grabrede nach meinem Konzept.

Und nun von Milo! Pompeius setzt sich gar nicht für ihn ein, dafür aber ganz für Gutta, und erklärt, er werde dafür sorgen, daß Caesar sich dahinterstelle. Davor graut Milo, nicht ganz mit Unrecht, und für den Fall, daß jener Diktator werden sollte, gibt er beinahe ganz auf. Unterstützt er einen eventuellen Interzedenten gegen die Diktatur durch den Schutz seiner Banden, fürchtet er Pompeius' Feindschaft, unterstützt er ihn nicht, hat er Angst, daß sie gewaltsam durchgesetzt wird. Er bereitet überaus prächtige Spiele vor, kostspielig, sage ich Dir, wie niemand zuvor, dieser zwei- oder dreifache Tor, wo niemand es von ihm verlangt, weil er bereits ein prächtiges Spiel gegeben hat oder weil keine Mittel da sind oder weil er Vollstrecker ist oder sich als Vollstrecker statt als Ädil hat betrachten können.

Das ist so ziemlich alles. Halt Dich munter, herzlieber Bruder! (Rom, Ende November [Oktober] 54)

7.
Marcus grüßt Bruder Quintus

Was Gabinius angeht, durfte ich keinen Deiner gut gemeinten Ratschläge befolgen – „dann möge mich die Erde verschlingen!" Was ich getan habe, habe ich – darüber sind sich alle einig – eindringlich, aber milde in der Form getan: ich habe ihn weder in die Enge getrieben noch entlastet, habe mich als Zeuge entschieden geäußert, im übrigen aber geschwiegen. Der schändliche, verderbliche Ausgang des Prozesses läßt mich völlig kalt; dies herrliche

bonum mihi nunc denique redundat, ut his malis rei
publicae licentiaque audacium, qua ante rumpebar,
nunc ne movear quidem. nihil est enim perditius his
hominibus, his temporibus; itaque ex re publica quon- 2
iam nihil iam voluptatis capi potest, cur stomacher,
nescio. litterae me et studia nostra et otium villaeque
delectant maximeque pueri nostri. angit unus Milo;
sed velim finem adferat consulatus; in quo enitar non
minus, quam sum enisus in nostro, tuque istinc, quod
facis, adiuvabis. de quo cetera, nisi plane vis eripuerit,
recte sunt; de re familiari timeo;

ὁ δὲ μαίνεται οὐκέτ' ἀνεκτῶς,

qui ludos HS $\overline{\text{ccc}}$ comparet. cuius in hoc uno incon-
siderantiam et ego sustinebo, ut potero, et tu ut possis,
est tuorum Nerviorum.

De motu temporum venientis anni nihil te intelle- 3
gere volueram domestici timoris, sed de communi rei
publicae statu; in quo etiam si nihil procuro, tamen
nihil curare vix possum. quam autem te velim cautum
esse in scribendo, ex hoc conicito, quod ego ad te ne
haec quidem scribo, quae palam in re publica turban-
tur, ne cuiusquam animum meae litterae interceptae
offendant. quare domestica cura te levatum volo; in
re publica scio quam sollicitus esse soleas. video Messalam nostrum consulem, si per interregem, sine
iudicio, si per dictatorem, tamen sine periculo: odii
nihil habet, Hortensi calor multum valebit, Gabini
absolutio lex impunitatis putatur. ἐν παρέργῳ· de
dictatore tamen actum adhuc nihil est; Pompeius

Gefühl überströmt mich jetzt erst, daß dies Elend des Staates und
die Willkür dieser Frechlinge, die mich bisher in Harnisch brachte,
mich überhaupt nicht mehr berührt. Diese Gesellschaft und diese
Zeiten sind ja nun einmal grundverdorben. Da man also im Staats-
leben nachgerade keine Befriedigung findet, wüßte ich nicht, weshalb ich mich ärgern sollte. An meinen wissenschaftlichen Studien
habe ich meine Freude, am geruhsamen Leben auf meinen Gütern
und vor allem an unsern beiden Jungen. Einzig Milo macht mir
Sorgen. Wäre er doch nur erst Konsul! Dafür will ich mich nicht
weniger entschieden einsetzen, als ich es für mein eigenes Konsulat
getan habe, und Du wirst mir dabei von dort aus Hilfsstellung
geben wie bisher. Entreißt man es ihm nicht einfach gewaltsam,
dann steht es im übrigen nicht schlecht um ihn, nur fürchte ich um
sein Vermögen;

          „Da wütet er ganz unerträglich",

daß er für die Spiele 300 000 Sestertien aufwendet. In diesem einen
Punkte werde ich mich mit seiner Unbedachtsamkeit abfinden müs-
sen, so gut ich kann; daß auch Du dazu imstande bist, dafür müssen
Deine Nervier sorgen.

    Bezüglich der bewegten Zeiten, die uns das kommende Jahr
bringen wird, solltest Du eigentlich von meinen persönlichen Befürchtungen nichts merken und nur von den die Gesamtheit betreffenden politischen Verhältnissen erfahren. Zwar tue ich nichts, um
ihnen vorzubeugen, aber es fällt mir doch recht schwer, es nicht zu
tun. Wie sehr ich übrigens wünsche, daß Du in Deinen brieflichen
Äußerungen vorsichtig bist, magst Du daraus entnehmen, daß ich
Dir nicht einmal schreibe, welche politischen Intrigen sich hier in
aller Öffentlichkeit abspielen, um nur ja bei niemandem Anstoß zu
erregen, falls ein Brief von mir abgefangen werden sollte. Also Du
kannst hinsichtlich meiner persönlichen Sorgen ganz beruhigt sein;
wie die politischen Dich stets aufregen, weiß ich. Unsern Messala
sehe ich schon als Konsul; wenn durch den Interrex gewählt, bleibt
ihm der Prozeß erspart, wenn vom Diktator ernannt, ist er immerhin außer Gefahr. Niemand will ihm persönlich Übles, und Hortensius' warmer Eifer wird das Seine tun; in Gabinius' Freispruch
sieht man gleichsam einen Freibrief für die Straflosigkeit. Nebenbei:
mit der Diktatur ist man trotz allem bisher noch nicht weiter-

abest, Appius miscet, Hirrus parat, multi interces-
sores numerantur, populus non curat, principes nolunt, ego quiesco.

De mancipiis quod mihi polliceris, valde te amo et 4
sum equidem, uti scribis, et Romae et in praediis
infrequens; sed cave, amabo, quicquam, quod ad
meum commodum attineat, nisi maximo tuo commodo et maxima tua facultate, mi frater, cogitaris.

De epistula Vatini risi; sed me ab eo ita observari 5
scito, ut eius ista odia non sorbeam solum sed etiam
concoquam.

Quod me hortaris, ut absolvam, habeo absolutum 6
suave, mihi quidem uti videtur, ἔπος ad Caesarem,
sed quaero locupletem tabellarium, ne accidat, quod
Erigonae tuae, cui soli Caesare imperatore iter ex
Gallia tutum non fuit.

Quid? si †canem tam† bonum non haberem, de- 7
turbem aedificium? quod quidem mihi cottidie magis
placet, in primisque inferior porticus et eius conclavia
fiunt recte. de Arcano: Caesaris opus est elegantia vel
mehercule etiam elegantioris alicuius; imagines enim
istae et palaestra et piscina et nilus multorum Philo-
timorum est, non Diphilorum; sed et ipsi ea adibimus
et mittemus et mandabimus.

De Felicis testamento tum magis querare, si scias; 8
quas enim tabulas se putavit obsignare, in quibus
ex III unciis firmissimum locum tenes, eas vero
– lapsus est per errorem et suum et Sicurae servi – non
obsignavit; quas noluit, eas obsignavit. ἀλλ᾽ οἰμωζέτω·
nos modo valeamus.

Ciceronem et, ut rogas, amo, et ut meretur et de- 9
beo; dimitto autem a me, et ut a magistris ne abducam

gekommen. Pompeius ist nicht da, Appius wühlt, Hirrus arbeitet
dafür, man zählt eine Reihe Interzedenten, das Volk ist gleichgültig,
die führenden Kreise wollen nicht, ich halte den Mund.

Für Dein Versprechen bezüglich der Sklaven bin ich Dir sehr
dankbar; Du hast ganz recht, in Rom wie auch auf meinen Gütern
bin ich wirklich nur schwach damit versehen. Aber um eins bitte
ich Dich, lieber Bruder: laß bei allen Maßnahmen zu meinem Vorteil keinesfalls Deine uneingeschränkte Bequemlichkeit und un-
bedingte Leistungsfähigkeit aus dem Auge!

Über Vatinius' Brief habe ich nur lachen können, aber wisse:
seine Observanz wirkt sich bei mir dahin aus, daß ich seinen Haß
nicht nur in mich hineinfresse, sondern auch ohne Beschwer ver-
daue.

Du mahnst mich, mein Epos auf Caesar zum Abschluß zu bringen; das habe ich getan, und es ist, wie jedenfalls mir scheinen will,
recht hübsch geworden. Es fehlt mir nur an einem zuverlässigen
Kurier, damit es nicht geht wie mit Deiner Erigona, die allein unter
Caesars Kommando auf der Reise aus Gallien nicht unbehelligt
geblieben ist.

Wie? Du meinst, wenn ich nicht einen so guten Hund hätte,
könnte ich das ganze Haus abreißen? Es gefällt mir übrigens von
Tag zu Tag besser; vor allem die unteren Arkaden mit ihren
Gemächern werden hübsch. Das Arcanum bedarf des Geschmacks
eines Caesar oder gar eines noch geschmackvolleren Mannes. Diese
Statuen, der Turnplatz, der Fischteich, die Wasserleitung benötigen
viele Philotimi, nicht Diphili. Doch werde ich mich auch persönlich drum kümmern, nach dem Rechten sehen und die nötigen Aufträge erteilen.

Über Felix' Testament kannst Du Dich weiter ärgern, wenn Du
die näheren Umstände erfährst; er glaubte nämlich, eine Urkunde
zu unterzeichnen, in der Du mit einem Viertel der Erbmasse an
ganz sicherer Stelle standest, aber dabei ist ihm bzw. seinem Sklaven
Sicura ein Irrtum unterlaufen, und so hat er nicht sie, sondern eine
andre unterzeichnet, die er eigentlich nicht unterzeichnen wollte.
Nun, hol' ihn der Teufel! Hauptsache, daß wir gesund sind.

Deinen Cicero habe ich lieb, wie Du es wünscht, wie er es verdient und wie ich mich dazu verpflichtet fühle, doch lasse ich ihn

et quod mater ab Arcano discedit, sine qua edacitatem pueri pertimesco; sed sumus una tamen valde multum.

    Rescripsi ad omnia. mi suavissime et optime frater, vale.

jetzt von mir, um ihn seinen Lehrern nicht zu entziehen, und weil seine Mutter das Arcanum nicht verläßt, ohne die mir der Junge mit seinem Riesenappetit Angst macht. Aber wir sind doch recht oft beieinander.

Damit habe ich Dir auf alle Deine Fragen geantwortet. Leb wohl, liebster, bester Bruder!

(Rom, im Dezember [November] 54)

EINFÜHRUNG

Geburtstag und -jahr des Quintus Tullius Cicero sind nicht bekannt. Er war einige Jahre jünger als sein Bruder Marcus; da er i. J. 62 die Prätur bekleidete, für welches Amt ein Mindestalter von 40 Jahren vorgeschrieben war, ist er spätestens i. J. 102 geboren. Zusammen mit dem Bruder wurde er von Männern wie M. Antonius und L. Licinius Crassus, den bedeutendsten Rednern ihrer Zeit, ins öffentliche Leben eingeführt und widmete sich wie jener dem Staatsdienst, ohne doch dessen Ehrgeiz und Strebsamkeit zu besitzen, so daß er im politischen Leben nie eine Rolle gespielt hat. Im Jahre 65 war er Ädil, drei Jahre später Prätor; anschließend erhielt er die Statthalterschaft der Provinz Asia, die ihm zweimal um ein Jahr verlängert wurde, so daß er im ganzen drei Jahre in der Provinz tätig war. Um weiteren Aufstieg zum Konsulat hat er sich nicht bemüht.

Als Pompeius im Herbst 57 beauftragt wurde, das Verpflegungswesen zu ordnen, ernannte er Quintus zu seinem Legaten, und so sehen wir diesen im Winter 57/56 auf Sardinien tätig. Hier war es denn auch, wo Pompeius ihn anwies, seinem Bruder deutlich zu machen, daß er sich jeder Opposition gegen die Machthaber zu enthalten habe. Im Frühjahr 54 ging er als Legat zu Caesar nach Gallien, wie es scheint, auf eigenen Wunsch, doch mag auf seiten Caesars der Gedanke mitgespielt haben, in ihm einen Garanten für das Wohlverhalten des Bruders zu besitzen.

Als Marcus i. J. 51 zum Statthalter von Cilicien ernannt wurde, begleitete Quintus ihn als Legat in die Provinz und stand ihm mit seinen militärischen Erfahrungen, die er in Gallien gewonnen hatte, zur Seite.

Im Bürgerkriege schloß er sich wie Marcus und mit ihm zusammen dem Pompeius an. Nach Pharsalus trennten sich ihre Wege: Marcus ging zurück nach Italien und wartete in Brundisium auf die Begnadigung durch Caesar, während Quintus diesem nach dem Orient folgte und Verzeihung erbat und erhielt.

Das Verhältnis der beiden Brüder zueinander scheint bis dahin im wesentlichen ungetrübt gewesen zu sein, wenn auch Quintus offenbar nicht ganz leicht zu behandeln war und die Versicherungen brüderlicher Liebe in Marcus' Briefen zuweilen etwas forciert erscheinen. Jetzt kam es zu einem schweren Zerwürfnis: Quintus suchte sich Caesar gegenüber dadurch zu rechtfertigen, daß er die ganze Verantwortung für seinen Anschluß an Pompeius dem Bruder zuschob. Wie der häusliche Friede wiederhergestellt worden ist, wissen wir nicht; in den wenigen, beiden noch verbliebenen Lebensjahren sehen wir die Brüder vereint in der Sorge um den

jungen Quintus, der im Lager Caesars sein Glück zu machen hoffte und sich zu Verleumdungen seines Vaters und vor allem seines Oheims hinreißen ließ. Im Dezember 43 fielen beide, wie auch der junge Quintus, den Proskriptionen der Triumvirn zum Opfer.

Verheiratet war Quintus mit Pomponia, der Schwester des Atticus. Die Ehe, mehr auf Zureden des Bruders Marcus als aus eigener Zuneigung geschlossen, war von Anfang an unglücklich, woran die Frau mit ihrem mürrischen, nachtragenden Wesen offenbar den größeren Teil der Schuld trug; überdies war sie einige Jahre älter als der Gatte. Der einzige Sohn Quintus wurde i. J. 67 oder 66 geboren, war also ein oder zwei Jahre älter als sein Vetter Marcus. Nach dem Bürgerkriege ging die Ehe endgültig in die Brüche; wie sein Bruder Marcus trennte sich Quintus von seiner Frau.

Für die geistige Kapazität des Quintus besitzen wir vielleicht ein Zeugnis aus seiner Feder, eine Denkschrift, die er an seinen Bruder richtete, als dieser sich um das Konsulat bewarb: das Commentariolum petitionis. Die Verfasserschaft des Quintus ist mehrfach bestritten und dann wieder verteidigt worden, beides mit guten Gründen. Stammt die Schrift wirklich von ihm, dann stellt sie ihrem Verfasser ein nicht eben imponierendes Zeugnis aus.

ERLÄUTERUNGEN

Erstes Buch

Brief 1. Eine Art Denkschrift in Form eines Briefes, wahrscheinlich von vornherein zur Veröffentlichung bestimmt. — 1. *die Prätoren:* des Jahres 60, die sich selbst Hoffnung auf die lukrative Provinz machten. — 6. *in ganz engen Beziehungen:* die Pacht der Staatsgefälle lag in den Händen des Ritterstandes, dem die Cicerones selbst entstammten. — *daß sie es ... zu verdanken haben:* durch Aufdeckung und Niederwerfung der catilinarischen Verschwörung. — 10. *Tubero:* sein Geschichtswerk hat u. a. Livius als Hauptquelle für seine erste Dekade benutzt. — *aus verwandtschaftlicher Liebe:* Gratidius war wahrscheinlich ein Vetter zweiten Grades der Cicerones. — 15. *all das:* Heimat und Familie. — 21. *Cn. Octavius:* als Prätor i. J. 79 (Constans). — 26. *Abgaben für die Ädilen:* zur Finanzierung ihrer Spiele. — 29. *Plato:* Politeia 473 C. — *vielleicht ist dies Glück ... zuteil geworden:* durch Cicero selbst während seines Konsulats. — 32. *ihren Stand:* die Ritter; sie hatten am 5. Dezember 63 während der Verhandlung über die verhafteten Catilinarier den Schutz der Senatssitzung im Concordiatempel übernommen. — 33. *Aufhebung der Hafenzölle:* i. J. 60 durch ein Gesetz des Q. Caecilius Metellus Nepos. — *wenn sie ... unter Verlust gepachtet haben:* das war in der Tat geschehen; s. ad Att. I, 17, 9 vom 5. Dezember 61. — *Sulla:* er strafte i. J. 84 nach Besiegung des Mithridates die Gemeinden von Kleinasien für ihren Abfall durch Auferlegung einer Kontribution von 20000 Talenten (etwa 100 Mill. Goldmark), die von den Publikanen vorgeschossen wurden; die Schuld war inzwischen durch Zinseszins auf das Sechsfache gestiegen. — *die Sulla ... zugeteilt hatte:* zum Dank dafür, daß die Rhodier den Römern treu geblieben waren. — 35. *Lex censoria:* sie enthielt die Bedingungen, unter denen jeweils die staatlichen Gefälle für die nächsten fünf Jahre verpachtet wurden.

Brief 2. — 1. das Zitat: Odyssee IX, 513. — 3. *seit seiner Freilassung:* schon ad Att. II, 18, 4 vom Juni/Juli 59 macht Cicero seine Bedenken geltend. — 7. *C. Vergilius:* Statthalter von Sizilien. — *Dein Nachbar Octavius:* der Vater des späteren Kaisers Augustus, damals Statthalter von Macedonien. — *der Cilicier und der Syrier:* Statthalter von Syrien war damals Cn. Cornelius Lentulus Marcellinus; der Cilicier ist nicht bekannt. — 8. *einen sehr gewinnenden Nachfolger:* T. Ampius Balbus. — 10. *C. Fundanius:* Cicero hatte ihn i. J. 66 in einem Ambitus-

prozeß verteidigt. — 11. *Pompeius zuliebe:* nach dessen Rück-
kehr aus Asien hatte L. Flavius als Volkstribun i. J. 60 zur
Versorgung seiner Veteranen ein Ackergesetz promulgiert,
stand also in engen Beziehungen zu ihm. — 13. *Censorinus . . .
Scaevola:* Männer im Stabe des Quintus. — „*mit vollen Segeln*":
sprichwörtliche Redensart, vollständig und wörtlich: „wisse,
Poseidon, daß ich das Schiff aufrecht versenken werde". —
„*lieber gleich sterben*": als sich immer nur ärgern; Zitat aus
Aischylos, Prometheus 750. — *Patro:* Haupt der epikureischen
Schule. — 15. *Cato:* nicht der spätere Uticensis, sondern C.
Cato, damals Gegner, später Anhänger des Pompeius. —
wegen Amtserschleichung: bei der Wahl zum Konsul für das
folgende Jahr. — 16. *mir wird es . . . nicht fehlen:* sein Erzfeind
P. Clodius war Volkstribun geworden. — *fordert er mich vor
Gericht:* wegen der Hinrichtung der Catilinarier. — *die Kon-
suln:* des kommenden Jahres, A. Gabinius und L. Calpurnius
Piso; wie sollte er sich getäuscht haben!

Brief 3. — Dieser und der folgende Brief sind während Ciceros Ver-
bannung geschrieben. Quintus hatte Ende April 58 seine Provinz Asia verlassen und befand sich auf der Rückreise nach
Rom; am 15. Mai war er in Athen und langte Anfang Juni
zu Hause an. Zu der beabsichtigten Begegnung der beiden
Brüder unterwegs kam es nicht. Marcus war Ende Mai in
Pella, wo ihn Quintus' Freigelassener Phaethon erreichte, und
traf am 28. Mai in Thessalonich ein. Mit dem vorliegenden
Briefe schickte er Phaethon am 13. Juni nach Rom. — 1. *bei
Deiner Abreise:* in die Provinz i. J. 61. — 6. *ein Kampf bevorsteht:* eine Anklage wegen Erpressung droht. — 7. *das vom
Fiskus empfangene Geld:* das vom Senat ausgesetzte Salär. —
8. *Hortensius:* Ciceros schärfster Konkurrent in der Redekunst,
weswegen er sich von ihm beneidet glaubte. — *jener Vers:* über
die Sache ist sonst nichts bekannt.

Brief 4. — 2. *wegen irgendwelcher Strömungen:* man glaubte, daß es
möglicherweise zum Bruch des Triumvirats kommen könne.
— 3. *wird er dann schon sorgen:* wenn Ciceros Rückberufung
beschlossen werden sollte. — 4. *die Angst der Staatspächter:*
sie wurden mit der Drohung von Proskriptionen eingeschüch-
tert. — *in dem von Phaethon beförderten Briefe:* Brief 3. — *mit
Prozessen:* und dann kann ich Dir vielleicht helfen, indem ich
Dir ein Plaidoyer schicke (Constans). — 5. *man wird mir . . .
kommen:* alles, was gegen seinen Bruder unternommen wird,
betrachtet Cicero mit Recht als im Grunde gegen sich gerichtet.

Zweites Buch

Brief 1. — 1. *den Du gelesen hast:* dieser Brief ist nicht erhalten. — *kurz vor den Festtagen:* den Agonalia (11. Dezember), denen sich weitere bis zu den Saturnalien (23. Dezember) anschlossen (Constans). — *Lupus:* er hatte als Volkstribun den Senat berufen und leitete die Verhandlungen; die beiden Konsuln des Jahres waren bereits in ihre Provinzen abgereist. — *die Sache des Ager Campanus:* das Gebiet von Capua war seit 211 Staatsdomäne; Caesar hatte es während seines Konsulats (59) besiedeln lassen, das entsprechende Gesetz aber gegen die Optimaten nicht ganz legal durchgebracht, so daß es einen beliebten Agitationsstoff gegen ihn bot. Wahrscheinlich handelte Lupus im Einvernehmen mit Pompeius, dessen Verhältnis zu Caesar damals gespannt war. — *meine Aktionen:* die Besiedelung stand schon einmal i. J. 63 zur Debatte und wurde damals durch Cicero verhindert. — *Last der Feindschaften:* mit den Triumvirn. — *dem heutigen Schweigen:* anscheinend trauten die Optimaten dem Lupus nicht recht. — 2. *Racilius:* ebenfalls Volkstribun; er eröffnete also sozusagen eine zweite Senatssitzung. — *Konstituierung der Gerichtshöfe:* vor allem für einen Prozeß des Clodius, der von Milo de vi angeklagt war, sich aber durch die Wahl zum Ädilen dem Prozeß zu entziehen suchte. Bis dahin war es ihm gelungen, die Auslosung der Geschworenen zu hintertreiben, während die Ädilenwahlen durch Milos Banden verhindert wurden. — *Brandstiftungen, Morde und Straßenschlachten:* u. a. hatte Clodius am 3. November die Bauarbeiter von Ciceros Grundstück am Palatin vertrieben, die im Wiederaufbau befindliche Catulus-Halle (s. zu Br. 9, 2) aufs neue zerstört, das Haus des Q. Cicero in Brand gesteckt und Cicero selbst auf der Via sacra überfallen; am 12. war es zu einer regelrechten Straßenschlacht zwischen Milos und Clodius' Banden gekommen. — *Marcellinus:* als designierter Konsul erhielt er als erster das Wort. — *er selbst sollte . . . auslosen lassen:* an sich war es Aufgabe der Quästoren, im Auftrage des Praetor urbanus die Geschworenen auszulosen, aber Quästoren, die am 5. Dezember ihr Amt hätten antreten müssen, waren bislang noch nicht gewählt. Marcellinus will also nach seinem Amtsantritt im Januar die Auslosung unmittelbar durch den Prätor vornehmen lassen. — *Philippus:* designierter Konsul. — 3. *Graecostasis:* eine Art Tribüne nahe der Kurie, wo die fremden Gesandtschaften sich aufhielten, ehe sie vom Senat vorgelassen wurden. — *Q. Sextilius:* Gegner des Clodius. — *Plancius:* er hatte sich als Quästor des Statthalters von Macedonien i. J. 58 um Cicero in der Verbannung bemüht. — *bei der Überfahrt:* nach Sardi-

nien, wo Quintus als Legat des Pompeius in seiner Eigenschaft als Getreidekommissar tätig sein sollte.

Brief 2. — 1. *Lentulus und Sestius:* anscheinend wollten sie eine Anleihe bei Atticus aufnehmen. — *den Augur Gracchus:* er war der Vater der bekannten Gracchen; i. J. 162 brach bei der von ihm geleiteten Konsulwahl der Stimmeneinsammler der zuerst stimmenden Zenturie tot zusammen; Gracchus führte die Wahl trotz des Einspruchs der Haruspices zu Ende. Bei späterem Studium der Auguralvorschriften kam er jedoch zu der Überzeugung, tatsächlich gegen das heilige Recht verstoßen zu haben, und veranlaßte die Abdankung der neugewählten Konsuln. An unsrer Stelle liegt ein kleiner Irrtum vor: auf Sardinien war Gracchus im Anschluß an sein erstes Konsulat (177) tätig; i. J. 161 befand er sich auf einer Gesandtschaftsreise in Asien. — *Numisius' Grundriß:* für Quintus' Neubau am Palatin. — *die Darlehen des Pomponius:* zum Bau dieses Hauses. — *das Tusculanum:* des Culleo; Cicero trug sich anscheinend mit dem Gedanken, es zur Arrondierung seines Tusculanums zu erwerben. — 2. *Spannung auf den verdammten Ädilen:* Clodius. — 3. *König von Alexandria:* Ptolemaios XIII. Auletes; er war i. J. 59 gegen Zahlung von 6000 Talenten (etwa 30 Mill. Goldmark) von Caesar und Pompeius als König von Ägypten anerkannt worden, hatte diese Summe von seinen Untertanen zu erpressen versucht, was zu seiner Vertreibung aus dem Lande führte. Er hielt sich jetzt in Rom auf und hoffte, durch Pompeius in sein Reich zurückgeführt zu werden. — *ein Senatsbeschluß:* der durch einen Spruch der sibyllinischen Bücher veranlaßt wurde. — *Lentulus gegenüber:* Cicero fühlte sich ihm verpflichtet, weil vornehmlich er als Konsul seine Rückberufung aus der Verbannung betrieben hatte. Lentulus war schon gegen Ende seiner Amtszeit in seine Provinz Cilicien abgereist; vorher hatte er einen Senatsbeschluß herbeigeführt, daß der zukünftige Statthalter von Cilicien, also er selbst, den König in sein Land zurückführen solle. — *Caninius:* er beantragte, Pompeius solle den König ohne Heer mit nur zwei Liktoren zurückführen.

Brief 3. — 1. *Milo:* nunmehr von Clodius de vi belangt. — *über die Provinzen der Quästoren:* in welche Provinzen die einzelnen Quästoren gehen sollten. — *Ausstattung der Prätoren:* mit Geld, Legaten und Truppen für ihre Provinzialverwaltung. — — *seines Kommandos zu entkleiden:* ihn aus Cilicien abzuberufen. — 2. *Clodia:* Clodius' wegen ihres sittenlosen Lebenswandels berüchtigte Schwester (Catulls Lesbia). — *Quirinalien:* 17. Februar. — 3. *Verrat an mir:* er hatte es nicht verhindert, daß Cicero in die Verbannung gehen mußte. — *Africanus:* er

starb, erst 57 Jahre alt, unvermutet i. J. 129, so daß man annahm, er sei vergiftet worden. — 4. *die Jugend:* die Söhne der
Senatorenfamilien. — *Zuzug aus Picenum und Gallien:* in
Picenum hatte Pompeius umfangreiche Besitzungen, zu Gallien (Oberitalien) von seinem Vater Pompeius Strabo her
Beziehungen. — *Anträge gegen Milo und Lentulus:* über Milo
ist nichts bekannt; zu Lentulus s. oben § 1. — 5. *Sestius:* er
hatte sich i. J. 57 als Volkstribun energisch für Ciceros Rückberufung aus der Verbannung eingesetzt; bei den Straßen-
kämpfen mit Clodius kam es dabei zu der in § 6 erwähnten
Verwundung im Castortempel. — *die Zünfte und politischen
Zellen:* sie waren wegen politischer Umtriebe bereits i. J. 64
durch Senatsbeschluß aufgelöst, dann aber Anfang 58 durch
ein Gesetz des Clodius wieder zugelassen worden; der jetzt
gefaßte Senatsbeschluß wurde i. J. 55 durch die Lex Licinia de
sodaliciis sanktioniert. — 6. *Bestia:* er hatte sich für 56 um die
Prätur beworben. — 7. *Dein eigenes:* vgl. zu Br. 2, 1. — *Ulbia:*
im NO Sardiniens, heute Terranova. — *obwohl es Winter ist:*
im Sommer war das Klima sehr ungesund.

Brief 4. — 1. *Vatinius:* er war als Belastungszeuge geladen; im
Kreuzverhör unterzog Cicero alle Maßnahmen, die er als
Volkstribun im Dienste Caesars durchgesetzt hatte, einer ver-
nichtenden Kritik. — 2. *Tullia:* ihr erster Gatte L. Piso war
während Ciceros Verbannung gestorben. — *Latinerfest:* auf
dem Mons Albanus, das uralte Bundesfest der Latiner. — *als
Feiertage gelten:* an solchen dies religiosi wagte man weder eine
kriegerische Unternehmung noch eine Eheschließung.

Brief 5. — 1. „*Goldregen*": die vom Senat bewilligte Entschädigung
von 2¾ Mill. Sestertien für die an Ciceros Besitzungen von
Clodius angerichteten Schäden; Cicero hielt sie für zu niedrig
und erwartete wohl eine Nachbewilligung. — 2. *sein Kollege:*
L. Marcius Philippus, der Stiefvater des Großneffen Caesars,
des späteren Octavian. — *läßt das Latinerfest wiederholen:* vermutlich wegen eines angeblichen Formfehlers. — *es fehlt
nicht . . . an Prozessionen:* vielleicht sind die für Caesar beschlos-
senen gemeint (Caes. BG II, 35, 4). — *Komitialtage:* an denen
Volksversammlungen, aber keine Senatssitzungen stattfinden
durften. — 3. *den gefährlichen Gesetzesanträgen:* s. Br. 3, 1. —
ungeheuerliche Anträge: Übernahme der von Caesar auf eigene
Faust ausgehobenen Legionen auf die Staatskasse und Ver-
längerung seines Kommandos in Gallien über die ursprünglich vorgesehenen fünf Jahre hinaus. — *Caninius' Vorhaben:*
s. zu Br. 2, 3. — *wegen des Verrats an seiner Freundschaft:* indem
er sich in Konkurrenz mit P. Lentulus um die Zurückführung
des Ptolemaios bemühte. — *wegen Milo:* dem er im Februar in

ᵢeinem Prozeß beigestanden hatte; s. Br. 3, 1. — 4. *die Senatoren sprachen ihn frei:* die Gerichtshöfe waren zu gleichen Teilen mit Senatoren, Rittern und sog. Ärartribunen, einer gehobenen Schicht der Plebs, besetzt. — *Appius:* Caesar befand sich während des Winters in Oberitalien; Appius reiste zu ihm, um sich seine Unterstützung bei der Wahl zum Konsul für das Jahr 54 zu sichern.

Brief 6. — 1. *kürzlich habe ich Dir mitgeteilt:* der Brief ist nicht erhalten. — 2. *Capitolini:* eine Genossenschaft, der die Ausrichtung der Ludi Capitolini oblag. — *Mercuriales:* eine Kaufmannsgilde. — *Pomponia:* das Verhältnis zu ihrem Gatten war stets gespannt. — 3. *Labro:* der Ort ist unbekannt.

Brief 7. — 1. *Gabinius:* damals Statthalter von Syrien; er hatte einen Feldzug gegen die Araber unternommen. — 2. *Ager Campanus:* s. zu Br. 1, 1. — *habe ich ein Schloß vor dem Mund:* Caesar hatte Pompeius wissen lassen, daß er eine Beteiligung Ciceros an der Debatte nicht wünsche. Der lat. Ausdruck aqua haeret — „das Wasser stockt" — ist von der Klepshydra (Wasseruhr) genommen, nach der die Redezeit bemessen wurde; wenn sie abgelaufen war, wurde dem Redner das Wort entzogen.

Brief 8. — 2. *„getan hat":* Anspielung auf einen Vers des nicht erhaltenen Lokrischen Aias des Sophokles: „wenn du etwas Böses getan hast, mußt du auch Böses erleiden". — *Asicius:* Gefolgsmann des Ptolemaios, wurde als Mörder des Führers einer ägyptischen Gesandtschaft angeklagt und von Cicero mit Erfolg verteidigt. — *den Mann:* den König; die näheren Umstände des Vorgangs sind unbekannt. — 3. *Marius als Nachbar:* er besaß eine Villa in Stabiae, also nicht weit von Ciceros Pompeianum und Cumanum. — 4. *Philoctet:* er wurde auf dem Zuge nach Troia von einer Schlange gebissen und von den Griechen wegen des üblen Geruchs der Wunde auf der Insel Lemnos zurückgelassen, wo er den wechselvollen Kämpfen vor Troia unbeteiligt zuschaute. — *ein Garten ist im Hause:* Anspielung auf den berühmten Garten Epikurs in Athen, also soviel wie: die Schriften Epikurs sind vorhanden, eine kleine auf Marius gemünzte Frozzelei.

Brief 9. — 1. *mein zweites Buch:* das Epos de temporibus meis, in welchem er seine Verbannung und glorreiche Rückberufung schilderte. — *der Rede Iuppiters:* anscheinend riet der Gott dem Dichter, der Politik den Rücken zu kehren und sich der Philosophie und den Wissenschaften zu widmen (Constans). — 2. *nach Deiner Abreise:* Quintus ging auf seine Güter in und um Arpinum. — *meine Bauten und die Inschriften:* wahrschein-

lich handelt es sich um den Wiederaufbau der Catulus-Halle, die Clodius während Ciceros Verbannung zusammen mit dessen Haus am Palatin hatte abreißen lassen, um auf dem Areal einen Tempel der Freiheitsgöttin zu errichten; er wird eine Inschrift an dem Neubau haben anbringen lassen, die ihn als Bauherrn bezeichnete. — *freie Gesandtschaft:* ohne speziellen Auftrag des Senats. — *nach Byzanz:* Clodius hatte während seines Volkstribunats i. J. 58 einigen verbannten Byzantinern die Rückkehr in ihre Heimat erwirkt und Brogitarus zum Priester der Kybele in Pessinus gemacht; für diese Bemühungen wollte er jetzt das Entgelt einkassieren. — *zu unserm Iuppiter:* s. zu § 1. — 3. *der ihn ... gestellt hatte:* davon ist sonst nichts bekannt. — *die Prätoren:* für das laufende Jahr, die noch nicht gewählt waren. — *als Privatleute gelten sollten:* damit man sie eventuell wegen Wahlbestechung belangen konnte; unter andern bewarb sich auch Cato (der spätere Uticensis) um die Prätur.

Brief 10. — 2. *die Freiheit der Tenedier:* sie forderten Anerkennung ihrer Unabhängigkeit; das Tenedierbeil ist die als Emblem auf den Münzen erscheinende Doppelaxt. — *der ... entgegengetreten sei:* als Statthalter der Provinz Asia (61–58). — 3. *mit Lucrez' Gedichten:* der Dichter hatte sein Lehrgedicht de rerum natura bei seinem Tode Ende 55 unvollendet hinterlassen; Cicero gab es heraus. — *Sallusts Empedoclea:* unbekannt.

Brief 11. — 2. *den Commagener:* Antiochos I., König von Commagene, 69–34. Caesar hatte ihm i. J. 59 die Toga praetexta (Toga mit breitem Purpursaum, das Abzeichen der hohen Beamten) verliehen; jetzt kam er um Erneuerung der Ehre ein. — *wird ... unfruchtbar sein:* natürlich ließ Appius sich die Unterstützung des Commageners gut bezahlen. — 3. *ein Bostrener:* wer gemeint ist, wissen wir nicht. — das Zitat aus einer unbekannten Tragödie. — *die ... zustandegebracht haben:* Caesar und Pompeius. — 4. *was für einen Brief:* die Ernennung zum Legaten Caesars. — 5. *seine eigene Bedürftigkeit:* Caesar hatte Cicero ein Darlehen von 800 000 Sestertien gewährt und ihm dazu geschrieben, er wolle ihm aushelfen, soweit er es „in seiner eigenen Bedürftigkeit" vermöge. — *könnte in Brand geraten:* für uns unverständlich.

Brief 12. — 1. „*schwarzen Schnee*": für uns unverständlich. — *betreffs Pompeius:* er stieß immer wieder durch sein kühles, undurchsichtiges Wesen ab. — *der zehnte Tag:* zwischen Einreichung der Anklage und dem ersten Termin mußten wenigstens zehn Tage liegen; weswegen Caelius angeklagt wurde, wissen wir nicht. — 2. *Clodiersippe:* i. J. 50 versuchte Ap.

Claudius noch einmal, Caelius durch denselben Servius Pola anklagen zu lassen. — *die Tyrier:* um sich über die Steuerpächter zu beschweren; der Statthalter Gabinius hatte sie gegen diese in Schutz genommen. — *das Geleit gegeben hatten:* als er sich auf den Weg machte, um Ptolemaios in sein Reich zurückzuführen. — 3. *Lex Pupia:* sie erklärte die Zeit von Mitte Januar bis zum 1. März zu Komitialtagen, an denen keine Senatssitzungen stattfinden durften. — *Quirinalien:* 17. Februar. — *die Wahlen:* bei Beginn des Jahres waren nur die beiden Konsuln gewählt. — 4. *Callisthenes:* Neffe des Aristoteles, schrieb Hellenika (387–357), eine Monographie über den 3. Heiligen Krieg (357), und eine romanhaft ausgeschmückte Schilderung der Taten Alexanders d. Gr., den er auf seinem Feldzuge gegen das Perserreich als Hofhistoriograph begleitete. — *Philistus:* Verwandter und Freund Dionys' I. von Syrakus, schrieb 13 Bücher sizilische Geschichte; die ersten sieben Bücher führten den Untertitel „Über Dionysios". — *Lupercalien:* 15. Februar.

Brief 13. — 1. *nach unsrer Trennung:* Quintus war Anfang Mai zu Caesar gereist. — *dem staatswissenschaftlichen Werke:* de re publica. — 2. *Leute:* Anhänger Caesars; *gewisse andre:* die Optimaten. — *unsres kleineren Cicero:* seines eigenen Sohnes Marcus. — 3. *Trebatius:* Cicero hatte ihn kurz vorher an Caesar empfohlen.

Brief 14. — 1. *Blandeno:* sonst unbekannt; vielleicht das heutige Biandronno am Lago Varese (Groebe). — *was Du mir du schreibst:* anscheinend machte Caesar Cicero Aussicht auf ein zweites Konsulat oder sonstige Ehrungen. — 2. *mein Poem:* de temporibus meis; s. zu Br. 9, 1. — *gebt mir nur Britannien:* Cicero wollte Caesars zweite Expedition nach Britannien dichterisch behandeln. — *Trebatius:* s. zu Br. 13, 2. — *Domitius:* der eine Konsul des Jahres 54. — *einen Tribunen ernennen:* die 24 Tribuni militum für die ersten vier Legionen wurden vom Volke gewählt, die übrigen von den Konsuln bzw. Heerführern ernannt. — *sein Kollege Appius:* s. zu Br. 5, 4. — 5. das Zitat: Euripides Hiketiden 119.

Brief 15. — 2. *Vorgänge in meinem Hause und auf dem Forum:* er wird von den Anhängern Caesars hofiert. — *des verrückten Kerls:* Clodius. — 4. *infolge einer Vereinbarung:* C. Memmius und Cn. Domitius Calvinus, Bewerber um das Konsulat für 53, hatten sich verpflichtet, im Falle ihrer Wahl den beiden amtierenden Konsuln 40000 Sestertien zu zahlen, falls sie ihnen nicht drei Augurn stellten, die versicherten, bei Einbringung des Kuriat-

gesetzes zugegen gewesen zu sein, obgleich es gar nicht ein
gebracht worden sei, dazu zwei Konsulare, die aussagen würden, sie seien bei Ausstattung der Provinzen (s. zu Br. 3, 1)
als Protokollzeugen anwesend gewesen, obwohl überhaupt
keine Senatssitzung stattgefunden habe (durch das Kuriatgesetz wurde den Konsuln das Imperium für ihre Tätigkeit
in der Provinz bestätigt). Memmius war der Kandidat Caesars,
der gleich genannte Scaurus der des Pompeius, Messala der
der Optimaten. Übrigens wurden die Einzelheiten des Paktes
erst im Herbst des Jahres durch Indiskretion des Memmius
bekannt. — *die Praerogativa:* die durchs Los bestimmte, als
erste abstimmende Zenturie, deren Votum als Vorzeichen für
den Ausgang der ganzen Wahl galt.

Brief 16. — 3. *Drusus:* der Vater der späteren Kaiserin Livia;
Cicero verteidigte ihn im Auftrage Caesars. — *Prävarikationsprozeß:* wegen Begünstigung des Prozeßgegners. — *Arar-
tribunen:* s. zu Br. 5, 4. — *Vatinius:* er war wegen Verstoßes
gegen die Lex Licinia de sodaliciis (s. zu Br. 3, 5) angeklagt. —
Scaurus' Prozeß: wegen Erpressungen, die er als Statthalter
von Sardinien i. J. 55 begangen hatte. — „*Tischgenossen" des
Sophocles:* ein nicht erhaltenes Satyrspiel; die Anspielung ist für
uns unverständlich. — 4. *für Deine Schriftstellerei:* Quintus
will also auch selbst ein Epos über den britannischen Feldzug
schreiben. — 5. *zu meinem Epos:* de temporibus meis; s. Br.
9, 1, und 14, 2.

Drittes Buch

Brief 1. — 1. *während der Spieltage:* der Ludi Romani. — *des Flusses:*
des Fibrenus, eines Nebenflusses des Liris. — *nachdem ich . . .
empfohlen hatte:* um ihnen Plätze bei den Spielen zu sichern. —
Manilianum: Quintus hatte es gekauft, um sein Arcanum zu ver-
größern. — *Caesius:* wahrscheinlich ein Arpinate, den Quintus
während seiner Statthalterschaft bei sich hatte; s. Br. I, 1, 4,
und 2, 4. — 3. *pro Fuß:* der zu erbauenden Wasserleitung. —
4. *Furina:* eine damals bereits beinahe verschollene Gottheit.
— 6. *Stadthaus:* am Palatin in der Nachbarschaft seines Bruders. — 7. *ein so schöner Lohn:* aus Quintus' Beutegeldern. —
9. *Trebatius:* s. zu Br. II, 13, 3. — 11. *Calventius Marius:* Spitzname für L. Piso, den Konsul von 58, der Ciceros Verbannung
mitverschuldet hatte; sein Großvater mütterlicherseits war
der Insubrer Calventius; mit Marius vergleicht Cicero ihn,
weil dieser den Q. Metellus Numidicus ungerechtfertigt in die
Verbannung getrieben hatte. Als Piso von seiner Statthalter-

schaft in Macedonien zurückkehrte, griff Cicero ihn im Senat in geradezu unflätiger Weise an (seine Rede in Pisonem gab er als Broschüre heraus); Piso antwortete mit einem Pamphlet, das nach Ansicht einiger Gelehrter in der unter Sallusts Namen überlieferten Invektive gegen Cicero vorliegt. — *Scaurus:* s. zu Br. II, 16, 3. — *Plancius:* er war de sodaliciis angeklagt; zur Person s. zu Br. II, 1, 3. — *Gedicht an Caesar:* das Epos über den britannischen Feldzug; s. zu Br. II, 14, 2. — *um was Du mich bittest:* wahrscheinlich Verse, vgl. Br. 4, 4; danach ist mit „Quellen" die dichterische Ader gemeint. — 12. *wohlgeleitet:* er brachte aus Oberitalien Leute mit, die bei den Wahlen für Caesars Kandidaten stimmen sollten. — 13. *Erigona:* eine von Quintus verfaßte Tragödie. — 14. *Tellustempel:* Cicero war irgendwie mit der Überwachung des Heiligtums betraut; Näheres wissen wir nicht. — *Catulus' Säulenhalle:* s. zu Br. II, 9, 2. — *die Gärten:* um was es sich handelt, ist unbekannt. — 15. *mit ihm versöhnen:* und ihn dann zu verteidigen. — 16. *Vereinbarung der Konsulatsbewerber:* s. zu Br. II, 15, 4. — *Messala:* der Kandidat der Optimaten; die übrigen Bewerber sind Memmius, Cn. Domitius und Scaurus. — *wegen meiner Verteidigung:* s. zu Br. II, 16, 3. — 17. *seinen schmerzlichen Verlust:* seine Tochter Iulia war gestorben. — 18. *von Pompeius:* er hatte im Anschluß an sein Konsulat die Statthalterschaft von Spanien auf 5 Jahre bekommen, blieb aber vor Rom und ließ die Provinz durch seine Legaten verwalten. — *Gabinius:* er kam aus seiner Provinz Syrien. — *C. Alfius:* der Untersuchungsrichter.

Briefe 2. — 1. *Memmius:* nicht der Konsulatskandidat, sondern ein gleichnamiger Volkstribun. — 2. *drang . . . ein:* damit begab er sich seines Imperiums und konnte nicht mehr triumphieren. — *an dem er . . . hätte anmelden müssen:* wenn er nicht auf den Triumph verzichtet hätte. — *Zahl der Opfertiere und Soldaten:* die er beim Triumph mit sich führen wollte. — *mit Milo:* der sich für 52 um das Konsulat bewerben wollte; Cicero fühlte sich ihm als erbittertem Gegner des Clodius verpflichtet, während Caesar und Pompeius seine Kandidatur nicht wünschten. — 3. *von Memmius:* dem Volkstribunen, s. zu § 1. — *wenn Caesar kommt:* nach Oberitalien, wie bis dahin alljährlich nach Beendigung des Sommerfeldzuges. — *scheint sicher zu sein:* d. h. ihre Wahl zu Konsuln; sie wurden es schließlich auch, aber erst im Juli des folgenden Jahres. — *ohne Kuriatgesetz:* s. zu Br. II, 15, 4. — *meines Lentulus Nachfolge:* als Statthalter von Cilicien. — *er beschuldigte ihn:* um sich hernach sein Schweigen bezahlen zu lassen. — *Dein Haus:* in den Carinen; s. Br. II, 3, 7.

Brief 3. — 2. *Obnuntiation:* Meldung ungünstiger Vorzeichen. — *von den Bestechungsgeldern:* s. zu Br. II, 14, 4. — *hat widersprochen:* bei der sog. divinatio, wo entschieden wurde, wer die Anklage übernehmen sollte; Torquatus wollte selbst als Ankläger auftreten.

Brief 4. — 1. *Cato:* weder der spätere Uticensis noch C. Cato, der Volkstribun von 57; der Mann ist nicht weiter bekannt. — *er wäre . . . eingerückt:* als Träger des Imperium proconsulare durfte er die Stadt innerhalb des Pomeriums nicht betreten und wohnte deshalb außerhalb. — *wie Pacideianus gegen den Samniten Aeserninus:* ein berühmtes Fechterpaar der Gracchenzeit. — *damals:* i. J. 58, als Cicero in die Verbannung ging. — 4. *die Verse:* s. Br. II, 16, 4. — 5. *Scipio:* nicht zu identifizieren; auch über die Sache ist nichts bekannt. — 6. *die Spiele:* die Ludi Victoriae. — *Pomptinus:* er saß seit 61 vor den Toren Roms und wartete auf den Triumph über die Allobroger, der ihm auf Betreiben Caesars bisher unter religiösen Vorwänden verweigert worden war, jetzt aber durch einen illegalen Volksbeschluß bewilligt wurde. Diese Illegalität bewog Cato, der stets für peinliche Einhaltung der Gesetze eintrat, neben dem Prätor Servilius und dem Volkstribunen Q. Scaevola zu seinem Einspruch.

Brief 5. — 1. *mit der Schrift:* de re publica, s. Br. II, 13, 1. — *während des neuntägigen Sühnefestes:* zur Prokuration eines Steinregens. — *Heraclides Ponticus:* der war grauer Theoretiker. — *in meinen bekannten Büchern:* de oratore. — 3. *die Aussichten:* s. zu Br. II, 16, 1. — 4. *Bitte um Verse:* s. zu Br. 4, 4. — das Zitat: Ilias VI, 208. — 5. *um dessentwillen sie ihn hassen:* weil er an der Verbannung Ciceros mitschuldig war. — *sofern ich nur tat:* Cicero trat nur als Zeuge auf; vgl. Br. 4, 3. — *Deine Bücher:* vgl. Br. 4, 5. — *M. Taurus:* vgl. Br. 1, 4. — *die Sache mit dem Fiskus:* s. zu Br. 4, 5. — *eine Anleihe machen:* s. oben § 4. — das Zitat: Ilias XVI, 385 ff.

Brief 6. — 1. *den Du Labienus eingehändigt hast:* dieser sollte ihn mit seinen Kurieren weiterbefördern. — *man stellt uns mehr in Aussicht:* s. zu Br. II, 16, 1. — 3. *in seinem tiefen Schmerz:* wegen des Todes seiner Tochter. — *das begonnene Gedicht:* über den britannischen Feldzug. — der *kommenden Prozessionen:* wegen der in Br. 5, 8 erwähnten Überschwemmungen, in denen man ein böses Omen sah. — *und die übrigen:* Domitius, Memmius und Scaurus, die alle wegen Bestechung angeklagt waren; s. Br. 2, 3. — *auf Caesars Kommen:* nach Oberitalien; s. zu Br. 2, 3. — 4. *er wolle auf keinen Fall:* Diktator werden. — 6. *Milo:* s. zu Br. 2, 2. — *Gutta:* wahrscheinlich Spitzname des P. Plau-

tius Hypsaeus, der unter Pompeius als Quästor gedient hatte (Constans); daß er sich zu bewerben gedachte, ist überliefert. — *weil er . . . bereits gegeben hat:* wahrscheinlich als Prätor i. J. 55. — *Vollstrecker:* der ganze Passus ist für uns unverständlich.

Brief 7. — 1. *was Gabinius angeht:* anscheinend hatte Quintus, wohl im Sinne Caesars, seinem Bruder geraten, die Verteidigung zu übernehmen; dieser beschränkte sich jedoch darauf, als Zeuge zu fungieren; s. Br. 5, 5. — das Zitat: Ilias IV, 182. — 2. *Du wirst . . . Hilfsstellung geben:* durch Beeinflussung Caesars. — das Zitat: Ilias VIII, 355. — *dafür müssen Deine Nervier sorgen:* Quintus soll also aus der Kriegsbeute beisteuern. — *wenn durch den Interrex gewählt:* die Konsuln traten in diesem Falle sofort an, konnten also nicht mehr wegen Wahlbestechung belangt werden. — 4. *bezüglich der Sklaven:* offenbar gefangene Gallier. — 5. *Vatinius:* Cicero hatte sich auf Caesars Wunsch mit ihm versöhnt und ihn sogar vor Gericht verteidigt; vgl. Br. II, 4, 1 und 16, 3. — *Erigona:* s. Br. 1, 13 und 5, 7. — 7. *einen so guten Hund:* für uns unverständlich und vielleicht fehlerhaft überliefert; es handelt sich hier um das Manilianum; s. Br. 1, 1. — *nicht Diphili:* über die Saumseligkeit des Architekten Diphilus beklagt Cicero sich schon in Br. 1, 1; s. auch 1, 2.

BEMERKUNGEN ZUR TEXTGESTALTUNG

Die Lesarten dieser Ausgabe weichen von der Wattschen (Oxford 1958) an folgenden Stellen ab:

	Watt	*Kasten*
	B u c h I	
1,3	excellentis	excellentem (*codd.*)
7	excolere	attollere (Σ; accolere $\varDelta$)
10	has te (sm)	hasce (*codd.*)
	certo (NR^c)	certe (*codd.*)
	inter hos (EVR^{c}bdms)	internos (inter nos GNR^{1}M) *Kasten*
13	suae ***	suae 〈saevitiae〉 *Ursinus*
16	amicitiaque	amicitiaeque (*codd.*) 〈consuetudine〉 *Purser*
	neque ***	neque 〈honestae neque〉 *Watt in app.*
20	aequabiliter (OP)	aequaliter (*codd.*)
21	C. Octavius	Cn. Octavius (*codd.*)
22	† cum permagni †	[cum] permagni *Manutius*
24	constanti	constante (*codd.*)
25	locupletum ($\varDelta$EP)	locupletium (GM^{1}d^1)
38	[dicere solent]	dicere solent
	plane	plene (*codd.*)
40	melior	lenior (*codd.*)
2,3	nihil enim (M^4)	nihil tamen (*codd.*)
6	vivus	fumo (*codd.*)
10	incommodaturum (VRC)	incommoda laturum (GMbd)
11	[id]	id
	et te oro	[et] te oro *Faernus*
	petente faciendum (GV)	faciendum petente (*codd.*)
12	plenissimae [quae]	plenissimae 〈diligentiae〉que *Kasten*
14	vel ***	vel 〈Romam mittas vel〉 *Wesenberg*
	tam nihili	iam nihil (*codd.*)
15	effugerit	effugeret (*codd.*)
3,3	certo (GN)	certe (EVR)
	quod filius	quid? filius (*codd.*)
	quod vero	quid vero? (*codd.*)
	[quid] imaginem tuam quem	quid? imaginem eam quam (meam quam *codd.*) *Kasten*

4 ⟨in⟩ praesidio	praesidio
5 quid sperem (EVR)	quod sperem (GN)
pertimescunt (HNP)	pertimescant (EGVR)
7 quid . . . permutatione?	quod (*codd.*) . . . permutatione
	— *Kasten*
4,1 facto (R*Δ*)	fato (*Σ*)
putaram (V)	putarem (*codd.*)
3 Fabricius	Gratidius (*codd.*)
5 [ad] spem	ad spem
tecum	mecum (*codd.*)
aut potius	potius aut (*codd.*)

Buch II

1,2 per ⟨se⟩ praetor urbanus	per praetorem urbanum (*codd.*)
2,4 expedisti	expedieris (expediri M[1]; *ceteri varie corrupti*) *Constans*
3,2 pervicerat	perfregerat (peregerat *codd.*) *Gulielmius*
5 † edidit ad allegatos †	edidit [ad] alligatos *Turnebus*
† iste ei †	St(ellatina) et *Constans*
7 lacum	lucum (*codd.*)
4,1 [Vatinius]	Vatinius
2 [filius] tuus	filius tuus
5,4 incommodum	incommode (GM[2]; incommodo *codd.*)
Clodio	Cloelio (Celio, Caelio, Caecilio *codd.*) *Shackleton Bailey*
7,2 † eram ante †	eram Antii *Constans*
† ut est actum †	ut est actum
8,1 † antea te is †	Antiates *Constans*
4 tantum sumam	tamen sumam (*codd.*)
13,3 per ⟨se⟩ necessarium	per ⟨se per⟩necessarium *Wesenberg*
14,1 † Blandennone †	Blandenone *Sternkopf*
15,2 ingenue	genuine (*codd.*)
3 magis e ⟨re⟩ tua	[magis etiam (*codd.*)][1]) *Constans*
aestimo [me]	aestimem *Kasten*
explicationem	exspectationem (*codd.*) ⟨magis etiam explicationem⟩ *Kasten*

---

[1]) Ich halte die Worte für eine an falscher Stelle in den Kontext geratene Randglosse, die ich für die Korrektur der nächsten Zeile benutzt habe.

4	† unum †	unus ⟨vix potest⟩ *Watt in app.*
16,3	eram defensurus	aderam defensurus *(codd.)*
8	et ut soles	et ut tu (et tu *sive* ut tu *codd.*) soles *Constans*

Buch III

1,3	† Calibus †	Caesius *Manutius*
4	† Velvinum †	V(arro) clivum *Kasten*
6	[et] Philotimus	et Philotimus
7	utinam [mihi]	utinam mihi
8	curamus	curemus *(codd.)*
9	Hippodamo	Hippodamis *(codd.)*
11	[omnis] quos	omnes quos
23	collecta	coniecta *(codd.)*
	[de suburbano]	de suburbano
2,2	plenam	plane *(codd.)*
	hostium (Nms)	hostiarum (ΣMbd)
	† atius †	actus (P)
3,1	tibi signum (Δ)	signum tibi (Σ)
	† ad perfectum †	ad perfectum
3	laeditur	caeditur *(codd.)*
4,1	in nullo (MmsGHOV)	in ullo (NPbd)
5,1	praestanti	praestante *(codd.)*
6	† Crebrius †	⟨M. T(aurus)⟩²⟩ crebrius *Kasten*
	† adnuat . . . renuntiant †	adnuat . . . renuntiavit *Constans*
7	istas	istam *(codd.)*
8	ad Martis	a Martis *(codd.)*
6,6	in illum	[in] illo *(codd.) Ernesti*
	postulatos (C)	postulatus *(codd.)*
7,1	ne amantissime ⟨quidem a te⟩	[ne] amantissime *(ed. Rom.)*
2	† CCCↃ †	CCC (VRbdms)
8	† in unciis firmissimum tenes †	⟨ex⟩ III unciis firmissimum ⟨locum⟩ tenes ⟨eas⟩ *Wesenberg*
9	† Porcia non †	ab Arcano non *Constans*

---

²) Nach Watts im Apparat ausgesprochener Vermutung.

PERSONEN-REGISTER

M'. Acilius Glabrio: *Konsul 67, II, 1, 1.*
Q. Acutius: *Senator, III, 2, 3.*
L. Aelius Lamia: *Römischer Ritter, II, 12, 2.*
L. Aelius Tubero: *Legat des Q. Cicero, I, 1, 10.*
Q. Aelius Tubero: *Neffe des Scipio Africanus, III, 5, 1.*
M'. Aemilius Lepidus: *Konsul 66, II, 1, 1.*
L. Aemilius Paulus: *Konsul 50, II, 4, 1.*
M. Aemilius Scaurus: *Prätor 56, II, 15, 4; 16, 3; III, 1, 11. 16; 2, 3; 6, 3.*
Aeserninus Samnis: *Gladiator, III, 4, 2.*
Aesopus: *Schauspieler, I, 2, 4.*
L. Afranius: *Konsul 60, II, 9, 3.*
Africanus: *s. Cornelius Scipio.*
Agesilaus: *König von Sparta, I, 2, 7.*
Alexandrinus rex (Ptolemaeus Auletes): *II, 2, 3.*
C. Alfius Flavus: *Prätor 54, III, 1, 24; 3, 3.*
A. Allienus: *Legat des Q. Cicero, I, 1, 10.*
C. Anicius: *Freund Ciceros, II, 8, 3.*
T. Anicius: *unbekannt, III, 1, 7.*
Annalis: *s. Villius.*
T. Annius Milo Papianus: *Volkstribun 57, Prätor 55, I, 4, 3; II, 1, 3; 3, 1. 2. 4; 5, 3. 4; 6, 4; III, 1, 13; 2, 2; 6, 6; 7, 2.*
Antistius Vetus: *Volkstribun 56, II, 1, 3.*
Antonius: *Freund des Q. Cicero, sonst unbekannt, I, 2, 12.*
C. Antonius: *Bruder der beiden folgenden, III, 2, 1.*
L. Antonius: *Bruder des vorigen und des folgenden, III, 2, 1.*
M. Antonius: *der spätere Triumvir, I, 3, 7.*
Appius: *s. Claudius.*
M'. Aquilius: *Konsul 129, III, 5, 1.*
Aristoteles: *der Philosoph, III, 5, 1.*
Q. Arrius: *Freund Ciceros, I, 3, 8.*
Ascanio: *Sklave, III, 4, 5.*
L. Ateius Capito: *Senator, III, 1, 5.*
Atilius Serranus Domesticus: *unbekannt, III, 6, 5.*
Attalus Hypaepenus: *I, 2, 14.*

Balbus: *s. Cornelius.*
Bestia: *s. Calpurnius.*
Bibulus: *s. Calpurnius.*
Brogitarus: *Schwiegersohn des Deiotarus, II, 8, 2.*
Brutus: *s. Iunius.*
L. Caecilius: *I, 2, 6.*
L. Caecilius Rufus: *Volkstribun 63, Prätor 57, III, 3, 2.*
M. Caelius Rufus: *Volkstribun 52, III, 3, 2.*
Caepio: *s. Iunius Brutus.*

Caesar: *s. Iulius.*
L. Caesius: *im Stabe des Q. Cicero, I, 1, 14; 2, 4; wahrscheinlich derselbe: III, 1, 1. 2. 3.*
M. Calidius: *Prätor 57, I, 3, 7.*
Callisthenes: *Historiker, II, 12, 4.*
L. Calpurnius Bestia: *Volkstribun 62, Ädil 59, II, 3, 6.*
M. Calpurnius Bibulus: *Konsul 59, II, 3, 2. 4; 10, 2.*
L. Calpurnius Piso Caesoninus: *Caesars Schwiegervater, Konsul 58, III, 1, 11. 24.*
L. Calpurnius Piso Frugi: *Ciceros erster Schwiegersohn, I, 4, 2.*
Calventius Marius: = *L. Calpurnius Piso Caesoninus.*
Calvinus: *s. Domitius.*
L. Caninius Gallus: *Volkstribun 56, II, 2, 3; 5, 3.*
Capito: *s. Ateius.*
Carbo: *s. Papirius.*
M. Cascellius: *Händler, I, 2, 5.*
Cassii: *im Stabe des Q. Cicero, I, 2, 13.*
Cassius: *Volkstribun 56, II, 1, 2.*
T. Catienus: *Römischer Ritter, I, 2, 6.*
Cato: *s. Porcius.*
Catulus: *s. Lutatius.*
Censorinus: *im Stabe des Q. Cicero, I, 2, 13.*
Chaerippus: *im Stabe des Q. Cicero, I, 1, 14.*
Chrysippus: *Freigelassener Ciceros, III, 4, 5; 5, 6.*
Cicero: *s. Tullius; Cicerones: II, 8, 1.*
Cillo: *unbekannt, III, 1, 3.*
L. Cincius: *Vertrauensmann des Atticus, II, 2, 1; III, 1, 6.*
M. Claudius Marcellus: *Prätor 54, Konsul 51, II, 3, 1.*
Ti. Claudius Nero: *Vater des späteren Kaisers Tiberius, III, 1, 15; 2. 1.*
Ap. Claudius Pulcher: *Bruder des P. Clodius, Konsul 54, II, 5, 4; 11, 1. 2. 3. 5; 12, 3; 14, 3; III, 2, 3; 4, 6; 7, 3.*
Clodia: *Schwester des vorigen, II, 3, 2.*
Clodiani: *III, 3, 2.*
P. Clodius Pulcher: *Volkstribun 58, Ädil 56, I, 4, 3; II, 1, 3; 3, 2. 4; 9, 2; III, 1, 11. 17; 4, 3.*
Sex. Cloelius: *Gefolgsmann des Clodius.*
Commagenus rex (Antiochus): *II, 11, 2. 3.*
C. Cornelius: *unbekannt, II, 3, 5.*
L. Cornelius Balbus: *Vertrauensmann Caesars, II, 11, 4; III, 1, 9. 12.*
L. Cornelius Lentulus Crus: *Prätor 58, Konsul 49, I, 2, 16.*
Cn. Cornelius Lentulus Marcellinus: *Konsul 56, II, 1, 1. 2; 5, 2. 3.*

GEOGRAPHISCHES REGISTER

SONSTIGES

M. TVLLI CICERONIS
AD M. BRVTVM

EPISTVLARVM LIBER

I.
CICERO BRVTO SALVTEM

Cum haec scribebam, res existimabatur in extre- 1
mum adducta discrimen; tristes enim de Bruto nostro
litterae nuntiique adferebantur. me quidem non
maxime conturbabant; his enim exercitibus ducibus-
que, quos habemus, nullo modo poteram diffidere
neque adsentiebar maiori parti hominum; fidem
enim consulum non condemnabam, quae suspecta
vehementer erat; desiderabam nonnullis in rebus
prudentiam et celeritatem; qua si essent usi, iam pridem rem publicam reciperassemus. non enim ignoras,
quanta momenta sint in re publica temporum et quid
intersit, idem illud utrum ante an post decernatur,
suscipiatur, agatur. omnia, quae severe decreta sunt
hoc tumultu, si aut, quo die dixi sententiam, perfecta
essent et non in diem ex die dilata aut, quo ex tempore suscepta sunt, ut agerentur, non tardata et pro-
crastinata, bellum iam nullum haberemus.

Omnia, Brute, praestiti rei publicae, quae praestare 2
debuit is, qui esset eo, quo ego sum, gradu senatus
populique iudicio collocatus, nec illa modo, quae
mimirum sola ab homine sunt postulanda, fidem, vigi-
lantiam, patriae caritatem; ea sunt enim, quae nemo
est qui non praestare debeat. ego autem ei, qui senten-

M. TULLIUS CICERO
AN M. BRUTUS

Cicero grüßt Brutus

Augenblicklich glaubt man, die Sache stehe auf des Messers Schneide, denn über unsern Brutus treffen brieflich und mündlich trostlose Nachrichten ein. Mich regt das nicht sonderlich auf, denn diesen Armeen und Führern, die wir haben, kann ich einfach nicht mißtrauen und denke anders als der Großteil der Leute; die Zuverlässigkeit der Konsuln, die stark beargwöhnt wird, zweifle ich nicht an, nur vermisse ich hier und da Umsicht und schnellen Entschluß; hätten sie es daran nicht fehlen lassen, dann hätten wir den Staat schon längst wieder in der Hand. Du weißt ja, welche Rolle in der Politik der rechte Augenblick spielt, wie sehr es darauf ankommt, ob ein und dasselbe früher oder später beschlossen, in Angriff genommen und durchgeführt wird. Wenn während dieses Aufruhrs alle entschiedenen Maßnahmen gleich an dem Tage, an dem ich den betreffenden Antrag stellte, ausgeführt und nicht von einem auf den andern Tag verschoben oder nach ihrer Inangriffnahme verzögert und vertagt worden wären, hätten wir bereits keinen Krieg mehr.

Alles, Brutus, habe ich für den Staat geleistet, was derjenige zu leisten verpflichtet ist, der durch das Urteil von Senat und Volk an die Stelle gesetzt worden ist, an der ich stehe, und nicht nur das, was im allgemeinen einzig von einem Manne gefordert wird, Zuverlässigkeit, Wachsamkeit und Vaterlandsliebe; das sind ja Dinge, die jedermann unbedingt leisten muß. Ich aber meine, wer sich in Fragen der Politik unter den führenden Männern zum Wort meldet,

tiam dicat in principibus de re publica, puto etiam
prudentiam esse praestandam, nec me, cum mihi tantum sumpserim, ut gubernacula rei publicae prehen-
derem, minus putarim reprehendendum, si inutiliter
aliquid senatui suaserim quam si infideliter.

Acta quae sint quaeque agantur, scio perscribi ad te 3
diligenter; ex me autem illud est quod te velim habere
cognitum, meum quidem animum in acie esse neque
respectum ullum quaerere, nisi me utilitas civitatis
forte converterit; maioris autem partis animi te Cas-
siumque respiciunt. quam ob rem ita te para, Brute,
ut intellegas aut, si hoc tempore bene res gesta sit,
tibi meliorem rem publicam esse faciendam aut, si
quid offensum sit, per te esse eandem reciperandam.

II.
CICERO BRVTO SALVTEM

Planci animum in rem publicam egregium, legiones, 1
auxilia, copias ex litteris eius, quarum exemplum tibi
missum arbitror, perspicere potuisti. Lepidi, tui necessarii, qui secundum fratrem adfines habet, quos
oderit, proximos, levitatem et inconstantiam animum-
que semper inimicum rei publicae iam credo tibi ex
tuorum litteris esse perspectum.

Nos exspectatio sollicitat de re Mutinensi, quae est 2
omnis iam in extremum adducta discrimen; est enim
spes omnis in Bruto expediendo, de quo vehementer
timebamus.

Ego hic cum homine furioso satis habeo negotii, 3
Servilio; quem tuli diutius, quam dignitas mea patie-
batur, sed tuli rei publicae causa, ne darem perditis
civibus hominem parum sanum illum quidem sed
tamen nobilem, quo concurrerent, quod faciunt nihilo

muß auch Umsicht beweisen, und so möchte ich glauben, wo ich mir die schwere Aufgabe gestellt habe, das Ruder des Staates zu führen, weniger Tadel zu verdienen, falls ich dem Senat einmal einen nutzlosen Rat erteilt haben sollte, als wenn ich mich unzuverlässig erwiesen hätte.

Was hier vorgegangen ist und vorgeht, wird Dir, wie ich weiß, gewissenhaft berichtet; eins aber ist es, was Du von mir persönlich erfahren sollst: alle meine Gedanken sind an der Front und suchen nach keinem Rückhalt, es sei denn, die Interessen der Bürgerschaft machten mich andern Sinnes; die meisten aber blicken nach Dir und Cassius aus. Darum mach' Dich mit dem Gedanken vertraut, Brutus, daß, wenn jetzt alles gutgeht, Du den Staat besser machen mußt oder, falls etwas schiefgeht, der Staat durch Dich wiedergewonnen werden muß!

(Rom, Ende März/Anfang April 43)

2.

Cicero grüßt Brutus

Plancus' untadelige Gesinnung gegen den Staat, und wie es mit seinen Legionen, Hilfsvölkern und Zurüstungen steht, hast Du aus seinem Schreiben, dessen Abschrift Dir vermutlich zugestellt worden ist, ersehen können. Dein Schwager Lepidus, der nächst seinem Bruder in erster Linie seine Schwäger haßt, ist haltlos, wankelmütig und stets ein Widersacher des Staates, wie Du wahrscheinlich bereits aus den Briefen Deiner Angehörigen erfahren hast.

Uns hält die Spannung auf die Ereignisse um Mutina in Atem; es geht dort um die endgültige Entscheidung. All unsre Hoffnungen hängen ja an der Befreiung des Brutus, um den wir uns ernstlich sorgen.

Ich habe hier mit einem Wüterich meine liebe Not, mit Servilius; länger, als es mein Rang eigentlich gestattete, habe ich ihn mir gefallen lassen, aber gefallen lassen nur um des Staates willen, um verworfenen Mitbürgern nicht die Möglichkeit zu geben, sich um diesen zwar nicht ganz zurechnungsfähigen, aber immerhin hochadeligen Mann zu scharen, was sie übrigens ohnehin tun; doch

minus; sed eum alienandum a re publica non putabam.
finem feci eius ferendi; coeperat enim esse tanta insolentia, ut neminem liberum duceret. in Planci vero
causa exarsit incredibili dolore mecumque per biduum
ita contendit et a me ita fractus est, ut eum in perpetuum modestiorem sperem fore. atque in hac contentione ipsa, cum maxime res ageretur, a. d. v Id. Apr.
litterae mihi in senatu redditae sunt a Lentulo nostro
de Cassio, de legionibus, de Syria; quas statim cum
recitavissem, cecidit Servilius, complures praeterea;
sunt enim insignes aliquot, qui improbissime sentiunt.
sed acerbissime tulit Servilius adsensum esse mihi de
Planco. magnum illud monstrum in re publica est, sed
quoad volet, mihi crede, non erit. iii Id. Apr.

III (IV).
CICERO BRVTO SALVTEM

Datis mane a. d. iii Id. Apr. Scaptio litteris eodem 1
die tuas accepi Kal. Apr. Dyrrachio datas vesperi.
itaque mane prid. Id. Apr., cum a Scaptio certior factus essem non esse eos profectos, quibus pridie dederam, et statim ire, hoc paululum exaravi ipsa in
turba matutinae salutationis.

De Cassio laetor et rei publicae gratulor, mihi 2
etiam, qui repugnante et irascente Pansa sententiam
dixerim, ut Dolabellam bello Cassius persequeretur.
et quidem audacter dicebam sine nostro senatus consulto iam illud eum bellum gerere. de te etiam dixi
tum, quae dicenda putavi. haec ad te oratio perferetur,
quoniam te video delectari Philippicis nostris.

Quod me de Antonio consulis, quoad Bruti exitum 3
cognorimus, custodiendum puto. ex his litteris, quas

glaubte ich ihn nicht dem Staate abspenstig machen zu dürfen. Jetzt bin ich mit ihm fertig, denn in seiner Überheblichkeit ging er schließlich so weit, daß er niemanden für frei hielt. Bei Plancus' Angelegenheit vollends ließ er sich zu maßloser Entrüstung hinreißen und schlug sich zwei Tage lang mit mir herum und wurde von mir so heruntergemacht, daß er hoffentlich für immer mehr Zurückhaltung üben wird. Und als dieser Streit gerade auf seinem Höhepunkt angelangt war, am 9. April, wurde mir im Senat ein Schreiben unsres Lentulus, Cassius, die Legionen und Syrien betreffend, eingehändigt, das ich sofort verlas; daraufhin gab Servilius sich geschlagen und mehrere andre mit ihm – es gibt nämlich eine Reihe hochgestellter Persönlichkeiten, die ganz verwerflich Ansichten vertreten; aber am schmerzlichsten fühlte Servilius sich getroffen, daß ich betreffs Plancus mit meinem Antrage durchdrang. Er ist ein rechter Popanz in der Politik, aber glaub mir, nicht für immer!

(Rom,) den 11. April (43)

3. (4)
Cicero grüßt Brutus

Nachdem ich gestern früh, am 11. April, Scaptius einen Brief für Dich eingehändigt hatte, erhielt ich noch am gleichen Tage den Deinigen vom 1. April aus Dyrrachium. Nun hörte ich heute morgen, am 12. April, von Scaptius, die Boten, denen ich gestern meinen Brief gegeben hatte, seien noch nicht abgereist und gingen gleich ab, und so habe ich noch diese Kleinigkeit unmittelbar im Getriebe des Morgenempfangs zu Papier gebracht.

Wegen Cassius freue ich mich und beglückwünsche den Staat und auch mich selbst, daß ich gegen den Widerstand und zum Ärger Pansas den Antrag gestellt habe, Cassius mit dem Kampfe gegen Dolabella zu beauftragen. Kühn behauptete ich, daß er auch ohne unsern Senatsbeschluß diesen Kampf bereits führe. Auch über Dich habe ich bei der Gelegenheit gesagt, was zu sagen ich für geboten hielt. Meine diesbezügliche Rede lasse ich Dir zugehen; ich sehe ja, Du findest Gefallen an meinen Philippiken.

Du fragst mich wegen Antonius um Rat; meines Erachtens sollte man ihn in Gewahrsam halten, bis wir wissen, wie es mit Brutus ausgegangen ist. Nach Deinem Brief zu urteilen, scheint

mihi misisti, Dolabella Asiam vexare videtur et in ea
se gerere taeterrime. compluribus autem scripsisti
Dolabellam a Rhodiis esse exclusum; qui si ad Rho-
dum accessit, videtur mihi Asiam reliquisse. id si ita
est, istic tibi censeo commorandum; sin eam semel
cepit, at in Asiam censeo persequendum; nihil mihi
videris hoc tempore melius acturus.

Quod egere te duabus necessariis rebus scribis, 4
supplemento et pecunia, difficile consilium est. non
enim mihi occurrunt facultates, quibus uti te posse
videam, praeter illas, quas senatus decrevit, ut pecunias a civitatibus mutuas sumeres. de supplemento
autem non video quid fieri possit; tantum enim abest,
ut Pansa de exercitu suo aut dilectu tibi aliquid tribuat, ut etiam moleste ferat tam multos ad te ire
voluntarios, quomodo equidem credo, quod his rebus,
quae in Italia decernuntur, nullas copias nimis magnas
esse arbitretur, quomodo autem multi suspicantur,
quod ne te quidem nimis firmum esse velit; quod ego
non suspicor.

Quod scribis te ad Tertiam sororem et matrem 5
scripsisse, ut ne prius ederent ea, quae gesta a Cassio
essent, quam mihi visum esset, video te veritum esse,
id quod verendum fuit, ne animi partium Caesaris,
quomodo etiam nunc appellantur, vehementer com-
moverentur. sed antequam tuas litteras accepimus,
audita res erat et pervulgata; tui etiam tabellarii ad
multos familiares tuos litteras attulerant. quare neque
supprimenda res erat, praesertim cum id fieri non
posset, neque, si posset, non divulgandam potius
quam occultandam putaremus.

De Cicerone meo et, si tantum est in eo, quantum 6
scribis, tantum scilicet, quantum debeo, gaudeo et, si,
quod amas eum, eo maiora facis, id ipsum incredibiliter gaudeo, a te eum diligi.

Dolabella Asien zu brandschatzen und sich dabei ganz übel auf-
zuführen. Du hast aber an mehrere Leute geschrieben, Dolabella
sei von den Rhodiern abgewiesen worden; wenn er sich Rhodus
genähert hat, hat er anscheinend doch Asien fahren lassen. Trifft
das zu, dann solltest Du, meine ich, an Ort und Stelle bleiben; hat
er es aber einmal in seine Hand gebracht, müßtest Du ihm meiner
Meinung nach nach Asien hinein folgen. Das scheint mir das beste,
was Du zur Zeit tun kannst.

Du schreibst, zwei notwendige Dinge fehlten Dir, Nachschub
und Geld. Da ist schwer zu raten. Ich wüßte nämlich keine Geld-
mittel zu nennen, die Du in Anspruch nehmen könntest außer
denen, die der Senat zur Verfügung gestellt hat: Du kannst Gelder
von den Gemeinden auf Darlehen nehmen. Was den Nachschub
angeht, so weiß ich nicht, was da geschehen könnte, denn Pansa,
weit entfernt, Dir von seiner Armee oder durch Aushebungen
etwas zukommen zu lassen, ist sogar ungehalten, daß so viele freiwillig zu Dir gehen, wahrscheinlich, weil er glaubt, daß für die
Dinge, die hier in Italien entschieden werden, keine übermäßig
starken Streitkräfte zur Verfügung stehen, wie aber viele argwöh-
nen, weil er auch Dich nicht allzu stark wissen will. Diesen Argwohn teile ich nicht.

Du sagst, Du habest an Deine Schwester Tertia und an Deine
Mutter geschrieben, sie sollten von Cassius' Erfolgen nicht eher
etwas verlauten lassen, als bis ich damit einverstanden sei. Offensichtlich befürchtetest Du – und gewiß nicht zu Unrecht – die
Partei der Caesarianer, wie sie sich auch jetzt noch nennen, würde
sich gewaltig aufregen. Aber schon bevor ich Deinen Brief erhielt,
war die Sache laut geworden; sogar Deine eigenen Kuriere hatten
vielen Deiner Freunde Briefe gebracht. Darum durfte ich die Nachricht nicht unterschlagen, zumal das unmöglich war, und wenn es
möglich gewesen wäre, ich doch glaubte, sie eher nicht weiter ver-
breiten als gänzlich dementieren zu sollen.

Was meinen Cicero angeht, freue ich mich natürlich gebührend
darüber, wenn wirklich so viel an ihm ist, wie Du schreibst, und
wenn Du, weil Du ihn liebst, mehr daraus machst, so freue ich
mich eben darüber ganz riesig, daß er von Dir geschätzt wird.

(Rom, den 12. April 43)

IV (V).
CICERO BRVTO SALVTEM

Quae litterae tuo nomine recitatae sint Id. Apr. in 1
senatu eodemque tempore Antoni, credo ad te
scripsisse tuos; quorum ego nemini concedo. sed
nihil necesse erat eadem omnes, illud necesse me ad
te scribere, quid sentirem tota de constitutione huius
belli et quo iudicio essem quaque sententia.

Voluntas mea, Brute, de summa re publica semper
eadem fuit quae tua, ratio quibusdam in rebus – non
enim omnibus – paulo fortasse vehementior. scis mihi
semper placuisse non rege solum sed regno liberari
rem publicam; tu lenius immortali omnino cum tua
laude; sed quid melius fuerit, magno dolore sensimus,
magno periculo sentimus. recenti illo tempore tu
omnia ad pacem, quae oratione confici non poterat,
ego omnia ad libertatem, quae sine pace nulla est;
pacem ipsam bello atque armis effici posse arbitrabar;
studia non deerant arma poscentium; quorum repres-
simus impetum ardoremque restinximus. itaque res in 2
eum locum venerat, ut, nisi Caesari Octaviano deus
quidam illam mentem dedisset, in potestatem perdi-
tissimi hominis et turpissimi M. Antoni veniendum
fuerit, quocum vides hoc tempore ipso quod sit quan-
tumque certamen; id profecto nullum esset, nisi tum
conservatus esset Antonius.

Sed haec omitto; res enim a te gesta memorabilis
et paene caelestis repellit omnes reprehensiones, quip-
pe quae ne laude quidem satis idonea adfici possit.
exstitisti nuper vultu severo; exercitum, copias, legiones idoneas per te brevi tempore comparasti. di im-
mortales! qui ille nuntius, quae illae litterae, quae
laetitia senatus, quae alacritas civitatis erat! nihil

4. (5)
Cicero grüßt Brutus

Am 13. April ist im Senat ein Schreiben, angeblich von Dir, und eins von Antonius verlesen worden, wovon Dich Deine Leute wahrscheinlich in Kenntnis gesetzt haben, und ich möchte hinter keinem von ihnen zurückstehen. Aber es ist nicht unbedingt notwendig, daß alle dasselbe berichten; meine Aufgabe ist es, Dir zu schreiben, was ich von der Gesamtlage des Krieges halte, wie ich sie beurteile und was ich von ihr erwarte.

Mein Ziel in der Politik, Brutus, ist stets dasselbe gewesen wie das Deinige, mein Verfahren in mancher Hinsicht – gewiß nicht in jeder – vielleicht ein wenig schärfer. Wie Du weißt, stand ich immer auf dem Standpunkt, der Staat müsse nicht nur von dem Tyrannen, sondern auch von der Tyrannei befreit werden. Du bist milder verfahren, was Deinem unsterblichen Ruhm gewiß keinen Abbruch tut; aber was das bessere war, haben wir mit tiefem Schmerz erfahren und erfahren es jetzt in schwerer Gefahr. In jener noch nicht lange zurückliegenden Zeit dachtest Du einzig an Ruhe, die durch Reden nicht zustande kommen konnte, ich einzig an die Freiheit, die es ohne Frieden nicht gibt, und der Friede konnte meines Erachtens nur durch Krieg und Waffengewalt herbeigeführt werden. Es fehlte nicht an Männern, die stürmisch nach Waffen riefen, aber wir haben ihr Ungestüm gedämpft und Wasser in die Glut gegossen. So war es dahin gekommen, daß wir, hätte nicht ein Gott Caesar Octavianus mit jener Gesinnung erfüllt, in die Gewalt des verworfensten, schändlichsten Menschen, des M. Antonius, hätten geraten müssen, mit dem wir, wie Du siehst, gerade jetzt einen so schweren Kampf zu bestehen haben. Den gäbe es gewiß überhaupt nicht, wenn man Antonius damals nicht verschont hätte.

Aber genug davon! Deine denkwürdige, nahezu göttliche Tat drängt alle Nörgelei zurück; kann sie doch kaum hinreichend gepriesen werden! Jüngst hast Du eine strenge Miene aufgesetzt, hast Dir in kurzer Zeit auf eigene Faust eine Armee, eine Truppe, leistungsfähige Legionen verschafft. Mein Gott! War das eine Botschaft, war das ein Schreiben! Dieser Jubel im Senat, diese Begeisterung in der Bürgerschaft! Nie habe ich es erlebt, daß etwas so einmütigen Beifall fand! Alles war gespannt, wie es mit dem, was

umquam vidi tam omnium consensione laudatum.
erat exspectatio reliquiarum Antoni, quem equitatu
legionibusque magna ex parte spoliaras; ea quoque
habuit exitum optabilem; nam tuae litterae, quae
recitatae in senatu sunt, et imperatoris et militum virtutem et industriam tuorum, in quibus Ciceronis mei,
declarant. quodsi tuis placuisset de his litteris referri
et nisi in tempus turbulentissimum post discessum
Pansae consulis incidissent, honos quoque iustus et
debitus dis immortalibus decretus esset.

Ecce tibi Id. Apr. advolat mane Celer Pilius, qui 3
vir, di boni, quam gravis, quam constans, quam bona-
rum in re publica partium! hic epistulas adfert duas,
unam tuo nomine, alteram Antoni; dat Servilio tri-
buno plebis, ille Cornuto. recitantur in senatu. 'An-
tonivs procos.': magna admiratio, ut si esset recita-
tum 'Dolabella imperator'; a quo quidem venerant
tabellarii, sed nemo Pili similis, qui proferre litteras
auderet aut magistratibus reddere. tuae recitantur,
breves illae quidem sed in Antonium admodum lenes;
vehementer admiratus senatus. mihi autem non erat
explicatum, quid agerem: falsas dicerem? quid si tu
eas adprobasses? confirmarem? non erat dignitatis
tuae. itaque ille dies silentio. postridie autem, cum 4
sermo increbruisset Piliusque oculos vehementius
hominum offendisset, natum omnino est principium
a me; de proconsule Antonio multa. Sestius causae
non defuit post me, cum quanto suum filium, quanto
meum in periculo futurum diceret, si contra procon-
sulem arma tulissent; nosti hominem; causae non
defuit. dixerunt etiam alii. Labeo vero noster nec
signum tuum in epistula nec diem adpositum nec te
scripsisse ad tuos, ut soleres; hoc cogere volebat falsas litteras esse et, si quaeris, probabat.

von Antonius noch übrig war, gehen würde, der seine Reiterei und
seine Legionen schon größtenteils an Dich verloren hatte. Auch
diese Spannung fand die erwünschte Lösung, denn Dein im Senat
verlesenes Schreiben kündet von der Tüchtigkeit des Feldherrn
und seiner Soldaten und der Energie Deiner Umgebung, darunter
auch meines Cicero. Wären Deine Leute also damit einverstanden
gewesen, Dein Schreiben zur Debatte zu stellen, und wäre es nicht
gerade in die turbulenten Tage nach dem Abrücken des Konsuls
Pansa gefallen, dann wäre auch den unsterblichen Göttern die
gerechtfertigte, ihnen zukommende Ehrung beschlossen worden.

Da kommt Dir doch am 13. April morgens der Celer Pilius an-
geflogen. Gute Götter! Was für ein Mann, aufrecht, charakterfest,
politisch zuverlässig! Er bringt zwei Briefe, einen angeblich von
Dir, einen zweiten von Antonius; er händigt sie dem Volkstribunen
Servilius ein, dieser dem Cornutus. Sie werden im Senat verlesen:
„Der Prokonsul Antonius . . .“ Großes Befremden, als hätte man
„Der Imperator Dolabella“ vernommen, von dem auch Kuriere
eingetroffen waren, aber keiner mit Pilius zu vergleichen, der es
gewagt hätte, das Schreiben bekanntzugeben oder den Beamten
einzuhändigen. Dein Brief wird verlesen – zwar kurz, aber ziemlich
rücksichtsvoll gegen Antonius; der Senat war in hohem Maße
befremdet. Mir war nicht gleich klar, wie ich mich verhalten sollte.
Ihn für gefälscht erklären? Aber was dann, wenn Du die Echtheit
bestätigt hättest? Ihn anerkennen? Das hätte sich nicht mit Deiner
Würde vertragen. So verging dieser Tag, ohne daß ich mich äußerte.
Am folgenden Tage aber redete man überall davon, und Pilius
stach den Leuten mehr als gut in die Augen. Da gab hauptsächlich
ich den Anstoß: ich befaßte mich eingehend mit dem „Prokonsul“
Antonius. Sestius schlug nach mir in dieselbe Kerbe, indem er darauf
hinwies, in welcher Gefahr sein Sohn und ebenso der meinige schwe-
ben würde, wenn sie gegen einen „Prokonsul“ die Waffen getragen
hätten. Du kennst den Mann ja; er schlug in dieselbe Kerbe. Auch andre äußerten sich. Unser Labeo aber machte geltend, daß das Schreiben weder Dein Siegel noch ein Datum aufweise; auch hättest Du
nicht, wie sonst immer, gleichzeitig an die Deinigen geschrieben.
Damit wollte er die Leute zu dem Schluß zwingen, daß das Schreiben gefälscht sei, und wenn Du es wissen willst: man glaubte ihm.

Nunc tuum est consilium, Brute, de toto genere 5
belli. video te lenitate delectari et eum putare fructum
esse maximum, praeclare quidem, sed aliis rebus, aliis
temporibus locus esse solet debetque clementiae.
nunc quid agitur, Brute? templis deorum immortalium imminet hominum egentium et perditorum spes,
nec quicquam aliud decernitur hoc bello, nisi utrum
simus necne. cui parcimus aut quid agimus? his ergo
consulimus, quibus victoribus vestigium nostrum
nullum relinquetur? nam quid interest inter Dolabellam et quemvis Antoniorum trium? quorum si cui
parcimus, duri fuimus in Dolabella. haec ut ita sentiret
senatus populusque Romanus, etsi res ipsa cogebat,
tamen maxima ex parte nostro consilio atque auctoritate perfectum est. tu si hanc rationem non probas,
tuam sententiam defendam, non relinquam meam.
neque dissolutum a te quicquam homines exspectant
nec crudele; huius rei moderatio facilis est, ut in duces
vehemens sis, in milites liberalis.

Ciceronem meum, mi Brute, velim quam plurimum 6
tecum habeas. virtutis disciplinam meliorem reperiet
nullam quam contemplationem atque imitationem tui.
xvi Kal. Mai.

V (VIII).
CICERO BRVTO SALVTEM

* * * te benevolentiam exercitus equitumque 1
expertum vehementer gaudeo. de Dolabella, ut scribis,
si quid habes novi, facies me certiorem; in quo delector me ante providisse, ut tuum iudicium liberum
esset cum Dolabella belli gerendi. id valde pertinuit,
ut ego tum intellegebam, ad rem publicam, ut nunc
iudico, ad dignitatem tuam.

Quod scribis me maximo otio egisse, ut insectarer 2
Antonios idque laudas, credo ita videri tibi. sed illam

Jetzt, Brutus, liegt die Entscheidung über den Charakter der
gesamten Kriegführung bei Dir. Ich weiß, Du bist für Milde und
erwartest von ihr den größten Ertrag. Sehr schön! Aber Milde ist
unter andern Umständen, zu andern Zeiten jeweils am Platze und
sogar geboten. Um was geht es jetzt, Brutus? Die Tempel der unsterblichen Götter bedroht die Raffgier armseliger, verkommener
Gesellen, und nichts andres steht in diesem Kriege zur Entscheidung
als unser Sein oder Nichtsein. Wen schonen wir, oder was wollen
wir eigentlich? Arbeiten wir also denen in die Hände, nach deren
Sieg von uns keine Spur bleiben wird? Denn worin besteht der
Unterschied zwischen Dolabella und jedem der drei Antonier?
Schonen wir einen von ihnen, dann sind wir gegen Dolabella zu
hart gewesen. Daß der Senat und das Römische Volk auf diesem
Standpunkt steht, das ergab sich zwar aus den Tatsachen selbst, ist
aber doch hauptsächlich auf meinen eindringlichen Rat zurückzuführen. Wenn Du dies Vorgehen nicht billigst, werde ich Deinen
Standpunkt vertreten, ohne den meinigen aufzugeben. Weder Fahrlässigkeit erwarten die Leute von Dir noch Grausamkeit. Da ist es
leicht, das rechte Maß zu finden: Härte gegen die Führer, Nachsicht gegen die Truppe.

Meinen Cicero hab' doch bitte möglichst viel um Dich, lieber
Brutus! Nirgends wird er eine bessere Schule des Heldentums fin-
den, als wenn er Dich vor Augen hat und sich zum Vorbild nimmt.
(Rom,) den 16. April (43)

5. (8)
Cicero grüßt Brutus

... Daß Du bei der Armee und der Reiterei Sympathie gefunden
hast, freut mich riesig. Wenn Du von Dolabella etwas Neues weißt,
wirst Du mich also in Kenntnis setzen. Ich bin froh, vorerst dafür
gesorgt zu haben, daß Du Dich frei entscheiden konntest, ob Du
Dolabella bekämpfen solltest. Das war, wie ich damals wohl sah,
durchaus nicht einerlei hinsichtlich der politischen Lage und, wie
ich jetzt erkenne, auch hinsichtlich Deiner Würde.

Du meinst, ich hätte mir sehr viel Zeit gelassen, den Antoniern
zuzusetzen, und lobst das. Ich glaube gern, daß Du das für richtig
hältst. Freilich, Deine Unterscheidung kann ich ganz und gar nicht

distinctionem tuam nullo pacto probo; scribis enim
acrius prohibenda bella civilia esse quam in superatos
iracundiam exercendam. vehementer a te, Brute, dis-
sentio nec clementiae tuae concedo, sed salutaris severitas vincit inanem speciem clementiae; quodsi cle-
mentes esse volumus, numquam deerunt bella civilia.
sed de hoc tu videris: de me possum idem, quod Plau-
tinus pater in Trinummo:

   'mihi quidem aetas ácta ferme est: túa istuc refert
   máxime.'

opprimemini, mihi crede, Brute, nisi providetis; neque 3
enim populum semper eundem habebitis neque senatum neque senati ducem. haec ex oraculo Apollinis
Pythi edita tibi puta; nihil potest esse verius.

xv Kal. Mai.

VI (IX).
CICERO BRVTO SALVTEM

Nostrae res meliore loco videbantur; scripta enim 1
ad te certo scio, quae gesta sint. quales tibi saepe
scripsi consules, tales exstiterunt. Caesaris vero pueri
mirifica indoles virtutis. utinam tam facile eum florentem et honoribus et gratia regere ac tenere possimus, quam facile adhuc tenuimus! est omnino illud
difficilius, sed tamen non diffidimus; persuasum est
enim adulescenti, et maxime per me, eius opera nos
esse salvos; et certe, nisi is Antonium ab urbe avertisset, perissent omnia.

Triduo vero aut quadriduo ante hanc rem pulcher- 2
rimam timore quodam perculsa civitas tota ad te se
cum coniugibus et liberis effundebat; eadem recreata
a. d. xii Kal. Mai. te huc venire quam se ad te ire
malebat. quo quidem die magnorum meorum labo-
rum multarumque vigiliarum fructum cepi maximum,
si modo est aliquis fructus ex solida veraque gloria;

billigen; Du sagst nämlich, man müsse energischer jeden Bürger-
krieg zu verhindern suchen als an den Unterlegenen seinen Jähzorn
auslassen. Da bin ich doch ganz andrer Meinung, Brutus, und kann
Deiner Milde nicht beipflichten; nein, heilsame Strenge taugt mehr
als der eitle Schein der Milde. Wenn wir milde sein wollen, wird es
immer wieder Bürgerkriege geben. Aber das muß Deine Sorge
sein; von mir kann ich dasselbe sagen, wie bei Plautus im Trinum-
mus der Vater:

> „Mit meinem Leben ist's schon schier vorbei;
> du bist's, um den es dabei geht!"

Glaub mir, Brutus. Ihr werdet unterliegen, wenn Ihr Euch nicht
vorseht! Denn Ihr werdet es nicht immer mit demselben Volke,
demselben Senat und denselben Führern des Senats zu tun haben.
Nimm dies als ein Orakel des pythischen Apoll; es ist die unabding-
bare Wahrheit!

(Rom,) den 17. April (43)

6. (9)
Cicero grüßt Brutus

Unsre Lage – ich weiß ja, Du bist über alle Vorgänge unterrichtet – bessert sich offensichtlich. Die Konsuln haben sich so bewährt,
wie ich es Dir mehrfach angekündigt habe. Der Knabe Caesar
vollends zeigt eine erstaunliche Veranlagung zur Mannhaftigkeit.
Ach, könnten wir ihn doch im strahlenden Glanz der Ehren und
des Ansehens ebenso leicht lenken und bei der Stange halten wie
bisher! Das ist auf jeden Fall nicht ganz einfach, aber ich bin doch
guten Muts. Der junge Mann ist nämlich zu der Überzeugung
gekommen, und hauptsächlich durch mich, daß wir ihm unsre
Rettung verdanken; und gewiß, hätte er nicht Antonius von der
Hauptstadt abgezogen, wäre alles aus gewesen.

Aber drei oder vier Tage vor diesem schönen Erfolg wurde die
ganze Bürgerschaft von einer Art Panik ergriffen und drängte mit
Weib und Kind fort zu Dir. Am 20. April ist sie wieder zur Besinnung gekommen und will jetzt lieber, daß Du hierher kommst, als
selbst zu Dir gehen. An diesem Tage habe ich für meine gewaltigen
Anstrengungen und manche durchwachte Nacht reichen Lohn
empfangen, wenn anders echter, wahrer Ruhm überhaupt etwas

nam tantae multitudinis, quantam capit urbs nostra,
concursus est ad me factus; a qua usque in Capitolium deductus, maximo clamore atque plausu in rostris collocatus sum. nihil est in me inane; neque
enim debet; sed tamen omnium ordinum consensus,
gratiarum actio gratulatioque me commovet propterea, quod popularem me esse in populi salute
praeclarum est. sed haec te malo ab aliis.

    Me velim de tuis rebus consiliisque facias diligen- 3
tissime certiorem illudque consideres, ne tua liberalitas dissolutior videatur. sic sentit senatus, sic populus Romanus, nullos umquam hostis digniores omni
supplicio fuisse quam eos cives, qui hoc bello contra
patriam arma ceperunt; quos quidem ego omnibus
sententiis ulciscor et persequor omnibus bonis adpro-
bantibus. tu quid de hac re sentias, tui iudicii est: ego
sic sentio, trium fratrum unam et eandem esse causam.

VII (X).
CICERO BRVTO SALVTEM

    Consules duos bonos quidem, sed dumtaxat bonos
consules amisimus: Hirtius quidem in ipsa victoria
occidit, cum paucis diebus ante magno proelio vicisset; nam Pansa fugerat vulneribus acceptis, quae ferre
non potuit. reliquias hostium Brutus persequitur et
Caesar. hostes autem omnes iudicati, qui M. Antoni
sectam secuti sunt; itaque id senatus consultum pleri-
que interpretantur etiam ad tuos sive captivos sive
dediticios pertinere; equidem nihil disserui durius,
cum nominatim de C. Antonio decernerem, quod ita
statueram, a te cognoscere causam eius senatum
oportere.

    v Kal. Mai.

einbringt. Eine Volksmenge, wie unsre Stadt sie nur fassen kann, strömte bei mir zusammen, geleitete mich bis zum Kapitol und stellte mich dann unter lauten Beifallsrufen auf die Rostren. In mir ist nichts Selbstgefälliges – und darf es ja auch nicht sein –, aber die Einstimmigkeit aller Stände, das Danken und Beglückwünschen macht doch Eindruck auf mich, weil es ein herrliches Gefühl ist, angesichts der Wohlfahrt des Volkes populär zu sein. Aber davon laß Dir lieber von andrer Seite erzählen!

Mich setze doch bitte eingehend von Deiner Lage und Deinen Entschlüssen in Kenntnis und gib acht, daß Deine Leutseligkeit nicht als Fahrlässigkeit erscheint! Das ist die Ansicht des Senats, das die des Römischen Volkes, daß nie ein Feind mehr alle Strafen verdient hat als die Mitbürger, die in diesem Kriege gegen das Vaterland zu den Waffen gegriffen haben; an ihnen nehme ich mit jedem meiner Anträge Rache und verfolge sie unter Zustimmung aller Patrioten. Wie Du Dich dazu stellst, bleibt Dir überlassen; ich stehe auf dem Standpunkt, daß die Sache der drei Brüder ein und dieselbe ist.

(Rom, um den 21. April 43)

7. (10)
Cicero grüßt Brutus

Wir haben die beiden Konsuln verloren, brave Kerle, aber eben nur brav. Hirtius ist mitten im Siege gefallen, nachdem er wenige Tage vorher in einem schweren Gefecht gesiegt hatte; Pansa war nämlich nach einer Verwundung, die ihn kampfunfähig machte, geflohen. Die Trümmer der Feinde werden von Brutus verfolgt und von Caesar. Zu Staatsfeinden erklärt worden sind alle, die sich dem Klüngel des Antonius angeschlossen hatten; daher legen die meisten diesen Senatsbeschluß dahingehend aus, daß er sich auch auf Deine Gefangenen, seien sie im Kampfe oder bei der Kapitulation in Deine Hand gefallen, beziehe. Ich bin nicht für sonderlich harte Maßnahmen eingetreten, als ich über C. Antonius speziell meine Meinung sagte, weil ich mich dafür entschieden hatte, daß sein Fall von Dir dem Senat unterbreitet werden müsse.

(Rom,) den 27. April (43)

VIII (XIII).
CICERO BRVTO SALVTEM

A. d. v Kal. Mai. cum de iis, qui hostes iudicati sunt, 1
bello persequendis sententiae dicerentur, dixit Servilius et cetera de Ventidio et ut Cassius persequeretur
Dolabellam. cui cum essem adsensus, decrevi hoc
amplius, ut tu, si arbitrarere utile exque re publica
esse, persequerere bello Dolabellam; si minus id
commodo rei publicae facere posses sive non existi-
mares ex re publica esse, ut in isdem locis exercitum
contineres. nihil honorificentius potuit facere senatus,
quam ut tuum esset iudicium, quid maxime conducere
rei publicae tibi videretur. equidem sic sentio, si manum habet, si castra, si, ubi consistat, uspiam Dolabella, ad fidem et ad dignitatem tuam pertinere eum
persequi.

De Cassi nostri copiis nihil sciebamus; neque enim 2
ab ipso ullae litterae neque nuntiabatur quicquam,
quod pro certo haberemus. quanto opere autem intersit opprimi Dolabellam, profecto intellegis, cum ut
sceleris poenas persolvat tum ne sit, quo se latronum
duces ex Mutinensi fuga conferant. atque hoc mihi
iam ante placuisse potes ex superioribus meis litteris
recordari; quamquam tum et fugae portus erat in tuis
castris et subsidium salutis in tuo exercitu. quo magis
nunc liberati, ut spero, periculis in Dolabella oppri-
mendo occupati esse debemus. sed haec cogitabis diligentius, statues sapienter; facies nos, quid constitueris
et quid agas, si tibi videbitur, certiores.

Ciceronem nostrum in vestrum collegium cooptari 3
volo. existimo omnino absentium rationem sacerdotum comitiis posse haberi; nam et factum est antea.

8. (13)
Cicero grüßt Brutus

Als am 27. April über die Kriegführung gegen alle, die zu Staatsfeinden erklärt worden sind, verhandelt wurde, ließ sich Servilius hauptsächlich über Ventidius aus und forderte, daß Cassius den Krieg gegen Dolabella übernehmen solle. Ich stimmte ihm zu, stellte aber den Zusatzantrag, Du solltest in den Kampf gegen Dolabella eingreifen, wenn Du es für nützlich und im Staatsinteresse liegend hieltest; wenn Du es nicht ohne Schaden für den Staat tun könntest oder nicht glaubtest, daß das Staatsinteresse es erfordere, solltest Du mit Deiner Armee an Ort und Stelle bleiben. Der Senat hätte nichts Ehrenvolleres tun können, als es Deinem Urteil überlassen, was Deiner Meinung nach das Vorteilhafteste für den Staat sei. Ich stehe auf dem Standpunkt: wenn Dolabella Mannschaft, wenn er ein Lager hat, wenn er irgendwo eine Stelle findet, wo er Fuß fassen kann, dann gebietet es das in Dich gesetzte Vertrauen und Deine Ehre, in den Kampf gegen ihn einzutreten.

Über unsres Cassius Streitmacht wissen wir nichts, denn weder haben wir von ihm selbst einen Bericht, noch ist sonst irgendeine Nachricht eingetroffen, die wir für sicher halten könnten. Wie wichtig es aber ist, daß Dolabella erledigt wird, siehst Du gewiß selbst, einmal, damit er für seine Verbrechen bestraft wird, zum andern, damit es keinen Ort gibt, an den sich die Führer der Banden nach ihrer Flucht von Mutina zurückziehen könnten. Daß ich schon früher dafür eingetreten bin, dessen wirst Du Dich aus meinen letzten Briefen entsinnen; allerdings galt uns damals Dein Lager als Hafen für den Fall der Flucht und Deine Armee als Reserve für die Erringung des Sieges. Um so mehr müssen wir uns jetzt, wo wir, wie ich hoffe, von den Gefahren befreit sind, mit der Niederwerfung Dolabellas befassen. Aber das wirst Du gründlich überdenken und klug in die Wege leiten, und wenn es Dir recht ist, laß uns wissen, wozu Du Dich entschlossen hast und was Du unternimmst.

Unsern Cicero möchte ich in Euer Kollegium kooptiert sehen. Ich glaube, bei den Priesterwahlen können auf jeden Fall auch Abwesende berücksichtigt werden; das ist nämlich auch früher geschehen. C. Marius wurde, während er sich in Cappadocien befand,

Gaius enim Marius, cum in Cappadocia esset, lege
Domitia factus est augur, nec, quo minus id postea
liceret, ulla lex sanxit. est etiam in lege Iulia, quae lex
est de sacerdotiis proxima, his verbis: 'Qvi PETET
CVIVSVE RATIO HABEBITVR'; aperte indicat posse rationem haberi etiam non petentis. hac de re scripsi
ad eum, ut tuo iudicio uteretur sicut in rebus omnibus; tibi autem statuendum est de Domitio, de Catone
nostro. sed quamvis liceat absentis rationem haberi,
tamen omnia sunt praesentibus faciliora; quodsi sta-
tueris in Asiam tibi eundum, nulla erit ad comitia
nostros accersendi facultas.

Omnino Pansa vivo celeriora omnia putabamus; 4
statim enim collegam sibi subrogavisset, deinde ante
praetoria sacerdotum comitia fuissent. nunc per auspicia longam moram video; dum enim unus erit
patricius magistratus, auspicia ad patres redire non
possunt. magna sane perturbatio. tu tota de re quid
sentias, velim me facias certiorem.

III Non. Mai.

IX (VI).
CICERO BRVTO SALVTEM

L. Clodius, tribunus plebis designatus, valde me 1
diligit vel, ut ἐμφατικώτερον dicam, valde me amat.
quod cum mihi ita persuasum sit, non dubito – bene
enim me nosti –, quin illum quoque iudices a me
amari; nihil enim mihi minus hominis videtur quam
non respondere in amore iis, a quibus provocere.

Is mihi visus est suspicari, nec sine magno quidem
dolore, aliquid a suis vel per suos potius iniquos ad te
esse delatum, quo tuus animus a se esset alienior.

Non soleo, mi Brute, quod tibi notum esse arbitror,

nach der Lex Domitia zum Augur gewählt, und es gibt kein Gesetz, das das später verboten hätte. Denn auch in der Lex Iulia, dem jüngsten Gesetz über die Priestertümer, heißt es wörtlich: „Wer sich bewirbt oder wer berücksichtigt wird . . ." Damit ist deutlich gesagt, daß auch jemand, der sich nicht persönlich bewirbt, berücksichtigt werden kann. Ich habe ihm geschrieben, er solle sich in dieser Angelegenheit wie überhaupt in allen Dingen Deinem Urteil fügen. Du aber mußt über unsern Domitius und unsern Cato befinden. Doch selbst wenn es zulässig ist, daß ein Abwesender berücksichtigt wird, ist alles einfacher, wenn die Kandidaten persönlich erscheinen; bist Du also entschlossen, nach Asien zu gehen, dann bleibt keine Möglichkeit, unsre Leutchen zu den Wahlen herzubringen.

Jedenfalls würde alles wahrscheinlich schneller gehen, wenn Pansa am Leben geblieben wäre. Er hätte sich sofort einen Kollegen nachwählen lassen, und dann hätten noch vor den Prätorenwahlen die Priesterwahlen stattgefunden. Jetzt wird sich die Sache wegen der Auspizien sicherlich lange hinziehen, denn solange es noch einen einzigen patrizischen Magistrat gibt, können die Auspizien nicht zum Senat zurückkehren. In der Tat, ein böses Durcheinander! Gib mir doch bitte Nachricht, wie Du darüber denkst!

(Rom,) den 5. Mai (43).

9. (6)
Cicero grüßt Brutus

L. Clodius, der designierte Volkstribun, schätzt mich sehr oder – um ein markanteres Wort zu gebrauchen – liebt mich herzlich. Davon bin ich ganz fest überzeugt, und somit – Du kennst mich ja gut – wirst Du Dir zweifellos sagen, daß auch ich ihn liebe, denn nichts scheint mir menschenunwürdiger zu sein, als in der Liebe dem nicht mit gleichen Gefühlen zu begegnen, von dem man angesprochen wird.

Dieser Mann vermutet offenbar – und das nicht ohne tiefes Bedauern –, Dir sei von seinen Angehörigen oder vielmehr auf Veranlassung seiner mißgünstigen Angehörigen etwas zugetragen worden, wodurch Du ihm ein wenig entfremdet worden seiest. Es ist nicht meine Art, mein Brutus, und ich glaube, Du weißt

temere adfirmare de altero; est enim periculosum
propter occultas hominum voluntates multiplicisque
naturas: Clodi animum perspectum habeo, cognitum,
iudicatum. multa eius indicia, sed ad scribendum non
necessaria, nolo enim testimonium hoc tibi videri
potius quam epistulam. auctus Antoni beneficio est –
eius ipsius beneficii magna pars a te est; itaque eum
salvis nobis vellet salvum. in eum autem locum rem **2**
adductam intellegit – est enim, ut scis, minime stul-
tus –, ut utrique salvi esse non possint. itaque nos
mavult; de te vero amicissime et loquitur et sentit.
quare si quis secus ad te de eo scripsit aut si coram
locutus est, peto a te etiam atque etiam, mihi ut potius
credas, qui et facilius iudicare possum quam ille nescio quis et te plus diligo. Clodium tibi amicissimum
existima civemque talem, qualis et prudentissimus et
fortuna optima esse debet.

X (VII).
CICERO BRVTO SALVTEM

   Scripta et obsignata iam epistula litterae mihi red- **1**
ditae sunt a te plenae rerum novarum, maximeque
mirabilest Dolabellam quinque cohortes misisse in
Chersonesum. adeone copiis abundat, ut is, qui ex
Asia fugere dicebatur, Europam appetere conetur?
quinque autem cohortibus quidnam se facturum
arbitratus est, cum tu †eo† quinque legiones, optimum equitatum, maxima auxilia haberes? quas quidem cohortes spero iam tuas esse, quoniam latro ille
tam fuit demens.

   Tuum consilium vehementer laudo, quod non prius **2**
exercitum Apollonia Dyrrachioque movisti, quam de
Antoni fuga audisti, Bruti eruptione, populi Romani
victoria. itaque quod scribis post ea statuisse te ducere exercitum in Chersonesum nec pati sceleratissimo

das, voreilig über jemanden etwas zu behaupten, denn das ist gefährlich – die Menschen haben verborgene Absichten und vielartige Charaktere; Clodius kenne ich durch und durch, verstehe ihn, mein Urteil über ihn steht fest. Dafür gibt es viele Beweise, die hier nicht aufgezählt zu werden brauchen, denn was ich hier schreibe, sollst Du als Brief, nicht als Zeugnis betrachten. Antonius hat ihn durch sein Wohlwollen gefördert – und dies Wohlwollen verdankt er hauptsächlich Dir –; deshalb würde er ihn gern wohlbehalten sehen, wenn auch wir unbehelligt blieben. Jetzt sieht er ein – er ist ja, wie Du weißt, durchaus nicht dumm –, daß nicht beide Seiten wohlbehalten sein können. Deshalb entscheidet er sich für uns; von Dir vollends denkt und spricht er wie der beste Freund. Wenn also jemand anders über ihn an Dich geschrieben oder sich Dir gegenüber persönlich geäußert hat, bitte ich Dich herzlich, mir mehr zu glauben, der ich mir eher ein Urteil anmaßen darf als jener Ich-weiß-nicht-wer und Dich mehr schätze. Halte Dich überzeugt, daß Clodius sich Dir eng verbunden weiß und ein Bürger ist, wie wir es von einem intelligenten, gutsituierten Manne erwarten dürfen. (Mai 43 ?)

10. (7)
Cicero grüßt Brutus

Ich hatte meinen Brief bereits abgeschlossen und versiegelt, als mir ein Schreiben von Dir eingehändigt wurde. Es strotzt von Neuigkeiten, und das Erstaunlichste ist, daß Dolabella fünf Kohorten nach der Chersonnes geschickt hat. Hat er so reichlich Truppen, daß der Kerl, der angeblich auf der Flucht aus Asien war, jetzt versucht, Europa zu bedrohen? Was glaubt er denn aber mit fünf Kohorten ausrichten zu können, wo Du fünf Legionen, ausgezeichnete Reiterei und zahlreiche Hilfsvölker hast? Hoffentlich sind diese fünf Kohorten bereits von Dir kassiert, wo der Strolch so dämlich gewesen ist!

Dein Entschluß findet meinen vollen Beifall, daß Du nicht eher von Apollonia und Dyrrachium abgerückt bist, als bis Du von Antonius' Flucht hörtest, von Brutus' Ausbruch und dem Siege des Römischen Volkes. Wenn Du also schreibst, Du habest Dich daraufhin entschlossen, Deine Armee nach der Chersonnes zu führen und es nicht zuzulassen, daß der verruchte Hochverräter

hosti ludibrio esse imperium populi Romani, facis ex tua dignitate et ex re publica.

Quod scribis de seditione, quae facta est in legione 3 quarta decima fraude C. Antoni – in bonam partem accipies –, magis mihi probatur militum severitas quam tua * * *.

XI (XVI).
CICERO BRVTO SALVTEM

Multos tibi commendavi et commendem necesse 1 est; optimus enim quisque vir et civis maxime sequitur tuum iudicium tibique omnes fortes viri navare operam et studium volunt, nec quisquam est, quin ita existimet, meam apud te et auctoritatem et gratiam valere plurimum. sed C. Nasennium, municipem 2 Suessanum, tibi ita commendo, ut neminem diligentius. Cretensi bello Metello imperatore octavom principem duxit, postea in re familiari occupatus fuit, hoc tempore cum rei publicae partibus tum tua excellenti dignitate commotus voluit per te aliquid auctoritatis adsumere.

Fortem virum, Brute, tibi commendo, frugi hominem et, si quid ad rem pertinet, etiam locupletem; pergratum mihi erit, si eum ita tractaris, ut merito tuo mihi gratias agere possit.

XII (XVIII).
CICERO BRVTO SALVTEM

Nullas adhuc a te litteras habebamus, ne famam 1 quidem, quae declararet te cognita senatus auctoritate in Italiam adducere exercitum; quod ut faceres idque maturares, magno opere desiderabat res publica. ingravescit enim in dies intestinum malum, nec externis hostibus magis quam domesticis laboramus, qui erant omnino ab initio belli, sed facilius frangebantur: erectior senatus erat non sententiis solum nostris sed

mit dem Römischen Reiche sein Spiel treibt, dann handelst Du, wie es Deiner Ehre entspricht und der Staat es erwarten kann.

Weiter schreibst Du von der Meuterei, die durch C. Antonius' Intrigen ausgebrochen ist. Nimm mir's nicht übel: die Strenge der Soldaten paßt mir besser als Deine Milde . . .

(Rom, um den 20. Mai 43)

11. (16)
Cicero grüßt Brutus.

Ich habe Dir schon manchen empfohlen und sehe mich geradezu gezwungen, das zu tun; jeder brave Mann und Bürger legt ja vor allem Wert auf Dein Urteil; alle wackeren Männer wollen Dir eifrig Beistand leisten, und jedermann ist überzeugt, daß mein Ansehen und Einfluß bei Dir viel gilt. Aber C. Nasennius, einen Bürger aus der Landstadt Suessa, empfehle ich Dir so eindringlich wie sonst niemanden. Im Kriege auf Kreta unter Metellus hat er den achten Manipel der Principes geführt; hernach war er mit seinen Privatangelegenheiten beschäftigt; jetzt will er, bewogen durch die Parteinahme für den Staat und Deinen überragenden Rang, durch Dich ein wenig Ansehen gewinnen..

Ich empfehle Dir einen braven Mann, Brutus, einen biederen Menschen und, wenn das etwas zur Sache tut, auch gutsituiert; es sollte mir sehr lieb sein, wenn Du ihn so behandeltest, daß er mir auf Grund Deines Entgegenkommens danken kann.

(Mai oder Juni 43?)

12. (18)
Cicero grüßt Brutus

Bis jetzt haben wir keine Nachricht von Dir, nicht einmal ein Gerücht, das uns kundtäte, daß Du von dem Senatsbeschluß Kenntnis erhalten hast und Deine Armee nach Italien führst. Daß Du das tust, und zwar eiligst, ist der dringende Wunsch des Staates. Denn von Tag zu Tag verschlimmern sich die Zustände im Innern, und die äußeren Feinde machen uns nicht mehr zu schaffen als die Feinde daheim, die von Beginn des Krieges an vorhanden waren, aber leichter niedergehalten wurden: der Senat ließ sich durch

etiam cohortationibus excitatus; erat in senatu satis
vehemens et acer Pansa cum in ceteros huius generis
tum maxime in socerum, cui consuli non animus ab
initio, non fides ad extremum defuit.

Bellum ad Mutinam gerebatur, nihil ut in Caesare 2
reprehenderes, nonnulla in Hirtio; huius belli fortuna
'ut ín secundis flúxa, ut in adversís bona'; erat victrix
res publica caesis Antoni copiis, ipso expulso. Bruti
deinde ita multa peccata, ut quodammodo victoria
excideret e manibus; perterritos, inermes, saucios non
sunt nostri duces persecuti, datumque Lepido tempus
est, in quo levitatem eius saepe perspectam maioribus
in malis experiremur. sunt exercitus boni sed rudes
Bruti et Planci, sunt fidelissima et maxima auxilia Gallorum; sed Caesarem meis consiliis adhuc guber- 3
natum, praeclara ipsum indole admirabilique constantia, improbissimis litteris quidam fallacibusque
interpretibus ac nuntiis impulerunt in spem certissi-
mam consulatus. quod simul atque sensi, neque ego
illum absentem litteris monere destiti nec accusare
praesentes eius necessarios, qui eius cupiditati suffra-
gari videbantur, nec in senatu sceleratissimorum consiliorum fontes aperire dubitavi. nec vero ulla in re
memini aut senatum meliorem aut magistratus; numquam enim in honore extraordinario potentis hominis
vel potentissimi potius – quandoquidem potentia
iam in vi posita est et armis – accidit, ut nemo tribunus plebis, nemo alio in magistratu, nemo privatus
auctor exsisteret. sed in hac constantia atque virtute
erat tamen sollicita civitas. illudimur enim, Brute,
tum militum deliciis tum imperatorum insolentia;
tantum quisque se in re publica posse postulat, quantum habet virium; non ratio, non modus, non lex,
non mos, non officium valet, non iudicium, non exis-
timatio civium, non posteritatis verecundia.

Haec ego multo ante prospiciens fugiebam ex Italia 4

meine Kundgebungen und Ermahnungen mitreißen; Pansa trat im
Senat ziemlich scharf gegen alle diese Leute auf, vor allem auch
gegen seinen Schwiegervater; als Konsul ließ er es von Anfang an
nicht an Mut fehlen und hielt bis zuletzt die Treue.

Der Krieg um Mutina wurde so geführt, daß an Caesar nichts
auszusetzen war, an Hirtius einiges; der Verlauf des Kampfes:
„hinsichtlich des Glücks schwankend, hinsichtlich des Unglücks
gut". Sieger blieb der Staat; Antonius' Truppen wurden geschlagen,
er selbst davongejagt. Brutus beging alsdann so viele Fehler, daß
uns der Sieg gewissermaßen aus den Händen glitt; unsre Führer
verfolgten den deprimierten, waffenlosen, von Wunden geschwäch-
ten Feind nicht, und so fand Lepidus Zeit, uns seine oft beobachtete
Charakterlosigkeit in größerer Not fühlen zu lassen. Brutus' und
Plancus' Armeen sind gut, aber unausgebildet, die gallischen
Hilfsvölker zuverlässig und zahlreich; aber Caesar, der sich bislang
durch meine Ratschläge lenken ließ, an sich gutartig veranlagt und
von erstaunlicher Charakterfestigkeit, haben gewisse Leute durch
niederträchtige Zuschriften und intrigante Zwischenträgereien dazu
verführt, sich sichere Hoffnungen auf das Konsulat zu machen.
Sobald ich das merkte, habe ich ihn in der Ferne fortgesetzt brieflich gewarnt und seinen Anhängern hier daheim, die sein Begehren
offensichtlich unterstützten, Vorhaltungen gemacht und mich nicht
gescheut, die Quellen dieser verbrecherischen Machenschaften
bloßzulegen. Aber noch nie haben, soweit ich mich entsinne, Senat
und Beamte mehr Haltung bewiesen, denn noch nie ist es bei der
Verleihung außergewöhnlicher Ehren an einen mächtigen oder
vielmehr den mächtigsten Mann – die Macht beruht ja nun einmal
heutzutage auf der Gewalt der Waffen – geschehen, daß kein Volkstribun, kein andrer Amtsträger, kein Unbeamteter sich dafür ein-
setzte. Aber trotz dieser mannhaften Festigkeit herrscht in der
Bürgerschaft Unruhe. Denn man treibt sein Spiel mit uns, Brutus,
die Soldaten mit ihrer Zügellosigkeit, die Feldherrn mit ihrer Anmaßung; jeder beansprucht soviel Einfluß im Staate, wie seine
Stärke ihm verschaffen kann; weder Vernunft, Maß, Gesetz, Herkommen, Pflicht gilt etwas, noch gesundes Urteil, Ansehen bei den
Mitbürgern oder Scheu vor der Nachwelt.

Diese Zustände habe ich lange kommen sehen und ging deshalb

tum, cum me vestrorum edictorum fama revocavit;
incitavisti vero tu me, Brute, Veliae. quamquam enim
dolebam in eam me urbem ire, quam tu fugeres, qui
eam liberavisses, quod mihi quoque quondam ac-
ciderat periculo simili, casu tristiore, perrexi tamen
Romamque perveni nulloque praesidio quatefeci Antonium contraque eius arma nefanda praesidia, quae
oblata sunt Caesaris, consilio et auctoritate firmavi.
qui si steterit fide mihique paruerit, satis videmur
habituri praesidii; sin autem impiorum consilia plus
valuerint quam nostra aut imbecillitas aetatis non
potuerit gravitatem rerum sustinere, spes omnis est
in te. quam ob rem advola, obsecro, atque eam rem
publicam, quam virtute atque animi magnitudine
magis quam eventis rerum liberavisti, exitu libera;
omnis omnium concursus ad te futurus est.

Hortare idem per litteras Cassium. spes libertatis 5
nusquam nisi in vestrorum castrorum principiis est.
firmos omnino et duces habemus ab occidente et
exercitus. hoc adulescentis praesidium equidem adhuc
firmum esse confido, sed ita multi labefactant, ut, ne
moveatur, interdum extimescam.

Habes totum rei publicae statum, qui quidem tum
erat, cum has litteras dabam. velim deinceps meliora
sint; sin aliter fuerit – quod di omen avertant! –, rei
publicae vicem dolebo, quae immortalis esse debebat; mihi quidem quantulum reliqui est?

XIII (XVII).
CICERO BRVTO SALVTEM

Fungerer eo officio, quo tu functus es in meo luctu, 1
teque per litteras consolarer, nisi scirem iis remediis,
quibus meum dolorem tum levasses, te in tuo non
egere; ac velim facilius quam mihi nunc tibi tute

mit dem Gedanken um, Italien den Rücken zu kehren, damals, als
dann die Kunde von Euren Edikten mich zurückrief; den entscheidenden Anstoß aber gabst Du mir, Brutus, in Velia. Allerdings war es mir schmerzlich, in die Stadt zu gehen, die Du, ihr
Befreier, flohest – auch mir war es einst so ergangen, in ähnlicher
Gefahr, aber unter noch trostloseren Umständen –; trotzdem
machte ich mich auf den Weg, gelangte nach Rom, erschütterte,
allein auf mich angewiesen, Antonius' Stellung und verstärkte den
durch Caesar gebotenen Schutz gegen seine ruchlosen Waffen durch
meinen Rat und mein Ansehen. Steht dieser zu seinem Wort und
folgt mir auch weiterhin, dann haben wir, glaube ich, genügend
Rückhalt; hört er aber mehr auf die Einflüsterungen der Schurken
als auf meinen Rat, oder ist sein jugendliches Alter zu schwach, um
sich dem Ernst der Lage gewachsen zu zeigen, dann ruht alle Hoffnung auf Dir. Darum flieg herbei, ich beschwöre Dich, und be-
wahre den Staat, den Du heldenhaft und hochgesinnt, aber ohne
den gewünschten Erfolg, befreit hast, vor dem Untergang; alle
Welt wird Dir zuströmen.

Mahne auch Cassius brieflich! Nirgends sonst ist Hoffnung auf
Freiheit als bei Euren Armeen. Wir haben unbedingt zuverlässige
Führer und Armeen hier im Westen. Der Rückhalt, den der junge
Mann bietet, ist bisher noch zuverlässig, wie ich zuversichtlich
glaube, aber viele suchen ihn wankend zu machen, so daß ich bis-
weilen befürchte, er könnte sich hinreißen lassen.

So also ist die Gesamtlage zur Zeit, wo ich dies schreibe. Ich
wollte, sie besserte sich fortan; kommt es anders, was die Götter
verhüten mögen, dann wird mir's leid tun für den Staat, der un-
sterblich sein sollte; was mir bleibt – ach, nicht der Rede wert.

(Rom, im Juni 43)

13. (17)
Cicero grüßt Brutus

Ich würde mich der Pflicht unterziehen, der Du Dich bei meinem
Verlust unterzogen hast, und Dir Worte des Trostes schreiben,
wenn ich nicht wüßte, daß Du der Arznei, mit der Du meinen
Schmerz damals gelindert hast, in Deinem Schmerz nicht bedarfst,
und ich wünschte, Du könntest leichter als einst mich jetzt Dich

medeare. est autem alienum tanto viro, quantus es tu,
quod alteri praeceperit, id ipsum facere non posse.
me quidem cum rationes, quas conlegeras, tum auctoritas tua a nimio maerore deterruit; cum enim mol-
lius tibi ferre viderer, quam deceret virum, praesertim
eum, qui alios consolari soleret, accusasti me per litteras gravioribus verbis, quam tua consuetudo ferebat; itaque iudicium tuum magni aestimans idque 2
veritus me ipse collegi et ea, quae didiceram, legeram,
acceperam, graviora duxi tua auctoritate addita. ac
mihi tum, Brute, officio solum erat et naturae, tibi
nunc populo et scaenae, ut dicitur, serviendum est;
nam cum in te non solum exercitus tui sed omnium
civium ac paene gentium coniecti oculi sint, minime
decet, propter quem fortiores ceteri sumus, eum
ipsum animo debilitatum videri. quam ob rem acce-
pisti tu quidem dolorem – id enim amisisti, cui simile
in terris nihil fuit –, et est dolendum in tam gravi vul-
nere, ne id ipsum, carere omni sensu doloris, sit miserius quam dolere, sed ut modice, ceteris utile est,
tibi necesse est.

Scriberem plura, nisi ad te haec ipsa nimis multa 3
essent. nos te tuumque exercitum exspectamus; sine
quo, ut reliqua ex sententia succedant, vix satis liberi
videmur fore. de tota re publica plura scribam et fortasse iam certiora iis litteris, quas Veteri nostro cogitabam dare.

XIV (XXII).
CICERO BRVTO SALVTEM

Breves litterae tuae – breves dico, immo nullae. 1
tribusne versiculis his temporibus Brutus ad me?
nihil scripsissem potius. et requiris meas! quis um-

heilen. Aber es würde ja zu einem so hochstehenden Manne, wie
Du es bist, gar nicht passen, wenn er die Lehren, die er andern
erteilt hat, selbst nicht befolgen könnte. Mich haben damals die
von Dir aufgezählten Trostgründe wie überhaupt Deine ganze
Persönlichkeit von übergroßem Gram abgeschreckt. Du meintest
nämlich, ich ließe mich mehr gehen, als es sich für einen Mann
gezieme, zumal für den, der andre stets zu trösten wisse, und hast
mir deshalb mit härteren Worten Vorwürfe gemacht, als es sonst
Deine Art ist. Deshalb habe ich mich aus Hochachtung für Dein
Urteil und aus Scheu vor ihm ermannt und alles, was ich gelernt,
gelesen und gehört hatte, für gewichtiger gehalten, nachdem Du
mit Deiner Persönlichkeit dazugetreten warest. Ich, Brutus, mußte
damals nur einer naturgegebenen Pflicht dienen, Du jetzt dem
Volke und der Bühne des Lebens, wie man wohl sagt. Denn auf
Dich sind die Augen Deiner Armee, ja, die Augen aller Bürger und
sozusagen der ganzen Welt gerichtet, und somit ziemt es sich ganz
und gar nicht, daß der Mann, dessentwegen all wir andern den
Mut nicht sinken lassen, verzagt erscheint. Also: Du hast einen
schmerzlichen Verlust erlitten, denn Du hast verloren, was auf
Erden nicht seinesgleichen fand, und mußt trauern bei einer so
schmerzlichen Wunde – der Zustand, überhaupt jeden Schmerz-
empfindens bar zu sein, wäre noch schlimmer als der Schmerz
selbst –, aber mit Maßen; damit dienst Du uns andern und bleibst
Dir selbst treu.

Ich würde mehr schreiben, wenn für Dich nicht schon dies über-
genug wäre. Wir erwarten Dich und Deine Armee; ohne dies werden wir – mag alles andre auch nach Wunsch gehen – wohl kaum
ganz frei sein. Von der Gesamtlage schreibe ich mehr und vielleicht
schon Genaueres in dem Briefe, den ich unserm Vetus mitzugeben
gedenke.

(Rom, im Juni 43)

14 (22).

Cicero grüßt Brutus

Reichlich kurz, dieser Brief von Dir! Kurz, sage ich; eigentlich
gar keiner! Mit drei dürftigen Zeilen wendet sich in diesen Zeit-
läuften Brutus an mich! Ich hätte an Deiner Stelle gar nichts geschrieben! Und von mir verlangst Du einen! Wer von Deinen

quam ad te tuorum sine meis venit? quae autem epistula non pondus habuit? quae si ad te perlatae non
sunt, ne domesticas quidem tuas perlatas arbitror.

Ciceroni scribis te longiorem daturum epistulam;
recte id quidem, sed haec quoque debuit esse plenior.
ego autem, cum ad me de Ciceronis abs te discessu
scripsisses, statim extrusi tabellarios litterasque ad
Ciceronem, ut, etiam si in Italiam venisset, ad te re-
diret; nihil enim mihi iucundius, nihil illi honestius.
quamquam aliquotiens ei scripseram sacerdotum
comitia mea summa contentione in alterum annum
esse reiecta. quod ego cum Ciceronis causa elaboravi
tum Domiti, Catonis, Lentuli, Bibulorum; quod ad
te etiam scripseram. sed videlicet, cum illam pusillam
epistulam tuam ad me dabas, nondum erat tibi id
notum. quare omni studio a te, mi Brute, contendo, 2
ut Ciceronem meum ne dimittas tecumque deducas;
quod ipsum, si rem publicam, cui susceptus es, re-
spicis, tibi iam iamque faciendum est. renatum enim
bellum est idque non parvum, scelere Lepidi; exercitus autem Caesaris, qui erat optimus, non modo
nihil prodest, sed etiam cogit exercitum tuum flagi-
tari; qui si Italiam attigerit, erit civis nemo, quem
quidem civem appellari fas sit, qui se non in tua
castra conferat. etsi Brutum praeclare cum Planco
coniunctum habemus; sed non ignoras, quam sint
incerti et animi hominum infecti partibus et exitus
proeliorum. quin etiam si, ut spero, vicerimus, tamen
magnam gubernationem tui consilii tuaeque auctoritatis res desiderabit. subveni igitur, per deos, idque
quam primum, tibique persuade non te Idibus Mar-
tiis, quibus servitutem a tuis civibus repulisti, plus
profuisse patriae quam, si mature veneris, profutu-
rum.

11 Id. Quint.

Leuten ist jemals ohne eine Zeile von mir zu Dir gekommen? Und welcher Brief hat kein Gewicht gehabt? Wenn sie Dich nicht erreicht haben, dann hast Du wohl auch die von zu Hause nicht erhalten?

Du schreibst, Du wollest Cicero einen längeren Brief mitgeben. Sehr schön! Aber auch dieser hätte ausführlicher sein dürfen! Ich aber habe, da Du mir Ciceros Abreise von dort mitteilst, sofort Kuriere mit einem Schreiben an Cicero losgejagt, er solle, auch wenn er schon in Italien sei, zu Dir zurückkehren; nichts sei mir erwünschter, nichts ehrenhafter für ihn. Allerdings habe ich ihm schon mehrfach geschrieben, die Priesterwahlen seien auf meine energischen Bemühungen hin auf das nächste Jahr vertagt worden, wofür ich mich Ciceros wegen, aber auch Domitius, Cato, Lentulus und den Bibuli zuliebe eingesetzt habe, und auch Dir habe ich das geschrieben; aber offenbar wußtest Du das noch nicht, als Du diesen Miniaturbrief an mich richtetest. Darum bestehe ich entschieden darauf, mein Brutus, daß Du meinen Cicero nicht gehen läßt und erst mit Dir zusammen herbringst, was Du, wenn Du auf den Staat blickst, für den Du geboren bist, alsbald tun mußt. Denn der Krieg ist wieder ausgebrochen, und gewiß kein Kleinkrieg, infolge Lepidus' Verbrechen; Caesars Armee aber, die bisher vortrefflich war, nützt jetzt nicht nur nichts, sondern zwingt uns geradezu, Deine Armee zu fordern. Berührt sie nur Italien, wird jeder Bürger, der den Namen „Bürger" verdient, sich in Dein Lager begeben. Freilich sehen wir Brutus in schönem Verein mit Plancus, aber Du weißt ja, wie unzuverlässig die Menschen sind, wenn sie von Parteileidenschaften infiziert werden, wie unsicher der Ausgang einer Schlacht ist. Ja, selbst wenn wir, wie ich hoffe, siegen, wird der Staat der festen Lenkung durch Deinen Rat und Deine Autorität bedürfen. Darum, bei den Göttern, komm uns zu Hilfe, und das so bald wie möglich, und sei überzeugt, daß Du durch die Iden des März, an denen Du das Joch der Knechtschaft von Deinen Mitbürgern genommen hast, dem Vaterlande nicht mehr genützt hast, als Du ihm jetzt nützen kannst, wenn Du eilends kommst!

(Rom,) den 14. Quintilis (43)

XV (XX).
CICERO BRVTO SALVTEM

Etsi daturus eram Messalae Corvino continuo lit- 1
teras, tamen Veterem nostrum ad te sine litteris meis
venire nolui.

Maximo in discrimine res publica, Brute, versatur
victoresque rursus decertare cogimur; id accidit
M. Lepidi scelere et amentia. quo tempore cum multa
propter eam curam, quam pro re publica suscepi,
graviter ferrem, tum nihil tuli gravius quam me non
posse matris tuae precibus cedere, non sororis; nam
tibi, quod mihi plurimi est, facile me satis facturum
arbitrabar. nullo enim modo poterat causa Lepidi
distingui ab Antonio omniumque iudicio etiam durior erat, quod, cum honoribus amplissimis a senatu
esset Lepidus ornatus tum etiam paucis ante diebus
praeclaras litteras ad senatum misisset, repente non
solum recepit reliquias hostium, sed bellum acerrime
terra marique gerit; cuius exitus qui futurus sit, incertum est. ita cum rogamur, ut misericordiam liberis
eius impertiamus, nihil adfertur, quo minus summa
supplicia, si – quod Iuppiter omen avertat! – pater
puerorum vicerit, subeunda nobis sint.

Nec vero me fugit, quam sit acerbum parentum 2
scelera filiorum poenis lui; sed hoc praeclare legibus
comparatum est, ut caritas liberorum amiciores paren-
tes rei publicae redderet; itaque Lepidus crudelis in
liberos, non is, qui Lepidum hostem iudicat. atque
ille si armis positis de vi damnatus esset, quo in
iudicio certe defensionem non haberet, eandem calamitatem subirent liberi bonis publicatis. quamquam,
quod tua mater et soror deprecatur pro pueris, id
ipsum et multa alia crudeliora nobis omnibus Lepidus, Antonius, reliqui hostes denuntiant. itaque maximam spem hoc tempore habemus in te atque exer-

15. (20)
Cicero grüßt Brutus

Zwar will ich gleich Messala Corvinus einen Brief für Dich ein-
händigen, möchte aber doch nicht, daß unser Vetus ohne eine Zeile
von mir zu Dir kommt.

Der Staat schwebt in höchster Gefahr, Brutus, und wir, die
Sieger, sehen uns gezwungen, noch einmal zu kämpfen; das haben
wir M. Lepidus' wahnsinnigem Verbrechen zu verdanken! In dem
Augenblick, wo mich wegen der Sorgen, die ich mir für den Staat
aufgeladen habe, vieles schwer bedrückt, hat mich doch nichts
schwerer bedrückt als die Tatsache, daß ich Deiner Mutter, Deiner
Schwester nicht willfahren kann; mit Dir – worauf ich den größten
Wert lege – glaube ich mich leicht einigen zu können. Unter keinen
Umständen kann man nämlich den Fall Lepidus von Antonius
trennen, und nach allgemeinem Urteil ist er sogar schlimmer; denn
obwohl Lepidus vom Senat mit umfangreichen Ehren ausgezeichnet worden war und sogar noch wenige Tage vorher ein groß-
artiges Schreiben an den Senat gerichtet hatte, hat er nicht nur unversehens die Trümmer der feindlichen Armee bei sich aufgenommen, er führt auch erbittert Krieg zu Wasser und zu Lande, und
wie der ausgehen wird, ist ungewiß. Wenn man uns unter diesen
Umständen bittet, Barmherzigkeit gegen seine Kinder walten zu
lassen, garantiert uns niemand, daß wir nicht den gräßlichsten Tod
werden erleiden müssen, falls – was Iuppiter verhüten möge! – der
Vater dieser Kinder siegt.

Gewiß bin ich mir durchaus bewußt, wie hart es ist, daß Ver-
brechen der Väter durch Bestrafung der Kinder gesühnt werden.
Aber das ist doch eine unschätzbare Wirkung der Gesetze, daß die
Liebe zu den Kindern die Eltern fester an den Staat bindet. Also
Lepidus ist grausam gegen seine Kinder, nicht derjenige, der
Lepidus zum Hochverräter erklärt! Wenn er die Waffen niederlegte
und dann wegen Gewalttat verurteilt würde – und bei diesem
Prozeß würde er gewiß keinen Verteidiger finden –, würden seine
Kinder durch Einziehung seiner Habe genauso ins Unglück ge-
raten. Allerdings, was Deine Mutter und Deine Schwester im Na-
men der Kinder abzuwenden suchen, eben das und viele andre,
schlimmere Grausamkeiten drohen uns allen Lepidus, Antonius

citu tuo: cum ad rem publicam summam tum ad
gloriam et dignitatem tuam vehementer pertinet te,
ut ante scripsi, in Italiam venire quam primum; eget
enim vehementer cum viribus tuis tum etiam consilio
res publica.

Veterem pro eius erga te benevolentia singularique 3
officio libenter ex tuis litteris complexus sum eumque
cum tui tum rei publicae studiosissimum amantissi-
mumque cognovi. Ciceronem meum propediem, ut
spero, videbo; tecum enim illum et te in Italiam
celeriter esse venturum confido.

XVI (XXIII).
CICERO BRVTO SALVTEM

Messalam habes. quibus igitur litteris tam accurate 1
scriptis adsequi possum, subtilius ut explicem, quae
gerantur quaeque sint in re publica, quam tibi is ex-
ponet, qui et optime omnia novit et elegantissime
expedire et deferre ad te potest? cave enim existimes,
Brute – quamquam non necesse est ea me ad te, quae
tibi nota sint, scribere; sed tamen tantam omnium
laudum excellentiam non queo silentio praeterire –,
cave putes probitate, constantia, cura, studio rei
publicae quicquam illi esse simile, ut eloquentia, qua
mirabiliter excellit, vix in eo locum ad laudandum
habere videatur; quamquam in hac ipsa sapientia plus
apparet; ita gravi iudicio multaque arte se exercuit
in severissimo genere dicendi. tanta autem industria
est tantumque evigilat in studio, ut non maxima
ingenio, quod in eo summum est, gratia habenda
videatur.

Sed provehor amore; non enim id propositum est 2
huic epistulae, Messalam ut laudem, praesertim ad
Brutum, cui et virtus illius non minus quam mihi
nota est et haec ipsa studia, quae laudo, notiora. quem

und die übrigen Hochverräter an. Deshalb setzen wir jetzt unsre Hoffnung vornehmlich auf Dich und Deine Armee; die Gesamtlage wie auch Dein Ruhm und Deine Ehre gebieten, daß Du, wie gesagt, so bald wie möglich nach Italien kommst; dringend bedarf der Staat Deiner Streitkräfte und Deines Rates.

Vetus habe ich angesichts seiner freundschaftlichen Gesinnung und außergewöhnlichen Dienstwilligkeit gegen Dich auf Grund Deines Briefes in mein Herz geschlossen und in ihm einen Mann gefunden, der Dir und dem Staate mit hingebender Liebe dient. Meinen Cicero sehe ich hoffentlich demnächst, denn ich glaube zuversichtlich, daß Du sehr bald nach Italien kommen wirst und er dann mit Dir.

(Rom, im Juli 43)

16. (23)
Cicero grüßt Brutus

Du hast Messala zur Verfügung. Könnte ich es also mit einem noch so ausführlichen Briefe fertigbringen, Dir gründlicher auseinanderzusetzen, was vorgeht und wie es in der Politik aussieht, als er es Dir darlegen wird, der alles genau kennt und Dir feinsinnig zu entwickeln und zu berichten weiß? Du darfst nämlich nicht glauben, Brutus – obwohl es eigentlich nicht notwendig ist, Dir zu schreiben, was Dir bekannt ist; indessen ist es mir unmöglich, all seine überragenden Verdienste einfach mit Stillschweigen zu übergehen – Du darfst nicht glauben, daß er, was Ehrbarkeit, Charakter, Interesse und Eifer für den Staat angeht, seinesgleichen hat, so daß für das Lob seiner Beredsamkeit, in der er sich erstaunlich hervortut, bei ihm kaum noch Platz zu sein scheint. Freilich zeigt sich gerade bei ihr ganz besonders seine Intelligenz; mit solch entschiedenem Geschmack und so viel Beharrlichkeit hat er sich in dem strengsten Redestil geübt! Er ist mit großem Eifer bei der Sache und schlägt sich bei seinen Studien die Nächte um die Ohren, so daß er seine Erfolge in der Hauptsache anscheinend nicht seinem an sich bedeutenden Talent verdankt.

Aber ich lasse mich von der Liebe hinreißen; der Zweck meines Briefes ist ja nicht, Messala zu loben, zumal einem Brutus gegenüber, dem seine Vorzüge nicht weniger bekannt sind als mir, und der gerade diese Bestrebungen, die ich hier lobe, besser kennt. Als

cum a me dimittens graviter ferrem, hoc levabar uno,
quod ad te tamquam ad alterum me proficiscens et
officio fungebatur et laudem maximam sequebatur.
sed haec hactenus.

Venio nunc longo sane intervallo ad quandam 3
epistulam, qua mihi multa tribuens unum reprehende-
bas, quod in honoribus decernendis essem nimius et
tamquam prodigus. tu hoc; alius fortasse, quod in
animadversione poenaque durior, nisi forte utrumque tu. quod si ita est, utriusque rei meum iudicium
studeo tibi esse notissimum, neque solum ut Solonis
dictum usurpem, qui et sapiens unus fuit ex septem
et legum scriptor solus ex septem; is rem publicam
contineri duabus rebus dixit, praemio et poena; est
scilicet utriusque rei modus sicut reliquarum et quaedam in utroque genere mediocritas. sed non tanta de 4
re propositum est hoc loco disputare; quid ego autem secutus hoc bello sim in sententiis dicendis,
aperire non alienum puto.

Post interitum Caesaris et vestras memorabiles Idus
Martias, Brute, quid ego praetermissum a vobis quan-
tamque impendere rei publicae tempestatem dixerim,
non es oblitus: magna pestis erat depulsa per vos,
magna populi Romani macula deleta, vobis vero parta
divina gloria, sed instrumentum regni delatum ad
Lepidum et Antonium, quorum alter inconstantior,
alter impurior, uterque pacem metuens, inimicus otio.
his ardentibus perturbandae rei publicae cupiditate
quod opponi posset praesidium, non habebamus;
erexerat enim se civitas in retinenda libertate consen- 5
tiens, nos tum nimis acres, vos fortasse sapientius
excessistis urbe ea, quam liberaratis, Italiae sua vobis
studia profitenti remisistis. itaque cum teneri urbem
a parricidis viderem nec te in ea nec Cassium tuto esse

ich ihn von mir ließ, war es mir gar nicht recht, und nur das eine tröstete mich, daß er zu Dir wie zu meinem zweiten Ich eilte und damit seiner Pflicht genügte und höchstem Ruhme entgegenging. Aber genug davon!

Ich komme jetzt nach ziemlich langer Zwischenzeit auf einen Brief von Dir zurück, in dem Du mir zwar vieles zugute hältst, aber doch dies eine tadelst, daß ich in der Zuerkennung von Ehrungen allzu großzügig und gleichsam verschwenderisch sei. So Du; ein andrer vielleicht, daß ich beim Ahnden und Strafen allzu scharf sei, falls Du nicht etwa beides. Wenn dem so ist, dann will ich mich bemühen, Dich in beiderlei Hinsicht über meine Grundsätze aufzuklären, und zwar nicht nur so, daß ich mir Solons Wort zu eigen mache, der unter den Sieben besonders weise war und als einziger von ihnen Gesetze gegeben hat. Der hat erklärt, der Staat werde durch zwei Dinge im Gleichgewicht gehalten, durch Belohnung und Strafe. Natürlich hat beides sein Maß wie alles, und in beidem gibt es eine Art mittlere Linie. Es ist jedoch nicht meine Absicht, hier über eine so schwerwiegende Frage zu disputieren; aber die Gedanken klarzulegen, von denen ich mich in diesem Kriege bei meinen Anträgen habe leiten lassen, halte ich für geboten.

Brutus! Wie ich nach Caesars Tode und Euren denkwürdigen Iden des März darauf hingewiesen habe, was Ihr unterlassen hättet und welche Gefahren dem Staat drohten, hast Du gewiß nicht vergessen. Ein großes Unheil war durch Euch beseitigt, ein schwerer Makel des Römischen Volkes getilgt; Ihr hattet unsterblichen Ruhm gewonnen, aber das Rüstzeug der Gewaltherrschaft war Lepidus und Antonius zugefallen, der eine mehr ein charakterloser Geselle, der andre ein gemeiner Schurke, beide in Angst vor dem Frieden und Feinde von Ruhe und Ordnung. Sie brannten vor Gier, den Staat auf den Kopf zu stellen, und wir wußten nicht, wie wir ihnen wehren sollten. Denn die Bürgerschaft hatte sich ermannt, einmütig in dem Willen, die Freiheit festzuhalten; ich legte mich damals allzu leidenschaftlich ins Geschirr, Ihr, vielleicht klüger als ich, wichet aus der Stadt, die Ihr befreit hattet, machtet keinen Gebrauch von der Begeisterung, die Italien Euch entgegenbrachte. Als ich darum sah, daß die Stadt sich in der Hand von Räubern befand und Du und Cassius in ihr nicht sicher waret, daß sie von

posse eamque armis oppressam ab Antonio, mihi quoque ipsi esse excedendum putavi; taetrum enim spectaculum oppressa ab impiis civitas opitulandi potestate praecisa. sed animus idem qui semper infixus in patriae caritate discessum ab eius periculis ferre non potuit. itaque in medio Achaico cursu cum etesiarum diebus Auster me in Italiam quasi dissuasor mei consilii rettulisset, te vidi Veliae doluique vehementer; cedebas enim, Brute, cedebas, quoniam Stoici nostri negant fugere sapientis.

Romam ut veni, statim me obtuli Antoni sceleri 6 atque dementiae; quem cum in me incitavissem, consilia inire coepi Brutina plane – vestri enim haec sunt propria sanguinis – rei publicae liberandae. longa sunt, quae restant, praetereunda; sunt enim de me; tantum dico, Caesarem hunc adulescentem, per quem adhuc sumus, si verum fateri volumus, fluxisse ex fonte consiliorum meorum. huic habiti a me honores 7 nulli quidem, Brute, nisi debiti, nulli nisi necessarii. ut enim primum libertatem revocare coepimus, cum se nondum ne Decimi quidem Bruti divina virtus ita commovisset, ut iam id scire possemus, atque omne praesidium esset in puero, qui a cervicibus nostris avertisset Antonium, quis honos ei non fuit decernendus? quamquam ego illi tum verborum laudem tribui eamque modicam, decrevi etiam imperium; quod quamquam videbatur illi aetati honorificum, tamen erat exercitum habenti necessarium; quid enim est sine imperio exercitus? statuam Philippus decrevit, celeritatem petitionis primo Servius, post maiorem etiam Servilius; nihil tum nimium videbatur.

Sed nescio quo modo facilius in timore benigni 8 quam in victoria grati reperiuntur. ego enim, D.

Antonius mit Waffengewalt in Schach gehalten wurde, da glaubte auch ich, ausweichen zu müssen; die von ruchlosen Gesellen niedergehaltene Bürgerschaft bot ein zu häßliches Bild, während jede Möglichkeit zu helfen abgeschnitten war. Aber mein Herz, das wie immer mit aller Liebe am Vaterlande hing, brachte es doch nicht über sich, es in seiner Gefahr allein zu lassen. Als mich deshalb mitten auf dem Wege nach Achaia in den Tagen der Etesien der Südwind, als widerriete er meinen Entschluß, nach Italien zurücktrug, sah ich Dich in Velia und war tief getroffen, denn Du wichest aus, Brutus, „wichest aus" − „fliehen" tut ja der Weise nicht, wie unsre Stoiker lehren.

Als ich nach Rom kam, warf ich mich sofort Antonius' wahnwitzigem Verbrechen entgegen; als ich ihn gegen mich aufgebracht hatte, begann ich, mich mit echt Brutinischen Plänen zur Befreiung des Staates zu befassen − Euch liegen ja solche Pläne im Blute. Zu schildern, was folgte, würde zu weit führen; ich muß es übergehen, denn ich spiele dabei die Hauptrolle. Nur so viel will ich sagen: dieser junge Caesar, dem wir es zu verdanken haben, daß wir noch am Leben sind − wenn wir die Wahrheit gestehen wollen −, ist der Quelle meiner Entschlüsse entsprungen. Ihm sind von mir nur die geschuldeten Ehren zuerteilt worden, Brutus, nur die unbedingt erforderlichen. Denn als wir begannen, die Freiheit zurückzurufen, hatte sich auch Decimus Brutus' gottbegnadete Tüchtigkeit noch nicht so geregt, daß wir das hätten ahnen können, und unser einziger Hort war der Knabe, der uns doch aus dem Würgegriff des Antonius befreit hatte. Welche Ehre konnte ihm somit versagt werden? Allerdings habe ich ihm damals mit Worten Lob gespendet, aber mit Maßen, habe ihm auch das Imperium verschafft, eine Maßnahme, die in Anbetracht seines jugendlichen Alters zwar als ehrenvolle Auszeichnung erschien, aber doch unvermeidlich war, weil er eine Armee hatte, denn was ist eine Armee ohne Imperium? Das Standbild hat Philippus beantragt, vorzeitige Bewerbung um die Ämter zunächst Servius, hernach in noch stärkerem Umfange auch Servilius; nichts erschien damals übertrieben.

Aber sonderbarerweise findet man immer wieder Leute, die eher in der Angst entgegenkommend sind, als sich im Siege dankbar erweisen. Denn als nach Brutus' Befreiung der Bürgerschaft jener

Bruto liberato cum laetissimus ille civitati dies in-
luxisset idemque casu Bruti natalis esset, decrevi, ut
in fastis ad eum diem Bruti nomen adscriberetur, in
eoque sum maiorum exemplum secutus, qui hunc
honorem mulieri Larentiae tribuerunt, cui vos pontifices ad aram in Velabro sacrificium facere soletis;
quod ego cum dabam Bruto, notam esse in fastis
gratissimae victoriae sempiternam volebam. atque
illo die cognovi haud paulo pluris in senatu male-
volos esse quam gratos. eos per ipsos dies effudi, si
ita vis, honores in mortuos, Hirtium et Pansam, Aquilam etiam; quod quis reprehendit, nisi qui deposito
metu praeteriti periculi fuerit oblitus? accedebat ad 9
beneficii memoriam gratam ratio illa, quae etiam
posteris esset salutaris: exstare enim volebam in crude-
lissimos hostis monimenta odii publici sempiterna.

Suspicor illud tibi minus probari, quod a tuis fa-
miliaribus, optimis illis quidem viris sed in re publica
rudibus, non probabatur, quod, ut ovanti introire
Caesari liceret, decreverim; ego autem – sed erro
fortasse, nec tamen is sum, ut mea me maxime delec-
tent – nihil mihi videor hoc bello sensisse prudentius.
cur autem ita sit, aperiendum non est, ne magis videar
providus fuisse quam gratus; hoc ipsum nimium;
quare alia videamus.

D. Bruto decrevi honores, decrevi L. Planco; praeclara illa quidem ingenia, quae gloria invitantur, sed
senatus etiam sapiens, qui, qua quemque re putat,
modo honesta, ad rem publicam iuvandam posse ad-
duci, hac utitur.

At in Lepido reprehendimur; cui cum statuam in
rostris statuissemus, idem illam evertimus. nos illum
honore studuimus a furore revocare; vicit amentia
levissimi hominis nostram prudentiam, nec tamen

herrliche Tag aufging – zufällig war es auch Brutus' Geburtstag –,
habe ich den Antrag gestellt, in den Fasten diesem Tage den Namen
des Brutus beizufügen, wobei ich dem Beispiel unsrer Vorfahren
folgte, die diese Ehre der Larentia zuteil werden ließen, der ihr
Pontifices am Altar auf dem Velabrum zu opfern pflegt. Ich ließ
Brutus dies zukommen, weil ich wollte, daß sich in den Fasten für
alle Zeiten ein Merkmal dieses hochwillkommenen Sieges fände.
Und an jenem Tage konnte ich feststellen, daß im Senat weit mehr
Übelwollende als Dankbare sitzen. Gerade in diesen Tagen überschüttete ich, wenn Du so willst, die Toten mit Ehrungen, Hirtius
und Pansa, auch Aquila. Wer will das tadeln? Doch nur derjenige,
der von Furcht befreit die überstandene Gefahr vergessen hat.
Neben der Erinnerung an die herrliche Tat leitete mich aber auch
ein Gedanke, der für die Nachwelt heilsam sein könnte: ich wünschte, es sollte ein ewiges Denkmal des allgemeinen Hasses gegen die
grausamsten Staatsfeinde existieren.

Eins findet vermutlich nicht ganz Deinen Beifall, was auch von
Deinen Angehörigen, braven Männern, gewiß, aber in der Politik
unerfahren, nicht gebilligt wurde: daß ich Caesar die Erlaubnis
erwirken wollte, in der Form der Ovation in die Hauptstadt einzu-
ziehen; aber – vielleicht irre ich mich, und ich bin doch gewiß
nicht der Mann, der immer nur an sich selbst Gefallen hat – dies
scheint mir mein klügster Gedanke in diesem Kriege gewesen zu
sein. Warum das so ist, darf ich nicht näher ausführen; es könnte
sonst so aussehen, als wäre ich mehr vorsichtig als dankbar gewesen.
Schon damit sage ich mehr als genug; darum laß uns andres in
Betracht ziehen.

Für D. Brutus habe ich Ehrungen beantragt, für L. Plancus,
beides treffliche Charaktere, die sich durch den Ruhm locken lassen;
doch auch der Senat handelt weise, der bei jedem, von dem er sich
Förderung für den Staat verspricht, die seinem Wesen entsprechen-
den Mittel anwendet, vorausgesetzt, daß sie ehrenhaft sind.

Aber in Lepidus' Falle glaubt man mich tadeln zu können: erst
habe ich ihm eine Statue auf den Rostren errichtet und diese dann
selbst wieder beseitigt! Mein Bestreben war, ihn durch diese Ehrung
von seiner Tollheit abzubringen; aber der leichtfertige Geselle
machte in seinem Wahnsinn meine Klugheit illusorisch. Und doch

tantum in statuenda Lepidi statua factum est mali
quantum in evertenda boni.

Satis multa de honoribus; nunc de poena pauca 10
dicenda sunt. intellexi enim ex tuis saepe litteris te in
iis, quos bello devicisti, clementiam tuam velle laudari. existimo equidem nihil a te nisi sapienter; sed
sceleris poenam praetermittere – id enim est, quod
vocatur ignoscere –, etiam si in ceteris rebus tolerabile
est, in hoc bello perniciosum puto. nullum enim bellum civile fuit in nostra re publica omnium, quae
memoria mea fuerunt, in quo bello non, utracumque
pars vicisset, tamen aliqua forma esset futura rei
publicae: hoc bello victores quam rem publicam
simus habituri, non facile adfirmarim, victis certe
nulla umquam erit. dixi igitur sententias in Antonium,
dixi in Lepidum severas, neque tam ulciscendi causa,
quam ut et in praesens sceleratos cives timore ab
impugnanda patria deterrerem et in posterum docu-
mentum statuerem, ne quis talem amentiam vellet
imitari. quamquam haec quidem sententia non magis 11
mea fuit quam omnium. in qua videtur illud esse
crudele, quod ad liberos, qui nihil meruerunt, poena
pervenit; sed id et antiquum est et omnium civitatum,
si quidem etiam Themistocli liberi eguerunt; et si
iudicio damnatos eadem poena sequitur cives, qui
potuimus leniores esse in hostis? quid autem queri
quisquam potest de me, qui, si vicisset, acerbiorem
se in me futurum fuisse confiteatur necesse est?

Habes rationem mearum sententiarum de hoc
genere dumtaxat honoris et poenae; nam de ceteris
rebus quid senserim quidque censuerim, audisse te
arbitror.

Sed haec quidem non ita necessaria: illud valde 12
necessarium, Brute, te in Italiam cum exercitu venire

ist mit der Errichtung der Lepidus-Statue nicht so viel Unheil an-
gerichtet wie mit ihrer Beseitigung Gutes geschaffen worden.

Genug von den Ehrungen! Jetzt gilt es, ein paar Worte über die
Strafen zu sagen. Aus Deinen Briefen habe ich ja mehr als einmal
ersehen, daß Du Deine Milde gegen die von Dir besiegten Feinde
gewürdigt wissen willst. Ich bezweifle durchaus nicht, daß alles,
was Du tust, wohlüberlegt ist; aber ein Verbrechen nicht ahnden –
und darauf läuft es ja hinaus, wenn man „verzeihen" sagt – mag
zwar unter Umständen angebracht sein; in diesem Kriege halte ich
es für verderblich. Unter allen Bürgerkriegen, die zu meinen Leb-
zeiten den Staat heimgesucht haben, war keiner, in dem nicht –
einerlei, welcher Seite der Sieg zufiel – immerhin eine Art von
Gemeinwesen bestehen blieb. Was für einen Staat wir haben werden, wenn wir in diesem Kriege Sieger bleiben, kann ich schwerlich
mit Bestimmtheit sagen; unterliegen wir, dann wird es gewiß überhaupt keinen mehr geben. Darum habe ich gegen Antonius, gegen
Lepidus scharfe Maßnahmen beantragt, und zwar nicht so sehr aus
Rache, als um für den Augenblick ruchlose Bürger einzuschüch-
tern und von der Bekämpfung des Vaterlandes abzuschrecken und
für die Zukunft ein Exempel zu statuieren, damit niemand auf den
Gedanken kommt, solchen Wahnsinn nachzuahmen. Übrigens
war dies der allgemeine und nicht nur mein Standpunkt. An ihm
scheint das eine grausam zu sein, daß die Strafe auch die Kinder,
die nichts verbrochen haben, in Mitleidenschaft zieht; aber das ist
ein alter, allen Gemeinwesen gemeinsamer Grundsatz, wenn anders
auch des Themistocles Kinder gedarbt haben; und wenn vor Gericht verurteilte Bürger die gleiche Strafe trifft, wie hätten wir da sanfter gegen Hochverräter verfahren können? Und wie kann sich jemand über mich beklagen, der ohne Frage zugeben muß, daß er im
Falle seines Sieges gegen mich noch schärfer vorgegangen wäre?

Da hast Du die Begründung meines Verfahrens, jedenfalls hinsichtlich dieses Kapitels der Auszeichnungen und Strafen; denn
welchen Standpunkt ich im übrigen vertreten und was ich sonst
beantragt habe, ist Dir wohl zu Ohren gekommen.

Doch diese Dinge sind nicht so wichtig, eins aber, Brutus, ist
vordringlich: daß Du so bald wie möglich mit Deiner Armee nach
Italien kommst. Man kann Dich kaum erwarten; wenn Du also

quam primum. summa est exspectatio tui; quodsi
Italiam attigeris, ad te concursus fiet omnium. sive
enim vicerimus, qui quidem pulcherrime viceramus,
nisi Lepidus perdere omnia et perire ipse cum suis
concupivisset, tua nobis auctoritate opus est ad col-
locandum aliquem civitatis statum; sive etiam nunc
certamen reliquum est, maxima spes est cum in auctoritate tua tum in exercitus tui viribus. sed propera,
per deos! scis, quantum sit in temporibus, quantum
in celeritate.

Sororis tuae filiis quam diligenter consulam, spero 13
te ex matris et ex sororis litteris cogniturum. qua in
causa maiorem habeo rationem tuae voluntatis, quae
mihi carissima est, quam, ut quibusdam videor, con-
stantiae meae; sed ego nulla in re malo quam in te
amando constans et esse et videri.

XVII (XXVI).
CICERO BRVTO SALVTEM

Cum saepe te litteris hortatus essem, ut quam pri- 1
mum rei publicae subvenires in Italiamque exercitum
adduceres, neque id arbitrarer dubitare tuos necessarios, rogatus sum a prudentissima et diligentissima
femina, matre tua, cuius omnes curae ad te referuntur
et in te consumuntur, ut venirem ad se a. d. VIII Kal.
Sext.; quod ego, ut debui, sine mora feci. cum autem
venissem, Casca aderat et Labeo et Scaptius. at illa
rettulit quaesivitque, quidnam mihi videretur, accer-
seremusne te atque id tibi conducere putaremus, an
tardare et commorari te melius esset. respondi, id 2
quod sentiebam, et dignitati et existimationi tuae
maxime conducere te primo quoque tempore ferre
praesidium labenti et inclinatae paene rei publicae.
quid enim abesse censes mali in eo bello, in quo victores exercitus fugientem hostem persequi noluerint

Italien betrittst, wird Dir alles zuströmen. Denn siegen wir – und wir hatten schon glänzend gesiegt, hätte nicht Lepidus es sich in den Kopf gesetzt, alles zugrunde zu richten und selbst mit den Seinen unterzugehen –, dann bedürfen wir Deiner Autorität zur Wiederaufrichtung eines einigermaßen geordneten Staatswesens; stehen uns auch jetzt noch weitere Kämpfe bevor, dann beruht unsre Hoffnung hauptsächlich auf Deiner Persönlichkeit und dem Elan Deiner Armee. Aber, bei den Göttern, beeile Dich! Du weißt, wie viel von den Zeitumständen, wie viel von der Schnelligkeit abhängt!

Wie sorgsam ich mich um die Kinder Deiner Schwester bemühe, wirst Du hoffentlich aus den Briefen Deiner Mutter und Deiner Schwester erfahren. Was dies betrifft, komme ich Deinen Wünschen, die mir Herzenssache sind, weiter entgegen, als es mir nach Ansicht gewisser Leute eigentlich die Konsequenz gebietet. Aber in nichts möchte ich lieber konsequent sein und befunden werden als in meiner Liebe zu Dir.

(Rom, im Juli 43)

17. (26)
Cicero grüßt Brutus

Nachdem ich Dich brieflich mehrfach ermahnt hatte, so bald wie möglich dem Staate zu Hilfe zu kommen und Deine Armee nach Italien zu führen – und ich glaubte, auch Deine Angehörigen zweifelten nicht daran –, wurde ich von Deiner Mutter, der klugen, umsichtigen Frau, die sich nur um Dich sorgt und sich in dieser Sorge um Dich verzehrt, gebeten, am 25. Quintilis zu ihr zu kommen, was ich denn auch pflichtgemäß unverzüglich getan habe. Bei meinem Eintritt fand ich Casca, Labeo und Scaptius vor. Aber sie führte das Wort und fragte, wie ich darüber dächte, ob wir Dich heranholen sollten und glaubten, daß das für Dich das Richtige sei, oder ob es besser sei, wenn wir noch warteten und Du Dich abwartend verhieltest. Ich antwortete, was auch wirklich meine Meinung ist, Deine Würde und Dein Ruf erforderten unbedingt, daß Du dem strauchelnden und beinahe schon hingesunkenen Staate so bald wie möglich Deinen Schutz liehest. Denn welches Unheil fehlt uns eigentlich noch in einem Kriege, in dem unsre siegreichen Armeen den fliehenden Feind nicht haben verfolgen wollen, und

et in quo incolumis imperator honoribus amplissimis fortunisque maximis, coniuge, liberis, vobis
adfinibus ornatus bellum rei publicae indixerit?
quid dicam 'in tanto senatus populique consensu',
cum tantum resideat intra muros mali? maximo au- 3
tem, cum haec scribebam, adficiebar dolore, quod,
cum me pro adulescentulo ac paene puero res publica
accepisset vadem, vix videbar, quod promiseram,
praestare posse. est autem gravior et difficilior animi
et sententiae, maximis praesertim in rebus, pro altero
quam pecuniae obligatio: haec enim solvi potest et est
rei familiaris iactura tolerabilis; rei publicae quod
spoponderis, quem ad modum solvas, si is dependi
facile patitur, pro quo spoponderis? quamquam
et hunc, ut spero, tenebo multis repugnantibus;
videtur enim esse indoles, sed flexibilis aetas multique
ad depravandum parati; qui splendore falsi honoris
obiecto aciem boni ingenii praestringi posse confidunt.
itaque ad reliquos hic quoque labor mihi accessit, ut
omnes adhibeam machinas ad tenendum adulescentem, ne famam subeam temeritatis. quamquam quae 4
temeritas est? magis enim illum, pro quo spopondi,
quam me ipsum obligavi; nec vero paenitere potest
rem publicam me pro eo spopondisse, qui fuit in
rebus gerundis cum suo ingenio tum mea promissione
constantior.

Maximus autem, nisi me forte fallit, in re publica 5
nodus est inopia rei pecuniariae; obdurescunt enim
magis cottidie boni viri ad vocem tributi, quod ex
centesima conlatum impudenti censu locupletium in
duarum legionum praemiis omne consumitur. im-

in dem ein ungeschorener Feldherr, den wir mit den umfangreich-
sten Ehrungen ausgestattet haben, der reich begütert ist, eine Frau
und Kinder hat und mit Euch verschwägert ist, dem Staate den
Krieg erklärt hat? Was besagt es, wenn ich hinzufüge: „trotz des
völligen Einvernehmens von Senat und Volk", wo sich schweres
Unheil innerhalb der Stadtmauern breitmacht? Am meisten aber
schmerzt es mich augenblicklich, daß ich mich für den jungen,
kaum dem Knabenalter entwachsenen Mann dem Staate gegenüber
verbürgt habe und nun kaum noch glaube, für mein Versprechen
einstehen zu können. Eine Bürgschaft für Gesinnung und Gedanken eines andern ist aber, zumal es ums Ganze geht, drückender
und ernster, als eine Verpflichtung in Geldangelegenheiten, denn
diesen kann man nachkommen, und ein Vermögensverlust läßt sich
verschmerzen; aber eine Verpflichtung dem Staate gegenüber, wie
willst Du die einlösen, wenn der, für den Du Dich verbürgt hast,
unbedenklich für sich zahlen läßt? Immerhin hoffe ich, auch ihn
trotz vieler Widerstände bei der Stange halten zu können; anscheinend hat er doch gute Anlagen, nur ist er in seinem jugendlichen
Alter leicht zu beeinflussen, und viele stehen bereit, ihn zu verderben, die darauf bauen, daß durch Vorspiegelung falscher Ehren
die Schärfe seines guten Geistes stumpf gemacht werden könne. So
tritt denn zu all den andern Mühen auch noch diese Aufgabe an
mich heran, alle Hebel in Bewegung zu setzen, den jungen Mann
festzuhalten, um nicht in den Ruf der Leichtfertigkeit zu geraten.
Jedoch worin liegt die Leichtfertigkeit? In stärkerem Maße habe
ich doch ihn, für den ich mich verbürgt habe, als mich selbst verpflichtet, und der Staat braucht es wirklich nicht zu bedauern, daß
ich mich für ihn verbürgt habe, da er sich bei allen bisherigen Unternehmungen infolge seiner Veranlagung ziemlich charakterfest erwiesen hat.

Aber die größte Schwierigkeit für den Staat liegt, wenn ich mich
nicht etwa täusche, in dem Mangel an Geldmitteln. Denn auch die
Gutgesinnten verhärten sich von Tag zu Tag mehr, wenn sie das
Wort „Abgaben" hören. Was unter schamloser Belastung nur der
Begüterten bei der 1%gen Vermögensabgabe aufgekommen ist,
geht restlos für die Belohnung der zwei Legionen drauf. Es drohen
aber unbegrenzte Aufwendungen für die Armeen hier, mit denen

pendent autem infiniti sumptus cum in hos exercitus,
quibus nunc defendimur, tum vero in tuum. nam
Cassius noster videtur posse satis ornatus venire. sed
et haec et multa alia coram cupio idque quam primum.

  De sororis tuae filiis non exspectavi, Brute, dum 6
scriberes. omnino ipsa tempora – bellum enim du-
cetur – integram tibi causam reservant; sed ego a
principio, cum divinare de belli diuturnitate non
possem, ita causam egi puerorum in senatu, ut te
arbitror e matris litteris potuisse cognoscere; nec
vero ulla res erit umquam, in qua ego non vel vitae
periculo ea dicam eaque faciam, quae te velle quaeque ad te pertinere arbitrer.

  vi Kal. Sext.

XVIII (III).
BRVTVS CICERONI SALVTEM

  Litteras tuas valde exspecto, quas scripsisti post 1
nuntios nostrarum rerum et de morte Treboni; non
enim dubito, quin mihi consilium tuum explices.
indigno scelere et civem optimum amisimus et provinciae possessione pulsi sumus, quam reciperari
facile ⟨neque⟩ est neque minus turpe aut flagitiosum
erit post reciperari.

  Antonius adhuc est nobiscum, sed medius fidius 2
et moveor hominis precibus et timeo ne illum aliquo-
rum furor excipiat; plane aestuo. quodsi scirem, quid
tibi placeret, sine sollicitudine essem; id enim optimum esse persuasum esset mihi; quare quam primum
fac me certiorem, quid tibi placeat.

  Cassius noster Syriam, legiones Syriacas habet, 3
ultro quidem a Murco et a Marcio et ab exercitu ipso
accersitus. ego scripsi ad Tertiam sororem et matrem,
ne prius ederent hoc, quod optime ac felicissime gessit

wir uns zur Zeit verteidigen, wie auch für die Deinige. Unser Cassius scheint ja ausreichend versorgt kommen zu können. Aber dies und vieles andre möchte ich mit Dir persönlich besprechen, und zwar möglichst bald.

Was die Kinder Deiner Schwester angeht, Brutus, so habe ich nicht erst Dein Schreiben abgewartet. Schließlich werden die Zeitläufte selbst Dir die Sache unerledigt in die Hand spielen, denn der Krieg wird lange dauern. Aber von Anfang an habe ich mich, obwohl ich die Dauer des Krieges nicht ahnen konnte, im Senat so für die Knaben eingesetzt, wie Du es wohl aus den Briefen Deiner Mutter hast entnehmen können, und gewiß wird es nie eine Situation geben, in der ich nicht, selbst unter Einsatz meines Lebens, sagen und tun werde, was meiner Meinung nach Deinen Wünschen und Interessen entspricht.

(Rom,) den 27. Quintilis (43).

18. (3)
Brutus grüßt Cicero

Sehnlich erwarte ich Deinen Brief, den Du auf die Nachrichten von meinen Erfolgen und dem Tode des Trebonius hin geschrieben hast, denn zweifellos wirst Du mir raten wollen. Durch ein abscheuliches Verbrechen haben wir einen trefflichen Mitbürger verloren und sind aus dem Besitz einer Provinz vertrieben worden, die wir nur schwer wieder in unsre Hand bringen können, und nicht weniger schmählich und schimpflich wird es sein, wenn wir sie erst später wiedergewinnen.

Antonius ist bisher noch bei mir, aber weiß Gott, der Mann rührt mich mit seinen Bitten; andrerseits befürchte ich, daß die Verblendung irgendwelcher Leute ihn wegschnappt. Ich bin völlig ratlos. Wüßte ich nur, was Du für richtig hältst, wäre ich aller Sorgen ledig, denn ich würde überzeugt sein, daß Dein Rat der beste ist. Darum benachrichtige mich so bald wie möglich, was Du für richtig hältst!

Unser Cassius hat Syrien und die syrischen Legionen in der Hand; Murcus und Marcius und die Armee selbst haben ihn von sich aus herangeholt. Ich habe an meine Schwester und meine Mutter geschrieben, sie sollten von Cassius' großartigen Erfolgen

Cassius, quam tuum consilium cognovissent tibique
visum esset.

Legi orationes duas tuas, quarum altera Kal. Ian. 4
usus es, altera de litteris meis, quae habita est abs te
contra Calenum. nunc scilicet hoc exspectas, dum eas
laudem. nescio animi an ingenii tui maior in his libel-
lis laus contineatur; iam concedo, ut vel Philippici
vocentur, quod tu quadam epistula iocans scripsisti.

Duabus rebus egemus, Cicero, pecunia et supple- 5
mento: quarum altera potest abs te expediri, ut aliqua
pars militum istinc mittatur nobis vel secreto consilio
adversus Pansam vel actione in senatu; altera quo
magis est necessaria neque meo exercitui magis quam
reliquorum, hoc magis doleo Asiam nos amissise;
quam sic vexari a Dolabella audio, ut iam non videatur crudelissimum eius facinus interfectio Treboni.
Vetus Antistius me tamen pecunia sublevavit.

Cicero, filius tuus, sic mihi se probat industria, 6
patientia, labore, animi magnitudine, omni denique
officio, ut prorsus numquam dimittere videatur cogitationem, cuius sit filius. quare quoniam efficere non
possum, ut pluris facias eum, qui tibi est carissimus,
illud tribue iudicio meo, ut tibi persuadeas, non fore
illi abutendum gloria tua, ut adipiscatur honores
paternos.

Kal. Apr. Dyrrachio.

XIX (XI).
BRVTVS CICERONI SALVTEM

Quanta sim laetitia adfectus cognitis rebus Bruti 1
nostri et consulum, facilius est tibi existimare quam
mihi scribere; cum alia laudo et gaudeo accidisse, tum
quod Bruti eruptio non solum ipsi salutaris fuit sed
etiam maximo ad victoriam adiumento.

nichts verlauten lassen, ehe sie nicht Deinen Rat gehört hätten und Du damit einverstanden seiest.

Deine beiden Reden – die eine hast Du am 1. Januar gehalten, die andre handelt von meinem Schreiben und war gegen Calenus gerichtet – habe ich gelesen. Jetzt erwartest Du natürlich, daß ich sie lobe. Ich weiß nicht, ob in diesen Kundgebungen Deine Gesinnung oder Dein Talent mehr Lob verdient; jedenfalls gestatte ich gern, daß man sie die „philippischen" nennt, wie Du es einmal scherzend in einem Briefe vorgeschlagen hast.

Zweierlei fehlt uns, Cicero, Geld und Ersatz. Dem einen kann von Dir dadurch abgeholfen werden, daß uns eine Abteilung Soldaten von dort geschickt wird, entweder auf einen vor Plancus geheimgehaltenen Beschluß hin oder durch eine offene Aktion im Senat; je notwendiger das andre für meine Armee wie für die der andern ist, um so mehr bedaure ich, daß wir Asien verloren haben, das dem Vernehmen nach von Dolabella so gebrandschatzt wird, daß Trebonius' Ermordung schon nicht mehr als seine grausamste Tat erscheint. Immerhin hat mir Antistius Vetus mit Geld unter die Arme gegriffen.

Dein Sohn Cicero findet bei mir mit seiner Energie, Ausdauer, Arbeitsamkeit, Hochherzigkeit, kurz, mit seiner Dienstfertigkeit in jeder Hinsicht so hohen Beifall, daß er gewiß niemals zu vergessen scheint, wessen Sohn er ist. Darum – ich kann Dich ja nicht dazu bringen, ihn, der Dir das Liebste ist, noch höher zu stellen – verlaß Dich jedenfalls so weit auf mein Urteil und halte Dich überzeugt, daß er es nicht nötig haben wird, Deinen Ruhm zu mißbrauchen, um die Ehrenstellungen seines Vaters zu erringen.

Dyrrachium, den 1. April (43)

19. (11)
Brutus grüßt Cicero

Wie ich gejubelt habe, als ich von den Erfolgen unsres Brutus und der Konsuln erfuhr, kannst Du Dir leichter vorstellen als ich in Worte fassen. Ich preise manches andre und freue mich, daß es geschehen ist, vor allem aber, daß Brutus' Ausbruch nicht nur ihm selbst zum Heile gediehen ist, sondern auch wesentlich zum Siege beigetragen hat.

Quod scribis mihi trium Antoniorum unam atque 2
eandem causam esse, quid ego sentiam, mei iudicii
esse, statuo nihil nisi hoc, senatus aut populi Romani
iudicium esse de iis civibus, qui pugnantes non inter-
ierint. 'at hoc ipsum' inquies 'inique facis, qui hostilis
animi in rem publicam homines cives appelles.' immo
iustissime; quod enim nondum senatus censuit nec
populus Romanus iussit, id adroganter non praeiu-
dico neque revoco ad arbitrium meum. illud quidem
non muto, quod ei, quem me occidere res non coegit,
neque crudeliter quicquam eripui neque dissolute
quicquam remisi habuique in mea potestate, quoad
bellum fuit. multo equidem honestius iudico magisque quod concedere possit res publica, miserorum
fortunam non insectari quam infinite tribuere poten-
tibus, quae cupiditatem et adrogantiam incendere
possint. qua in re, Cicero, vir optime ac fortissime 3
mihique merito et meo nomine et rei publicae carissime, nimis credere videris spei tuae statimque, ut
quisque aliquid recte fecerit, omnia dare ac permit-
tere, quasi non liceat traduci ad mala consilia cor-
ruptum largitionibus animum. quae tua est humanitas,
aequo animo te moneri patieris, praesertim de communi salute; facies tamen, quod tibi visum fuerit;
etiam ego, cum me docueris * * *.

XX (XII).
BRVTVS CICERONI SALVTEM

* * * nunc, Cicero, nunc agendum est, ne frustra 1
oppressum esse Antonium gavisi simus neu semper
primi cuiusque mali excidendi causa sit, ut aliud renas-
catur illo peius. nihil iam neque opinantibus aut 2
patientibus nobis adversi evenire potest, in quo non
cum omnium culpa tum praecipue tua futura sit,

Du schreibst mir, die Sache der drei Antonier sei ein und dieselbe;
wie ich mich dazu stellte, bleibe mir überlassen. Ich stelle nur dies
eine fest, daß der Senat oder das Römische Volk über die Bürger
zu befinden hat, die im Kampfe nicht gefallen sind. Du wirst sagen:
„Aber gerade damit bist Du im Unrecht, daß Du Leute, die dem
Staate als Feinde gegenüberstehen, als Bürger bezeichnest!" Im
Gegenteil, durchaus im Recht, denn was der Senat noch nicht
beschlossen und das Römische Volk noch nicht angeordnet hat,
maße ich mir nicht an zu präjudizieren und von mir aus zu entscheiden. Wenn ich dem Manne, den zu töten mich nichts zwang,
weder grausam etwas genommen noch fahrlässig etwas nach-
gesehen und ihn in meinem Gewahrsam gehalten habe, solange der
Krieg dauerte, so stehe ich noch heute dazu. Ich halte es für viel
ehrenhafter und für etwas, was der Staat sich eher leisten kann, den
Unglücklichen ihr Los nicht noch zu erschweren, als den Erfolg-
reichen ins Blaue hinein Zugeständnisse zu machen, die ihre Begehr-
lichkeit nur noch steigern können. Cicero! Du bist ein so trefflicher,
wackerer Mann und mir mit Recht um meinet- und des Staates
willen teuer, aber in dieser Hinsicht scheinst Du mir allzu fest auf
Deine Hoffnungen zu bauen und, sobald jemand etwas Rechtes
geleistet hat, gleich alles zu gewähren und nachzusehen, als ob ein
durch Entgegenkommen verdorbener Charakter nicht zu bösen
Gedanken verleitet werden könnte! Leutselig, wie Du bist, wirst
Du es nicht übelnehmen, wenn man Dich warnt, zumal es um das
Wohl aller geht. Aber tu, was Du für richtig hältst; auch ich habe,
als Du mich zu belehren suchtest ...
(Dyrrachium, um den 7. Mai 43)

20. (12)
Brutus grüßt Cicero
Jetzt, Cicero, jetzt gilt es zu handeln, damit wir uns nicht vergeblich über Antonius' Zusammenbruch gefreut haben und immer wieder die Ausrottung des einen Übels dazu führt, daß ein
zweites, schlimmeres daraus erwächst. Nachgerade wird man bei
jedem Rückschlag, der uns unerwartet oder tatenlos trifft, die Schuld
bei der Gesamtheit, vor allem aber bei Dir suchen, dessen über-
wältigender Autorität Senat und Volk von Rom sich nicht nur

cuius tantam auctoritatem senatus ac populus Romanus non solum esse patitur sed etiam cupit, quanta
maxima in libera civitate unius esse potest; quam tu
non solum bene sentiendo sed etiam prudenter tueri
debes. prudentia porro, quae tibi superest, nulla abs
te desideratur nisi modus in tribuendis honoribus.
alia omnia sic adsunt, ut cum quolibet antiquorum
comparari possint tuae virtutes: unum hoc a grato
animo liberalique profectum, cautiorem ac moderatio-
rem liberalitatem, desiderant; nihil enim senatus
cuiquam dare debet, quod male cogitantibus exemplum aut praesidio sit. itaque timeo de consulatu, ne
Caesar tuus altius se ascendisse putet decretis tuis
quam inde, si consul factus sit, descensurum. quodsi 3
Antonius ab alio relictum regni instrumentum occasionem regnandi habuit, quonam animo fore putas, si
quis auctore non tyranno interfecto sed ipso senatu
putet se imperia quaelibet concupiscere posse? quare
tum et felicitatem et providentiam laudabo tuam,
cum exploratum habere coepero Caesarem honoribus,
quos acceperit, extraordinariis fore contentum. 'alienae igitur' inquies 'culpae me reum subicies?' prorsus
alienae, si provideri potuit, ne exsisteret! quod utinam
inspectare possis timorem de illo meum!

His litteris scriptis consulem te factum audivimus; 4
tum vero incipiam proponere mihi rem publicam
iustam et iam suis nitentem viribus, si istuc videro.

Filius valet et in Macedoniam cum equitatu prae-
missus est.

Id. Mai. ex castris.

beugen, die sie sogar wünschen, den höchsten Grad der Autorität eines einzelnen, der für ein freies Gemeinwesen tragbar ist. Sie mußt Du nicht nur durch patriotische Reden, sondern auch durch kluges Verhalten stützen. Und Klugheit steht Dir in reichem Maße zu Gebote, vermißt man auch sonst nicht an Dir; nur solltest Du maßhalten in der Zuerkennung von Ehren. Alles andre ist in dem Maße vorhanden, daß Deine Tugenden den Vergleich mit jedwedem der Alten nicht zu scheuen brauchen. Nur einen Wunsch haben die Leute, der aus dankbarem, gutgesinntem Herzen kommt: mehr Vorsicht und Maß in der Freigebigkeit, denn der Senat darf niemandem etwas zugestehen, was Übelgesinnten Anreiz und Deckung bieten könnte. Deshalb befürchte ich, was das Konsulat angeht, Dein Caesar könnte glauben, durch Deine Maßnahmen so hoch emporgestiegen zu sein, daß er, wenn er erst einmal Konsul geworden ist, nicht wieder herunterzusteigen brauche. Wenn dem Antonius das von einem andern hinterlassene Rüstzeug der Herrschaft die Möglichkeit gab, sich zum Herrscher aufzuwerfen, was wird dann wohl jemand im Schilde führen, der, autorisiert nicht durch einen ermordeten Tyrannen, sondern durch den Senat selbst, nach jedem beliebigen Imperium die Hand ausstrecken zu können glaubt? Darum werde ich Dein Glück und Deine Voraussicht erst dann preisen, wenn ich zu der Überzeugung komme, daß Caesar mit den außergewöhnlichen Ehren, die er empfangen hat, zufrieden ist. Du wirst sagen: „Also willst Du mich für fremde Schuld verantwortlich machen?" Für eine fremde, gewiß, wenn man hätte Vorsorge treffen können, daß sie nicht wirksam wurde. Ach, wenn Du Dir doch einen Begriff machen könntest, welche Befürchtungen ich bezüglich dieses Mannes hege!

So weit war ich, als ich hörte, Du seiest zum Konsul gewählt worden. Wenn ich das mit eigenen Augen sehe, dann will ich anfangen, mir einen gerechten und nunmehr auf seine eigenen Kräfte gestützten Staat vorzustellen.

Dein Sohn ist wohlauf; ich habe ihn mit der Reiterei nach Macedonien vorausgeschickt.

Im Feldlager, den 15. Mai (43)

XXI (XIV).
BRVTVS CICERONI SALVTEM

Noli exspectare, dum tibi gratias agam; iam pridem 1
hoc ex nostra necessitudine, quae ad summam benevolentiam pervenit, sublatum esse debet.

Filius tuus a me abest; in Macedonia congredie-
mur; iussus est enim Ambracia ducere equites per
Thessaliam. scripsi ad eum, ut mihi Heracleam occur-
reret; cum eum videro, quoniam nobis permittis,
communiter constituemus de reditu eius ad petitionem aut commendationem honoris.

Tibi Glycona, medicum Pansae, qui sororem 2
Achilleos nostri in matrimonio habet, diligentissime
commendo. audimus eum venisse in suspicionem
Torquato de morte Pansae custodirique ut parrici-
dam. nihil minus credendum est; quis enim maiorem
calamitatem morte Pansae accepit? praeterea est mo-
destus homo et frugi, quem ne utilitas quidem videatur impulsura fuisse ad facinus. rogo te et quidem
valde rogo – nam Achilleus noster non minus, quam
aequum est, laborat –, eripias eum ex custodia con-
servesque; hoc ego ad meum officium privatarum
rerum aeque atque ullam aliam rem pertinere arbitror.

Cum has ad te scriberem litteras, a Satrio, legato C. 3
Treboni, reddita est epistula mihi a Tillio et Deiotaro
Dolabellam caesum fugatumque esse. Graecam epistu-
lam tibi misi Cicerei cuiusdam ad Satrium missam.

Flavius noster de controversia, quam habet cum 4
Dyrrachinis hereditariam, sumpsit te iudicem; rogo
te, Cicero, et Flavius rogat, rem conficias. quin ei,
qui Flavium fecit heredem, pecuniam debuerit civitas,
non est dubium; neque Dyrrachini infitiantur, sed
sibi donatum aes alienum a Caesare dicunt. noli pati
a necessariis tuis necessario meo iniuriam fieri.

XIIII Kal. Iun. ex castris ad imam Candaviam.

21. (14)
Brutus grüßt Cicero

Erwarte keine Danksagung von mir; diese Floskel sollte eigentlich schon längst aus unsern Beziehungen, die sich zu innigster Freundschaft entwickelt haben, verschwunden sein.

Dein Sohn ist nicht bei mir, in Macedonien werden wir uns wiedersehen. Er hat nämlich den Befehl, die Reiterei von Ambracia durch Thessalien zu führen. Ich habe ihm geschrieben, er solle mich in Heraclea erwarten; sobald ich ihn sehe, werden wir, da Du uns ja die Entscheidung überläßt, gemeinsam über seine Rückkehr zur Bewerbung oder zur Empfehlung für das Ehrenamt beschließen.

Dich bitte ich dringend um Dein Eintreten für Glyco, Pansas Arzt, der die Schwester meines Achilleus zur Frau hat. Wie ich höre, ist er bei Torquatus wegen Pansas Tod in Verdacht geraten und wird wie ein Mörder in Gewahrsam gehalten. Nichts ist weniger glaubhaft; wem ist denn durch Pansas Tod größeres Unglück widerfahren? Außerdem ist er ein bescheidener, biederer Mann, den wohl nicht einmal ein persönlicher Vorteil zu der Untat hätte verleiten können. Ich bitte Dich, bitte Dich inständig – denn mein Achilleus leidet natürlich nicht wenig darunter –: befreie ihn aus der Haft und nimm ihn in Deinen Schutz; das, meine ich, gehört genauso wie jede andre Sache zu meinen privaten Verpflichtungen.

Während ich dies an Dich schreibe, wird mir von Satrius, einem Legaten des Trebonius, ein Brief von Tillius und Deiotarus gebracht. Dolabella sei geschlagen und in die Flucht gejagt. Einen an Satrius gerichteten griechischen Brief von einem gewissen Cicereius lege ich Dir bei.

Mein Flavius hat Erbstreitigkeiten mit den Dyrrachinern und ruft Dich als Richter an; ich bitte Dich, Cicero, und Flavius bittet Dich, die Sache in die Hand zu nehmen. Daß die Gemeinde dem, der Flavius zum Erben eingesetzt hat, Geld schuldete, steht außer Zweifel; die Dyrrachiner leugnen es auch gar nicht, geben aber an, die Schuld sei ihnen von Caesar erlassen worden. Dulde es nicht, daß von Deinen Schutzbefohlenen meinem Klienten Unrecht geschieht! Im Feldlager im untersten Candavien, den 19. Mai (43).

XXII (XV).
BRVTVS CICERONI SALVTEM

L. Bibulus quam carus mihi esse debeat, nemo 1
melius iudicare potest quam tu, cuius tantae pro re
publica contentiones sollicitudinesque fuerunt; itaque
vel ipsius virtus vel nostra necessitudo debet con-
ciliare te illi. quo minus multa mihi scribenda esse
arbitror; voluntas enim te movere debet nostra, si
modo iusta est aut pro officio necessario suscipitur.
in Pansae locum petere constituit; eam nominationem
a te petimus; neque coniunctiori dare beneficium,
quam nos tibi sumus, neque digniorem nominare
potes quam Bibulus.

De Domitio et Apuleio quid attinet me scribere, 2
cum ipsi per se tibi commendatissimi sint? Apuleium
vero tu tua auctoritate sustinere debes; sed Apuleius
in sua epistula celebrabitur.

Bibulum noli dimittere e sinu tuo, tantum iam
virum, ex quanto – crede mihi – potest evadere, qui
vestris paucorum respondeat laudibus.

XXIII (XIX).
BRVTVS CICERONI SALVTEM

Veteris Antisti talis animus est in rem publicam, 1
ut non dubitem, quin et in Caesare et Antonio se
praestaturus fuerit acerrimum propugnatorem communis libertatis, si occasioni potuisset occurrere. nam
qui in Achaia congressus cum Dolabella milites atque
equites habente quodvis adire periculum ex insidiis
paratissimi ad omnia latronis maluerit quam videri
aut coactus esse pecuniam dare aut libenter dedisse
homini nequissimo atque improbissimo, is nobis
ultro et pollicitus est et dedit HS ⌐xx⌐ ex sua pecunia
et, quod multo carius est, se ipsum obtulit et coniun-
xit. huic persuadere cupiimus, ut imperator in castris 2

22. (15)
Brutus grüßt Cicero

Wie teuer mir L. Bibulus sein muß, kann niemand besser beurteilen als Du, der Du für den Staat so viele Anstrengungen und
Aufregungen auf Dich genommen hast; somit muß entweder sein
eigener Wert oder unsre enge Freundschaft Dich für ihn gewinnen.
Um so weniger brauche ich Dir wohl zu schreiben; mein Wunsch
muß Dir genügen, wenn anders er berechtigt ist und auf Grund
einer unausweichlichen Verpflichtung ausgesprochen wird. Er will
sich um Pansas Stelle bewerben, und ich bitte Dich, ihn als Kandidaten vorzuschlagen. Niemand verdient Dein Entgegenkommen
mehr als er, der mir so eng verbunden ist, wie ich Dir; niemand ist
würdiger, von Dir namhaft gemacht zu werden, als Bibulus.

Was liegt schon daran, ob ich Dir wegen Domitius und Apuleius
schreibe, wo sie sich Dir durch sich selbst aufs eindringlichste
empfehlen? Apuleius freilich mußt Du durch Dein Ansehen stützen.
Aber er wird sich in einem eigenen Schreiben ins rechte Licht
setzen.

Bibulus halte Dir warm! Schon jetzt ist er ganz der Mann danach,
daß aus ihm – glaub' mir – etwas werden kann, was Euer, der
wenigen, Lob verdient.

(Im Feldlager, im Mai oder Juni 43)

23. (19)
Brutus grüßt Cicero

Vetus Antistius ist dem Staate so ergeben, daß er sich zweifellos
Caesar und Antonius gegenüber als entschiedenen Vorkämpfer
der allgemeinen Freiheit erwiesen hätte, wenn ihm die Möglichkeit dazu geboten worden wäre. Denn als er in Achaia Dolabella
an der Spitze von Soldaten und Reiterei begegnete, wollte er lieber
jedweder Gefahr die Stirn bieten, in die er durch die Intrigen des
zu allem fähigen Strolchs geraten konnte, als in den Ruf kommen,
dem nichtswürdigen Schurken gezwungenermaßen oder freiwillig
Geld gegeben zu haben. Aber mir hat er von sich aus welches versprochen und aus seinem Privatvermögen 2 000 000 Sestertien zur
Verfügung gestellt und, was noch viel liebenswerter erscheint,
sich selbst mir angeboten und sich mir angeschlossen. Ich wünschte

remaneret remque publicam defenderet; statuit id
sibi * *, quoniam exercitum dimisisset. statim vero
rediturum ad nos confirmavit legatione suscepta, nisi
praetorum comitia habituri essent consules; nam illi
ita sentienti de re publica magno opere auctor fui, ne
differret tempus petitionis suae.

Cuius factum omnibus gratum esse debet, qui
modo iudicant hunc exercitum esse rei publicae, tibi
tanto gratius, quanto maiore et animo gloriaque libertatem nostram defendis et dignitate, si contigerit
nostris consiliis exitus, quem optamus, perfuncturus
es. ego etiam, mi Cicero, proprie familiariterque te
rogo, ut Veterem ames velisque esse quam amplissimum; qui etsi nulla re deterreri a proposito potest,
tamen excitari tuis laudibus indulgentiaque poterit,
quo magis amplexetur ac tueatur iudicium suum, et
mihi gratissimum erit.

XXIV (XXI).
BRVTVS CICERONI SALVTEM

De M. Lepido vereri me cogit reliquorum timor. 1
qui si eripuerit se nobis, quod velim temere atque
iniuriose de illo suspicati sint homines, oro atque
obsecro te, Cicero, necessitudinem nostram tuamque
in me benevolentiam obtestans, sororis meae liberos
obliviscaris esse Lepidi filios meque iis in patris locum successisse existimes; hoc si a te impetro, nihil
profecto dubitabis pro iis suscipere. aliter alii cum
suis vivunt; nihil ego possum in sororis meae liberis
facere, quo possit expleri voluntas mea aut officium.
quid vero aut mihi tribuere boni possunt, si modo
digni sumus, quibus aliquid tribuatur, aut ego matri
ac sorori puerisque illis praestaturus sum, si nihil
valuerit apud te reliquumque senatum contra patrem
Lepidum Brutus avunculus?

ihn zu überreden, als Feldherr in meine Dienste zu treten und den
Staat zu verteidigen; er erklärte, das sei ihm . . ., weil er seine Armee
entlassen habe. Er versicherte jedoch, er werde gleich zu mir zurückkehren und eine Legatenstelle übernehmen, falls die Konsuln
nicht Prätorenwahlen vornehmen würden. Denn bei seiner Ein-
stellung zum Staat habe ich ihm dringend zugeraten, den Zeitpunkt seiner Bewerbung nicht zu verschieben.

Sein Verhalten muß allen willkommen sein, sofern sie den Standpunkt vertreten, daß meine Armee hier dem Staate gehört, Dir um
so mehr, je mutiger und ruhmreicher Du unsre Freiheit verteidigst
und würdig Deinen Mann gestanden haben wirst, wenn unsern
Unternehmungen der gewünschte Erfolg beschieden ist. Ich bitte
Dich auch persönlich und als Freund, Vetus liebzugewinnen und
Dich dafür einzusetzen, daß er möglichst angesehen dasteht; gewiß
läßt er sich durch nichts von seinem Vorhaben abbringen, aber es
kann doch nichts schaden, wenn er durch Dein Lob und Entgegenkommen ermuntert wird, sich noch eifriger ins Zeug zu legen und
seinen Standpunkt zu vertreten, und mir würde das sehr lieb sein.

(Im Feldlager, im Juni 43)

24. (21)
Brutus grüßt Cicero

Mir um M. Lepidus Gedanken zu machen, zwingt mich die
Sorge um seine Angehörigen. Wenn er sich wirklich von uns
getrennt hat – ich wünschte, die Leute hätten ihn leichtfertiger-
und unberechtigterweise in diesen Verdacht gebracht –, bitte und
beschwöre ich Dich, Cicero, unter Berufung auf unsre engen
Beziehungen und Dein Wohlwollen für mich, vergiß, daß die
Kinder meiner Schwester die Söhne des Lepidus sind, und nimm
an, ich sei bei ihnen an Vaters Stelle getreten. Wenn Du mir darin
willfahrst, wirst Du gewiß alles unbedenklich für sie tun. Die einen
vertragen sich so, die andern so mit ihren Angehörigen; ich kann
an den Kindern meiner Schwester nichts tun, womit ich meinem
Verlangen und meiner Pflicht Genüge täte. Was aber könnten die
Optimaten mir zugestehen, wenn anders ich überhaupt ein Zu-
geständnis verdiene, was könnte ich für Mutter und Schwester und
die Kinder leisten, wenn bei Dir und den übrigen Senatoren gegenüber dem Vater Lepidus der Oheim Brutus nichts gilt?

Scribere multa ad te neque possum prae sollicitu- 2
dine ac stomacho neque debeo; nam si in tanta re
tamque necessaria verbis mihi opus est ad te excitan-
dum et confirmandum, nulla spes est facturum te,
quod volo et quod oportet. quare noli exspectare
longas preces; intuere me ipsum, qui hoc a te, vel a
Cicerone, coniunctissimo homine, privatim vel a
consulari, tali viro, remota necessitudine privata,
debeo impetrare. quid sis facturus, velim mihi quam
primum rescribas.

Kal. Quint. ex castris.

XXV (XXIV).
BRVTVS CICERONI SALVTEM

Particulam litterarum tuarum, quas misisti Octavio, 1
legi missam ab Attico mihi. studium tuum curaque de
salute mea nulla me nova voluptate adfecit; non
solum enim usitatum sed etiam cottidianum est aliquid audire de te, quod pro nostra dignitate fideliter
atque honorifice dixeris aut feceris. at dolore, quantum maximum capere animo possum, eadem illa pars
epistulae scripta ad Octavium de nobis adfecit. sic
enim illi gratias agis de re publica, tam suppliciter ac
demisse – quid scribam? pudet condicionis ac fortunae, sed tamen scribendum est: commendas nostram salutem illi, quae morte qua non perniciosior?
ut prorsus prae te feras non sublatam dominationem
sed dominum commutatum esse. verba tua recognos-
ce et aude negare servientis adversus regem istas
esse preces. unum ais esse, quod ab eo postuletur et
exspectetur, ut eos cives, de quibus viri boni populusque Romanus bene existimet, salvos velit. quid si
nolit? non erimus? atqui non esse quam esse per
illum praestat.

Ego medius fidius non existimo tam omnes deos 2
aversos esse a salute populi Romani, ut Octavius

Viel an Dich schreiben kann ich nicht vor Aufregung und Erbitterung und darf ich auch nicht, denn wenn ich in dieser wichtigen,
dringenden Angelegenheit noch Worte machen muß, um Dich
anzutreiben und Dir den Rücken zu stärken, besteht keine Aussicht, daß Du tun wirst, was ich wünsche und was geschehen muß.
Darum erwarte keine langen Bitten; schau' mich an, der ich dies
bei Dir, bei Cicero, einem mir eng verbundenen Manne, privatim
oder bei dem hochangesehenen Konsular offiziell durchzusetzen
versuchen muß. Antworte mir möglichst bald, was Du zu tun
gedenkst!

Im Feldlager, den 1. Quintilis (43)

25. (24)
Brutus grüßt Cicero

Ein Stückchen Deines an Octavius gerichteten Schreibens habe
ich gelesen. Atticus hat es mir zugestellt. Dein eifriges Bemühen
um mein Wohlergehn hat mir kein außergewöhnliches Vergnügen
bereitet, denn es ist ja etwas Gewohntes, ja Alltägliches, von Dir
zu hören, was Du im Interesse meiner Würde getreulich und ehrenvoll gesprochen oder getan hast. Aber mit tiefem, kaum faßbarem
Schmerz hat mich erfüllt, was Du in ebendiesem Teil Deines
Schreibens an Octavius von mir sagst. Denn Du sprichst ihm im
Namen des Staates Deinen Dank aus in einer Form, so demütig
und bescheiden, daß Du – die Feder sträubt sich; ich schäme mich
meines Ranges und meiner Stellung, aber es muß heraus: Du emp-
fiehlst mich und mein Leben seiner Gnade! Welcher Tod wäre
schlimmer als solch ein Leben? Damit bekennst Du geradezu, daß
nicht die Tyrannis beseitigt, sondern nur der Tyrann ausgewechselt
ist. Lies Deine Worte noch einmal und wag' es dann zu leugnen,
daß das Bitten eines Sklaven gegenüber seinem königlichen Herrn
sind. Das einzige, schreibst Du, was man von ihm fordere und
erwarte, sei, daß er die Mitbürger, die alle Patrioten, das ganze
Römische Volk verehre, unbehelligt lassen solle. Wie, wenn er es
nicht will? Werden wir es dann nicht sein? Was immer noch besser
wäre, als von seiner Gnade abzuhängen.

Ich kann es einfach nicht glauben: alle Götter sollen sich so weit
vom Römischen Volke abgekehrt haben, daß man Octavius an-

orandus sit pro salute cuiusquam civis, non dicam
pro liberatoribus orbis terrarum; iuvat enim magnifice
loqui et certe decet adversus ignorantes, quid pro
quoque timendum aut a quoque petendum sit. hoc
tu, Cicero, posse fateris Octavium et illi amicus es?
aut, si me carum habes, vis Romae videri, cum, ut
ibi esse possem, commendandus puero illi fuerim?
cui quid agis gratias, si, ut nos salvos esse velit et
patiatur, rogandam putas? an hoc pro beneficio
habendum est, quod se quam Antonium esse maluerit, a quo ista petenda essent? vindici quidem alienae dominationis, non vicario, ecquis supplicat, ut
optime meritis de re publica liceat esse salvis? ista 3
vero imbecillitas et desperatio, cuius culpa non magis
in te residet quam in omnibus aliis, et Caesarem in
cupiditatem regni impulit et Antonio post interitum
illius persuasit, ut interfecti locum occupare conare-
tur, et nunc puerum istum extulit, ut tu iudicares precibus esse impetrandam salutem talibus viris miseri-
cordiaque unius vix etiam nunc viri tutos fore nos
aut nulla alia re. quodsi Romanos nos esse meminis-
semus, non audacius dominari cuperent postremi
homines, quam id nos prohiberemus, neque magis
inritatus esset Antonius regno Caesaris quam ob
eiusdem mortem deterritus.

Tu quidem, consularis et tantorum scelerum vin- 4
dex, quibus oppressis vereor ne in breve tempus
dilata sit abs te pernicies, qui potes intueri, quae ges-
seris, simul et ista vel probare vel ita demisse ac facile
pati, ut probantis speciem habeas? quod autem tibi
cum Antonio privatim odium? nempe quia postu-
labat haec, salutem ab se peti, precariam nos incolu-

flehen muß, einen Bürger zu schonen, gar nicht zu reden von den
Befreiern der ganzen Welt? Ja, mit Absicht wähle ich so hoch-
trabende Worte, und sie sind gewiß auch am Platze gegenüber
Leuten, die nicht wissen, was man jeweils für jemanden befürchten
muß, um was man jeweils jemanden zu bitten hat. Du, Cicero,
glaubst wirklich, Octavius könne das, und bist sein Freund? Oder
willst – ich bitte Dich! –, daß man mich in Rom sieht, obwohl ich
dem Knaben erst empfohlen werden mußte, damit ich dort sein
darf? Warum dankst Du ihm eigentlich, wenn Du meinst, ihn
bitten zu müssen, gnädigst zu gestatten, daß wir unbehelligt bleiben? Oder soll man etwa das als Entgegenkommen betrachten, daß
er eher in sich als in Antonius denjenigen sieht, an den man sich
mit solchen Bitten wenden muß? Fleht wohl jemand den Rächer –
nicht den Platzhalter! – der Gewaltherrschaft eines andern an zu
gestatten, daß um den Staat hochverdiente Männer unbehelligt
bleiben? Aber diese schwächliche Verzweiflung, die Du in gleichem
Maße wie alle andern verschuldet hast, hat schon Caesar in seiner
Gier nach der Alleinherrschaft bestärkt, Antonius nach dessen
Tode zu dem Versuch getrieben, an die Stelle des Ermordeten zu
treten, und jetzt diesen Knaben emporgetragen, so daß Du Dir
einbildetest, man müsse für so bedeutende Männer um Gnade
betteln, und wir würden nur durch das Mitleid des Knaben, der
auch jetzt kaum schon zum Manne gereift ist, oder überhaupt
nicht sicher sein. Wären wir uns nur unsres Römertums bewußt,
dann würden nicht diese Erzhalunken so kühn nach der Alleinherrschaft streben, wie wir das zu verhindern wüßten, und Antonius wäre durch Caesars Tod eher abgeschreckt als durch seine
Tyrannis angereizt worden.

Du, ein Konsular und Rächer all der schweren Verbrechen, durch
deren Ahndung, fürchte ich, das Verderben nur für kurze Zeit auf-
geschoben worden ist, wie kannst Du auf Deine Taten schauen und
gleichzeitig Dich mit diesen Zuständen abfinden oder sie so demütig und bereitwillig hinnehmen, daß man den Eindruck gewinnt,
Du fändest Dich mit ihnen ab? Worauf beruht eigentlich Dein
persönlicher Haß auf Antonius? Nicht wahr, er forderte, daß man
bei ihm um sein Leben bettele, daß wir, die ihm selbst die Freiheit
verschafft hatten, nur auf Widerruf unbehelligt blieben, daß er über

mitatem habere, a quibus ipse libertatem accepisset,
esse arbitrium suum de re publica, quaerenda esse
arma putasti, quibus dominari prohiberetur, scilicet
ut illo prohibito rogaremus alterum, qui se in eius
locum reponi pateretur, an ut esset sui iuris ac man-
cipii res publica? nisi forte non de servitute sed de
condicione serviendi recusatum est a nobis. atqui non
solum bono domino potuimus Antonio tolerare
nostram fortunam sed etiam beneficiis atque honoribus ut participes frui, quantis vellemus; quid enim
negaret iis, quorum patientiam videret maximum dominationis suae praesidium esse? sed nihil tanti fuit,
quo venderemus fidem nostram et libertatem.

Hic ipse puer, quem Caesaris nomen incitare vide- 5
tur in Caesaris interfectores, quanti aestimet, si sit
commercio locus, posse nobis auctoribus tantum,
quantum profecto poterit, quoniam vivere et pecunias habere et dici consulares volumus! ceterum ne
nequiquam perierit ille, cuius interitu quid gavisi
sumus, si mortuo nihilo minus servituri eramus,
nulla cura adhibetur. sed mihi prius omnia di deaeque
eripuerint quam illud iudicium, quo non modo heredi
eius, quem occidi, non concesserim, quod in illo non
tuli, sed ne patri quidem meo, si reviviscat, ut patiente
me plus legibus ac senatu possit. an hoc tibi persuasum est, fore ceteros ab eo liberos, quo invito nobis
in ista civitate locus non sit? qui porro id, quod petis,
fieri potest ut impetres? rogas enim, velit nos salvos
esse; videmur ergo tibi salutem accepturi, cum vitam
acceperimus? quam, si prius dimittimus dignitatem
et libertatem, qui possumus accipere? an tu Romae 6
habitare, id putas incolumem esse? res, non locus,
oportet praestet istuc mihi; neque incolumis Caesare

den Staat zu verfügen habe, und deshalb glaubtest Du, nach Waffen ausspähen zu müssen, mit denen seine Alleinherrschaft verhindert werden könne, natürlich nur, damit wir, wenn er sein Ziel nicht erreichte, einen zweiten bitten könnten, der es sich gefallen ließe, an seine Stelle gesetzt zu werden. Oder etwa, damit der Staat sein eigener, unumschränkter Herr sei? Es sei denn, wir hätten nicht gegen die Knechtschaft überhaupt, sondern nur gegen das Maß der Knechtschaft Einspruch erhoben. Wir hätten doch unter Antonius als gutem Herrn unser Schicksal ertragen, ja sogar als seine Partner Wohltaten und Ehren einheimsen können, so viele wir wollten! Was hätte er denn denen verweigern sollen, in deren Willfährigkeit er die stärkste Stütze seiner Herrschaft sehen mußte? Aber nichts war uns so viel wert, daß wir unsre freiheitliche Gesinnung dafür verkauft hätten!

Was muß dieser Knabe selbst, den der Name „Caesar" gegen die Mörder Caesars aufzuputschen scheint, darum geben, falls wir uns auf einen Kuhhandel einlassen, unter unsrer Garantie so stark zu sein, wie er es bestimmt sein wird, da wir ja zufrieden sind, wenn man uns leben läßt, wir unser Geld behalten und man uns als Konsulare hofiert! Aber daß ER nicht vergeblich ums Leben gekommen sei, über dessen Untergang wir uns umsonst gefreut haben, wenn wir nach seinem Tode trotzdem weiter Sklaven sein sollten, darum sorgt sich niemand! Mir jedoch sollen Götter und Göttinnen alles andre eher rauben können als die Überzeugung, in der ich dem Erben dessen, den ich getötet habe, nicht bewilligen möchte, was ich an diesem nicht ertragen konnte, ja, nicht einmal meinem Vater, wenn er von den Toten auferstände: daß er mit meiner Zustimmung mehr gelte als Senat und Gesetze. Oder bildest Du Dir etwa ein, alle andern würde er frei sein lassen, gegen dessen Willen für uns in so einem Gemeinwesen kein Platz wäre? Wie sollte es überdies möglich sein, daß Du erreichtest, was Du forderst? Du bittest ihn, uns in Gnaden unbehelligt zu lassen. Anscheinend meinst Du also, wir würden wohlverwahrt sein, wenn man uns das Leben garantiert? Wie können wir das, wenn wir vorher unsre Würde und Freiheit preisgeben? Oder meinst Du, in Rom wohnen heiße schon unbehelligt sein? Nicht der Ort, die ganzen Umstände müssen mir das gewährleisten. Zu Caesars Leb-

vivo fui, nisi posteaquam illud conscivi facinus, neque usquam exsul esse possum, dum servire et pati
contumelias peius odero malis omnibus aliis. nonne
hoc est in easdem tenebras cecidisse, si ab eo, qui
tyranni nomen adscivit sibi, cum in Graecis civitatibus liberi tyrannorum oppressis illis eodem supplicio
adficiantur, petitur, ut vindices atque oppressores
dominationis salvi sint? hanc ego civitatem videre
velim aut putem ullam, quae ne traditam quidem
atque inculcatam libertatem recipere possit plusque
timeat in puero nomen sublati regis quam confidat
sibi, cum illum ipsum, qui maximas opes habuerit,
paucorum virtute sublatum videat? me vero posthac
ne commendaveris Caesari tuo, ne te quidem ipsum,
si me audies. valde care aestimas tot annos, quot ista
aetas recipit, si propter eam causam puero isti sup-
plicaturus es.

Deinde, quod pulcherrime fecisti ac facis in Anto- 7
nio, vide ne convertatur a laude maximi animi ad
opinionem formidinis; nam si Octavius tibi placet, a
quo de nostra salute petendum sit, non dominum
fugisse sed amiciorem dominum quaesisse videberis.
quem quod laudas ob ea, quae adhuc fecit, plane
probo; sunt enim laudanda, si modo contra alienam
potentiam, non pro sua suscepit eas actiones. cum
vero iudicas tantum illi non modo licere sed etiam a
te ipso tribuendum esse, ut rogandus sit, ne nolit esse
nos salvos, nimium magnam mercedem statuis – id
enim ipsum illi largiris, quod per illum habere videbatur res publica –, neque hoc tibi in mentem venit,
si Octavius ullis dignus sit honoribus, quia cum
Antonio bellum gerat, iis, qui illud malum exciderint,

zeiten fühlte ich mich erst unbehelligt, als ich mich zu jener Tat entschlossen hatte, und auch in der Verbannung kann ich nirgends leben, solange ich Knechtschaft und Schande schlimmer hasse als alle andern Übel. Heißt das nicht in die alte Finsternis geraten, wenn man denjenigen, der sich den Namen des Tyrannen angeeignet hat – während in allen griechischen Staaten die Kinder der Tyrannen nach deren Beseitigung dieselbe Strafe erhalten –, darum bittet, daß die Rächer und Unterdrücker der Gewaltherrschaft unbehelligt bleiben mögen? Den Staat möchte ich sehen oder mir irgendwie vorstellen können, der überkommene und festverwurzelte Freiheit nicht wiedergewinnen könnte und vor dem Namen des beseitigten Tyrannen an einem Knaben mehr Respekt hätte als Vertrauen zu sich selbst, wo er doch sieht, daß ER selbst, der die stärksten Machtmittel in der Hand hatte, durch die Entschlossenheit einiger weniger beseitigt worden ist. Nein! Fortan darfst Du mich Deinem Caesar nicht wieder empfehlen, und auch Dich selbst nicht, wenn Du auf mich hören willst! Gar hoch schätzt Du die paar Jahre ein, die Dein Leben Dir noch gönnt, wenn Du Dich aus diesem Grunde dem Knaben zu Füßen werfen willst!

Und noch eins: nach wie vor trittst Du sehr wacker gegen Antonius auf, aber sieh nur zu, daß sich der Ruhm der Hochgesinntheit nicht zum Eindruck der Angst wandelt! Denn wenn Du es für geboten hältst, Octavius wegen unsrer Sicherheit anzugehen, dann wird es so aussehen, als hättest Du Dich nicht dem einen Herrn entzogen, sondern nur einen freundlicheren gesucht. Daß Du ihn rühmst wegen seiner bisherigen Taten, kann ich durchaus verstehen; sie sind ja tatsächlich rühmenswert, wenn er diese Aktionen wirklich gegen die Machtstellung eines andern und nicht nur für seine eigene unternommen hat. Wenn Du aber auf dem Standpunkt stehst, er könne nicht nur so viel beanspruchen, sondern Du selbst müssest es ihm auch zubilligen, daß er gebeten werden müsse, uns nicht behelligen zu wollen, dann setzt Du einen allzu hohen Preis an, denn Du gewährst ihm genau das, was eigentlich doch der Staat durch ihn gewinnen sollte, und es kommt Dir gar nicht in den Sinn, daß, wenn Octavius irgendwelche Ehrungen verdient, weil er mit Antonius im Kampfe liegt, das Römische Volk denjenigen,

cuius istae reliquiae sunt, nihil, quo expleri possit
eorum meritum, tributurum umquam populum
Romanum, si omnia simul congesserit.

Ac vide, quanto diligentius homines metuant quam 8
meminerint: quia Antonius vivat atque in armis sit,
de Caesare vero, quod fieri potuit ac debuit, transac-
tum est neque iam revocari in integrum potest, Octavius is est, qui, quid de nobis iudicaturus sit, exspectet
populus Romanus, nos ii sumus, de quorum salute
unus homo rogandus videatur. ego vero, ut istuc
revertar, is sum, qui non modo non supplicem sed
etiam coerceam postulantes, ut sibi supplicetur; aut
longe a servientibus abero mihique esse iudicabo
Romam, ubicumque liberum esse licebit, ac vestri
miserebor, quibus nec aetas neque honores nec virtus
aliena dulcedinem vivendi minuere potuerit. mihi 9
quidem ita beatus esse videbor, si modo constanter ac
perpetuo placebit hoc consilium, ut relatam putem
gratiam pietati meae; quid enim est melius quam memoria recte factorum et libertate contentum negle-
gere humana? sed certe non succumbam succum-
bentibus nec vincar ab iis, qui se vinci volunt, ex-
periarque et temptabo omnia neque desistam abstra-
here a servitio civitatem nostram. si secuta fuerit,
quae debet, fortuna, gaudebimus omnes; si minus,
ego tamen gaudebo; quibus enim potius haec vita
factis aut cogitationibus traducatur quam iis, quae
pertinuerint ad liberandos civis meos?

Te, Cicero, rogo atque hortor, ne defatigere neu 10
diffidas, semper in praesentibus malis prohibendis
futura quoque, nisi ante sit occursum, explores, ne se
insinuent. fortem et liberum animum, quo et consul

die jenes Unheil ausgerottet haben, mit dessen Überresten er es
jetzt zu tun hat, nie etwas zuerkennen wird, womit ihr Verdienst
gebührend vergolten werden könnte, wenn er alles auf einmal ein-
heimst.

Und sieh nur, wie viel gründlicher die Leute sich fürchten als
sich besinnen: weil Antonius am Leben ist und unter Waffen steht,
an Caesar aber getan ist, was geschehen konnte und mußte und
nicht mehr rückgängig gemacht werden kann, ist Octavius der
Mann, dessen Urteil über uns das Römische Volk erwartet, und
wir sind diejenigen, für deren Sicherheit anscheinend der eine Mann
mit Bitten angegangen werden muß. Ich aber – um es noch einmal
zu sagen – bin gesonnen, nicht nur nicht zu Kreuze zu kriechen,
sondern auch diejenigen, die fordern, daß man vor ihnen zu Kreuze
krieche, in die Schranken zu weisen; oder ich werde mich weit
absetzen von den Versklavten und erklären, daß für mich Rom
überall ist, wo man frei sein darf, und Euch bemitleiden, denen
weder das Alter noch die Ehrungen noch die Energie eines andern
die Süße des Lebens zu schmälern vermag. Ich werde mir so glücklich vorkommen, wenn anders ich beständig und dauernd bei diesem Entschluß bleibe, daß ich den Dank erfahren zu haben glaube
für meine Pflichterfüllung, denn was ist schöner, als zufrieden mit
der Freiheit und der Erinnerung an rechtes Handeln gegen alles
menschliche Elend gleichgültig zu sein? Aber ich werde mich gewiß nicht denen schicken, die sich schicken, und mich nicht von
denen unterkriegen lassen, die sich unterkriegen lassen wollen, ich
werde alles versuchen und nicht aufhören, unser Gemeinwesen den
Fesseln der Knechtschaft zu entreißen. Wenn das Glück mir
günstig ist, und das muß es sein, dann werden wir uns alle freuen;
wenn nicht, werde ich mich trotzdem freuen, denn mit welchen
Taten und Gedanken könnte ich mein Leben besser verbringen,
als mit denen, die immer nur um die Befreiung meiner Mitbürger
kreisten?

Dich, Cicero, bitte und ermahne ich, nicht müde zu werden und
nicht zu verzagen, bei der Abwehr der gegenwärtigen Übel immer
auch die kommenden, wenn man nicht rechtzeitig vorbeugt, ins
Auge zu fassen, damit sie sich nicht einnisten. Glaub' mir, ein
tapferer, freier Geist, mit dem Du einst als Konsul und jetzt auch

et nunc consularis rem publicam vindicasti, sine constantia et aequabilitate nullum esse putaris. fateor enim duriorem esse condicionem spectatae virtutis quam incognitae: bene facta pro debitis exigimus; quae aliter veniunt, ut decepti ab iis, infesto animo reprehendimus. itaque resistere Antonio Ciceronem, etsi maxima laude dignum est, tamen, quia ille consul hunc consularem merito praestare videtur, nemo admiratur; idem Cicero, si flexerit adversus alios iudi- 11 cium suum, quod tanta firmitate ac magnitudine direxit in exturbando Antonio, non modo reliqui temporis gloriam eripuerit sibi, sed etiam praeterita evanescere coget – nihil enim per se amplum est, nisi in quo iudicii ratio exstat –, quia neminem magis decet rem publicam amare libertatisque defensorem esse vel ingenio vel rebus gestis vel studio atque efflagitatione omnium.

Quare non Octavius est rogandus, ut velit nos salvos esse: magis tute te exsuscita, ut eam civitatem, in qua maxima gessisti, liberam atque honestam fore putes, si modo sint populo duces ad resistendum improborum consiliis.

XXVI (XXV).
BRVTVS ATTICO SALVTEM

Scribis mihi mirari Ciceronem, quod nihil signifi- 1 cem umquam de suis actis; quoniam me flagitas, coactu tuo scribam, quae sentio. omnia fecisse Ciceronem optimo animo scio; quid enim mihi exploratius esse potest quam illius animus in rem publicam? sed quaedam mihi videtur – quid dicam? – imperite vir omnium prudentissimus an ambitiose fecisse, qui valentissimum Antonium suscipere pro re publica non dubitarit inimicum. nescio, quid scribam tibi nisi unum, pueri et cupiditatem et licentiam potius esse

als Konsular den Staat geschützt hast, ist ohne Beharrlichkeit und Ausdauer ein Nichts. Denn ich gestehe, bewährte Tüchtigkeit ist unbequemer als unerkannte: man fordert Großtaten als Abzahlung; was anders kommt, tadelt man ohne Gnade, weil man sich betrogen fühlt. Darum wundert sich niemand, daß Cicero sich Antonius in den Weg stellt, wenn es auch höchstes Lob verdient, weil der einstige Konsul mit Fug und Recht für den jetzigen Konsular bürgt; beugt derselbe Cicero sein gesundes Urteil andern gegenüber, das er mit solcher Kraft und Größe bei der Vertreibung des Antonius festgelegt hat, wird er sich nicht nur um jeden zukünftigen Ruhm bringen, sondern auch unwiderruflich der Vergangenheit ihren Glanz nehmen – nichts ist ja an sich großartig; es kommt immer darauf an, wie es beurteilt wird –, weil angesichts seines Temperaments, seiner Erfolge oder auch seiner Popularität und des dringenden Wunsches der Gesamtheit niemand sich mehr verpflichtet fühlen sollte, unser freies Staatswesen zu lieben und für die Freiheit einzutreten.

Darum darf Octavius nicht gebeten werden, uns unsre Sicherheit zu garantieren; nein, ringe Du Dich durch zu der Überzeugung, daß das Gemeinwesen, in dem Du die herrlichsten Taten vollbracht hast, frei und ehrenwert dastehen wird, wenn nur das Volk die rechten Führer findet, um den Anschlägen der Schurken Widerstand zu leisten.

(Im Feldlager, Anfang Juli 43)

26. (25)
Brutus grüßt Atticus

Wie Du mir schreibst, wundert Cicero sich, daß ich nie ein Wort fallen lasse über seine Maßnahmen; da Du mich dazu aufforderst, sehe ich mich gezwungen, Dir zu schreiben, wie ich darüber denke. Daß Cicero alles in bester Gesinnung getan hat, weiß ich; seine Gesinnung gegen den Staat ist für mich ja über jeden Zweifel erhaben. Aber manches scheint mir der überaus kluge Mann – wie soll ich sagen? – ungeschickt oder von Ehrgeiz getrieben angefaßt zu haben, da er sich den übermächtigen Antonius im Interesse des Staates unbedenklich zum Feinde gemacht hat. Ich kann Dir nur das eine sagen: die Gier und Willkür des Knaben ist von Cicero

inritatam quam repressam a Cicerone tantumque eum
tribuere huic indulgentiae, ut se maledictis non absti-
neat iis quidem, quae in ipsum dupliciter recidunt,
quod et plures occidit uno seque prius oportet fatea-
tur sicarium, quam obiciat Cascae, quod obicit, et
imitatur in Casca Bestiam. an quia non omnibus horis
iactamus Idus Martias similiter atque ille Nonas De-
cembres suas in ore habet, eo meliore condicione
Cicero pulcherrimum factum vituperabit, quam Bestia
et Clodius reprehendere illius consulatum soliti sunt?

Sustinuisse mihi gloriatur bellum Antoni togatus 2
Cicero noster: quid hoc mihi prodest, si merces Antoni oppressi poscitur in Antoni locum successio, et
si vindex illius mali auctor exstitit alterius fundamen-
tum et radices habituri altiores, si patiamur? ut iam
dubium sit, utrum ista, quae facit, dominationem an
dominum Antonium timentis sint. ego autem gratiam
non habeo, si quis, dum ne irato serviat, rem ipsam
non deprecatur. immo triumphus et stipendium et
omnibus decretis hortatio, ne eius pudeat concupiscere fortunam, cuius nomen susceperit, consularis
aut Ciceronis est?

Quoniam mihi tacere non licuit, leges, quae tibi 3
necesse est molesta esse. etenim ipse sentio, quanto
cum dolore haec ad te scripserim, nec ignoro, quid
sentias in re publica et quam desperatam quoque
sanari putes posse; nec mehercule te, Attice, reprehendo; aetas enim, mores, liberi segnem efficiunt,
quod quidem etiam ex Flavio nostro perspexi.

Sed redeo ad Ciceronem. quid inter Salvidienum 4
et eum interest? quid autem amplius ille decerneret?
'timet' inquies 'etiam nunc reliquias belli civilis.'
quisquam ergo ita timet profligatum, ut neque poten-

eher angereizt als gedämpft worden, und er tut sich auf diese Nachsicht so viel zugute, daß er sich zu Schmähungen hinreißen läßt, Schmähungen, die doppelt auf ihn zurückfallen, weil er selbst mehr als einen getötet hat und eigentlich sich selbst als Mörder bekennen müßte, ehe er Casca vorwirft, was er ihm vorwirft, und an Casca nicht anders handelt als Bestia einst an ihm. Weil wir nicht jeden Augenblick mit den Iden des März prahlen, wie er dauernd die Nonen des Dezember im Munde führt, darf Cicero deshalb etwa mit besserem Recht unsre Heldentat tadeln als Bestia und Clodius sein Konsulat durchzuhecheln pflegten?

Als Zivilist den Krieg gegen Antonius auf sich genommen zu haben, rühmt unser Cicero sich mir gegenüber. Was nützt mir das, wenn als Preis für die Niederwerfung des Antonius ein Nachfolger für die Stelle des Antonius gefordert wird, und wenn der Befreier von dem einen Übel als Mentor eines andern auftritt, das ein festeres Fundament und tiefergehende Wurzeln haben wird, falls wir uns nicht dagegen wehren. Man weiß wirklich nicht recht, ob das, was er tut, seiner Angst vor der Tyrannis überhaupt entspringt oder ob er nur die Gewaltherrschaft eines Antonius fürchtet. Ich fühle mich nicht zu Dank verpflichtet, wenn jemand, um nur einem Wüterich nicht dienen zu müssen, die Sache an sich nicht verwünscht. Nein, Triumph, Soldzahlung und Ermunterung durch alle möglichen Dekrete, damit er sich nur ja nicht scheut, die Stellung dessen zu begehren, dessen Namen er angenommen hat – ist das eines Konsulars, eines Cicero würdig?

Da ich nicht schweigen darf, wirst Du zu lesen bekommen, was Dir sicherlich unangenehm ist. Ich selbst fühle ja, wie schmerzlich es mir ist, Dir dies schreiben zu müssen, und weiß sehr wohl, wie Du über den Staat denkst und wie fest Du daran glaubst, daß er auch trotz seiner verzweifelten Lage wieder gesunden kann. Und ich will Dich gewiß nicht tadeln, Atticus; Dein Alter, Dein Lebenszuschnitt, Deine Kinder machen Dich ja nachgiebig; auch unser Flavius hat mir das schon gesagt.

Doch zurück zu Cicero! Welcher Unterschied besteht zwischen ihm und Salvidienus? Was hätte er noch weiter beantragen können? „Er fürchtet auch jetzt noch die Reste des Bürgerkrieges" wirst Du sagen. Da fürchtet also jemand den niedergeworfenen Feind

tiam eius, qui exercitum victorem habeat, neque
temeritatem pueri putet extimescendam esse? an hoc
ipsum ea re facit, quod illi propter amplitudinem omnia iam ultroque deferenda putat? o magnam stultitiam timoris, id ipsum, quod verearis, ita cavere, ut,
cum vitare fortasse potueris, ultro accersas et attrahas.
nimium timemus mortem et exsilium et paupertatem;
haec mihi videntur Ciceroni ultima esse in malis et,
dum habeat, a quibus impetret, quae velit, et a quibus
colatur ac laudetur, servitutem, honorificam modo,
non aspernatur, si quicquam in extrema ac miser-
rima contumelia potest honorificum esse.

Licet ergo patrem appellet Octavius Ciceronem, 5
referat omnia, laudet, gratias agat, tamen illud ap-
parebit, verba rebus esse contraria; quid enim tam
alienum ab humanis sensibus est quam eum patris
habere loco, qui ne liberi quidem hominis numero
sit? atqui eo tendit, id agit, ad eum exitum properat
vir optimus, ut sit illi Octavius propitius. ego vero
iam iis artibus nihil tribuo, quibus Ciceronem scio
instructissimum esse; quid enim illi prosunt, quae
pro libertate patriae, de dignitate, quae de morte,
exsilio, paupertate scripsit copiosissime? quanto
autem magis illa callere videtur Philippus, qui privigno
minus tribuerit quam Cicero, qui alieno tribuat! de-
sinat igitur gloriando etiam insectari dolores nostros.
quid enim nostra victum esse Antonium, si victus est,
ut alii vacaret, quod ille obtinuit?

Tametsi tuae litterae dubia etiam nunc significant. 6
vivat hercule Cicero, qui potest, supplex et obnoxius,
si neque aetatis neque honorum neque rerum gestarum pudet; ego certe quin cum ipsa re bellum geram,
hoc est cum regno et imperiis extraordinariis et domi-

so, daß er weder die Macht dessen, der die siegreiche Armee in der Hand hat, noch die Verwegenheit des Knaben fürchten zu brauchen meint? Oder tut er das etwa deswegen, weil er glaubt, ihm wegen seiner Machtvollkommenheit geradezu alles und aus freien Stücken übertragen zu müssen? O diese grenzenlos törichte Angst, gerade das, was man befürchtet, so sicherzustellen, daß man es, obwohl man es vielleicht hätte vermeiden können, noch obendrein heranholt und herbeizieht! Wir fürchten uns nur allzusehr vor Tod, Verbannung und Armut; darin scheint mir Cicero die schlimmsten Übel zu sehen, und wenn er nur jemanden findet, bei dem er erreichen kann, was er will, und von dem er umschwärmt und hofiert wird, verschmäht er die Knechtschaft, jedenfalls eine äußerlich ehrenhafte, nicht, wenn in der tiefsten, jämmerlichsten Schmach überhaupt noch etwas ehrenhaft sein kann.

Mag also Octavius Cicero „Vater" nennen, mag er ihm alles zuschanzen, ihn loben, ihm danken, trotzdem wird es sich zeigen, daß den Worten die Taten nicht entsprechen; denn was widerspricht so sehr jedem menschlichen Gefühl, als den als Vater zu betrachten, der nicht einmal den Rang eines freien Mannes besitzt? Doch der gute Mann strebt nur danach, faßt nur das ins Auge, eilt nur auf dies Ziel zu, daß Octavius ihm gewogen bleibe. Ich halte nichts mehr von jenen Kunstfertigkeiten, mit denen Cicero bekanntermaßen wohlversehen ist; was nützt ihm denn all das, was er für die Freiheit des Vaterlandes, über die Würde, über Tod, Verbannung und Armut so wortreich geschrieben hat? Wieviel gewitzigter erscheint demgegenüber Philippus, der doch seinem Stiefsohn weniger zugestanden hat als Cicero, der einem ihm Fernstehenden Zugeständnisse macht! Er soll also aufhören, mit seiner Ruhmredigkeit meine Erbitterung noch zu verhöhnen! Was hilft es uns denn, wenn Antonius besiegt ist, wenn er nur besiegt ist, damit der Platz, den er einnahm, für einen andern frei würde?

Allerdings läßt Dein Brief auch jetzt noch einige Zweifel durchblicken. Mag Cicero in Gottes Namen, so gut er kann, in demutsvoller Untertänigkeit leben, wenn er sich weder seines Alters noch seiner Ehren und Taten schämt; ich werde gewißlich mit der Sache selbst Krieg führen, das heißt: mit Tyrannis, außerordentlichen Imperien, Gewaltherrschaft und Macht, die sich über die

natione et potentia, quae supra leges se esse velit,
nulla erit tam bona condicio serviendi, qua deterrear,
quamvis sit vir bonus, ut scribis, quod ego numquam
existimavi; sed dominum ne parentem quidem maiores nostri voluerunt esse.

Te nisi tantum amarem, quantum Ciceroni persuasum est diligi ab Octavio, haec ad te non scripsissem.
dolet mihi, quod tu nunc stomacharis amantissimus
cum tuorum omnium tum Ciceronis; sed persuade
tibi de voluntate propria mea nihil esse remissum, de
iudicio largiter. neque enim impetrari potest, quin,
quale quidque videatur ei, talem quisque de illo
opinionem habeat.

Vellem mihi scripsisses, quae condiciones essent 7
Atticae nostrae; potuissem aliquid tibi de meo sensu
perscribere. valetudinem Porciae meae tibi curae esse
non miror. denique, quod petis, faciam libenter;
nam etiam sorores me rogant; et hominem noro et
quid sibi voluerit.

Gesetze hinwegsetzen will; davon werde ich mich durch keine noch so bequeme Art der Knechtschaft abbringen lassen, mag er auch, wie Du schreibst, ein braver Junge sein, was ich nie geglaubt habe; unsre Vorfahren wollten, daß nicht einmal ein Vater den Herrn spielte.

Wenn ich Dich nicht so liebhätte, wie Cicero überzeugt ist, von Octavius geschätzt zu werden, hätte ich Dir dies nicht geschrieben. Es tut mir leid, daß Du in Deiner Liebe zu all Deinen Angehörigen und besonders zu Cicero Dich jetzt ärgerst; aber sei überzeugt, daß sich meine persönliche Zuneigung zu ihm in keiner Weise vermindert hat, meine Meinung von ihm allerdings nicht unbeträchtlich. Denn er kann nicht verlangen, daß jedermann in jedem Falle denselben Standpunkt vertritt, der ihm als der richtige erscheint.

Ich wünschte, Du hättest mir geschrieben, wie es um unsre Attica steht; dann hätte ich Dir etwas über meine Empfindungen schreiben können. Daß Du Dir Sorgen machst um die Gesundheit meiner Porcia, wundert mich nicht. Im übrigen werde ich gern Deine Bitte erfüllen; auch meine Schwestern bitten mich ja darum. Ich werde mir den Mann vorknöpfen und sehen, was er im Schilde führt.

(Juni 43 ?)

EINFÜHRUNG

Die vorstehenden Briefe haben ursprünglich, wie ein Gram-
matikerzitat zeigt, das IX. Buch eines umfänglichen Corpus gebildet. Der größere Teil, Br. 6–26 der jetzt üblichen Zählung, ist uns
in denselben Handschriften überliefert, denen wir die Briefe ad
Atticum und ad Quintum fratrem verdanken, während die ersten
fünf nur aus der Ausgabe Cratanders (Basel 1528) bekannt sind, der
sie in einem alten, dann verlorengegangenen Codex fand und mit
großer Wahrscheinlichkeit Cicero zuschreiben zu dürfen glaubte.
Um die Mitte des 18. Jahrhunderts hat ein englischer Gelehrter
hauptsächlich aus stilistischen Gründen die ganze Sammlung für
unecht erklärt, und gut hundert Jahre hat sie dafür gegolten. Heute
bezweifelt niemand mehr ihre Echtheit.

Der Titel der Sammlung ist nicht überliefert, man zitiert sie meist
einfach mit „ad Brutum", obwohl sie neben siebzehn Briefen
Ciceros an Brutus auch acht Briefe des letzteren an Cicero, dazu
noch einen von Brutus an Atticus enthält. In der Überlieferung
stehen die Stücke der beiden Korrespondenten anscheinend will-
kürlich durcheinander, jedoch ist z. B. Br. 3 des Brutus offenbar
nicht zufällig zwischen Ciceros Br. 2 und 4 vom 11. bzw. 12. IV.
geraten. Er ist, wie Br. 4, 1 zeigt, in Rom eingetroffen, nachdem am
Morgen des gleichen Tages Br. 2 abgegangen war. In Br. 4 erfolgt
die Antwort Ciceros auf Br. 3. Dieser Tatbestand führt zu der Vermutung, daß die Briefe bei der ersten Publikation in der Reihenfolge belassen worden sind, in der der Herausgeber sie in Ciceros
Archiv vorfand.

Ich habe es für praktisch gehalten, die beiden Gruppen voneinander
zu trennen. So stelle ich die Cicero-Briefe an den Anfang und
lasse ihnen die Brutus-Briefe folgen: den Beschluß bildet dann der
Brief des Brutus an Atticus. Über die dadurch entstehende Ab-
weichung von der Numerierung unsrer modernen Ausgaben unterrichtet die Konkordanz auf S. 279.

———

Am 15. März des Jahres 44 wurde Caesar ermordet. Aber wenn
die Verschworenen meinten, damit den Staat „befreit" und die
Republik wiederhergestellt zu haben, so sahen sie sich sehr bald in
ihren Erwartungen getäuscht. Zwar kam es zwischen ihnen und
dem Konsul Antonius zunächst zu einem Kompromiß; am 17. März
wurde ihnen durch Senatsbeschluß Straffreiheit zugesichert, wo-
gegen die Acta Caesaris als rechtsgültig anerkannt wurden. Sehr
bald jedoch gewann Antonius die Oberhand. Schon in der auf die
Ermordung Caesars folgenden Nacht hatte er sich des Staats-
schatzes bemächtigt; Calpurnia, Caesars Witwe, war in ihrer Be-

stürzung zu ihm geflüchtet und hatte ihm die Privatschatulle ihres Gatten sowie seinen gesamten schriftlichen Nachlaß eingehändigt, den nun Antonius für seine Zwecke auszubeuten begann, indem er sich bei all seinen Maßnahmen auf dort wirklich oder angeblich vorhandene Planungen und Entwürfe für die Zukunft als „Acta Caesaris" berief. Mit zwei Konkurrenten aus dem eigenen Lager wurde er rasch fertig. M. Lepidus, der spätere Triumvir, im Begriffe, in die ihm von Caesar zugewiesenen Provinzen Gallia Narbonensis und Hispania Citerior zu gehen, stand mit einer Armee vor den Toren Roms und machte Miene, eine eigene Rolle zu spielen. Antonius ließ ihn an Stelle des ermordeten Diktators zum Pontifex Maximus wählen und verlobte seine Tochter mit seinem Sohne. Dolabella, Ciceros ehemaliger Schwiegersohn, von Caesar schon zu Anfang des Jahres dazu ausersehen, nach seinem Aufbruch zum Kriege gegen die Parther als Konsul an seine Stelle zu treten, wurde durch Bezahlung seiner umfänglichen Schulden aus dem Staatsschatz gewonnen; überdies erhielt er durch Volksbeschluß die Provinz Syrien auf fünf Jahre, wohin er sich im Herbst des Jahres auf den Weg machte.

Die Häupter der Verschwörung, Brutus und Cassius, mußten sehr bald erkennen, daß ihr Unternehmen gescheitert war, zumal auch das Stadtvolk und die Veteranen sich keineswegs für ihre Tat begeistern lassen wollten. So verließen sie Rom bereits Mitte April, um verbittert und unentschlossen auf ihren Gütern herumzuliegen; im Spätsommer legten sie ihre Ämter nieder – sie waren beide Prätoren – und verließen Italien, um vom Orient her den Kampf für die Republik aufzunehmen. Cicero machte ihnen mit Recht den Vorwurf, nur halbe Arbeit geleistet zu haben; auch Antonius hätte fallen müssen. Dabei stellte er allerdings nicht in Rechnung, daß dieser nicht der einzige Kronprätendent war.

Der junge C. Octavius, der Großneffe des Diktators und von diesem testamentarisch adoptiert und zu seinem Erben eingesetzt, damals noch nicht ganz 19 Jahre alt, befand sich zur Zeit der Ermordung seines Großoheims im illyrischen Apollonia, von wo aus er sich dem Zuge gegen die Parther anschließen sollte. Bereits im April erschien er in Italien und meldete seine Ansprüche an. Gewiß wäre es ihm ganz recht gewesen, wenn er sich zunächst mit Antonius gegen die Mörder hätte einigen können; indessen zeigte dieser ihm die kalte Schulter. Entgegenkommen fand er bei den designierten Konsuln Hirtius und Pansa, eifrigen Caesarianern, und vor allem bei Balbus, dem langjährigen Vertrauten Caesars; überdies empfingen ihn die Veteranen mit Begeisterung, und auch im Stadtvolk von Rom fand er vermöge der Auszahlung der von Caesar ausgesetzten Legate weitgehende Sympathien.

Auch mit Cicero suchte er Fühlung zu gewinnen. Bereits am 21. April machte er ihm zusammen mit seinem Stiefvater L. Mar-

cius Philippus in Cumae seine Aufwartung. Weitere Folgen hatte
diese erste Begegnung zunächst freilich nicht. Gewiß war voraus-
zusehen, daß es früher oder später zum offenen Konflikt zwischen
Antonius und Octavian kommen mußte, und Cicero erkannte die
Möglichkeit, durch Bildung einer geschlossenen Front der Caesarianer im Bunde mit dem legitimen Erben des Diktators Antonius
matt zu setzen. Es fragte sich nur, wie Octavian sich gegen die
Mörder seines Großoheims zu stellen gedachte, auf die Cicero immer noch seine Hoffnungen setzte. War es nicht zu erwarten, daß
er an ihnen würde Rache nehmen wollen, ja, hieß es nicht überhaupt den Teufel mit Beelzebub austreiben und sich zwischen zwei
Stühle setzen, wenn man den einen Prätendenten gegen den andern
ausspielte? Sein Ziel war doch die Wiederherstellung der Republik,
und die ließ sich von Octavian ebensowenig erwarten wie von
Antonius.

Cicero entzog sich der vorläufig aussichtslosen Lage, indem er
sich am 17. Juli zu einem Besuche seines in Athen studierenden
Sohnes auf den Weg machte. Erst mit Ende des Jahres gedachte er
zurückzukehren, wenn Antonius nicht mehr in Rom wäre und man
unter den neuen Konsuln mit normaleren Verhältnissen rechnen
könnte. Doch er kam nicht weit. Durch widrige Winde in der
Gegend von Regium festgehalten, erhielt er in den ersten August-
tagen die Nachricht, Antonius lenke augenscheinlich ein und habe
den Senat auf den 1. August einberufen; im übrigen erwecke seine
Reise den Eindruck, als hätte er, Cicero, den Staat preisgegeben.
Das bewog ihn zur Umkehr. Freilich hatten sich die Erwartungen
der Republikaner nicht erfüllt; Antonius lenkte nicht ein, erließ
vielmehr ein gehässiges Edikt gegen die „Befreier" und drohte mit
Waffengewalt. Aber L. Piso, der Konsul des Jahres 58 und mitschuldig an Ciceros damaliger Verbannung, hatte es gewagt, im
Senat scharf gegen diese Maßnahme zu protestieren, für Cicero ein
Grund mehr, in die politische Arena zurückzukehren. Am 31. August traf er in Rom ein und hielt am 2. September die erste seiner
berühmten Philippischen Reden, in der er die Amtsführung der
Konsuln in den letzten Monaten heftig kritisierte, sich jedoch von
persönlicher Verunglimpfung des Antonius fernhielt, um es nicht
gleich zum völligen Bruch kommen zu lassen. Aber Antonius antwortete am 19. September mit einer scharfen Rede im Senat, schob
die Schuld an allem Unheil der letzten zwanzig Jahre Cicero in die
Schuhe und kündigte ihm offiziell die „Freundschaft".

Mit Octavian scheint es unter dem Druck der Veteranen bereits
im August zu einer vorübergehenden Versöhnung gekommen zu
sein; jetzt näherte sich Antonius ihm aufs neue. Doch bereits Anfang Oktober kam es zum endgültigen Bruch, als er seinen Rivalen
eines geplanten Anschlages auf sein Leben beschuldigen zu müssen
glaubte.

Für die Zeit nach Ablauf seines Konsulats hatte Antonius bereits im Sommer die nötigen Vorbereitungen getroffen. Er hatte sich vom Senat die Statthalterschaft in Gallia Cisalpina zuweisen lassen, um von dort aus Rom und Italien unter Druck halten zu können. Um militärisch gewappnet zu sein, zog er vier der von Caesar in Macedonien für den Partherfeldzug bereitgestellten Legionen heran. Am 9. Oktober begab er sich nach Brundisium, um sie in Empfang zu nehmen. Als er zurückkehrte, sah er sich einem gerüsteten Gegner gegenüber: Octavian hatte inzwischen in den campanischen Veteranenkolonien ein Freikorps von 3000 Mann angeworben, dem sich später noch zwei der von Antonius aus Macedonien herangeholten Legionen anschlossen. Cicero, der Mitte Oktober Rom ebenfalls verlassen hatte, erhielt am 4. November zwei Briefe von ihm, in denen er erklärte, daß er sich dem Senat zur Verfügung stelle, und ihn aufforderte, nach Rom zu kommen, damit er sich seines Rates bedienen könne. Cicero sollte also seine Sache vor Senat und Volk vertreten und sozusagen die geistige Führung des Kampfes gegen Antonius übernehmen. Daß er nicht gleich zugriff, ist verständlich. Konnte man dem jungen Manne trauen? Überdies erschien ihm Antonius vorerst noch weit überlegen. Erst am 9. Dezember kam er nach Rom, nachdem Antonius die Stadt nach kurzem Aufenthalt am 28. November endgültig verlassen hatte, um sich vor der Zeit gewaltsam in den Besitz von Gallia Cisalpina zu setzen, das ihm genaugenommen erst im April des folgenden Jahres zustand.

Am 20. Dezember tat Cicero den entscheidenden Schritt zur Eröffnung des Kampfes. Auf seinen Antrag wurde Octavian vom Senat als Imperator anerkannt. Decimus Brutus, der derzeitige Statthalter in Gallia Cisalpina, der zum Widerstand entschlossen war und bereits Aushebungen vornahm, wurde autorisiert, Antonius mit bewaffneter Hand zu begegnen. Überdies sollten alle derzeitigen Provinzialstatthalter auf ihrem Posten bleiben, bis sie durch einen vom Senat ernannten Nachfolger abgelöst würden, wodurch die von Antonius bei seinem letzten Aufenthalt in Rom vorgenommene Verteilung der Provinzen für das kommende Jahr aufgehoben wurde.

Um die Jahreswende begannen die Kämpfe in Oberitalien. Aber D. Brutus war zu schwach, um Antonius die Stirn bieten zu können; nach wenigen Tagen wurde er in Mutina eingeschlossen. Auch als Octavian heranrückte, dem der Konsul Hirtius zur Seite gestellt wurde, kam es vorerst nicht zu Kampfhandlungen; vielmehr versuchte der Senat gleich Anfang Januar, mit Antonius zu verhandeln. Es zeigte sich, daß die Körperschaft in ihrer überwiegenden Mehrheit keineswegs so fest zum Kampfe entschlossen war, wie Cicero angenommen hatte. Auch besaß Antonius im Senat noch eine große Zahl von Anhängern, die Ciceros Politik zu

sabotieren suchten. Der Führer dieser Opposition war der Schwiegervater des Konsuls Pansa, Q. Fufius Calenus. Als Anfang Februar
die Nachricht eintraf, Marcus Brutus habe sich der Provinzen
Macedonien und Illyricum bemächtigt und stelle sich mit den dort
stehenden Truppen dem Senat zur Verfügung, beantragte er, ihn
anzuweisen, sich der weiteren Ausübung des Heereskommandos
zu enthalten, ohne freilich damit durchzudringen. Nachdem die
Verhandlungen mit Antonius gescheitert waren, sah man nun
doch wohl, daß der Kampf mit ihm unvermeidlich sei, und so ging
Ciceros Gegenantrag durch, Brutus solle den Schutz der Balkan-
provinzen übernehmen und eventuell in Italien eingreifen. Somit
war auch M. Brutus als Senatsfeldherr anerkannt und beauftragt,
zu verhindern, daß C. Antonius, der bei der Verteilung der Provinzen im November Macedonien erhalten hatte, sich dort fest-
setzte. Weniger Erfolg hatte Cicero mit seinem Eintreten für C.
Cassius. In der zweiten Februarhälfte erfuhr man in Rom, daß
Dolabella auf dem Marsche in seine Provinz Syrien den Statthalter
der Provinz Asia, C. Trebonius, hatte ermorden lassen. Er wurde
daraufhin vom Senat einstimmig zum Landesfeind erklärt, und es
fragte sich nun, wer mit dem Kampfe gegen ihn beauftragt werden
solle. Cicero wollte Cassius mit dieser Aufgabe betraut wissen, von
dem er annahm, daß er sich inzwischen in Syrien eine feste Stellung
geschaffen habe, was auch den Tatsachen entsprach, wovon man
aber derzeit in Rom noch nichts Bestimmtes wußte. Der Senat
beauftragte aber die Konsuln Hirtius und Pansa, nach der Befreiung des D. Brutus aus Mutina den Kampf gegen Dolabella aufzunehmen. Einige Wochen später stellte er sich allerdings auf den
Boden der Tatsachen und erkannte Cassius als Statthalter von
Syrien an.

Anfang März kam es, wiederum auf Betreiben des Calenus, dem
sich L. Piso und der Konsul Pansa anschlossen, noch einmal zu
einem Versuch, durch Verhandlungen mit Antonius einem Waffen-
gang aus dem Wege zu gehen. Der Senat stimmte zu, doch verlief
die Aktion schließlich im Sande, als P. Isauricus und Cicero, die
neben L. Caesar, dem Oheim des Antonius, Piso und Calenus als
Gesandte ausersehen waren, sich weigerten. Am 20. März ging
Pansa mit weiteren neuausgehobenen Truppen an die Front, wo es
am 21. April zu der entscheidenden Schlacht bei Mutina kam. Antonius wurde unter schweren Verlusten geschlagen, D. Brutus aus
der Zernierung befreit, aber beide Konsuln kamen ums Leben.

Damit waren in Rom die Antonianer zunächst mundtot gemacht;
Ciceros seit Beginn der Kämpfe in Oberitalien immer wieder er-
hobene Forderung, Antonius zum Staatsfeind zu erklären, wurde
jetzt erfüllt. Andrerseits glaubten aber die fanatischen Anhänger
der „Befreier", Oberwasser bekommen zu haben und nun auch
Octavian einfach beiseite schieben zu können. Daß D. Brutus als

der Rangältere – er war schon von Caesar zum Konsul für das Jahr
42 designiert worden – den Oberbefehl für die weiteren Operatio-
nen erhielt, war in Ordnung. Wenn aber der Senat ihm einen
Triumph bewilligte, dagegen der Antrag, dem jungen Caesar
jedenfalls den kleinen Triumph, die sog. ovatio, zu gewähren,
Widerspruch fand, so zeigt das einen Mangel an politischem Augen-
maß, der katastrophale Folgen haben konnte. Auch ein Senatsbeschluß, Octavian die beiden zu ihm übergegangenen mace-
donischen Legionen zu entziehen und Brutus zu unterstellen,
wurde erst durch das Eingreifen Ciceros rückgängig gemacht.

Octavians Haltung war undurchsichtig. Er blieb in Oberitalien
stehen, während Brutus die Verfolgung des Antonius aufnahm.
Diesem war es geglückt, sich mit seiner ziemlich unversehrten
Reiterei in Gewaltmärschen vom Feinde abzusetzen. Alles kam
nun darauf an, wie sich die Statthalter der benachbarten Provinzen
zu ihm stellten. In Gallia Cisalpina stand M. Lepidus, der sich, wie
wir sahen, gleich nach den Iden des März mit Antonius geeinigt
hatte; am 29. Mai nahm er Antonius bei sich auf und stellte ihm
seine Armee zur Verfügung. Damit begann der Krieg von neuem.

Es ist nicht erforderlich, die kriegerischen Ereignisse hier weiter
zu verfolgen. Die entscheidende Wendung wurde durch Octavian
herbeigeführt. Ende Juli erschienen 400 seiner Soldaten in Rom vor
dem Senat und forderten für ihn das Konsulat, und als der Senat
zögerte, wies einer der Zenturionen auf sein Schwert mit den
Worten: „Dies wird's tun, wenn ihr's nicht tut." Die Drohung
wurde sehr bald in die Tat umgesetzt: Octavian erschien mit seiner
Armee vor der Stadt, und am 19. August wurde er zusammen mit
einem Neffen des alten Caesar zum Konsul gewählt. Daß er schon
längst Fäden zu Antonius gesponnen hatte, blieb zunächst geheim;
als er im Oktober wieder nach Norden abmarschierte, gab er vor,
in den Kampf gegen Antonius zu ziehen. Ende des Monats kam er
mit diesem und M. Lepidus in der Gegend von Bononia zusammen,
und die drei Männer beschlossen die Proskribierung ihrer politischen Gegner. Als edelstes und tragischstes Opfer der Proskriptionen fiel am 7. Dezember Cicero. Kopf und Hände wurden ihm
abgeschlagen und auf den Rostren am Forum ausgestellt.

ERLÄUTERUNGEN

Brief 1. — *die Sache:* vor Mutina. — *diesen ... Führern:* Octavian
und den Konsuln Hirtius und Pansa.

Brief 2. — 1. *Plancus:* Statthalter von Gallia Comata; sein Schreiben liegt in ad fam. X, 8 vor. — *Dein Schwager Lepidus:* Statthalter von Gallia Narbonensis und Hispania Citerior; er war,
wie auch Cassius und Servilius Isauricus, mit einer Schwester
des Brutus verheiratet; sein Bruder ist L. Aemilius Paullus. —
3. *mit Servilius:* Isauricus. — *Plancus' Angelegenheit:* Cicero
hatte ein Belobigungsdekret beantragt, dem Isauricus sich
widersetzte. — *zwei Tage lang:* am 8. und 9. April. — *unsres
Lentulus:* der jüngere Lentulus Spinther war Proquästor des
C. Trebonius, des Statthalters der Provinz Asia, nach dessen
Ermordung er Beziehungen zu Cassius aufnahm, der inzwischen in Syrien erschienen war. — *nicht für immer:* die
Überlieferung ist hier durch eine Blattversetzung im Arche-
typus gestört.

Brief 3. — 1. *den Deinigen:* Brief 18. — 2. *wegen Cassius:* das im
vorigen Briefe erwähnte Schreiben des Lentulus war die erste
sichere Nachricht über seine Tätigkeit in Syrien, die nun
durch Brutus bestätigt wurde. Aber schon in der zweiten
Februarhälfte hatte Cicero beantragt, ihn mit der Kriegführung gegen Dolabella zu beauftragen, allerdings ohne
Erfolg. — *meine diesbezügliche Rede:* die 11. Philippica. — 3. *Antonius:* C. Antonius war Ende November während der letzten
Anwesenheit seines Bruders Marcus in Rom Statthalter von
Macedonien für das folgende Jahr geworden und bald nach
seiner Landung in Illyrien in Gefangenschaft geraten. Brutus
wußte nicht recht, was er mit ihm anfangen sollte. — 6. *meinen
Cicero:* der junge Marcus studierte in Athen und hatte sich
Brutus angeschlossen.

Brief 4. — 2. *Antonius:* s. zu Br. 3, 3. — *darunter auch meines Cicero:*
er hatte Antonius geschlagen und Brutus in die Arme getrieben. — *nach dem Abrücken des Konsuls Pansa:* dieser begab sich
etwa am 20. März zur Truppe. — 3. *Cornutus:* als Praetor
urbanus leitete er in Abwesenheit der Konsuln die Senats-
verhandlungen. — *der Prokonsul Antonius:* durch Senatsbeschluß vom 20. Dezember hatte er den Anspruch auf die
Statthalterschaft von Macedonien verloren, durfte also die
Amtsbezeichnung „Prokonsul" nicht mehr führen. — 5.
gegen Dolabella zu hart gewesen: er war in der zweiten Februarhälfte wegen der Ermordung des Trebonius vom Senat zum
Staatsfeind erklärt worden.

Brief 5. — 2. *bei Plautus . . . der Vater:* Übersetzung der Verse von O. Seel.

Brief 6. — *alle Vorgänge:* am 14. April war die erste große Schlacht vor Mutina bei Forum Gallorum geschlagen worden; die Nachricht traf am 20. in Rom ein. — 2. *von einer Art Panik:* Pansa hatte zu Anfang des Kampfes eine Schlappe erlitten, von der man in Rom hörte, ehe die endgültige Siegesnachricht eintraf.

Brief 7. — 1. *Ventidius:* er hatte in Picenum Truppen für Antonius angeworben, aber an der Schlacht bei Mutina noch nicht teilgenommen. 3. *in Euer Kollegium:* die Pontifices. — *nach der Lex Domitia:* sie bestimmte, daß eine Versammlung von 17 durchs Los bestimmten Tribus aus einer durch öffentliche Nomination der betreffenden Priesterschaft hergestellten Kandidatenliste die Wahl vornehmen sollte und der so Gewählte dann im Kollegium durch den Obmann formell kooptiert wurde (Wissowa). — *in der Lex Iulia:* über ihren Inhalt ist nichts weiter bekannt. — *Domitius:* seine Mutter war eine Schwester des Cato Uticensis, er selbst also der Vetter der jüngeren Porcia, der Gattin des Brutus; *Cato:* Bruder der letzteren und also Schwager des Brutus. Domitius bewarb sich um das Pontifikat, ebenso wahrscheinlich auch Cato. — 4. *wegen der Auspizien:* das Recht, Auspizien anzustellen, besaßen nach altrömischer Auffassung allein die Patrizier; sie übertrugen dieses Recht aber den Oberbeamten des Staates. Mit der Amtsübergabe an den Nachfolger wurden diesem auch die Auspizien übergeben; riß diese Kette der unmittelbaren Übergabe der Auspizien einmal ab, so „kehrten die Auspizien zu den Patres zurück", d. h. zu den Patriziern innerhalb des Senats, die dann durch Ernennung eines Interrex für die Erneuerung der Auspizien sorgten (nach Ernst Meyer, Röm. Staat und Staatsgedanke[2], S. 124). — *einen patrizischen Magistrat:* einen Konsul oder Prätor. Da beide Konsuln gefallen waren, ein Prätor aber die Wahl eines Trägers höherer Auspizien nicht vornehmen konnte, hätten alle Prätoren abdanken müssen, um die Bestellung eines Interrex zu ermöglichen, der dann die Konsulwahl hätte vollziehen können.

Brief 9. — 2. *verdankt er Dir:* sofern Brutus am 15. März Antonius verschont hatte.

Brief 11. — 2. *im Kriege auf Kreta:* 68–66. — *der Principes:* sie standen in der Schlacht als zweites Treffen hinter den Hastati, vor den Triarii.

Brief 12. — 1. *seinen Schwiegervater:* Q. Fufius Calenus, der ein entschiedener Anhänger des Antonius war. — 2. *Lepidus:* er hatte sich am 29. Mai Antonius angeschlossen, während Plancus

zunächst noch treu blieb und seine Armee mit der des D. Brutus vereinigt hatte. — 4. *damals:* Ende Juli 44. — *die Kunde von Euren Edikten:* in denen Brutus und Cassius nicht näher bekannte Forderungen an Antonius stellten und alle gewesenen Konsuln und Prätoren einluden, an der auf den 1. August anberaumten Senatssitzung teilzunehmen, in der über ihre Forderungen beraten werden sollte. — *in Velia:* dort traf Cicero nach Abbruch seiner Griechenlandreise mit Brutus zusammen, der drauf und dran war, Italien zu verlassen. — *einst:* i. J. 58, als Cicero in die Verbannung gehen mußte. — *erschütterte Antonius' Stellung:* am 2. September durch die 1. Philippica.

Brief 13. — 1. *bei meinem Verlust:* beim Tode seiner Tochter Tullia im Februar 45. — *in Deinem Schmerz:* Brutus' Gattin Porcia war gestorben.

Brief 14. — *dieser Brief von Dir:* er ist nicht erhalten. — *Domitius, Cato:* s. zu Br. 8, 3; *Lentulus:* nicht zu identifizieren; *Bibuli:* wir wissen nur von einem Bibulus, s. Br. 22, 1. — *Lepidus' Verbrechen:* sein Abfall zu Antonius. — *Caesars Armee:* sie stand noch immer in Oberitalien.

Brief 15. — *unser Vetus:* er war mit einem Empfehlungsschreiben des Brutus (Brief 23) nach Rom gekommen, um sich um die Prätur zu bewerben, aber die Wahlen waren inzwischen verschoben worden; s. Br. 14, 1. — *Deiner Schwester:* der Gattin des Lepidus. — *obwohl Lepidus ausgezeichnet worden war:* Anfang Januar hatte der Senat ihm auf Antrag Ciceros eine vergoldete Reiterstatue bewilligt. — 2. *der Lepidus zum Hochverräter erklärt:* das war am 30. Juni geschehen.

Brief 16. — *in dem strengen Redestil:* dem sog. Attizismus, dem auch Brutus huldigte. — 3. *auf einen Brief von Dir:* Brief 19. — *was Ihr unterlassen hättet:* auch Antonius zu beseitigen. — 5. *wie unsre Stoiker lehren:* auch Brutus hing der stoischen Lehre an. — 6. *warf ich mich entgegen:* am 2. September in der 1. Philippica. — *Euch liegen ... im Blute:* schon der legendäre Ahnherr der Iunier, L. Brutus, hatte Rom von der Königsherrschaft befreit. — 7. *vorzeitige Bewerbung um die Ämter:* das Mindestalter für die Prätur war das 40., für das Konsulat das 43. Lebensjahr; Octavian war damals noch nicht 20 Jahre alt. — 8. *den Antrag gestellt:* er wurde jedoch abgelehnt. — *Larentia:* sie galt u. a. als göttliche Pflegemutter des Romulus und Remus. — *überschüttete ich ... die Toten mit Ehrungen:* für die beiden Konsuln beantragte Cicero ein Staatsbegräbnis, für Aquila eine Statue, — 9. *in der Form der Ovatio:* Einzug in Rom mit dem Myrtenkranz auf dem Haupte; der Antrag wurde angenommen. — *eine Statue auf den Rostren:* vgl. Br. 15, 1; sie wurde nach Lepidus' Abfall wieder beseitigt.

Brief 17. — 2. *ein ungeschorener Feldherr:* Lepidus. — 3. *für den jungen Mann:* Octavian. — 5. *der zwei Legionen:* sie waren neben zwei weiteren von Antonius aus Macedonien herangezogen worden, aber bald nach ihrer Ausschiffung in Italien zu Octavian abgefallen. Nach der Schlacht bei Mutina wollte der Senat sie Decimus Brutus unterstellen, aber sie weigerten sich und blieben bei Octavian.

Brief 18. — 3. *Murcus und Marcius:* Murcus war von dem Diktator Caesar mit drei Legionen nach Syrien geschickt worden, um Caecilius Bassus zu bekämpfen, einen Pompejaner, der sich nach Pharsalus dorthin durchgeschlagen und sich nach wechselvollen Kämpfen in Apamea festgesetzt hatte. Murcus rief Q. Marcius Crispus, den damaligen Statthalter von Bithynien, mit weiteren drei Legionen zu Hilfe und belagerte mit ihm zusammen Bassus in Apamea, bis Cassius in Syrien erschien, dem beide sich anschlossen. — 4. *Deine beiden Reden:* die 5. und 10. Philippica. — *von meinem Schreiben:* in dem er mitteilte, daß die Provinzen Macedonien und Illyricum in seiner Hand seien und er sich mit den dort stehenden Truppen dem Senat und Römischen Volke zur Verfügung stelle. In einer Senatssitzung um Mitte Februar stellte Fufius Calenus nach Verlesung des Schreibens den Antrag, der Senat möge ihm nun die weitere Ausübung des Kommandos untersagen. Dagegen wandte sich Cicero in seiner 10. Philippica und gewann die Zustimmung des Senats. — 5. *Antistius Vetus:* er war Quästor des Statthalters von Syrien gewesen und brachte um diese Zeit die Einkünfte der Provinz nach Rom.

Brief 19. — *Du schreibst mir:* s. Br. 6, 3.

Brief 20. — 1. *erwarte keine Danksagung:* für Brief 8. — 3. *Tillius:* L. Tillius Cimber, Nachfolger des in Br. 18, 3 genannten Marcius in der Statthalterschaft von Bithynien. — 4. *von Deinem Schutzbefohlenen:* Cicero war patronus der Dyrrachiner.

Brief 22. — 1. *L. Bibulus:* Sohn der Porcia aus ihrer ersten Ehe mit M. Calpurnius Bibulus, dem Konsul von 59, also Brutus' Stiefsohn. — *um Pansas Stelle:* im Augurenkollegium; Cicero konnte ihn vorschlagen, da er selbst Augur war; vgl. zu Br. 8, 3. — *wegen Domitius:* s. zu Br. 8, 3. — *Apuleius:* anscheinend wollte er auch Augur werden.

Brief 26. — 1. *daß er sich ... hinreißen läßt:* angeblich hatte Cicero den Servilius Casca, einen der Verschworenen, als sicarius (Mörder) bezeichnet. — *weil er getötet hat:* die Catilinarier i. J. 63. — *Bestia:* als Volkstribun i. J. 62. — *die Nonen des Dezember:* am 5. Dezember wurden die fünf verhafteten Catilinarier vom Senat zum Tode verurteilt und hingerichtet. — 7. *Porcia:* vgl. zu Br. 13, 1. — *Deine Bitte:* um die Erledigung irgendeiner geschäftlichen Angelegenheit.

BEMERKUNGEN ZUR TEXTGESTALTUNG

Die Lesarten dieser Ausgabe weichen von dem Wattschen Text
(Oxford 1958) an folgenden Stellen ab:

Watt	*Kasten*
1,2 ⟨in⟩ eo ... gradu	eo ... gradu
2,2 sollicitat	sollicitat ⟨de re Mutinensi⟩ *Watt* (*in app.*)
3 sed †quo† mihi crede	sed quo⟨ad volet⟩ mihi crede *Sternkopf*
3,3 †at in Asiam	at in Asiam
4,1 qua sine pax	quae sine pace (*C*)
5,2 †otio egisse†	otio egisse
10,1 miserabile	miserabilest (-les *VP*, -le est *R. Klotz*)
3 de⟨cima fraude⟩ C. Antoni sed in bonam partem	de⟨cima fraude⟩ C. Antoni (de Catoniis *sive* Antoniis *codd.*, *corr. Madvig et Hermann*) in bonam partem
11,2 octavum (*Ebms*)	octavom (-vo in *ΣMd*)
12,4 exercitu libera	exitu libera (*codd.*)
14,1 scripsisses	scripsissem (*codd.*)
2 depulisti	repulisti (*codd.*)
16,1 tibi nota sunt	tibi nota sint (*GVMR*)
3 †neque solum	neque solum
6 ⟨et⟩ praetereunda	praetereunda
17,5 locupletum	locupletium (*ERMd*)
18,1 erit * * * potest reciperari	erit post reciperari *Sigonius*
23,2 id mihi gratum erit	et mihi gratum erit (*codd.*)
25,2 a quo [que]	a quoque
5 ceterum nequiquam	ceterum ⟨ne⟩ nequiquam *Madvig*
mortuo ⟨eo⟩	mortuo
⟨si⟩ nulla cura	nulla cura
6 recidisse	cecidisse (*codd.*)
10 eveniunt (*R^cs*)	veniunt (*codd.*)
26,2 ut iam * * * ista	ut iam ⟨dubium sit utrum⟩ ista *Watt* (*in app.*)
6 †Antonius†	[Antonius] *Wesenberg*

PERSONEN-REGISTER

GEOGRAPHISCHES REGISTER

SONSTIGES

KONKORDANZ

Die von Watt befolgte Zählung hat Sjögren in seiner Teubneriana (1914) begründet. Ältere Ausgaben, nach denen noch heute vielfach zitiert wird, weisen die von Schütz eingeführte Zählung auf, der die Briefe 6–26 als Buch I bringt, denen er die Briefe 1–5 als Buch II folgen läßt. Zur Orientierung haben wir seine Zählung mit aufgeführt.

Schütz	Sjögren	Kasten	Schütz	Sjögren	Kasten
II,1	1	1	I,6	14	21
II,2	2	2	I,7	15	22
II,3	3	18	I,8	16	11
II,4	4	3	I,9	17	13
II,5	5	4	I,10	18	12
I,1	6	9	I,11	19	23
I,2	7	10	I,12	20	15
I,2a	8	5	I,13	21	24
I,3	9	6	I,14	22	14
I,3a	10	7	I,15	23	16
I,4	11	19	I,16	24	25
I,4a	12	20	I,17	25	26
I,5	13	8	I,18	26	17

FRAGMENTA EPISTVLARVM

I. AD M. TITINIVM

Suetonius, De gramm. et rhet. 26: L. Plotius Gallus. de hoc Cicero in epistula ad M. Titinium sic refert: Equidem memoria teneo pueris nobis primum Latine docere coepisse Plotium quendam. ad quem cum fieret concursus, quod studiosissimus quisque apud eum exerceretur, dolebam mihi idem non licere; continebar autem doctissimorum hominum auctoritate, qui existimabant Graecis exercitationibus ali melius ingenia posse.

II. AD CORNELIVM NEPOTEM
LIB. II

1. *Macrobius, Sat. II, 14: Iocos enim hoc genus veteres nostri 'dicta' dicebant. testis ... Cicero, qui in libro epistularum ad Cornelium Nepotem secundo sic ait:* Itaque nostri, cum omnia, quae dixissemus, 'dicta' essent, quae facete et breviter et acute locuti essemus, ea proprio nomine appellari 'dicta' voluerunt.

EX LIBRO INCERTO

2. 3. *Priscianus VIII, 17 [GL II 383, 1 K.]: Cicero ad Nepotem:* Hoc restiterat etiam, ut a te fictis adgrederer donis; *'adgrederer' passive dixit, ἐνεδρευθῶ. in eodem:* Qui habet, ultro appetitur; qui est pauper, aspernatur; *passive, ἐξουθενεῖται.*

4. *Suetonius, Div. Iul. 55, 1: Cicero ... ad Cornelium Nepotem de eodem [sc. Caesare] ita scripsit:* Quid? oratorem quem huic antepones eorum, qui nihil aliud egerunt? quis sententiis aut acutior aut crebrior? quis verbis aut ornatior aut elegantior?

5. *Ammianus Marcellinus XXI, 16, 13: Ut Tullius quoque docet, crudelitatis increpans Caesarem in quadam ad Nepotem epistula:* Neque enim quicquam aliud est felicitas, *inquit*, nisi honestarum rerum prosperitas; vel, ut alio modo definiam, felicitas est fortuna adiutrix consiliorum bonorum, quibus qui non utitur, felix esse nullo pacto potest. ergo in perditis impiisque consiliis, quibus Caesar usus est, nulla potuit esse felicitas; feliciorque meo iudicio Camillus exsulans quam temporibus isdem Manlius, etiam si, id quod cupierat, regnare potuisset.

III. AD CAESAREM
LIB. I

1. *Nonius p. 270 Mercerus [413 Lindsay], 19: 'Consequi', adipisci. M. Tullius epistula ad Caesarem lib. I:* tunc cum ea, quae es ab senatu

summo cum honore tuo consecutus. – *Idem p. 319 M. [501 L.],
35: 'Honor' est dignitas. M. Tullius epistularum ad Caesarem lib. I:* tu
cum . . . consecutus.

2. *Nonius p. 287 M. [444 L.], 24: 'Dicare', tradere. M. Tullius
in epistula ad Caesarem lib. I:* Balbum quanti faciam quamque ei me
totum dicaverim, ex ipso scies.

3. *Nonius p. 327 M. [513 L.], 4: 'Improbum' est . . . minime pro-
bum. M. Tullius epistula ad Caesarem lib. I:* Debes odisse improbi-
tatem eius, quia impudentissimum nomen delegerit.

4. *Nonius p. 413 M. [667 L.], 32: 'Tueri' dicitur servare, custodire.
M. Tullius epistularum ad Caesarem lib. I:* ut sciret tuenda maiore
cura esse, quam parta sunt.

5. *Nonius p. 305 M. [474 L.], 2: 'Ferox' . . . arrogans. . . . M.
Tullius epistula ad Caesarem lib. I:* Itaque vereor, ne ferociorem fa-
ciant tua tam praeclara iudicia de eo.

6. *Nonius p. 369 M. [588 L.], 37: 'Putare', aestimare. . . . M.
Tullius in epistulis ad Caesarem lib. I:* quod sapientes homines ac
boni putant.

LIB. II

7. *Nonius p. 32 M. [47 L.], 15: 'Monumenti' proprietatem a mo-
nendo M. Tullius exprimendam putavit ad Caesarem epistula II:* Sed
ego, quae monumenti ratio sit, nomine ipso admoneor: ad memoriam magis spectare debet posteritatis quam ad praesentis temporis
gratiam.

8. *Nonius p. 340 M. [537 L.], 17: 'Locandi' significatio manifesta
est, ut aut operis locandi aut fundi. M. Tullius epistula ad Caesarem lib.
II:* vel quod locatio ipsa pretiosa.

LIB. III

9. *Nonius p. 286 M. [441 L.], 13: 'Dimittere' est derelinquere.
M. Tullius ad Caesarem lib. III:* Quae si videres, non te exercitu
retinendo tuereris sed eo tradito aut dimisso.

10. *Nonius p. 436 M. [702 L.], 25: 'Contemnere' et 'despicere' eo
distant quod est despicere gravius quam contemnere. M. Tullius . . . ad
Caesarem lib. III:* Amici nonnulli te contemni ac despici et pro
nihilo haberi senatum volunt.

EX LIBRO INCERTO

11. *Nonius p. 270 M. [413 L.], 23: 'Consequi', exprimere, definire.
M. Tullius ad Caesarem:* Extrema vero nec quanta nec qualia sint,
verbis consequi possum.

12. *Nonius p. 336 M. [530 L.], 20: 'Levare' . . . relevare . . . M.
Tullius epistularum ad Caesarem:* Iam amplitudinem gloriamque

tuam magno mihi ornamento esse et fore existimo, †quid me levas cura.

IV. AD CAESAREM IVNIOREM

LIB. I

1. *Nonius p. 237 M. [355 L.], 43: 'Aditus' ... adventus. ... M. Tullius ad Caesarem iuniorem lib. I:* et aut ad consules aut ad te aut ad Brutum adissent, his fraudi ne esset, quod cum Antonio fuissent.

2. *Nonius p. 239 M. [358 L.], 21: 'Accipere', tractare, increpare. M. Tullius ... ad Caesarem iuniorem lib. I:* Roga ipsum, quemadmodum eum ego Arimini acceperim. – *Idem p. 383 M. [611 L.], 8: 'Rogare', quaerere, scitari. M. Tullius ad Caesarem iuniorem lib. I:* Roga ... ego eum ... acceperim.

3. *Nonius p. 252 M. [381 L.], 23: 'Cunctari' est dubitare. ... M. Tullius ad Caesarem iuniorem lib. I:* Sed cito paenituit domumque rediit; ceteri cunctabantur.

4. *Nonius p. 255 M. [388 L.], 34: 'Comparare', adaequare. M. Tullius ad Caesarem iuniorem lib. I:* Neminem tibi profecto hominem ex omnibus aut anteposuissem umquam aut etiam comparassem.

5. *Nonius p. 268 M. [411 L.], 34: 'Conficere', colligere. ... M. Tullius ad Caesarem iuniorem lib. I:* in singulas tegulas impositis sescenties confici posse.

6. *Nonius p. 269 M. [412 L.], 16: 'Conficere', consumere, finire. ... M. Tullius ad Caesarem iuniorem lib. I:* Bellum, ut opinio mea fert, consensu civitatis confectum iam haberemus.

7. *Nonius p. 283 M. [437 L.], 36: 'Ducere', trahere, differre. M. Tullius ad Caesarem iuniorem lib. I:* Ne res duceretur, fecimus, ut Hercules Antianus in alium locum transferretur.

8. *Nonius p. 297 M. [460 L.], 7: 'Expedire', colligere. M. Tullius ad Caesarem iuniorem lib. I:* Ex ceteris autem generibus tunc pecunia expedietur, cum legionibus victricibus erunt, quae spopondimus, persolvenda.

9. *Nonius p. 328 M. [516 L.], 25: 'Involvere', implicare. M. Tullius ad Caesarem iuniorem lib. I:* sed quod viderem nomine pacis bellum involutum fore.

10. *Nonius p. 356 M. [565 L.], 13: 'Opinio' est fama. M. Tullius ad Caesarem iuniorem lib. I:* Erat opinio bona de Planco, bona de Lepido.

11. *Nonius p. 371 M. [590 L.], 6: 'Praestare', exhibere. M. Tullius ad Caesarem iuniorem lib. I:* tu si meam fidem praestiteris, quod confido te esse facturum.

12. *Nonius p. 380 M. [607 L.], 37: 'Relatum' dicitur 'perlatum', dictum a M. Tullio ad Caesarem iuniorem lib. I:* Sed haec videbimus, cum legati responsa rettulerint.

13 = 23 A.

14. *Nonius p. 419 M. [676 L.], 10: 'Vindicare', revocare. M. Tullius ad Caesarem iuniorem lib. I:* qui si nihil ad id beneficium adderes, quo per te me una cum re publica in libertatem vindicassem.

15 = 25 A.

16. *Nonius p. 538 M. [863 L.], 22: 'Sagum', vestimentum militare. . . . M. Tullius ad Caesarem iuniorem lib. I:* Pridie Nonas Februarias, cum ad te litteras mane dedissem, descendi ad forum sagatus, cum reliqui consulares togati vellent descendere.

LIB. II

17. *Nonius p. 33 M. [48 L.], 12: 'Insulsum', proprie fatuum, quasi sine sale. M. Tullius ad Caesarem iuniorem epistula II:* Sed ita locutus insulse est, ut mirum senatus convicium exceperit.

18. *Nonius p. 33 M. [48 L.], 16: 'Ignavum' est 'segne', torpidum, feriatum, et sine igni. . . . M. Tullius ad Caesarem iuniorem II lib.:* in quo tua me provocavit oratio, mea consecuta est segnis.

19. *Nonius p. 273 M. [418 L.], 4: 'Constat', convenit, manifestum est. M. Tullius ad Caesarem iuniorem lib. II:* cum constaret Caesarem Lupercis id vectigal dedisse; qui autem poterat id constare?

20. *Nonius p. 288 M. [445 L.], 24: 'Deicere', elidere. M. Tullius ad Caesarem iuniorem lib. II:* ad statuam nescio cuius Clodi, quam cum restitui iussisset Ancone, cum hero deiectam esse ex senatus consulto.

21. *Nonius p. 522 M. [505 L.], 10: 'Insolens' impudens et audax dicitur consuetudine. M. Tullius ad Caesarem iuniorem lib. II:* insolens, adrogans, iactans.

22. *Nonius p. 344 [544 L.], 21: 'Meret', meretur. . . . M. Tullius ad Caesarem iuniorem lib. II:* quem perisse ita de re publica merentem consulem doleo.

23. *Nonius p. 389 M. [623 L.], 28: 'Secundum', prosperum. . . . M. Tullius ad Caesarem iuniorem lib. II:* Scriptum erat equestre proelium valde secundum, in his autem potius adversum.

23 A [13]. *Nonius p. 394 M. [632 L.], 7: 'Spurcum', vehemens, asperum. M. Tullius ad Caesarem iuniorem lib. II:* cum iter facerem ad Aquilam Claternam tempestate spurcissima.

24. *Nonius p. 462 M. [740 L.], 11: 'Locupletis' non magnarum opum tantum modo sed et ad quamlibet rem firmos et certos M. Tullius dici voluit ad Caesarem iuniorem lib. II:* Nihil omnino certi nec locupletem ad hoc auctorem habebamus.

25. *Nonius p. 538 M. [864 L.], 33: 'Paludamentum' est vestis, quae*

nunc chlamys dicitur. . . . *M. Tullius ad Caesarem iuniorem lib. II:* An tonius demens ante lucem paludatus.

25 A [15]. *Nonius p. 436 M. [702 L.], 21: 'Ignoscere' et 'concedere' quemadmodum inter se distent, aperit M. Tullius ad Caesarem iuniorem lib. II:* Quod mihi et Philippo vacationem das, bis gaudeo; nam et praeteritis ignoscic et concedis futura.

LIB. III

26. *Nonius p. 329 M. [518 L.], 30: 'Invehi', adgredi, increpare. M. Tullius ad Caesarem iuniorem lib. III:* Itaque in eam Pansa vehementer est invectus.

27. *Nonius p. 425 M. [688 L.], 32: 'Anticus' et 'antiquior', ut gradu, ita et intellectu distant. Nam 'anticum' significat vetus ... 'antiquior' melior.* . . . *M. Tullius ad Caesarem iuniorem lib. III:* ego autem antiquissimum, oriundum Scythis, quibus antiquior laetitia est quam lucrum.

EX LIBRO INCERTO

28. *Nonius p. 356 M. [565 L.], 21: 'Opinio', spes, opinatio. M. Tullius ad Caesarem iuniorem:* Posthac quod voles a me fieri, scribito; vincam opinionem tuam.

29. *Nonius p. 362 M. [575 L.], 26: 'Promittere' est polliceri.* . . . *M. Tullius ad Caesarem iuniorem:* promissa tua memoria teneas.

V. AD C. PANSAM
LIB. I

1. *Nonius p. 509 M. [819 L.], 14: 'Humaniter'. M. Tullius ad Pansam lib. I:* De Antiocho fecisti humaniter; quem quidem ego semper dilexi meque ab eo diligi sensi. – *Priscianus XV. 13 [GL. III, 70, 13 K.]: Idem [sc. Cicero] ad Pansam I:* De Antiocho fecisti humaniter.

2. *Nonius p. 126 M. [183 L.], 18: 'Inaudire', audire. M. Tullius ad Pansam lib. I:* quorum erupit illa vox, de qua ego ex te primum quiddam inaudieram.

LIB. III

3. *Nonius p. 92 M. [131 L.], 14: 'Concalfacere', exercitare vel incendere vel hortari. Cicero . . . ad Pansam lib. III:* Nos Ventidianis rumoribus calfacimur.

EX LIBRO INCERTO

4. *Grammaticus incertus, De dub. nom. [GL. V, 572, 17 K.]:* barones *dicendum, sicut Cicero ad Pansam.*

VI. AD A. HIRTIVM
LIB. II

1. *Nonius p. 204 M. [300 L.], 9:* '*Error*' *masculini est generis.
. . . neutri: M. Tullius ad Hirtium lib. II:* Qua in re si mediocriter lapsus sum, defendes meum tolerabile erratum.

LIB. V

2. *Nonius p. 37 M. [54 L.], 19:* '*Impertire*' *est participare et partem dare. . . . M. Tullius . . . ad Hirtium lib. V:* et quoniam, ut hoc tempus est, nihil habeo, patriae quod impertiam.

LIB. VII

3. *Nonius p. 437 M. [704 L.], 23:* '*Vetustiscere*' *et* '*veterascere*'. *quid intersit, Nigidius . . . deplanavit:* '*Dicemus quae vetustate deteriora fiunt* "*vetustiscere*"; "*inveterascere*", *quae meliora*'. *M. Tullius ad Hirtium lib. VII:* Cum enim nobilitas nihil aliud sit quam cognita virtus, quis in eo, quem veterascentem videat ad gloriam, generis antiquitatem desideret?

LIB. IX

4. *Nonius p. 449 M. [721 L.], 19:* '*Interfici*' *et* '*occidi*' *et inanimalia posse veteres vehementi auctoritate posuerunt. . . . M. Tullius . . . ad Hirtium lib. VIIII:* . . . dicis, quasi istuc intereat. nescio, nisi tamen erat mihi iucundum; sed veritus, ne qui casus perimeret superioris . . .

EX LIBRO INCERTO

5. *Nonius p. 212 M. [313 L.], 14:* '*Lutum*' *genere neutro; et apud Ciceronem in epistulis ad Hirtium lectum est plurali numero:* luta et limum adgerebant.

VII. AD M. BRVTVM
LIB. I

1. *Servius ad Verg. Aen. VIII. 395:* '*Ex alto*' *argumentatione longe repetita. – Scholia Danielis ibid.: Est autem de usu dictum. Cicero primo libro ad Brutum:* si Pompeius non ex alto peteret et multis verbis me iam hortaretur.

LIB. VII

2. *Nonius p. 296 M. [459 L.], 9:* '*Experiri*', *scire. M. Tullius epistula ad Brutum lib. VII:* His contraria atque parata, ut esse solet, expertus sum.

LIB. VIII

3. *Nonius p. 527 M. [847 L.], 23:* '*Vel*' *pro* '*etiam*' *est. M. Tullius epistula ad Brutum lib. VIII:* et quod te tantum amat, ut vel me audeat provocare.

EX LIBRIS INCERTIS

4. *Isidorus, Different. I, 17 [V, p. 4 Areval.; Migne, Patrol. Lat. LXXXIII, col. 12]: Inter 'amare' et 'diligere' putat differre Cicero, saepiusque sic utitur, ut distinguat atque 'amare', ponat pro 'ardenter amare', at 'diligere' pro 'levius amare', sicut in epistulis ad Brutum:* Vale, inquit, et nos ama vel, si id nimis est, dilige.

5. *Isidorus ibid. et rursus:* Sic igitur facies: me aut amabis aut, quo contentus sum, diliges. – *Nonius p. 421 M. [682 L.], 28: Inter 'amare' et 'diligere' hoc interest, quod 'amare' vim habet maiorem, 'diligere autem est levius amare. Cicero ad Brutum:* Sic igitur facies et me aut amabis aut, quo contentus sum, diliges. – *Idem p. 264 M. [403 L.] 6, idem fragm.*

6. *Quintilianus III, 8, 41: Aliquando bonis quoque suadentur parum decora, dantur parum bonis consilia, in quibus ipsorum, qui consulunt, spectatur utilitas. nec me fallit, quae statim cogitatio subire possit legentem: 'hoc ergo praecipis et hoc fas putas?' poterat me liberare Cicero, qui ita scribit ad Brutum praepositis plurimis, quae honeste suaderi Caesari possint:* Simne bonus vir, si haec suadeam? minime; suasoris enim finis est utilitas eius, cui quisque suadet. at recta sunt. quis negat? sed non est semper rectis in suadendo locus.

7. *Quintilianus V, 10, 9: 'Argumentum' quoque plura significat. nam et fabulae ad actum scaenarum compositae 'argumenta' dicuntur, et orationum Ciceronis velut thema exponit Pedianus 'argumentum tale est', et ipse Cicero ad Brutum ita scribit:* veritus fortasse, ne nos in 'Catonem' nostrum transferremus illim aliquid, etsi argumentum simile non erat.

8. *Quintilianus VIII, 3, 6: Recteque Cicero his ipsis ad Brutum verbis quadam in epistula scribit:* Nam eloquentiam, quae admirationem non habet, nullam iudico.

9. *Quintilianus VIII, 3, 34: Et quae vetera nunc sunt, fuerunt olim nova, et quaedam sunt in usu perquam recenti. . . . 'favorem' et 'urbanum' Cicero nova credit; nam et in epistula ad Brutum:* Eum inquit amorem et eum, ut hoc verbo utar, favorem in consilium advocabo.

10. *Quintilianus VIII, 6, 20: Maxime autem in orando valebit numerorum illa libertas; nam et Livius saepe sic dicit, 'Romanus proelio victor', cum Romanos vicisse significat, et contra Cicero ad Brutum:* Populo inquit imposuimus et oratores visi sumus, *cum de se tantum loqueretur.* – *Ibid. 55:* Oratores visi sumus et populo imposuimus.

11. *Quintilianus IX, 3, 41: Hanc frequentiorem repetitionem πλοκὴν vocant, quae fit ex permixtis figuris, ut supra dixi, utque se habet epistula ad Brutum:* ego cum in gratiam redierim cum Appio Claudio et redierim per Cn. Pompeium; ego ergo cum redierim.

12. *Quintilianus IX, 3, 58: At quae per detractionem fiunt figurae, brevitatis novitatisque maxime gratiam petunt; quarum una est ea ... cum subtractum verbum aliquod satis ex ceteris intellegitur, ut ... Cicero ad Brutum:* Sermo nullus scilicet nisi de te; quid enim potius? tum Flavius 'cras' inquit 'tabellarii'; et ego ibidem has inter cenam exaravi.

13. *Quintilianus IX, 4, 41: Videndum etiam ne syllaba verbi prioris ultima et prima sequentis idem sonet; quod ne quis praecipi miretur, Ciceroni in epistulis excidit:* Res mihi invisae visae sunt, Brute.

VIII. AD M. FILIVM
LIB. I

1. *Priscianus VIII, 96 [GL. II, 444, 24 K.]: 'Excello, excellis' et 'excelleo, excelles' ... Cicero in I epistularum ad filium:* Quare effice et elabora, ut excelleas. – *Idem fragm. ibid. X, 36 [GL II, 527, 8 K.].*

LIB. II

2. *Nonius p. 275 M. [422 L.], 17: 'Commodare', cum commodo dare. M. Tullius ad filium lib. II:* cui ego, quibuscumque rebus potero, libentissime commodabo.

EX LIBRO INCERTO

3. *Diomedes I [GL. I, 375, 27 K.]: 'Deleor', 'delitus' et 'deletus'. Cicero ad filium:* ceris deletis.

4. [5] *Servius ad Verg. Aen. VIII, 168: Cicero per epistulam culpat filium, dicens* male eum dixisse 'direxi litteras duas', *cum* 'litterae', quotiens epistulam significant, numeri tantum pluralis sint.

5. [7] *Plutarchus, Cic. 24. 8:* Ἐπιστολαὶ ... Κικέρωνος εἰσὶ ... πρὸς τὸν υἱόν, ἐγκελευομένου συμφιλοσοφεῖν Κρατίππῳ.

IX. AD C. LICINIVM CALVVM
LIB. I

1. *Priscianus IX, 54 [GL. II, 490, 8 K.]: A 'deleo' ... 'deletum', a 'delino' 'delitum' nascitur. ... Cicero epistularum ad Calvum primo:* Tuli moleste, quod litterae delitae mihi a te redditae sunt.

EX LIBRO INCERTO

3. *Nonius p. 469 M. [752 L.], 3: 'Auguro'. ... Cicero ad Calvum:* Praesentit animus et augurat quodammodo, quae futura sit suavitas.

X. AD Q. AXIUM

LIB. I

2. *Arusianus Messius [GL. VII, 453, 13 K.]: 'Adit ad illum'*
Cicero ad Axium lib. I: Ad M. Bibulum adierunt.

3. *Arusianus Messius [GL VII, 453, 23 K.]: 'Adiuto hoc illos'.*
Cicero ad Axium I: si tu aliquid nos adiutare potes.

LIB. II

4. *Nonius p. 509 M. [819, L.], 14: 'Humaniter'. M. Tullius . . .*
ad Axium lib. II: Invitus litteras tuas scinderem: ita sunt humaniter
scriptae.

EX LIBRO INCERTO

5. *Suetonius, Div. Iul. 9. 2: De hac [sc. coniuratione] significare*
videtur et Cicero in quadam ad Axium epistula, referens Caesarem in
consulatu confirmasse regnum, de quo aedilis cogitarat.

6. *Seneca, De brev. vit. 5. 2: Quam flebiles voces exprimit [sc. Cicero]*
in quadam ad Axium epistula iam victo patre Pompeio, adhuc filio in
Hispania fracta arma refovente: Quid agam *inquit* hic, quaeris.
moror in Tusculano meo semiliber.

XI. AD CATONEM

Nonius p. 438 M. [705 L.], 26: 'Plus' a 'multo' vetustas voluit
discrepare: . . . 'multum' a plurimo minus ac non supra modum; . . . 'plus'
. . . maioris modi est quam necessarium est; atque ideo M. Tullius discrevit
epistula ad Catonem: nec idcirco mihi desiderandam esse dignitatem
meam, quod eam multum impugnarint, sed eo magis recolendam,
quod plus desiderarint.

XII. AD CAERELLIAM

[1.] *Quintilianus VI, 3, 112: Etiam illud [sc. potest inter ridicula*
numerari], quod Cicero Caerelliae scripsit reddens rationem, cur illa
C. Caesaris tempora tam patienter toleraret: Haec aut animo Catonis
ferenda sunt aut Ciceronis stomacho; *'stomachus' enim ille habet*
aliquid ioco simile.

XIII. AD HOSTILIVM

Charisius I, 15 [GL. I, 110, 1 K.; 140. 20 B.]: 'Requies' accusativo
non facit 'requietem' sed 'requiem', quamvis Cicero dixerit requietem *ad*
Hostilium. – Cf. Iul. Roman. ap. Charis. I, 17 [142. 7 K. 179. 28 B.].

XIV. AD CN. POMPEIVM

Cicero, Pro Sulla 67: Hic tu epistulam meam saepe recitas, quam ego ad Cn. Pompeium de meis rebus gestis et de summa re publica misi, et ex ea crimen aliquod in P. Sullam quaeris; et, si furorem incredibilem biennio ante conceptum erupisse in meo consulatu *scripsi, me hoc demonstrasse dicis, Sullam in illa fuisse superiore coniuratione.*

XV. AD ATTICVM

Iulius Romanus ap. Charis. I. 17 [GL I, 146, 31 K.; 186. 9 B.]:
Vectigaliorum *Cicero ad Atticum. – Cf. etiam Diomed. I [GL I, 410, 8 K.].*

XVI. ΕΛΛΗΝΙΚΑΙ

Plutarchus, Cic. 24, 7: Κρατίππῳ δὲ τῷ περιπατητικῷ διεπράξατο μὲν Ῥωμαίῳ γενέσθαι παρὰ Καίσαρος ἄρχοντος ἤδη, διεπράξατο δὲ καὶ τὴν ἐξ Ἀρείου πάγου βουλὴν ψηφίσασθαι δεηθῆναι μένειν αὐτὸν ἐν Ἀθήναις καὶ διαλέγεσθαι τοῖς νέοις ὡς κοσμοῦντα τὴν πόλιν. ἐπιστολαὶ δὲ περὶ τούτων Κικέρωνος εἰσὶ πρὸς Ἡρώδην ... Γοργίαν δὲ τὸν ῥητορικὸν αἰτιώμενος πρὸς ἡδονὰς προάγειν καὶ πότους τὸ μειράκιον (i. e. Κικέρωνα τὸν υἱόν), ἀπελαύνει τῆς συνουσίας αὐτοῦ. καὶ σχεδὸν αὕτη γε τῶν Ἑλληνικῶν μία καὶ δευτέρα πρὸς Πέλοπα τὸν Βυζάντιον ἐν ὀργῇ τινι γέγραπται, τὸν μὲν Γοργίαν αὐτοῦ προσηκόντως ἐπικόπτοντος, εἴπερ ἦν φαῦλος καὶ ἀκόλαστος ὥσπερ ἐδόκει, πρὸς δὲ τὸν Πέλοπα μικρολογουμένου καὶ μεμψιμοιροῦντος ὥσπερ ἀμελήσαντα τιμὰς αὐτῷ καὶ ψηφίσματα παρὰ Βυζαντίων γενέσθαι.

XVII. EX EPISTVLIS INCERTIS

1. *Quintilianus IX, 3, 61: Nec ego illud quidem aposiopesin semper voco, in quo res quaecumque relinquitur intellegenda, ut ea, quae in epistulis Cicero:* Data Lupercalibus, quo die Antonius Caesari; *non enim obticuit; lusit, quia nihil aliud intellegi poterat quam hoc: 'diadema imposuit'.*

2. *Quintilianus VI, 3, 20: 'Facetum' quoque non tantum circa ridicula opinor consistere; ... decoris hanc magis et excultae cuiusdam elegantiae appellationem puto. ideoque in epistulis Cicero haec Bruti refert verba:* Ne illi sunt pedes faceti ac †deliciis ingredienti mollius†.

3. *Pompeius, Comment. artis Donati, De comparatione [GL. V. 154, 9 K.]:* '*Pius, piissimus*' *duos habet gradus, positivum et superlativum. quamquam et hoc* '*piissimus*' *vituperavit Cicero in Philippicis.* . . . *tamen Caper, ille magister Augusti Caesaris, elaboravit vehementissime et de epistulis Ciceronis collegit haec verba, ubi dixerat ipse Cicero* 'piissimus'.

4. *Plutarchus, Cic. 24, 6:* Καίτοι τινὲς τῶν προσποιουμένων δημοσθενίζειν ἐπιφύονται φωνῇ τοῦ Κικέρωνος ἣν πρός τινα τῶν ἑταίρων ἔθηκεν ἐν ἐπιστολῇ γράψας ἐ ν ι α χ ο ῦ τ ω ν λ ό γ ω ν ὑ π ο ν υ σ τ ά ζ ε ι ν τ ὸ ν Δ η μ ο σ θ έ ν η ν. – *Cf. Quintilianus XII, I, 22: Transeo illos, qui Ciceroni ac Demostheni ne in eloquentia quidem satis tribuunt, quamquam neque ipsi Ciceroni Demosthenes videatur satis esse perfectus, quem dormitare interim dicit, nec Cicero Bruto Calvoque, qui certe compositionem illius etiam apud ipsum reprehendunt. – Idem X, I, 24: cum Ciceroni dormitare interim Demosthenes . . . videatur.*

5. *Suetonius, Div. Iul. 49, 3: Cicero vero, non contentus in quibusdam epistulis scripsisse* a satellitibus eum [sc. Caesarem] in cubiculum regium [sc. Nicomedis] eductum in aureo lecto veste purpurea decubuisse floremque aetatis a Venere orti in Bithynia contaminatum, *quondam etiam in senatu defendenti ei Nysae causam, filiae Nicomedis, beneficiaque regis in se commemoranti* 'Remove' *inquit* 'istaec, oro te, quando notum est et quid ille tibi et quid illi tute dederis'.

BEMERKUNGEN ZUR TEXTGESTALTUNG

Der gebotene Text weicht an folgenden Stellen von der Wattschen Ausgabe ab:

	Watt	*Kasten*
I	et studiosissimus (*codd. Ottob. et Vindob.*)	quod studiosissimus
III,10	⟨a⟩ te contemni (*Lambinus*)	te contemni
IV,20	quam †tu†	quam cum (*Laetus*)
	†ancone cum hero	Ancone cum hero
V,1	de Antio	de Antiocho (*Sigonius*)
VII,2	†parata ... soleat	parata ... solet (*pauci codd.*)
VII,11	*et* ego ergo	[*et*] ego ergo (*Sigonius*)

Zu III,10: „Läßt man die Konjektur – und bei so kleinem Zusammenhang läßt sie sich nicht rechtfertigen –, muß man methodisch mit der Möglichkeit rechnen, daß hier ein Brief Caesars an C. vorliegt." (Büchner, RE VII A, 1201.)

REGISTER

Q. TVLLIVS CICERO

COMMENTARIOLVM PETITIONIS

QVINTVS MARCO FRATRI S. D.

Etsi tibi omnia suppetunt ea, quae consequi ingenio 1
aut usu homines aut diligentia possunt, tamen amore
nostro non sum alienum arbitratus ad te perscribere
ea, quae mihi veniebant in mentem dies ac noctes de
petitione tua cogitanti, non ut aliquid ex his novi ad-
disceres, sed ut ea, quae in re dispersa atque infinita
viderentur esse, ratione et distributione sub uno
aspectu ponerentur. quamquam plurimum natura
valet, tamen videtur in paucorum mensum negotio
posse simulatio naturam vincere.

Civitas quae sit cogita, quid petas, qui sis. prope 2
cottidie tibi hoc ad forum descendenti meditandumst:
'novus sum, consulatum peto, Roma est.'

Nominis novitatem dicendi gloria maxime suble-
vabis. semper ea res plurimum dignitatis habuit; non
potest, qui dignus habetur patronus consularium,
indignus consulatu putari. quam ob rem quoniam ab
hac laude proficisceris et, quicquid es, ex hoc es, ita
paratus ad dicendum venito, quasi in singulis causis
iudicium de omni ingenio futurum sit. eius facultatis 3
adiumenta, quae tibi scio esse seposita, ut parata ac
prompta sint, cura et saepe, quae de Demosthenis
studio et exercitatione scripsit Demetrius, recordare.
deinde vide, ut amicorum et multitudo et genera ap-
pareant; habes enim ea, quae non multi homines novi
habuerunt, omnes publicanos, totum fere equestrem

Q. TULLIUS CICERO

DENKSCHRIFT
ÜBER DIE BEWERBUNG UM DAS KONSULAT

Quintus grüßt seinen Bruder Marcus

Sicherlich ist Dir nichts versagt, was ein Mensch durch Begabung, Erfahrung oder Fleiß erreichen kann. Trotzdem – Deine Kandidatur geht mir Tag und Nacht im Kopfe herum, und wenn ich Dir haarklein berichte, was mir dabei in den Sinn kommt, so meine ich damit nur zu tun, was brüderliche Liebe mir gebietet. Ich bilde mir nicht ein, Dir viel Neues zu bringen; mir liegt nur daran, was der Sache nach vielschichtig und unübersehbar erscheint, systematisch geordnet unter einen Gesichtspunkt zu stellen. Charakter ist zwar ein unschätzbarer Besitz, aber bei einer nur wenige Monate umfassenden Affäre darf doch wohl einmal Verstellung den Charakter überschatten.

Bedenke, mit welcher Bürgerschaft Du es zu tun hast, was Du erstrebst und wer Du bist. Eigentlich jeden Tag mußt Du Dir, wenn Du zum Forum hinuntergehst, dies einprägen: „Ich bin ein Neuling; ich bewerbe mich um das Konsulat; es handelt sich um Rom."

Die Neuheit Deines Namens wirst Du durch Deinen rednerischen Ruhm unschwer ausgleichen. Schon immer hat Beredsamkeit einen besonderen Rang verliehen; wer für würdig befunden wird, Konsulare vor Gericht zu verteidigen, kann nicht für des Konsulats unwert gelten. Weil also dieser Ruhm Dein Sprungbrett ist und Du alles, was Du bist, durch ihn geworden bist, geh immer so wohlgerüstet in die Redeschlacht, als ob das Urteil über Dein ganzes Talent von dem einen Prozeß abhinge! Sorge dafür, daß Du die Hilfsmittel dieser Deiner Befähigung, die Du, wie ich weiß, in Bereitschaft hältst, bequem zur Hand hast, und denke immer daran, was Demetrius über Demosthenes' eifrige Redeübungen geschrieben hat! Ferner sieh zu, daß die Vielzahl Deiner Freunde und ihr Rang in Erscheinung tritt; Du hast ja für Dich, was sonst kaum ein Neuling für sich gehabt hat: alle Staatspächter, fast den gesam-

ordinem, multa propria municipia, multos abs te
defensos homines cuiusque ordinis, aliquot collegia,
praeterea studio dicendi conciliatos plurimos adu-
lescentulos, cottidianam amicorum adsiduitatem et
frequentiam. haec cura ut teneas commonendo et ro- 4
gando et omni ratione efficiendo, ut intellegant, qui
debent tua causa, referendae gratiae, qui volunt,
obligandi tui tempus sibi aliud nullum fore.

Etiam hoc multum videtur adiuvare posse novum
hominem, hominum nobilium voluntas et maxime
consularium; prodest, quorum in locum ac numerum pervenire velis, ab his ipsis illo loco ac numero
dignum putari. hi rogandi omnes sunt diligenter et 5
ad eos adlegandum persuadendumque est iis nos
semper cum optimatibus de re publica sensisse,
minime populares fuisse; si quid locuti populariter
videamur, id nos eo consilio fecisse, ut nobis Cn.
Pompeium adiungeremus, ut eum, qui plurimum
posset, aut amicum in nostra petitione haberemus
aut certe non adversarium.

Praeterea adulescentes nobiles elabora ut habeas, 6
vel ut teneas studiosos quos habes; multum dignitatis
adferent. plurimos habes; perfice, ut sciant, quantum
in iis putes esse. si adduxeris, ut ii, qui non nolunt,
cupiant, plurimum proderunt.

Ac multum etiam novitatem tuam adiuvat, quod
eiusmodi nobiles tecum petunt, ut nemo sit, qui
audeat dicere plus illis nobilitatem quam tibi virtutem prodesse oportere. iam P. Galbam et L. Cas- 7
sium summo loco natos quis est qui petere consulatum putet? vides igitur amplissimis ex familiis homines, quod sine nervis sint, tibi pares non esse.

At Antonius et Catilina molesti sunt. immo homini 8

ten Ritterstand, zahlreiche Dir ergebene Landstädte, viele Leute
jeden Standes, die Du verteidigt hast, eine Reihe von Kollegien,
dazu sehr viele junge Leute, die Dir das Studium der Redekunst
zugeführt hat, und Tag für Tag die beständige Gegenwart und den
Zulauf von Freunden. Dies alles mußt Du festhalten, indem Du
mahnst und bittest und auf jede Weise die Leute zu der Einsicht zu
bringen suchst, daß für die, die sich Dir verpflichtet fühlen, dies
die letzte Gelegenheit ist, sich Dir erkenntlich zu zeigen, und ebenso für die, die etwas von Dir wollen, sich Dich zu verpflichten.

Weiterhin dürfte ein Neuling eine wesentliche Stütze finden
können in den Sympathien des Amtsadels, vor allem der Konsulare;
es ist nützlich, gerade von denen des Ranges und der Würden für
wert gehalten zu werden, in deren Rang und Würden man auf-
rücken will. Sie alle muß man eifrig hofieren, sich an sie heranmachen und ihnen die Überzeugung beibringen, daß wir mit unsern
politischen Ansichten stets auf seiten der Optimaten gestanden und
keineswegs zu den Popularen gehalten haben; wenn es so aussehe,
als hätten wir uns einmal in diesem Sinne geäußert, dann sei das
in der Absicht geschehen, Cn. Pompeius für uns zu interessieren,
um ihn, den mächtigsten Mann, als Freund oder jedenfalls nicht
als Gegner bei unsrer Bewerbung zu haben.

Außerdem mußt Du Dich bemühen, die adlige Jugend für Dich
zu gewinnen oder, soweit sie sich schon für Dich interessiert, bei
der Stange zu halten; sie wird Dein Ansehen gewaltig fördern.
Sehr viele hast Du bereits für Dich; die laß wissen, welchen Wert
Du auf sie legst! Wenn es Dir gelingt, auch diejenigen, die Dir an
sich nicht abgeneigt sind, heranzuholen, werden auch sie Dir von
großem Nutzen sein.

Sehr zustatten kommt Dir als Neuling überdies der Umstand,
daß von Deinen adligen Mitbewerbern niemand zu behaupten
wagt, ihr Adel fördere sie selbstverständlich mehr, als Dich Deine
Tüchtigkeit. Daß P. Galba und L. Cassius, hochwohlgeborene
Herren, sich um das Konsulat bewerben, hält doch kein Mensch
für möglich. Du siehst also, Männer aus den erlauchtesten Familien
können es nicht mit Dir aufnehmen, weil sie ohne Saft und Kraft
sind.

Gewiß, Antonius und Catilina sind unangenehm. Aber einem

navo, industrio, innocenti, diserto, gratioso apud
eos, qui res iudicant, optandi competitores ambo a
pueritia sicarii, ambo libidinosi, ambo egentes. eorum
alterius bona proscripta vidimus, vocem denique
audivimus iurantis se Romae iudicio aequo cum
homine Graeco certare non posse, ex senatu eiectum
scimus optima ac vera censorum existimatione, in
praetura competitorem habuimus amico Sabidio et
Panthera, quom iam, ad tabulam quos poneret, non
haberet, quo tamen in magistratu amicam, quam
domi palam haberet, de machinis emit; in petitione
autem consulatus copones omnes compilare per tur-
pissimam legationem maluit quam adesse et populo
Romano supplicare.

Alter vero, di boni! quo splendore est? primum 9
nobilitate eadem. num maiore? non. sed virtute.
quam ob rem? quod Antonius umbram suam metuit,
hic ne leges quidem, natus in patris egestate, educatus
in sororum stupris, corroboratus in caede civium,
cuius primus ad rem publicam aditus in equitibus R.
occidendis fuit. nam illis quos meminimus Gallis, qui
tum Titiniorum ac Nanniorum ac Tanusiorum capita
demetebant, Sulla unum Catilinam praefecerat; in quibus ille hominem optimum, Q. Caecilium, sororis
suae virum, equitem Romanum, nullarum partium,
cum semper natura tum etiam aetate iam quietum,
suis manibus occidit. quid ego nunc dicam petere 10
eum tecum consulatum, qui hominem carissimum
populo Romano, M. Marium, inspectante populo
Romano vitibus per totam urbem ceciderit, ad bustum
egerit, ibi omni cruciatu lacerarit, vivo stanti collum
gladio sua dextera secuerit, cum sinistra capillum eius
a vertice teneret, caput sua manu tulerit, cum inter

rührigen, strebsamen, unbescholtenen, redegewandten, bei den Gerichten beliebten Manne sind solche Mitbewerber gerade recht; beides Mörder von Kindesbeinen an, beides Wüstlinge, beides Hungerleider. Bei dem einen sehen wir sein Hab und Gut unter dem Hammer, haben seinen Schwur gehört, mit einem Griechen könne er nicht in Rom zu gleichem Recht prozessieren, wissen, daß er von den Zensoren in vollkommen richtiger Einschätzung aus dem Senat ausgestoßen wurde, haben ihn bei der Prätur als Mitbewerber erlebt, unter Assistenz eines Sabidius und Panthera, weil er keinen Sklaven mehr besaß, den er hätte zu Geld machen können – immerhin kaufte er dann während seiner Amtszeit am Sklavenmarkt ein Mädchen mit der Absicht, es vor aller Augen bei sich im Hause zu haben. Und jetzt, bei der Bewerbung um das Konsulat, hat er es vorgezogen, auf einer schäbigen Vergnügungsreise die kleinen Kneipwirte zu schröpfen, anstatt hier zu bleiben und sich dem Römischen Volke zu empfehlen.

Und nun gar der andere! Du lieber Gott! Womit kann der glänzen? Zunächst mit seinem adligen Blut wie jener! Wohl gar mit noch edlerem? Nein! Aber er ist tüchtiger! Wieso? Weil Antonius seinen eigenen Schatten fürchtet, dieser nicht einmal die Gesetze. Geboren in den dürftigen Verhältnissen seines Vaters, aufgewachsen in Buhlschaft mit seinen Schwestern, gestählt im Mord an Mitbürgern, bestand sein erster Schritt ins öffentliche Leben in der Ermordung Römischer Ritter. Denn ich entsinne mich, wie Sulla an die Spitze jener Gallier, die damals die Köpfe eines Titinius, Nannius und Tanusius abmähten, allein Catilina gestellt hatte; unter andern ermordete er einen kreuzbraven Mann, den Q. Caecilius, den Gatten seiner Schwester, einen Römischen Ritter, politisch unbelastet, immer friedlich von Natur und nachgerade auch infolge seines Alters, mit eigener Hand. Muß ich Dich jetzt auch noch daran erinnern, daß Dein Mitbewerber um das Konsulat derjenige ist, der einen beim Volke äußerst beliebten Mann, den M. Marius, unter den Augen des Volkes mit Ruten durch die ganze Stadt prügelte, zur Grabstätte trieb, dort unter grausigen Martern verstümmelte, ihm dann, während er noch lebend dastand, rechter Hand mit dem Schwerte den Hals abschnitt, wobei er mit der Linken seinen Haarschopf am Scheitel

digitos eius rivi sanguinis fluerent; qui postea cum
histrionibus et cum gladiatoribus ita vixit, ut alteros
libidinis, alteros facinoris adiutores haberet; qui nullum in locum tam sanctum ac tam religiosum accessit, in quo non, etiam si in aliis culpa non esset, tamen
ex sua nequitia dedecoris suspicionem relinqueret;
qui ex curia Curios et Annios, ab atriis Sapalas et
Carvilios, ex equestri ordine Pompilios et Vettios
sibi amicissimos comparavit; qui tantum habet auda-
ciae, tantum nequitiae, tantum denique in libidine
artis et efficacitatis, ut prope in parentum gremiis
praetextatos liberos constuprarit? quid ego nunc tibi
de Africa, quid de testium dictis scribam? nota sunt,
et ea tu saepius legito; sed tamen hoc mihi non praetermittendum videtur, quod primum ex eo iudicio
tam egens discessit, quam quidam iudices eius ante
illud iudicium fuerunt, deinde tam invidiosus, ut aliud
in eum iudicium cottidie flagitetur. hic se sic habet,
ut magis timeat, etiamsi quierit, quam ut contem-
nat, si quid commoverit.

Quanto melior tibi fortuna petitionis data est quam 11
nuper homini novo, C. Coelio! ille cum duobus hominibus ita nobilissimis petebat, ut tamen in iis omnia
pluris essent quam ipsa nobilitas, summa ingenia,
summus pudor, plurima beneficia, summa ratio ac
diligentia petendi; ac tamen eorum alterum Coelius,
cum multo inferior esset genere, superior nulla re
paene, superavit.

Quare tibi, si facies ea, quae natura et studia, qui- 12
bus semper usus es, largiuntur, quae temporis tui
ratio desiderat, quae potes, quae debes, non erit difficile certamen cum iis competitoribus, qui nequa-

gepackt hielt, und dann seinen Kopf eigenhändig davontrug, während Bäche von Blut zwischen seinen Fingern herunterrannen? Der sich hernach mit Schauspielern und Gladiatoren herumtrieb und in den einen Helfer seiner Wollust, in den andern Helfer seiner Schandtaten fand? Der keine noch so ehrwürdige und geheiligte Stätte betrat, ohne daß infolge seiner Ruchlosigkeit auch an andern, selbst wenn sie unschuldig waren, der Verdacht der Schande haften blieb? Der aus dem Senat einen Curius und Annius, aus den Auktionslokalen einen Sapala und Carvilius, aus dem Ritterstande Leute wie Pompilius und Vettius zu seinen Busenfreunden erkor? Der ein solches Maß von Frechheit besitzt, so viel Ruchlosigkeit und schließlich auch solche Geschicklichkeit und Virtuosität in der Befriedigung seiner Triebe, daß er freigeborene Kinder sozusagen im Schoße ihrer Eltern schänden konnte? Was soll ich Dir jetzt noch von Afrika, von den diesbezüglichen Zeugenaussagen sprechen? Das sind bekannte Dinge, und Du solltest sie immer wieder lesen! Immerhin glaube ich Dich auf eins hinweisen zu müssen: daß er aus diesem Prozeß erstens so bettelarm hervorgegangen ist, wie einige seiner Richter es vor dem Prozeß gewesen waren, und zweitens so verhaßt, daß man Tag für Tag einen neuen Prozeß gegen ihn fordert. Soweit ist es mit ihm gekommen, daß er eher Angst hat, wenn er sich nicht rührt, als daß er das Risiko scheut, wenn er etwas aushceckt.

Wie viel günstiger sind die Umstände für Deine Bewerbung als kürzlich für einen Neuling, für C. Coelius! Der bewarb sich zusammen mit zwei Männern von höchstem Adel, und doch sprach alles andre noch mehr für sie als ihre adlige Abkunft an sich: umfassende Begabung, ausgesprochenes Ehrgefühl, zahllose Wohltaten und eine überaus umsichtige Methode der Bewerbung. Trotzdem hat Coelius, obwohl er an Herkunft weit unter ihnen stand und ihnen beinahe in nichts überlegen war, den einen von ihnen aus dem Felde geschlagen.

Wenn Du also betätigst, was natürliche Begabung und rhetorische Studien, die Du stets gepflegt hast, Dir zur Verfügung stellen, und tust, was Deine Karriere von Dir verlangt, was Du kannst und was Du mußt, dann wird der Kampf mit den beiden Mitbewerbern, die keineswegs durch ihre Herkunft so ausgezeich-

quam sunt tam genere insignes quam vitiis nobiles;
quis enim reperiri potest tam improbus civis, qui velit
uno suffragio duas in rem publicam sicas destringere?

Quoniam, quae subsidia novitatis haberes et habere 13
posses, exposui, nunc de magnitudine petitionis
dicendum videtur. consulatum petis, quo honore
nemo est quin te dignum arbitretur, sed multi, qui
invideant; petis enim homo ex equestri loco summum locum civitatis, atque ita summum, ut forti
homini, diserto, innocenti multo idem ille honos
plus amplitudinis quam ceteris adferat. noli putare
eos, qui sunt eo honore usi, non videre, tu cum idem
sis adeptus, quid dignitatis habiturus sis. eos vero,
qui consularibus familiis nati locum maiorum consecuti non sunt, suspicor tibi, nisi qui admodum te
amant, invidere. etiam novos homines praetorios
existimo, nisi qui tuo beneficio vincti sunt, nolle abs
te se honore superari. iam in populo quam multi in- 14
vidi sint, quam multi consuetudine horum annorum
ab hominibus novis alienati, venire tibi in mentem
certe scio; esse etiam non nullos tibi iratos ex iis causis, quas egisti, necesse est. iam illud tute circum-
spicito, quod ad Cn. Pompei gloriam augendam tanto
studio te dedisti, num quos tibi putes ob eam causam esse amicos. quam ob rem cum et summum 15
locum civitatis petas et videas esse studia, quae tibi
adversentur, adhibeas necesse est omnem rationem
et curam et laborem et diligentiam.

Et petitio magistratuum divisa est in duarum 16
rationum diligentiam, quarum altera in amicorum
studiis, altera in populari voluntate ponenda est. amicorum studia beneficiis et officiis et vetustate et facilitate ac iucunditate naturae parta esse oportet. sed
hoc nomen amicorum in petitione latius patet quam

net sind wie berüchtigt durch ihre Laster, nicht schwer sein, denn ein so niederträchtiger Bürger wird sich kaum finden, der in einem Wahlgange zwei Dolche gegen den Staat zücken möchte.

Damit habe ich Dir dargelegt, welche Hilfen für Deinen Aufstieg Du, wenn Du nur willst, zur Verfügung hast; jetzt werde ich also über die Bedeutung Deiner Bewerbung sprechen. Du bewirbst Dich um das Konsulat! Niemand hält Dich für unwert dieser Würde, aber Du hast viele Neider, denn als Mann aus dem Ritterstand erhebst Du Anspruch auf den höchsten Platz im Gemeinwesen, wobei ins Gewicht fällt, daß dies Amt einem wackeren, redegewandten, unbescholtenen Manne viel mehr Ansehen einträgt als jedem andern. Glaub' nur nicht, diejenigen, die dieser Ehre teilhaftig geworden sind, wüßten nicht, welchen Rang Du einnehmen wirst, wenn Du dasselbe erreichst! Und vollends die Abkömmlinge konsularischer Familien, die den Rang ihrer Vorfahren nicht errungen haben, sind vermutlich neidisch auf Dich, es sei denn, der eine oder andre schätzte Dich über die Maßen. Auch die Emporkömmlinge unter den Prätoriern wollen sich, glaube ich, soweit sie sich nicht durch eine Wohltat von Deiner Seite gebunden fühlen, von Dir nicht an Ehren überrunden lassen. Wie viele Neider Du überdies im Volke hast, wie stark in Anbetracht der Übung in den letzten Jahren die Abneigung gegen Neulinge geworden ist, dessen bist Du Dir gewiß bewußt; auch daß manche Dir infolge der von Dir geführten Prozesse nicht grün sind, ist nicht verwunderlich. Schließlich mußt Du Dich auch fragen, ob Du annehmen darfst, Dir mit Deinem Eintreten für Pompeius und die Mehrung seines Ruhms Freunde gewonnen zu haben. Du erstrebst die oberste Stelle in der Bürgerschaft und siehst, daß es Strömungen gibt, die sich Dir in den Weg stellen; darum ist es unbedingt erforderlich, daß Du allen Verstand, alle Sorgfalt, Mühe und Umsicht aufwendest.

Die Bewerbung um ein Amt erfordert Betriebsamkeit in zwiefacher Hinsicht; einmal gilt es, das Interesse seiner Freunde wachzuhalten, zum andern, die Zuneigung des Volkes zu gewinnen. Das Interesse der Freunde will durch Wohltaten, Liebesdienste, Dauerhaftigkeit der Beziehungen, Umgänglichkeit und freundliches Wesen gewonnen sein. Aber das Wort „Freund" ist bei der

in cetera vita; quisquis est enim, qui ostendat aliquid
in te voluntatis, qui colat, qui domum ventitet, is in
amicorum numero est habendus. sed tamen qui sunt
amici ex causa iustiore cognationis aut adfinitatis aut
sodalitatis aut alicuius necessitudinis, iis carum et
iucundum esse maxime prodest.

Deinde, ut quisque est intimus ac maxime domesti- 17
cus, ut is amet et quam amplissimum esse te cupiat,
valde elaborandum est, tum, ut tribules, ut vicini, ut
clientes, ut denique liberti, postremo etiam servi tui;
nam fere omnis sermo ad forensem famam a domesticis emanat auctoribus.

Deinde sunt instituendi cuiusque generis amici: 18
ad speciem homines illustres honore ac nomine, qui,
etiam si suffragandi studia non navant, tamen adferunt petitori aliquid dignitatis; ad ius obtinendum
magistratus, ex quibus maxime consules, deinde tribuni pl.; ad conficiendas centurias homines excellenti
gratia. qui abs te tribum aut centuriam aut aliquod
beneficium aut habeant aut, ut habeant, sperent, eos
prorsus magno opere et compara et confirma; nam
per hos annos homines ambitiosi vehementer omni
studio atque opera elaborarunt, ut possent a tribulibus
suis ea, quae peterent, impetrare; hos tu homines,
quibuscumque poteris rationibus, ut ex animo atque
eximia voluntate tui studiosi sint, elaborato.

Quodsi satis grati homines essent, haec tibi omnia 19
parata esse debebant, sicuti parata esse confido. nam
hoc biennio quattuor sodalitates hominum ad ambitionem gratiosissimorum tibi obligasti, C. Fundani,
Q. Galli, C. Corneli, C. Orchivi; horum in causis ad
te deferendis quid tibi eorum sodales receperint et
confirmarint, scio, nam interfui; quare hoc tibi faciendum est, hoc tempore ut ab his, quod debent, exigas

Bewerbung ein weitergehender Begriff als sonst im Leben; jeder, der irgendwie Interesse für Dich zeigt, Dich hofiert, in Deinem Hause verkehrt, muß Dir als Freund gelten. Natürlich, bei denen, die aus triftigeren Gründen – Blutsverwandtschaft, Verschwägerung, Kameradschaft oder sonst einer Bindung – Deine Freunde sind, beliebt und gern gesehen zu sein, ist auf jeden Fall von Nutzen.

Sodann mußt Du Dich energisch darum bemühen, daß diejenigen, die Dir besonders nahestehen und eng zum Hause gehören, Dir zugetan sind und Dich so angesehen wie möglich wissen möchten, ebenso Deine Tribulen, Nachbarn, Klienten, die Freigelassenen nicht zu vergessen, und schließlich auch Deine Sklaven, denn fast immer hat das Gerede, das unser Renommee auf dem Forum bestimmt, seine Quelle in unsrer häuslichen Umgebung.

Ferner mußt Du Dir Freunde aus jedem Stande schaffen: für den äußeren Eindruck Männer mit klingenden Namen in ehrenvoller Stellung – auch wenn sie in den Wahlkampf nicht unmittelbar eingreifen, verleihen sie dem Bewerber doch einen gewissen Rang –; für die Aufrechterhaltung der Rechtsordnung die Beamten, unter ihnen vor allem die Konsuln, demnächst die Volkstribunen; für die Stimmungsmache in den Zenturien Leute mit weitreichenden Verbindungen. Wer durch Deine Vermittlung eine Zenturie oder Tribus gewonnen oder sonst eine Wohltat erfahren hat oder darauf hofft, um den kümmere Dich ganz besonders und suche ihn Dir warmzuhalten, denn in den letzten Jahren haben ehrgeizige Männer sich mit allem Eifer unermüdlich darum bemüht, vermöge ihrer Tribulen ihr Ziel zu erreichen. Daß diese Leute sich aufrichtig und von ganzem Herzen für Dich einsetzen, dafür mußt Du auf alle erdenkliche Weise Sorge tragen.

Gäbe es einigermaßen dankbare Menschen, dann müßte Dir dies alles zur Hand sein, und ich glaube ja auch, daß es so ist. Denn in den letzten zwei Jahren hast Du Dir vier Genossenschaften verpflichtet, die sich beim Wahlkampf gern gefällig erweisen, die des C. Fundanius, des Q. Gallius, des C. Cornelius und des C. Orchivius; ich weiß, was ihre Genossen Dir bei Übernahme ihrer Prozesse versprochen und versichert haben, denn ich war dabei. Deshalb mußt Du jetzt von ihnen einfordern, was sie Dir schuldig sind, indem Du sie immer wieder erinnerst, bittest, ihnen Zu-

saepe commonendo, rogando, confirmando, curando,
ut intellegant nullum se umquam aliud tempus habi-
turos referendae gratiae; profecto homines et spe
reliquorum tuorum officiorum et tam recentibus
beneficiis ad studium navandum excitabuntur.

Et omnino, quoniam eo genere amicitiarum petitio 20
tua maxime munita est, quod ex causarum defensioni-
bus adeptus es, fac ut plane his omnibus, quos de-
vinctos tenes, discriptum ac dispositum suum cuique
munus sit; et quemadmodum nemini illorum molestus nulla in re umquam fuisti, sic cura, ut intellegant
omnia te, quae ab illis tibi deberi putaris, ad hoc
tempus reservasse.

Sed quoniam tribus rebus homines maxime ad 21
benevolentiam atque haec suffragandi studia ducuntur,
beneficio, spe, adiunctione animi ac voluntate, anim-
advertendum est, quemadmodum cuique horum
generi sit inserviendum. minimis beneficiis homines
adducuntur, ut satis causae putent esse ad studium
suffragationis, nedum ii, quibus saluti fuisti, quos tu
habes plurimos, non intellegant, si hoc tuo tempore
tibi non satisfecerint, se probatos nemini umquam
fore; quod cum ita sit, tamen rogandi sunt atque et
in hanc opinionem adducendi, ut, qui adhuc nobis
obligati fuerint, iis vicissim nos obligari posse videamur.

Qui autem spe tenentur, quod genus hominum 22
multo etiamst diligentius atque officiosius, iis fac ut
propositum ac paratum auxilium tuum esse videatur,
denique ut spectatorem te suorum officiorum esse
intellegant diligentem, ut videre te plane atque animadvertere, quantum a quoque proficiscatur, appareat.

Tertium illud genus est studiorum voluntarium, 23
quod agendis gratiis, accommodandis sermonibus ad
eas rationes, propter quas quisque studiosus tui esse
videbitur, significanda erga illos pari voluntate, ad-

sicherungen machst und sie zu der Erkenntnis bringst, daß dies die letzte Gelegenheit ist, Dir ihre Dankbarkeit zu bezeugen; sicherlich werden sich die Leute durch die Aussicht auf zukünftige Leistungen von Deiner Seite und die gerade eben erwiesenen Wohltaten dazu bringen lassen, energisch für Dich einzutreten.

Überhaupt ist diese Art freundschaftlicher Beziehungen, die Du Dir durch Verteidigung in Prozessen verschafft hast, die Hauptstütze Deiner Bewerbung, und somit sieh zu, daß sie alle, die Dir verpflichtet sind, ein jeder seine bestimmte, begrenzte Aufgabe erhält, und wie Du nie jemandem unter ihnen irgendwie lästig gewesen bist, so laß sie jetzt merken, daß Du alles, was Du von ihnen fordern zu dürfen glaubst, Dir für diesen Augenblick aufgespart hast.

Drei Dinge sind es, die die Leute vor allem zu Entgegenkommen und dem erforderlichen Interesse an der Wahl veranlassen: Wohltaten, Erwartungen und unwillkürliche Sympathie. Dabei ist zu bedenken, wie man jedes dieser Mittel verwenden soll. Schon durch ganz geringe Wohltaten lassen sich die Leute zu der Meinung bringen, genügend Grund zu haben, sich für Deine Wahl zu interessieren, geschweige denn daß diejenigen, denen Du aus der Klemme geholfen hast, und das sind nicht wenige, nicht einsehen sollten, daß sie fortan bei niemandem mehr Gehör finden werden, wenn sie in diesem Augenblick Dir nicht Genüge tun; aber darum muß man sie doch bitten und ihnen den Gedanken nahebringen, daß wir uns ihnen, die bisher in unsrer Schuld gestanden haben, unsrerseits verpflichtet fühlen könnten.

Diejenigen aber, die sich Hoffnungen machen – und diese Gruppe ist noch viel aufmerksamer und gefälliger – laß sehen, daß Du den Vorsatz hast und bereit bist, ihnen zu helfen, laß sie merken, daß Du ein aufmerksamer Beobachter ihrer Dienste bist, damit ihnen bewußt wird, daß Du Dir vollkommen klar darüber bist, wieviel ein jeder leistet.

Die dritte Gruppe bilden die, die freiwillig für Dich eintreten. Sie wird man sich warmhalten müssen, indem man sich bei ihnen bedankt, im Gespräch auf die Motive eingeht, die den Betreffenden wohl dazu gebracht haben könnten, sich für einen zu interessieren,

ducenda amicitia in spem familiaritatis et consuetudi-
nis confirmari oportebit.

Atque in his omnibus generibus iudicato et per-
pendito, quantum quisque possit, ut scias, et quemadmodum cuique inservias et quid a quoque exspectes ac postules. sunt enim quidam homines in suis 24
vicinitatibus et municipiis gratiosi, sunt diligentes et
copiosi, qui, etiamsi antea non studuerunt huic
gratiae, tamen ex tempore elaborare eius causa, cui
debent aut volunt, facile possunt. his hominum generibus sic inserviendum est, ut ipsi intellegant te
videre, quid a quoque exspectes, sentire, quid ac-
cipias, meminisse, quid acceperis. sunt autem alii,
qui aut nihil possunt aut etiam odio sunt tribulibus
suis nec habent tantum animi ac facultatis, ut enitan-
tur ex tempore; hos internoscas videto, ne spe in
aliquo maiore posita praesidii parum comparetur.

Et quamquam partis ac fundatis amicitiis fretum 25
ac munitum esse oportet, tamen in ipsa petitione amicitiae permultae ac perutiles comparantur; nam in
ceteris molestiis habet hoc tamen petitio commodi:
potes honeste, quod in cetera vita non queas, quoscumque velis, adiungere ad amicitiam, quibuscum
si alio tempore agas, ut te utantur, absurde facere
videare, in petitione autem, nisi id agas et cum multis
et diligenter, nullus petitor esse videare. ego autem 26
tibi hoc confirmo, esse neminem, nisi si aliqua necessitudine competitorum alicui tuorum sit adiunctus,
a quo non facile, si contenderis, impetrare possis, ut
suo beneficio promereatur, se ut ames et sibi ut debeas, modo ut intellegat te magni se aestimare, ex

durchblicken läßt, daß man für sie das gleiche Interesse hegt, und der Erwartung Raum gibt, daß die Freundschaft einmal zu vertrautem Umgang führen könne.

Bei allen diesen Gruppen mußt Du prüfen und Dir ein Urteil zu bilden suchen, was ein jeder zu leisten vermag, um zu wissen, wie Du den einzelnen zu behandeln hast, was Du von ihm fordern und erwarten darfst. Manchmal sind sie nämlich in ihren Wohnbezirken und Munizipien einflußreich, sind aufgeweckte, vermögende Leute, die, auch wenn sie vorher nicht um solchen Einfluß bemüht gewesen sind, sich doch gegebenenfalls leicht für den einsetzen können, dem sie sich verpflichtet fühlen oder sich freiwillig zur Verfügung stellen. Diese Art Leute muß man so behandeln, daß sie selbst merken, Du siehst, was Du jeweils von ihnen erwarten kannst, weißt zu würdigen, was Du empfängst, und vergißt nicht, was Du empfangen hast. Andre wieder sind einflußlos oder gar unbeliebt bei ihren Tribulen und haben nicht so viel Mumm und auch nicht die Möglichkeit, sich gegebenenfalls durchzusetzen. Die mußt Du zu unterscheiden wissen, damit Du nicht auf jemanden zu große Hoffnungen setzt und hernach nicht genügend Hilfe erfährst.

Obwohl man nach Anknüpfung und Festigung solcher Beziehungen Vertrauen haben und sich gewappnet fühlen darf, ergeben sich doch unmittelbar bei der Bewerbung zahlreiche überaus wertvolle Verbindungen; denn mag die Bewerbung sonst alle möglichen Beschwerden mit sich bringen, ein Gutes hat sie doch: Du kannst in allen Ehren, was sich im sonstigen Leben verbietet, freundschaftliche Beziehungen eingehen, mit wem Du willst; solltest Du Dich zu andrer Zeit um den Verkehr mit solchen Leuten bemühen, könnte man meinen, Du seiest nicht recht bei Trost, unterläßt Du es aber bei der Bewerbung und suchst nicht unablässig mit vielen in Kontakt zu kommen, muß man annehmen, Du seiest überhaupt kein richtiger Bewerber. Ich kann Dir nur soviel versichern: es gibt niemanden, es sei denn, er wäre durch irgendeine Verbindlichkeit an einen Deiner Mitbewerber gebunden, den Du nicht, wenn Du Dir nur Mühe gibst, leicht dazu bringen könntest, durch sein Entgegenkommen sich Deine Zuneigung zu verdienen und sich Dich zu verpflichten, wenn er nur das Gefühl hat, daß Du ihn

animo agere, bene se ponere, fore ex eo non brevem
et suffragatoriam, sed firmam et perpetuam amicitiam. nemo erit, mihi crede, in quo modo aliquid sit, 27
qui hoc tempus sibi oblatum amicitiae tecum consti-
tuendae praetermittat, praesertim cum tibi hoc casus
adferat, ut ii tecum petant, quorum amicitia aut con-
temnenda aut fugienda sit, et qui hoc, quod ego te
hortor, non modo adsequi, sed ne incipere quidem
possint. nam qui incipiat Antonius homines adiun- 28
gere atque invitare ad amicitiam, quos per se suo
nomine appellare non possit? mihi quidem nihil
stultius videtur quam existimare esse eum studiosum
tui, quem non noris. eximiam quandam gloriam et
dignitatem ac rerum gestarum magnitudinem esse
oportet in eo, quem homines ignoti nullis suffragan-
tibus honore adficiant; ut quidem homo nequam,
iners, sine officio, sine ingenio, cum infamia, nullis
amicis, hominem plurimorum studio atque omnium
bona existimatione munitum praecurrat, sine magna
culpa neglegentiae fieri non potest.

Quam ob rem omnes centurias multis et variis 29
amicitiis cura ut confirmatas habeas. et primum, id
quod ante oculos est, senatores equitesque Romanos,
ceterorum ordinum omnium navos homines et
gratiosos complectere. multi homines urbani industrii, multi libertini in foro gratiosi navique versantur: quos per te, quos per communes amicos poteris,
summa cura, ut cupidi tui sint, elaborato, appetito,
adlegato, summo beneficio te adfici ostendito.

Deinde habeto rationem urbis totius, collegiorum 30
omnium, pagorum, vicinitatum; ex his principes ad
amicitiam tuam si adiunxeris, per eos reliquam multitudinem facile tenebis.
Postea totam Italiam fac ut in animo ac memoria
tributim discriptam comprensamque habeas, ne quod

schätzt, es ehrlich meinst, ihn auf der Rechnung hast, und daß daraus nicht nur eine kurze, die Wahlen nicht überlebende, sondern eine feste, dauernde Freundschaft wird. Glaub' mir, niemand, der nur ein wenig auf sich hält, wird diese sich ihm bietende Gelegenheit, freundschaftliche Beziehungen zu Dir aufzunehmen, vorbeilassen, zumal Du das Glück hast, daß zwei Männer Deine Mitbewerber sind, deren Freundschaft man verschmähen oder meiden muß, und die das, wozu ich Dir rate, nicht nur nicht erreichen, sondern nicht einmal versuchen können. Denn wie wollte Antonius es wohl anfangen, Leute an sich heranzuziehen und zur Freundschaft aufzufordern, die er von sich aus nicht mit ihrem Namen ansprechen kann? Mir jedenfalls scheint es der Gipfel der Torheit zu sein, zu glauben, jemand könne sich für mich einsetzen, den ich gar nicht kenne. Der muß schon ein ganz außergewöhnliches Maß an Ruhm und Ansehen und überragende Erfolge aufzuweisen haben, dem Leute, die er nicht kennt, zu einem Amt verhelfen sollten, ohne daß jemand nachhilft; daß ein Taugenichts, ein Faulpelz, der keine Verpflichtungen kennt, talentlos und verrufen ist, keine Freunde besitzt, einen Mann, der allgemeines Interesse und allseitig Achtung genießt, überrundet, ist nur möglich, wenn dieser sich sträflicher Nachlässigkeit schuldig macht.

Darum sieh zu, daß Du Dich aller Zenturien durch mannigfaltige, weitverzweigte Beziehungen versicherst. Und in erster Linie wirst Du Dich selbstverständlich an Senatoren, Ritter und rührige, gefällige Leute aus allen übrigen Ständen heranmachen. Viele pfiffige Städter, viele einflußreiche, rührige Freigelassene sind auf dem Forum zu Hause; alle, an die Du persönlich oder durch gemeinsame Freunde herankommst, mußt Du mit aller Gewalt für Dich zu interessieren suchen, mußt an sie herantreten, Verbindung mit ihnen aufnehmen, ihnen zeigen, daß ihre Dienste Dir hochwillkommen sind.

Zweitens mußt Du die ganze Stadt in Rechnung stellen, alle Gilden, Distrikte und Bezirke; wenn Du aus ihnen die wichtigsten Persönlichkeiten in Deinen Freundeskreis ziehst, wirst Du durch sie auch die übrige Masse bequem in die Hand bekommen.

Schließlich sieh zu, daß Du ganz Italien, Tribus für Tribus, in seiner Gesamtheit vor Augen und im Gedächtnis hast; es darf kein

municipium, coloniam, praefecturam, locum denique
Italiae ne quem esse patiare, in quo non habeas fir-
mamenti quod satis esse possit, perquiras et investiges 31
homines ex omni regione, eos cognoscas, appetas,
confirmes, cures, ut in suis vicinitatibus tibi petant
et tua causa quasi candidati sint. volent te amicum,
si suam a te amicitiam expeti videbunt; id ut intellegant, oratione ea, quae ad eam rationem pertinet,
habenda consequere. homines municipales ac rusti-
cani, si nomine nobis noti sunt, in amicitia se esse
arbitrantur; si vero etiam praesidii se aliquid sibi constituere putant, non amittunt occasionem promerendi.
hos ceteri et maxime tui competitores ne norunt
quidem, tu et nosti et facile cognosces, sine quo
amicitia esse non potest. neque id tamen satis est, 32
tametsi magnum est, si non consequatur spes utilitatis
atque amicitiae, ne nomenclator solum sed amicus
etiam bonus esse videare. ita cum et hos ipsos, propter
suam ambitionem qui apud tribulis suos plurimum
gratia possint, studiosos in centuriis habebis et ceteros, qui apud aliquam partem tribulium propter
municipii aut vicinitatis aut collegii rationem valent,
cupidos tui constitueris, in optima spe esse debebis.

Iam equitum centuriae multo facilius mihi diligen- 33
tia posse teneri videntur: primum cognoscito equites
– pauci enim sunt –, deinde appetito – multo enim
facilius illa adulescentulorum ad amicitiam aetas
adiungitur –; deinde habes tecum ex iuventute optimum quemque et studiosissimum humanitatis; tum
autem, quod equester ordo tuus est, sequentur illi
auctoritatem ordinis, si abs te adhibebitur ea diligentia, ut non ordinis solum voluntate sed etiam singulorum amicitiis eas centurias confirmatas habeas. iam
studia adulescentulorum in suffragando, in obeundo,

Munizipium, keine Kolonie, keine Präfektur, kurz, keinen Flecken
in Italien geben, in dem Du nicht einen zweckentsprechenden
Stützpunkt besäßest. Durchforsche und durchstöbere jede Gegend
nach geeigneten Leuten, lerne sie persönlich kennen, tritt an sie
heran, beeinflusse sie, laß sie in ihrer Umgebung für Dich werben
und gleichsam stellvertretend für Dich als Kandidaten auftreten.
Sie werden Dich zum Freund haben wollen, wenn sie sehen, daß
Du Dich um ihre Freundschaft bemühst, und daß sie das merken,
wirst Du durch eine angemessene Rede erreichen. Die Leute in den
Munizipien und auf dem Lande glauben, schon wenn sie uns dem
Namen nach bekannt sind, zu unserm Freundeskreis zu gehören;
meinen sie nun gar, sich irgendwie Fürsprache zu verschaffen, dann
lassen sie keine Gelegenheit aus, sich verdient zu machen. Alle andern und vornehmlich Deine Mitbewerber kennen diese Leute
überhaupt nicht; Du kennst sie oder wirst sie leicht kennenlernen,
was die Vorbedingung für jede Freundschaft ist. Aber das genügt
doch noch nicht, obwohl es schon viel wert ist; hinzukommen
muß die Aussicht auf eine Freundschaft, die sich bezahlt macht,
damit man in Dir nicht nur einen Nomenklator, sondern einen
wahren Freund sieht. Wenn diese Leute selbst, die wegen ihrer
Geschäftigkeit bei ihren Tribulen überaus einflußreich sind, die
Zenturien für Dich bearbeiten und Du alle übrigen, die einem Teil
ihrer Tribulen vermöge ihrer Stellung in ihren Munizipien, Distrik-
ten oder Kollegien etwas gelten, für Dich interessierst, darfst Du
das Beste erhoffen.

Die Ritterzenturien wird man, glaube ich, viel leichter gewinnen
können, wenn man nur umsichtig zu Werke geht. Mach' Dich mit
den einzelnen Rittern bekannt – es sind ja verhältnismäßig wenige –
und hofiere sie; mit diesen Jüngelchen kommt man ja in ihrem
Alter viel leichter in Kontakt. Sodann hast Du aus der Jugend die
besten, für höhere Bildung begeisterten Elemente sowieso für Dich;
jetzt aber, wo der Ritterstand als solcher für Dich eintritt, werden
sie der Parole ihres Standes folgen, wenn Du mit der nötigen Umsicht verfährst; alsdann wirst Du diese Zenturien nicht nur gemäß
den Wünschen ihrer Standesgenossen, sondern auch auf Grund
Deiner freundschaftlichen Beziehungen zu den einzelnen in die
Hand bekommen. Überdies sind die Dienste, die die jungen Leute

in nuntiando, in adsectando mirifice et magna et
honesta sunt.

Et quoniam adsectationis mentio facta est, id quo- 34
que curandum est, ut cottidiana cuiusque generis et
ordinis et aetatis utare; nam ex ea ipsa copia coniectura fieri poterit, quantum sis in ipso campo virium
ac facultatis habiturus. huius autem rei tres partes
sunt: una salutatorum, altera deductorum, tertia
adsectatorum.

In salutatoribus, qui magis vulgares sunt et hac 35
consuetudine, quae nunc est, ad plures veniunt, hoc
efficiendum est, ut hoc ipsum minimum officium
eorum tibi gratissimum esse videatur; cum domum
tuam venient, iis significato te animadvertere; eorum
amicis, qui illis renuntient, ostendito, saepe ipsis
dicito. sic homines saepe, cum obeunt plures competitores et vident unum esse aliquem, qui haec officia
maxime animadvertat, ei se dedunt, deserunt ceteros,
minutatim ex communibus proprii, ex fucosis firmi
suffragatores evadunt. iam illud teneto diligenter,
si eum, qui tibi promiserit, audieris fucum, ut dicitur,
facere aut senseris, ut te id audisse aut scire dissimules,
si qui tibi se purgare volet, quod suspectum esse
arbitretur, adfirmes te de illius voluntate numquam
dubitasse nec debere dubitare; is enim, qui se non
putat satis facere, amicus esse nullo modo potest.
scire autem oportet, quo quisque animo sit, ut et,
quantum cuique confidas, constituere possis.

Iam deductorum officium quo maius est quam 36
salutatorum, hoc gratius tibi esse significato atque
ostendito et, quod eius fieri poterit, certis temporibus descendito; magnam adfert opinionem, magnam
dignitatem cottidiana in deducendo frequentia.

als Wahlhelfer, Wanderredner, Meldegänger und Gefolgsleute leisten können, überaus bedeutsam und ehrenvoll.

Da habe ich eben die Gefolgschaft erwähnt: auch darauf mußt Du bedacht sein, daß Du sie täglich um Dich hast, aus jeder Klasse, jedem Stande, jeder Altersstufe, denn schon aus ihrer Größe wird man einen Schluß ziehen können, welche Mittel und Kräfte Dir bei der Wahl selbst zur Verfügung stehen werden. Auch da gibt es wieder drei Gruppen: Leute, die Dir ihre Aufwartung machen, solche, die Dich aufs Forum geleiten, und drittens die ständigen Gefolgsleute.

Bei den ersteren, meist Leute niederen Standes, die, wie es heutzutage üblich ist, zu mehr als einem gehen, mußt Du darauf sehen, daß sie den Eindruck gewinnen, selbst diese geringfügige Dienstleistung sei Dir willkommen. Wenn sie in Dein Haus kommen, laß sie wissen, daß Du es bemerkst; gib es ihren Freunden zu verstehen, die es ihnen dann wiedererzählen können, sag es ihnen selbst recht oft! So schließen sich diese Leute, wenn sie bei mehreren Bewerbern herumlungern und sehen, daß einer darunter ist, der diese ihre Dienste besonders zu schätzen weiß, häufig diesem an, lassen die übrigen im Stiche und entwickeln sich so nach und nach aus gemeinsamen in ausschließlich Dir ergebene, aus unechten in zuverlässige Förderer. Dabei mußt Du noch folgendes wohl beachten: wenn Du hörst oder merkst, daß ein Mann, der sich Dir versprochen hat, sich, wie man so sagt, tarnt, dann tu so, als hättest Du nichts davon gehört oder wüßtest es nicht; wenn einer sich vor Dir zu rechtfertigen sucht, weil er glaubt, sich verdächtig gemacht zu haben, versichere ihm, Du habest nie an seiner Ergebenheit gezweifelt und dürftest auch gar nicht daran zweifeln. Wer meint, nicht genug zu tun, der kann überhaupt nicht Dein Freund sein. Wissen aber muß man, wie der einzelne eingestellt ist, damit man sich ein Bild machen kann, wie weit man sich auf ihn verlassen darf.

Wichtiger als der Dienst der Aufwartenden ist der der Geleiter; um so mehr mußt Du zu erkennen geben und Dir anmerken lassen, wie willkommen er Dir ist, und Dich möglichst zu bestimmten Zeiten mit ihnen sehen lassen; sieht man Dich täglich unter einem Schwarm von Geleitenden, dann macht das gewaltigen Eindruck und steigert Deine Würde.

Tertia est ex hoc genere adsidua adsectatorum 37
copia. in ea quos voluntarios habebis, curato, ut intellegant te sibi in perpetuum summo beneficio obligari;
qui autem tibi debent, ab iis plane hoc munus exigito,
qui per aetatem ac negotium poterunt, ipsi tecum ut
adsidui sint, qui ipsi sectari non poterunt, suos necessarios in hoc munere constituant. valde ego te volo
et ad rem pertinere arbitror semper cum multitudine
esse.

Praeterea magnam adfert laudem et summam digni- 38
tatem, si ii tecum erunt, qui a te defensi et qui per te
servati ac iudiciis liberati sunt; haec tu plane ab his
postulato, ut, quoniam nulla impensa per te alii rem,
alii honestatem, alii salutem ac fortunas omnes obti-
nuerunt, nec aliud ullum tempus futurumst, ubi tibi
referre gratiam possint, hoc te officio remunerentur.

Et quoniam in amicorum studiis haec omnis oratio 39
versatur, qui locus in hoc genere cavendus sit, praetermittendum non videtur. fraudis atque insidiarum
et perfidiae plena sunt omnia. non est huius temporis
perpetua illa de hoc genere disputatio, quibus rebus
benevolus et simulator diiudicari possit; tantum est
huius temporis admonere. summa tua virtus eosdem
homines et simulare tibi se esse amicos et invidere
coegit. quam ob rem ʼΕπιχάρμειον illud teneto, ner- 40
vos atque artus esse sapientiae non temere credere,
et, cum tuorum amicorum studia constitueris, tum
etiam obtrectatorum atque adversariorum rationes
et genera cognoscito. haec tria sunt: unum, quos
laesisti, alterum, qui sine causa non amant, tertium,
qui competitorum valde amici sunt. quos laesisti, cum
contra eos pro amico diceres, iis te plane purgato,
necessitudines commemorato, in spem adducito te in

Die dritte dieser Gruppen ist der Trupp der beständigen Gefolgsleute. Diejenigen, die Dir freiwillig folgen, mußt Du merken lassen,
daß Du Dich durch ihr großes Entgegenkommen für immer an sie
gebunden fühlst; wer Dir verpflichtet ist, von dem fordere einfach diesen Dienst, sofern er altersmäßig und beruflich dazu in der
Lage ist, dauernd um Dich zu sein; wer sich nicht persönlich einfinden kann, der soll seine Angehörigen für diese Aufgabe zur Verfügung stellen. Ich halte es für unbedingt erforderlich, daß Du
immer von einem Schwarm von Leuten umgeben bist.

Im übrigen verleiht es großes Ansehen und besondere Würde,
wenn diejenigen um Dich sind, die Du verteidigst hat, die von Dir
gerettet und vor Gericht freigesprochen worden sind; ohne daß es
sie etwas kostete, ist dem einen sein Vermögen, dem andern seine
Ehre, wieder andern Glück und Wohlfahrt durch Dich erhalten
geblieben, und es wird sich keine weitere Gelegenheit finden, wo
sie sich Dir dankbar erweisen könnten; somit kannst Du entschieden von ihnen verlangen, sich durch diesen Dienst erkenntlich
zu zeigen.

Da nun diese meine Ausführungen sich hauptsächlich mit den
Diensten von Freunden beschäftigen, darf ich wohl auch nicht
verschweigen, inwiefern dabei Vorsicht geboten ist. Alles strotzt
von Betrug, Hinterhältigkeit und Unredlichkeit. Es ist hier nicht
der Ort, weitschweifig darüber zu diskutieren, woran man einen
Ehrenmann von einem Heuchler unterscheiden kann; es kommt
mir nur darauf an, Dich zu warnen. Deine ausgesprochene Tüchtigkeit verführt die Leute auch dazu, nur so zu tun, als wären sie
Deine Freunde, um Dich in Wirklichkeit zu beneiden. Darum
beachte immer Epicharms bekanntes Wort: „Nicht blindlings
trauen; das sind die Sehnen und Gelenke der Weisheit!" Und
wenn Du Dich des Eifers Deiner Freunde versichert hast, dann
informiere Dich über die verschiedenen Gruppen Deiner Neider
und Widersacher und ihre Methoden! Es sind drei: erstens solche,
die Du gekränkt hast, zweitens diejenigen, die ohne Grund nichts
von Dir wissen wollen, und drittens solche, die mit Deinen Mitbewerbern eng befreundet sind. Wen Du gekränkt hast, weil Du
gegen ihn für einen Deiner Freunde gesprochen hast, vor dem
mußt Du Dich freimütig rechtfertigen, mußt auf Deine Verbind-

eorum rebus, si se in amicitiam contulerint, pari
studio atque officio futurum. qui sine causa non
amant, eos aut beneficio aut spe aut significando tuo
erga illos studio dato operam, ut de illa animi pra-
vitate deducas. quorum voluntas erit abs te propter
competitorum amicitias alienior, iis quoque eadem
inservito ratione qua superioribus et, si probare poteris, te in eos ipsos competitores tuos benevolo esse
animo ostendito.

Quoniam de amicitiis constituendis satis dictum 41
est, dicendum est de illa altera parte petitionis, quae
in populari ratione versatur. ea desiderat nomen-
clationem, blanditiam, adsiduitatem, benignitatem,
rumorem, speciem in re publica.
Primum id, quod facis, ut homines noris, significa 42
ut appareat, et auge, ut cottidie melius fiat; nihil mihi
tam populare neque tam gratum videtur.

Deinde, id quod natura non habes, induc in animum ita simulandum esse, ut natura facere videare;
nam comitas tibi non deest ea, quae bono ac suavi
homine digna est, sed opus est magno opere blan-
ditia, quae, etiamsi vitiosa est et turpis in cetera vita,
tamen in petitione necessariast; etenim cum deterio-
rem aliquem adsentando facit, tum improba est, cum
amiciorem, non tam vituperanda, petitori vero necessaria est, cuius et frons et vultus et sermo ad eorum,
quoscumque convenerit, sensum et voluntatem
commutandus et accommodandus est.

Iam adsiduitatis nullum est praeceptum, verbum
ipsum docet, quae res sit; prodest quidem vehementer nusquam discedere, sed tamen hic fructus est
adsiduitatis, non solum esse Romae atque in foro,
sed adsidue petere, saepe eosdem appellare, non
committere, ut quisquam possit dicere, quod eius

lichkeiten hinweisen, ihm in Aussicht stellen, daß Du, wenn er sich Deinem Freundeskreis anschließt, seine Belange mit gleichem Eifer und gleicher Dienstbereitschaft vertreten wirst. Wer ohne Grund nichts von Dir wissen will, den mußt Du durch Entgegenkommen, Versprechungen und Kundgabe Deines Interesses für ihn von seiner Verschrobenheit abzubringen bemüht sein. Wer Dir aus Freundschaft zu Deinen Mitbewerbern nicht recht gewogen ist, den behandle ebenso wie die Genannten, und wenn Du es glaubhaft machen kannst, zeige ihm, daß Du gegen Deine Mitbewerber an sich nichts einzuwenden hast.

Über die Begründung freundschaftlicher Beziehungen ist genug gesagt; somit wende ich mich der zweiten Aufgabe des Bewerbers zu, bei der es sich um die Popularität handelt. Sie verlangt Personalkenntnis, Schmeichelei, Ausdauer, Freigebigkeit, Renommee und Aussicht auf eine gute Politik.

Erstens: was Du tust, um Leute kennenzulernen, damit halte nicht hinterm Berge und steigere Deine Bemühungen, daß es von Tag zu Tag besser damit geht; nichts scheint mir so populär und gern gesehen zu sein.

Zweitens: mach' Dich mit dem Gedanken vertraut, der Dir charaktermäßig an sich fernliegt, daß Du Dich so verstellen mußt, daß es ganz natürlich aussieht. An Leutseligkeit fehlt es Dir ja nicht, wie man sie von einem biederen, liebenswürdigen Manne erwartet, aber darüber hinaus bedarf es der Schmeichelei, die im gewöhnlichen Leben zwar unmoralisch und entwürdigend, bei der Bewerbung aber unvermeidlich ist; wenn sie einen durch Speichelleckerei demoralisiert, ist sie verwerflich, wenn sie einem Freunde wirbt, doch nicht schlechthin zu tadeln, für den Bewerber aber unvermeidlich, der sich mit Stirn, Miene und Sprache auf Wünsche und Sinnesart dessen, mit dem er es jeweils zu tun hat, einstellen und sich danach einrichten muß.

Für die Ausdauer lassen sich keine Vorschriften geben; das Wort selbst lehrt, um was es sich handelt. Gewiß ist es überaus nützlich, sich nirgendwohin zu entfernen; der eigentliche Sinn der Ausdauer liegt aber doch darin, daß man nicht allein in Rom und auf dem Forum ist, sondern fortgesetzt wirbt, immer wieder dieselben Leute bearbeitet, es nicht dazu kommen läßt, soweit das

consequi possis, se abs te non esse rogatum et valde
ac diligenter rogatum.

Benignitas autem late patet: est in re familiari, 44
quae, quamquam ad multitudinem pervenire non
potest, tamen ab amicis laudatur, multitudini grata
est; est in conviviis, quae fac et abs te et ab amicis
tuis concelebrentur et passim et tributim; est etiam
in opera, quam pervulga et communica, curaque,
ut aditus ad te diurni nocturnique pateant, neque
solum foribus aedium tuarum sed etiam vultu ac
fronte, quae est animi ianua; quae si significat voluntatem abditam esse ac retrusam, parvi refert patere
ostium. homines enim non modo promitti sibi,
praesertim quod a candidato petant, sed etiam large
atque honorifice promitti volunt. quare hoc quidem 45
facile praeceptum est, ut, quod facturus sis, id signi-
fices te studiose ac libenter esse facturum; illud difficilius et magis ad tempus quam ad naturam accommodatum tuam, quod facere non possis, ut id aut
iucunde neges aut etiam omnino non neges; quorum
alterum est tamen boni viri, alterum boni petitoris.
nam cum id petitur, quod honeste aut sine detri-
mento nostro promittere non possumus, quomodo,
si qui roget, ut contra amicum aliquem causam reci-
piamus, belle negandum est, ut ostendas necessitudinem, demonstres, quam moleste feras, aliis te id
rebus exsarturum esse persuadeas. audivi hoc dicere 46
quendam de quibusdam oratoribus, ad quos causam
suam detulisset, gratiorem sibi orationem fuisse, qui
negasset, quam illius, qui recepisset; sic homines
fronte et oratione magis quam ipso beneficio reque
capiuntur.

Verum hoc probabile est, illud alterum subdurum

möglich ist, daß jemand sagen kann, man habe ihn nicht gebeten, und zwar herzlich und eindringlich gebeten.

Die Freigebigkeit aber ist ein weites Feld. Sie manifestiert sich in der Verwendung des Vermögens, was zwar nicht der Masse zugute kommt, aber doch von den Freunden gepriesen wird und bei der Masse Eindruck macht, manifestiert sich in den Gastereien, die von Dir und Deinen Freunden bald hier, bald da tribusweise veranstaltet werden müssen; manifestiert sich auch in Deinen Diensten. Die leiste überall und jedermann, und laß es Deine Sorge sein, daß der Zutritt zu Dir Tag und Nacht frei ist, und nicht allein am Eingang Deines Hauses, sondern auch an Gesicht und Stirn, den Pforten zu Deinem Herzen; wenn sie anzeigen, daß der gute Wille sich zurückgezogen und eingekapselt hat, dann hilft es wenig, wenn Deine Haustür offensteht. Denn die Leute wollen sich nicht einfach nur Versprechungen machen lassen, zumal wenn sie sich mit ihren Wünschen an einen Kandidaten wenden; es muß auch freigebig und in ehrenvoller Form geschehen. Darum gebe ich Dir den leicht zu befolgenden Rat, sie wissen zu lassen, daß Du eifrig und gern tun wirst, was Du zu tun gewillt bist. Nicht so einfach steht es mit meinem Ratschlag, der mehr auf Deine gegenwärtige Situation berechnet ist als auf Deinen Charakter Rücksicht nimmt, entweder in liebenswürdiger Form abzulehnen, was Du nicht verantworten kannst, oder überhaupt niemals nein zu sagen; immerhin, das eine ist selbstverständlich für jeden anständigen Menschen, das andre kann sich der Bewerber erlauben. Verlangt man nämlich etwas von uns, was man anstandshalber oder ohne eigene Einbuße nicht versprechen kann – etwa wenn jemand uns bittet, einen Prozeß gegen einen unsrer Freunde zu übernehmen –, muß man höflich nein sagen, indem man auf seine Verpflichtungen hinweist, sein tiefstes Bedauern zum Ausdruck bringt und versichert, man werde das bei andrer Gelegenheit wiedergutmachen. (Ich habe gehört, wie jemand über ein paar Redner, denen er seine Sache angetragen hatte, sich dahingehend äußerte, angenehmer sei ihm die Antwort dessen gewesen, der abgelehnt, als dessen, der den Fall übernommen habe. So lassen sich die Leute durch verbindliches Wort und Wesen eher einnehmen als durch Entgegenkommen in der Sache selbst.)

Nun, darüber ist weiter kein Wort zu verlieren; zu der Alter-

tibi homini Platonico suadere; sed tamen tempori
tuo consulam. quibus enim te propter aliquod officium necessitudinis adfuturum negaris, tamen ii
possunt abs te placati aequique discedere; quibus
autem idcirco negaris, quod te impeditum esse dixeris
aut amicorum hominum negotiis aut gravioribus
causis aut ante susceptis, inimici discedunt omnesque
hoc animo sunt, ut tibi te mentiri malint quam negare.
C. Cotta, in ambitione artifex, dicere solebat se 47
operam suam, quod non contra officium rogaretur,
polliceri solere omnibus, impertire iis, apud quos
optime poni arbitraretur; ideo se nemini negare, quod
saepe accideret causa, cur is, cui pollicitus esset, non
uteretur, saepe, ut ipse magis esset vacuus, quam
putasset; neque posse eius domum compleri, qui tantum modo reciperet, quantum videret se obire posse;
casu fieri, ut agantur ea, quae non putaris, illa, quae
credideris in manibus esse, ut aliqua de causa non
agantur; deinde esse extremum, ut irascatur is, cui
mendacium dixeris. id, si promittas, et incertum est 48
et in diem et in paucioribus; sin autem neges, et
certe abalienes et statim et plures; plures enim multo
sunt, qui rogant, ut uti liceat opera alterius, quam
qui utantur. quare satius est ex his aliquos aliquando
in foro tibi irasci quam omnes continuo domi, praesertim cum multo magis irascantur iis, qui negent,
quam ei, quem videant ea ex causa impeditum, ut
facere, quod promisit, cupiat, si ullo modo possit.

Ac ne videar aberrasse a distributione mea, qui haec 49
in hac populari parte petitionis disputem, hoc sequor,
haec omnia non tam ad amicorum studia quam ad

native Dir, einem Platoniker, zu raten, kommt mich etwas hart an,
doch denke ich dabei an Deine gegenwärtige Situation. Versagst
Du jemandem auf Grund irgendeiner verbindlichen Verpflichtung
Deinen Beistand, dann ist es doch immer noch möglich, daß er
versöhnt und gelassen von dannen zieht; versagst Du Dich aber
deswegen, weil Du angeblich durch Aufträge von Freunden oder
wichtigere und früher übernommene Prozesse verhindert seiest,
dann scheiden die Leute als Feinde von Dir, und alle haben das
Gefühl: hätte er uns doch lieber belogen als einfach abgewiesen!
C. Cotta, ein Meister in der Bewerbung, pflegte zu sagen, er ver-
spreche seine Bemühungen stets allen, soweit er nicht mit seinen
Pflichten in Konflikt gerate, und lasse sie denen zukommen, bei
denen sie wahrscheinlich am besten angelegt seien; deshalb versage
er sich niemandem, weil oft der Fall eintrete, daß der, dem er sich
versprochen habe, ihn nicht benötige, oft auch, daß er selbst mehr
Zeit habe als ursprünglich gedacht; dessen Haus könne nicht voll
werden, der nur so viel annehme, wie er schaffen zu können glaube;
der Zufall bringe es mit sich, daß ein Prozeß stattfinde, von dem
man es nicht erwartet habe, andre, die, wie man annehmen mußte,
unmittelbar bevorstanden, aus irgendeinem Grunde nicht statt-
fänden; überdies sei das Schlimmste, was einem passieren könne,
daß der, den man belogen habe, einem böse sei. Das Risiko, das Du
mit einer Zusage eingehst, ist unbedeutend, kurzfristig und auf
wenige Fälle beschränkt; lehnst Du ab, schaffst Du Dir bestimmt
Feinde, und zwar sogleich und in größerer Anzahl, denn es gibt
viel mehr Leute, die darum bitten, sich der Bemühungen eines andern bedienen zu dürfen, als solche, die es dann auch wirklich tun.
Darum ist es besser, wenn der eine oder andre Dir später einmal
auf dem Forum zürnt, als sogleich in Deinem Hause, zumal die
Leute viel eher denen zürnen, die sich von vornherein versagen, als
demjenigen, der sich offensichtlich nur dadurch behindert fühlt,
daß er, wenn irgend möglich, auch erfüllen möchte, was er versprochen hat.

　　Aber damit Du nicht denkst, ich sei von meiner Disposition
abgekommen, daß ich diese Dinge unter dem Punkt „Popularität
bei der Bewerbung" erörtere – meine Auffassung ist die, daß dies
alles eher zur Popularität als zu den Pflichten gegenüber Freunden

popularem famam pertinere: etsi inest aliquid ex illo
genere, benigne respondere, studiose inservire negotiis ac periculis amicorum, tamen hoc loco ea dico,
quibus multitudinem capere possis, ut de nocte domus
compleatur, ut multi spe tui praesidii teneantur, ut
amiciores abs te discedant quam accesserint, ut quam
plurimorum aures optimo sermone compleantur.

Sequitur enim, ut de rumore dicendum sit, cui 50
maxime serviendum est. sed quae dicta sunt omni
superiore oratione, eadem ad rumorem concelebran-
dum valent, dicendi laus, studia publicanorum et
equestris ordinis, hominum nobilium voluntas, adulescentulorum frequentia, eorum, qui abs te defensi
sunt, adsiduitas, ex municipiis multitudo eorum, quos
tua causa venisse appareat, bene ut homines nosse,
comiter appellare, adsidue ac diligenter petere, beni-
gnum ac liberalem esse loquantur et existiment, domus ut multa nocte compleatur, omnium generum
frequentia adsit, satis fiat oratione omnibus, re opera-
que multis, perficiatur id, quod fieri potest, labore et
arte ac diligentia, non ut ad populum ab his hominibus fama perveniat, sed ut in his studiis populus ipse
versetur.

Iam urbanam illam multitudinem et eorum studia, 51
qui contiones tenent, adeptus es in Pompeio ornan-
do, Manili causa recipienda, Cornelio defendendo;
excitanda nobis sunt, quae adhuc habuit nemo, quin
idem splendidorum hominum voluntates haberet.
efficiendum etiam illud est, ut sciant omnes Cn. Pompei summam esse erga te voluntatem et vehementer
ad illius rationes te id adsequi, quod petis, pertinere.

Postremo tota petitio cura ut pompae plena sit, 52
ut illustris, ut splendida, ut popularis sit, ut habeat
summam speciem ac dignitatem, ut etiam, si qua

in Beziehung steht. Gewiß, einiges gehört dahin, wie: liebenswürdig zu antworten und sich eifrig für die Belange seiner Freunde und ihre Verteidigung vor Gericht einzusetzen; aber hier kommt es mir darauf an, Dir zu sagen, womit Du die Massen einfangen kannst, damit Dein Haus sich schon vor Tagesanbruch füllt, viele sich Hoffnung auf Deinen Beistand machen, zufriedener weggehen, als sie gekommen sind, und möglichst viele Ohren nur das Beste von Dir hören.

Jetzt komme ich nämlich auf das Renommee zu sprechen, auf das man den größten Wert legen muß. Aber alles, was ich in meinen bisherigen Ausführungen gesagt habe, ist ebenso für die Verbreitung des Renommees von Bedeutung: Dein rednerischer Ruhm, die Ergebenheit der Staatspächter und des Ritterstandes, die Sympathie des Adels, der starke Zulauf seitens der Jugend, die Anhänglichkeit derer, die Du verteidigst hast, aus den Munizipien die Masse derer, die offensichtlich doch Deinetwegen gekommen sind; daß man sagt und glaubt, Du kenntest die Leute gut, redetest liebenswürdig mit ihnen, umwürbest sie beharrlich und gründlich, seiest aufgeschlossen und freigebig; daß Dein Haus sich schon tief in der Nacht füllt, Leute jeden Standes sich in großer Zahl einfinden, jedermann mit Deinen Worten, viele mit Rat und Tat zufrieden sind, was mit Anstrengung, Geschicklichkeit und Umsicht zu erreichen ist, erreicht wird – nicht damit Dein Renommee durch diese Laute ins Volk dringt, sondern das Volk unmittelbar diese Begeisterung für Dich teilt.

Das Stadtvolk, das mit seinen Interessen die Volksversammlungen beherrscht, hast Du schon dadurch gewonnen, daß Du Pompeius auszeichnetest, Manilius' Sache führtest und Cornelius verteidigtest; jetzt müssen wir auf die Beine bringen, was bisher noch niemand für sich gehabt hat, ohne nicht auch die Sympathien erlauchter Männer zu besitzen. Auch das müssen wir erreichen, daß alle erfahren, welch großes Interesse Cn. Pompeius an Dir nimmt, wie sehr es seinen Wünschen entspricht, daß Du Dein Ziel erreichst.

Schließlich mußt Du dafür sorgen, daß Deine ganze Bewerbung pomphaft vor sich geht, daß sie in die Augen fällt, glanzvoll und volkstümlich ist, ungewöhnliches Aufsehen erregt und würdig

possit ratione, competitoribus tuis exsistat aut sceleris aut libidinis aut largitionis accommodata ad
eorum mores infamia.

Atque etiam in hac petitione maxime videndum 53
est, ut spes rei publicae bona de te sit et honesta
opinio; nec tamen in petendo res publica capessenda
est neque in senatu neque in contione, sed haec tibi
sunt retinenda: ut senatus te existimet ex eo, quod
ita vixeris, defensorem auctoritatis suae fore, equites
R. et viri boni ac locupletes ex vita acta te studiosum
otii ac rerum tranquillarum, multitudo ex eo, quod
dumtaxat oratione in contionibus ac iudicio popularis
fuisti, te a suis commodis non alienum futurum.

Haec mihi veniebant in mentem de duabus illis 54
commonitionibus matutinis, quod tibi cottidie ad
forum descendenti meditandum esse dixeram: 'novus
sum, consulatum peto'. tertium restat: 'Roma est',
civitas ex nationum conventu constituta, in qua
multae insidiae, multa fallacia, multa in omni genere
vitia versantur, multorum adrogantia, multorum
contumacia, multorum malevolentia, multorum su-
perbia, multorum odium ac molestia perferenda est.
video esse magni consilii atque artis in tot hominum
cuiusque modi vitiis tantisque versantem vitare offen-
sionem, vitare fabulam, vitare insidias, esse unum
hominem accommodatum ad tantam morum ac sermonum ac voluntatum varietatem. quare etiam atque 55
etiam perge tenere istam viam, quam institisti, excelle
dicendo; hoc et tenentur Romae homines et adliciun-
tur et ab impediendo ac laedendo repelluntur. et quoniam in hoc vel maxime est vitiosa civitas, quod largitione interposita virtutis ac dignitatis oblivisci solet,
in hoc fac ut te bene noris, id est, ut intellegas eum

verläuft, daß sich auch, wenn irgend möglich, für Deine Mitbewerber eine ihrem Charakter entsprechende Verrufenheit wegen ihrer Verbrechen, Ausschweifungen oder Bestechungen einstellt.

Auch kommt bei Deiner Bewerbung viel darauf an, daß der Staat Gutes von Dir erhofft und Ehrenvolles erwartet; allerdings darfst Du während Deiner Bewerbung weder im Senat noch in der Volksversammlung zu den politischen Tagesereignissen Stellung nehmen, solltest Dir vielmehr folgendes zur Regel machen: der Senat muß auf Grund Deiner Lebensführung glauben, daß Du für seine Autorität eintreten wirst, die Ritter und die biederen, gutsituierten Bürger angesichts Deines bisherigen Lebens, daß es Dir um Ruhe und normale Verhältnisse zu tun sein wird, die Masse, daß Du nicht gleichgültig gegen ihre Forderungen sein wirst, weil Du, jedenfalls nach Deinen Äußerungen in Volksversammlungen und vor Gericht zu urteilen, immer ein Mann des Volkes gewesen bist.

Das ist es, was mir betreffs der beiden ersten Punkte jenes zu allmorgendlichem Gebrauch empfohlenen Rezeptes in den Sinn kommt, was Du Dir, wie gesagt, Tag für Tag, wenn Du zum Forum hinuntergehst, vor Augen halten mußt: „Ich bin ein Neuling, ich bewerbe mich um das Konsulat!" Es fehlt noch der dritte Punkt: „Es handelt sich um Rom!", eine Bürgerschaft, die sich aus dem Zusammenströmen vieler Nationalitäten gebildet hat, wo Intrigen, Betrügereien, Laster aller Art grassieren, man mit Anmaßung, Trotz, Übelwollen, Hochmut, Haß und Belästigungen von vielen Seiten zu rechnen hat. Offenbar bedarf es großer Klugheit und Geschicklichkeit, wenn man sich unter so vielen Menschen mit Lastern jeder Art und Schwere bewegt, nirgends anzustoßen, nicht ins Gerede zu kommen, sich Intrigen zu entziehen, der rechte Mann zu sein, der sich der Vielfalt dieser Gewohnheiten, Redensarten und Gefühle anzupassen weiß. Darum fasse immer wieder den Weg ins Auge, den Du eingeschlagen hast: brilliere mit Deiner Redekunst; damit hält man in Rom die Leute bei der Stange, lockt sie an und nimmt ihnen die Lust, sich Dir in den Weg zu stellen und Dich zu verletzen. Und da die Bürgerschaft darin besonders lasterhaft ist, daß sie Mannhaftigkeit und Verdienst meist vergißt, wenn Bestechung im Spiele ist, besinne Dich dabei auf Dich selbst,

esse te, qui iudicii ac periculi metum maximum competitoribus adferre possis. fac ut se abs te custodiri
atque observari sciant; cum diligentiam tuam, cum
auctoritatem vimque dicendi, tum profecto equestris
ordinis erga te studium pertimescent. atque haec ita 56
te nolo illis proponere, ut videare accusationem iam
meditari, sed ut hoc terrore facilius hoc ipsum, quod
agis, consequare. et plane sic contende omnibus nervis ac facultatibus, ut adipiscamur, quod petimus.
video nulla esse comitia tam inquinata largitione,
quibus non gratis aliquae centuriae renuntient suos
magno opere necessarios. quare si advigilamus pro 57
rei dignitate, et si nostros ad summum studium benevolos excitamus et si hominibus studiosis gratiosis-
que nostris suum cuique munus discribimus et si
competitoribus iudicium proponimus, sequestribus
metum inicimus, divisores ratione aliqua coercemus,
perfici potest, ut largitio nulla fiat aut nihil valeat.

Haec sunt, quae putavi non melius scire me quam 58
te, sed facilius his tuis occupationibus colligere unum
in locum posse et ad te perscripta mittere. quae tametsi scripta ita sunt, ut non ad omnes, qui honores
petant, sed ad te proprie et ad hanc petitionem tuam
valeant, tamen tu, si quid mutandum esse videbitur
aut omnino tollendum aut si quid erit praeteritum,
velim hoc mihi dicas; volo enim hoc commentariolum petitionis haberi omni ratione perfectum.

das heißt: werde dessen inne, daß Du derjenige bist, der seinen Mitbewerbern eine Heidenangst vor Gericht und Prozessen einjagen kann. Laß sie merken, daß Du sie überwachst und beobachtest; sie werden Deine Umsicht, Dein Ansehen und die Wirksamkeit Deiner Worte und gewiß auch die Sympathien des Ritterstandes für Dich fürchten. Aber das darfst Du ihnen nicht so unter die Nase reiben, daß es so aussieht, als seiest Du bereits drauf und dran, sie anzuklagen; vielmehr soll Dir dies Schreckmittel nur die Erreichung Deines eigentlichen Zieles erleichtern. Kämpfe einfach so mit allen Kräften und allen Mitteln, daß wir erreichen, was wir erstreben. Es gibt doch überhaupt keine so durch Bestechungen verfälschte Wahl, bei der nicht doch einige Zenturien ohne Entgelt ihren Favoriten durchbrächten. Wenn wir also wach sind, wie die Bedeutung der Sache es verlangt, wenn wir unsre Gönner zu höchstem Eifer anspornen, wenn wir den uns gefälligen, für uns interessierten Leuten jedem seine Aufgabe zuteilen und unsern Mitbewerbern einen Prozeß in Aussicht stellen, ihre Mittelsmänner einschüchtern, ihre Geldverteiler irgendwie im Zaume halten, läßt es sich erreichen, daß überhaupt kein Bestechungsversuch stattfindet oder jedenfalls wirkungslos bleibt.

Das sind die Gesichtspunkte, die Du wahrscheinlich ebensogut kennst wie ich; aber in Anbetracht Deiner augenblicklich starken Inanspruchnahme meine ich, eher in der Lage zu sein, sie zusammenzustellen und Dir schriftlich zu unterbreiten. Allerdings sind meine Ausführungen nicht darauf zugeschnitten, für alle, die sich um ein Amt bewerben, zu gelten, sondern nur für Dich speziell und diese Deine Bewerbung. Aber falls Du etwas geändert oder ganz gestrichen wissen möchtest oder ich etwas übersehen haben sollte, sag' es mir bitte; ich möchte doch, daß diese meine Denkschrift über die Bewerbung als in jeder Hinsicht vollkommen angesehen wird.

EINFÜHRUNG

Wie schon in der Einführung zu den Briefen ad Quintum fratrem angedeutet, ist Quintus Ciceros Autorschaft für das Commentariolum bis auf den heutigen Tag umstritten. Noch die beiden letzten Herausgeber, W. S. Watt (1958) und L.-A. Constans (1962), gehen in ihren Ansichten auseinander; jener spricht sich gegen, dieser entschieden für die Echtheit aus. Es würde zu weit führen, wollten wir das Für und Wider hier eingehend erörtern; beide Seiten können mit beachtenswerten Argumenten aufwarten.[1])

Marcus Cicero bewarb sich für das Jahr 63 um das Konsulat. Er war ein homo novus, ein „neuer Mann", wie man diejenigen Kandidaten zu bezeichnen pflegte, deren Väter und Vorväter noch nie eins der höheren Staatsämter bekleidet hatten und demnach auch nicht im Senat saßen, und die also ohne Rückhalt im Senatorenstande den Versuch wagten, unmittelbar in den exklusiven Kreis der Nobilität aufzusteigen, jener Familien, die schon einmal einen Konsul gestellt hatten und eifersüchtig darüber wachten, daß ihr vermeintliches Vorrecht auf Besetzung des höchsten Staatsamtes allein durch sie nicht geschmälert wurde. Die Wahl fand, wie üblich um die Mitte des vorhergehenden Jahres statt, der Wahlkampf begann ein Jahr früher. Das Commentariolum ist Ende 65 oder Anfang 64 entstanden.

Die Konsuln (und Prätoren) wurden in den sog. Zenturiatkomitien gewählt, einer Volksversammlung, die in 193 Zenturien aufgegliedert war. Diese stimmten in vorgeschriebener Reihenfolge, über die später Näheres zu sagen sein wird, jede für sich gesondert ab und meldeten das Ergebnis dem Wahlleiter, der es sukzessive verkündete.[2])

Der größte Teil der 193 Zenturien, nämlich 170, wurde auf Grund des Zensus gebildet, und zwar entfielen auf die erste Vermögensklasse mit einem Vermögen von mindestens 100 000 Sestertien (etwa 20 000 Goldmark) 70, auf die zweite (75 000 Sestertien) 30, auf die dritte und vierte (50 000 bzw. 25 000 Sestertien) je 20 und auf die fünfte (11 000 Sestertien) wiederum 30 Zenturien. Dazu kamen zwei Zenturien Handwerker, zwei Zenturien Spielleute und die Zenturie der Proletarier, Leute, die unterhalb des Zensus der fünften Klasse standen und als Vermögen eigentlich nur ihren Kopf – daher auch capite censi genannt – bezw. ihre proles, ihre Nachkommenschaft aufzuweisen hatten, sowie schließ-

---

[1]) Letzte Erörterung der Frage mit negativem Ergebnis durch *M. I. Henderson*, Journal of Roman Studies 40, 1950.
[2]) Für das Folgende verweise ich auf *Ernst Meyer*, Römischer Staat und Staatsgedanke, 2. Aufl. Zürich 1961.

lich, dem sozialen Range nach am höchsten stehend und historisch
gesehen als Urzelle der ganzen Institution zu betrachten, achtzehn
Reiterzenturien.

Wie und wann dieses komplizierte System entstanden ist, braucht
uns hier nicht zu beschäftigen; nur über die Reiterzenturien ist
einiges zu sagen. Sie sind ein Residuum aus der Zeit, als Rom noch
nicht das Haupt eines Weltreiches war, sondern als latinische Landstadt neben vielen andern jederzeit auf feindliche Einfälle in sein
Landgebiet gefaßt sein mußte. Schon in der Königszeit wurde
deshalb ein Korps von 300 Reitern gebildet, denen der Staat das
Pferd stellte, eine dauernd mobile Truppe, die stets zu sofortigem
Einsatz bereit war. Natürlich gehörten ihr damals nur Patrizier an.
Irgendwann, als die Bevölkerung Roms weiter angewachsen war,
hat man dann dieses Korps verdoppelt, so daß es nunmehr sechs
Zenturien (Hundertschaften) umfaßte. Diese haben gegenüber den
später, wahrscheinlich gegen Ende des 4. Jahrhunderts hinzu-
gefügten weiteren zwölf Reiterzenturien aus den Angehörigen des
plebejischen Adels – amtlich heißen sie centuriae procum, „Zenturien der Vornehmen" – noch zur Zeit Ciceros eine Sonderstellung
eingenommen; sie stimmten von diesen getrennt und führten die
Sonderbezeichnung „suffragia".

Im 1. Jahrhundert v. Chr. war die ursprüngliche Aufgabe der
Reiterzenturien natürlich längst bedeutungslos geworden, aber als
Stimmkörper innerhalb der Zenturiatkomitien blieben sie erhalten.
Vermutlich waren es vorwiegend die Söhne von Senatoren, die in
sie eingeschrieben wurden. Mit ihrem Eintritt in den Senat, also
etwa im Alter von 30 Jahren, schieden diese aus den Reiterzenturien
aus und traten in die erste Klasse über.

Eigenartig berührt es, daß für die Handwerker und Spielleute
besondere Zenturien gebildet wurden. Offenbar dienten die Zensuslisten ursprünglich nicht allein der Organisierung des Gesamt-
volkes für die Abstimmungen in der Volksversammlung, sondern
stellten zugleich eine Art Stammrolle dar. Praktisch hat auch dies
für die Zeit Ciceros kaum noch Bedeutung gehabt. Seit der Heeres-
reform des Marius wurden die Legionen meist nicht mehr durch
Aushebung aus der gesamten wehrfähigen Bürgerschaft gebildet;
die Armeen bestanden jetzt vorwiegend aus Proletariern, die angeworben wurden und freiwillig ihre Dienste anboten, um gegen
Sold und mit der Aussicht auf Beute und Altersversorgung durch
Zuweisung einer kleinen Landstelle ihr Leben zu fristen. So sind
also auch die Zenturien der Handwerker und Spielleute ein Residuum aus den vergangenen Jahrhunderten.

Gegenüber diesen Sondergruppen stellten die Klassen ursprünglich das Aufgebot des Fußvolks dar. Allerdings blieb es den Wohl-
habenden, die sich ein eigenes Pferd halten konnten, unbenommen,
zu Pferde ins Feld zu rücken. Das hat dazu geführt, daß das Wort

„equites", „Reiter", ganz allgemein zur Standesbezeichnung für die Großgrundbesitzer und Großkapitalisten wurde ohne Rücksicht darauf, ob diese nun wirklich zu Pferde saßen; aus dem Reiter wurde der „Ritter". Die Zugehörigkeit zur Ritterschaft setzte einen Zensus von wenigstens 400000 Sestertien voraus.

Das Wort „centuria" bedeutet eigentlich „Hundertschaft", und wir sahen, daß die achtzehn Reiterzenturien tatsächlich je 100 Mann umfaßten. Für alle übrigen Zenturien gilt das offenbar nicht, denn es ist ohne weiteres klar, daß eine der 70 Zenturien der ersten Klasse wesentlich schwächer gewesen sein muß als eine der 30 Zenturien der fünften Klasse, und Cicero, der es wissen konnte, bemerkt denn auch (de rep. II, 39), daß die Masse der in der einen Proletarierzenturie stimmenden Bürger kaum wesentlich geringer gewesen sei als die der Angehörigen aller übrigen insgesamt. Eine weitere Differenzierung des Wahlrechts geschah dadurch, daß in allen Klassen die Hälfte der Zenturien den seniores, den Bürgern, die das 46. Lebensjahr überschritten hatten, vorbehalten war, während die naturgemäß bedeutend stärkeren jüngeren Jahrgänge sich mit der andern Hälfte begnügen mußten, eine Regelung, die offensichtlich dadurch mitbedingt ist, daß die Zensuslisten auch als Stammrolle dienten; die Praxis verlangte, daß die Wehrpflichtigen gesondert aufgeführt wurden.

Nach welchem Prinzip im übrigen die Stimmberechtigten in den einzelnen Klassen auf die Zenturien verteilt wurden, ist erst kürzlich durch einen Inschriftenfund endgültig geklärt worden. Zum Verständnis ist ein kurzer historischer Rückblick erforderlich.

Das römische Territorium zerfiel in lokale Bezirke (tribus); am Ende der Königszeit waren es zwanzig, vier städtische und sechzehn ländliche; mit fortschreitender Eroberung kamen neue hinzu, bis i. J. 241 eine Zahl von 35 erreicht war. Weitere Tribus sind nicht mehr eingerichtet worden; was fortan in den römischen Staatsverband eintrat, wurde auf diese 35 Tribus verteilt.

Offenbar ist es nun kein Zufall, daß diese Zahl der Tribus mit der der 70 Zenturien der ersten Klasse so auffallend harmoniert; bequem ließ sich jeder Junioren- und Seniorenzenturie eine bestimmte Tribus zuordnen. Die Forschung hat daraus den Schluß gezogen, daß man nach 241 ganz bewußt keine neuen Tribus mehr errichtet und andrerseits die damals bestehende Form der angeblich vom König Servius Tullius geschaffenen Zenturienordnung, in der die erste Klasse 80 Zenturien besetzte, reformiert habe, um diese Regelung zu ermöglichen. An der Gesamtzahl der Zenturien wurde nichts geändert; die der ersten Klasse genommenen wurden wahrscheinlich der zweiten zugeschlagen, die bis dahin nur 20 Zenturien umfaßte.

Die Verteilung der 35 Tribus auf die Zenturien bot nunmehr bei der ersten Klasse keine Schwierigkeit. Anders bei den übrigen vier

Klassen, deren Zahl nicht in 35 aufging. Hier half man sich damit, daß man jeweils vor der Abstimmung den einzelnen Zenturien durchs Los mehrere Tribus zuwies; es entfielen so in der zweiten und fünften Klasse mit je 2 × 15 Zenturien auf jede mindestens zwei, auf einige auch drei Tribus, und entsprechend in der dritten und vierten mit je 2 × 10 Zenturien drei bezw. vier.

Der Wahlakt ging dann so vor sich, daß zunächst aus der ersten Klasse eine centuria praerogativa, eine zuerst befragte Zenturie, ausgelost wurde, die allein vorweg abstimmte; ihr Votum galt als Omen für die gesamte Abstimmung. Alsdann kam die erste Klasse zusammen mit den zwölf centuriae procum heran; es folgten die sechs suffragia und die übrigen vier Klassen. Die beiden Handwerkerzenturien stimmten sonderbarerweise zusammen mit der ersten Klasse, die Spielleute und Proletarier anschließend an die Klassen. Sobald ein Kandidat die Mehrheit hatte, die Wahl also entschieden war, wurde die Abstimmung nicht weiter fortgesetzt; praktisch hatte das zur Folge, daß in vielen Fällen die unteren Zensusklassen gar nicht erst zur Abstimmung kamen.

Zum Schluß sei noch auf eine Tatsache hingewiesen, die nur gar zu leicht vergessen wird. Für eine moderne Wahl ist es selbstverständlich, daß jeder stimmberechtigte Staatsbürger auch die Möglichkeit hat, seine Stimme abzugeben. In Rom konnte aber praktisch nur ein verhältnismäßig geringer Teil der Gesamtbürgerschaft an der Wahl teilnehmen; der Neapolitaner oder Tarentiner wird sich kaum jemals auf eine vieltägige Reise begeben haben, nur um in Rom seine staatsbürgerlichen Rechte geltend machen zu können. Die Wahl lag also allein in den Händen der Stadtbevölkerung und der nicht allzuweit entfernt wohnenden Landbevölkerung. Weiterhin ist zu berücksichtigen, daß die großen Adelsfamilien vermöge ihrer umfangreichen Klientelen die Abstimmungen jederzeit in ihrem Sinne beeinflussen konnten. Ciceros Bewerbung um das Konsulat dürfte letzten Endes nur erfolgreich gewesen sein, weil seine beiden hochadligen Konkurrenten ausgemachte Lumpen waren, von denen für die Nobilität nichts Gutes zu erwarten war, so daß sie es vorzog, jedenfalls einen von ihnen auszuschalten, indem sie die Wahl des Neulings protegierte.

ERLÄUTERUNGEN

3. Demetrius: er berichtete, daß Demosthenes ursprünglich kein
Rho (ϱ) sprechen konnte, es dann aber durch angestrengte Übungen
erlernt habe (Cic. de or. I, 260; de div. II, 96); auch die Angaben,
daß er Kieselsteine in den Mund genommen habe, um sich daran
zu gewöhnen, längere Perioden in einem Atemzuge zu sprechen
(de or. I, 261), und versucht habe, die Brandung des Meeres mit
seiner Stimme zu übertönen (de fin. V, 5), mögen auf Demetrius
zurückgehen. — *Kollegien:* etwa unsern Standesvertretungen oder
Berufsverbänden entsprechend. — *4. des Amtsadels:* der Familien,
die einmal einen Konsul gestellt hatten und innerhalb des Senats
den exklusiven Kreis der Nobilität bildeten. — *5. Cn. Pompeius ...
zu interessieren:* i. J. 66 war Cicero gegen den Widerstand der
führenden Nobiles dafür eingetreten, Pompeius das Imperium zur
Weiterführung des Mithridatischen Krieges zu verleihen; der Antrag ging von den Popularen aus (Lex Manilia des Volkstribunen
C. Manilius; Rede de imperio Cn. Pompei). — *7. Deinen adligen
Mitbewerbern:* neben Catilina und C. Antonius noch P. Sulpicius
Galba und L. Cassius Longinus. — *hält ... für möglich:* sie taten es
aber doch. — *8. bei dem einen:* Antonius. — *mit einem Griechen:* er
hatte sich im Gefolge Sullas in Griechenland üble Plünderungen
und Erpressungen zuschulden kommen lassen, worauf die Ge-
schädigten ihn nach Sullas Tod in Rom belangten. — *daß er ...
ausgestoßen wurde:* wegen Plünderung der Bundesgenossen, und
weil er sich zum Prozeß nicht gestellt und wegen seiner Schulden
seine Güter veräußert hatte, doch wurde er sehr bald wieder aufgenommen. — *Sabidius und Panthera:* wahrscheinlich kleine Wuche-
rer. — *den er hätte zu Geld machen können:* um sich Mittel für die
Wahlbestechungen zu verschaffen. — *Vergnügungsreise:* eine sog.
legatio libera (freie Gesandtschaft), die es dem Senator gestattete,
ohne offiziellen Auftrag mit allen Rechten eines Gesandten — freies
Quartier, Spanndienste u. dgl. — ausgestattet auf die Reise zu
gehen. — *9. der andere:* Catilina. — *mit seinem adligen Blut:* in der
Tat gehörten die Sergier zum patrizischen Uradel, während die
Antonier Plebejer waren. — *Titinius, Nannius und Tanusius:* von
ihnen wissen wir nur die Tatsache, daß sie den Proskriptionen zum
Opfer fielen. — *10. M. Marius (Gratidianus):* der Adoptivsohn
des M. Marius, eines Bruders des bekannten C. Marius, als Partei-
gänger Cinnas und wüster Demagoge bekannt. Catilina ermordete ihn im Auftrage Sullas. Die Schwester seines natürlichen
Vaters, Gratidia, war die Großmutter der Cicerones. — *zur Grabstätte:* des Q. Lutatius Catulus, des Cimbernsiegers, dem Gratidianus i. J. 87 im Auftrage des Marius den Prozeß machte mit dem
Ziel, ihn zu beseitigen; Catulus entzog sich der Verurteilung durch

Selbstmord. — *keine Stätte* . . . *betrat:* Anspielung auf ein angeb-
liches Liebesverhältnis Catilinas mit der Vestalin Fabia; sie war eine
Kusine der Terentia, der Gattin des M. Cicero. — *Curius und Annius:* beide waren hernach an der Verschwörung Catilinas beteiligt;
Curius wurde bereits i. J. 70 durch die Zensoren aus dem Senat
ausgestoßen; durch seine Freundin Fulvia wurde Cicero im Sommer 63 fortlaufend über die Vorgänge im Lager der Verschwörung
unterrichtet. — *Sapala und Carvilius:* anscheinend Auktionatoren
oder Ausrufer. — *Pompilius und Vettius:* letzterer war ein berüch-
tigter Denunziant; über ersteren ist nichts bekannt. — *von Afrika:*
Catilina war in den Jahren 67 und 66 Statthalter der Provinz Africa
gewesen und anschließend wegen Erpressung angeklagt worden. —
vor dem Prozeß: als sie noch keine Bestechungsgelder empfangen
hatten. — *11. mit zwei Männern:* Coelius wurde zusammen mit Cn.
Domitius Ahenobarbus gewählt; wer der dritte Bewerber war,
wissen wir nicht. — *12. der* . . . *zücken möchte:* tatsächlich war diese
Überlegung maßgebend für die Lenkung der Wahl durch die Optimaten; Cicero verdankte sein Konsulat nur dem Umstande, daß
man nicht zwei ausgemachte Lumpen an die Spitze des Staates
berufen wollte. — *13. Emporkömmlinge unter den Prätoriern:* solche,
die es bisher nur zur Prätur gebracht hatten. — *14. die Abneigung
gegen Neulinge:* der Ritterstand, aus dem die Neulinge emporstiegen,
war durch seine politische Haltung während der Herrschaft der
Marianer in Mißkredit geraten. — *Eintreten für Pompeius:* s. zu § 5.
— *18. eine Tribus oder Zenturie gewonnen (hat):* für die Wahl des
Betreffenden. — *19. Genossenschaften:* politische Klubs. — *bei
Übernahme ihrer Prozesse:* über C. Fundanius und C. Orchivius ist
nichts bekannt; Q. Gallius wurde i. J. 66 de ambitu, C. Cornelius
i. J. 65 de maiestate angeklagt. — *32. Nomenklator:* eigentlich ein
Sklave, der seinem Herrn die Namen der Begegnenden nennen
mußte. — *35. wie man so sagt:* fucosus heißt wörtlich „geschminkt".
— *46. ich habe gehört* . . . *in der Sache selbst:* dieser Satz scheint ein
ungeschickter, den Zusammenhang störender Nachtrag zu sein;
der nächste Absatz schließt logisch an das Vorhergehende an. —
47. mit seinen Pflichten in Konflikt gerate: etwa durch Begünstigung
eines Prozeßgegners. — *51. Pompeius:* s. zu § 5. — *Manilius' Sache:*
er wurde gleich nach Ablauf seines Tribunats aus Rache für seine
Lex (s. zu § 5) von seinen politischen Gegnern pro forma wegen
Erpressung angeklagt. — *die Sympathien erlauchter Männer:* die dann
ihre Klientel für den Kandidaten einsetzten.

BEMERKUNGEN ZUR TEXTGESTALTUNG

Die Lesarten dieser Ausgabe weichen von dem Text der Oxforder Ausgabe (Watt 1958) an folgenden Stellen ab:

Watt	*Kasten*
3 deinde ⟨fac⟩	deinde ⟨vide⟩ *Bährens*
⟨qui⟩ novi	⟨non multi homines⟩ novi *Baiter*
7 nam P. Galbam	iam P. Galbam (*codd.*)
8 optimorum	optima ⟨ac⟩ vera (optima vero *codd.*) *Constans*
cum ad tabulam	quom iam (quam *codd.*) ad tabulam *Constans*
caupones	copones (*cod. Turnebi*, compones V)
9 qua †Catilina†	[qua Catilna] *Muretus*
sororiis (sororis B)	sororum (HcF, sorore HlDV)
10 timeant	timeat (*codd.*)
contemnant	contemnat (*codd.*)
13 nisi si (HFD)	nisi (VB)
14 certo (HFD)	certe (VB)
esse ⟨non⟩ amicos	esse amicos
18 [ex illa] summa voluntate	eximia [summa] voluntate *Kasten*
19 et iam (*codd.*)	et tam *Tyrrell*
21 etiam in hanc opinionem	et in hanc opinionem (*codd.*)
32 sequitur (HFD)	consequatur (VB)
possunt	possint (*codd.*)
33 ⟨oportet⟩ cognosci . . . appeti	cognoscito . . . appetito *Orelli*
nam studia	iam studia (*codd.*)
35 qui domum tuam venient	cum domum tuam venient *Kasten*[1])
38 obtinuerint	obtinuerunt (*codd.*)
futurum sit (*codd.*)	futurumst *Buecheler*
43 non [sit] rogatum (*codd.*)	non esse rogatum *Lambinus*

---

[1]) Ende § 34 lautet die Überlieferung: *una salutatorum, cum domum veniunt, altera deductorum etc.* Schon Orelli hat die Worte *cum domum veniunt*, wie ich glaube, mit Recht, gestrichen. Ich halte sie für eine an falscher Stelle in den Kontext geratene Randglosse zu den Worten *qui domum tuam venient* in § 35 und habe sie zur Korrektur dieser Stelle benutzt, die zusammen mit Watts Konjektur ⟨ad⟩ *pluris* m. E. alle Schwierigkeiten aus dem Wege räumt.

44 ⟨si⟩ laudatur	laudatur
45 ⟨aut etiam non neges⟩	⟨aut etiam omnino non neges⟩ *Purser*
46 orationem ⟨eius⟩ sibi te mentiri	orationem tibi te mentiri (*codd.*)[2]
50 bene ⟨te⟩ ut	bene ut
54 commentationibus	commonitionibus (VB, commotionibus HFD)
57 studiosis nostri gratiosisque	studiosis gratiosisque nostris (nostri *codd.*) *Kasten*[3]

---

[2]) *tibi* ist als dat. eth. zu fassen.
[3]) In Analogie zu *nostros . . . benevolos* in der vorhergehenden Zeile.

REGISTER

PSEVDO-CICERONIS

EPISTVLA AD OCTAVIANVM

CICERO OCTAVIANO SALVTEM

Si per tuas legiones mihi licitum fuisset, quae no- 1
mini meo populoque Romano sunt inimicissimae,
venire in senatum coramque de re publica disputare,
fecissem, neque tam libenter quam necessario; nulla
enim remedia, quae vulneribus adhibentur, tam faciunt
dolorem quam quae sunt salutaria. sed quoniam cohortibus armatis circumsaeptus senatus nihil aliud vere
potest decernere nisi timere (in Capitolio signa sunt, in
urbe milites vagantur, in Campo castra ponuntur, Italia
tota legionibus ad libertatem nostram conscriptis ad
servitutem adductis equitatuque exterarum nationum
distinetur), cedam tibi in praesentia foro, curia et sanc-
tissimis deorum immortalium templis, in quibus revi-
viscente iam libertate deinde rursus oppressa senatus
nihil consulitur, timet multa, assentatur omnia; post 2
etiam paulo temporibus ita postulantibus cedam urbe,
quam per me conservatam, ut esset libera, in servitute
videre non potero; cedam vita, quae, quamquam sollicita est, tamen, si profutura est rei publicae, bona spe
posteritatis me consolatur, qua sublata non dubitanter
occidam; atque ita cedam, ut fortuna iudicio meo, non
animus mihi defuisse videatur. illud vero, quod et
praesentis doloris habet indicium et praeteritae iniuriae testimonium et absentium sensus significationem,
non praetermittam, quin, quoniam coram id facere
prohibeor, absens pro me reque p. expostulem tecum.
atque ita dico 'pro me', si quidem mea salus aut utilis
rei publicae est aut coniuncta certe publicae saluti.
nam, per deum immortalium fidem, nisi forte frustra

eos appello, quorum aures atque animus a nobis abhorret, perque Fortunam populi Romani, quae, quamquam nobis infesta est, fuit aliquando propitia et, ut spero, futura est, quis tam expers humanitatis, quis huius urbis nomini ac sedibus usque adeo est inimicus, ut ista aut dissimulare possit aut non dolere aut, si nulla ratione publicis incommodis mederi queat, non morte proprium periculum vitet?

Nam ut ordiar ab initio et perducam ad extremum 3 et novissima conferam primis, quae non posterior dies acerbior priore et quae non insequens hora antecedente calamitosior populo Romano illuxit? M. Antonius, vir animi maximi – utinam etiam sapientis consilii fuisset! –, C. Caesare fortissime sed parum feliciter a rei publicae dominatione semoto concupierat magis regium, quam libera civitas pati poterat, principatum. publicam dilapidabat pecuniam, aerarium exhauriebat, minuebat vectigalia, donabat civitates immunitate et nationes ex commentario; dictaturam gerebat, leges imponebat, prohibebat dictatorem creari, legibus senatus consultis ipse repugnabat in senatu, provincias unus omnes concupiebat. cui sordebat Macedonia provincia, quam victor sibi sumpserat Caesar, quid de hoc sperare aut exspectare nos oportebat? exstitisti tu vindex nostrae libertatis ut 4 tunc quidem optimus (quod utinam neque nostra nos opinio neque tua fides fefellisset!) et veteranis in unum conductis et duabus legionibus a pernicie patriae ad salutem avocatis subito prope iam adflictam ac prostratam rem publicam tuis opibus extulisti. quae tibi non ante quam postulares, maiora quam velles, plura quam sperares, detulit senatus? dedit fasces, ut cum auctoritate defensorem haberet, non ut imperio se adversum armaret; appellavit imperatorem hostium exercitu pulso tribuens honorem, non ut sua caede reversus ille fugiens exercitus te nominaret imperatorem; decrevit in foro statuam, locum in senatu, sum-

mum honorem ante tempus. si quid aliud est, quod 5
dari possit, addet; quid aliud est maius, quod velis
sumere? sin autem supra aetatem, supra consuetudinem, supra etiam mortalitatem tuam tibi sunt omnia
tributa, cur aut ut ingratum crudeliter aut ut imme-
morem beneficii tui scelerate circumscribis senatum?
quo te misimus? a quibus reverteris? contra quos ar-
mavimus? quibus arma cogitas inferre? a quibus exercitum abducis et quos adversus aciem struis? cur
hostis relinquitur, civis hostis loco ponitur? cur
castra medio itinere longius ab adversariorum castris
et propius urbem moventur? cogit illorum spes aliquid nos timere. o me numquam sapientem et ali- 6
quando id, quod non eram, frustra existimatum! quantum te, popule Romane, de me fefellit opinio! o meam
calamitosam ac praecipitem senectutem! o turpem
exacta dementique aetate canitiem! ego patres con-
scriptos ad parricidium induxi, ego rem publicam fe-
felli, ego ipsum senatum sibi manus adferre coegi,
cum te Iunonium puerum et matris tuae partum au-
reum esse dixi; at te fata patriae Paridem futurum
praedicabant, qui vastares urbem incendio, Italiam
bello, qui castra in templis deorum immortalium,
senatum in castris habiturus esses. o miseram et in 7
brevi tam celerem et tam variam rei publicae com-
mutationem! quisnam tali futurus ingenio est, qui possit haec ita mandare litteris, ut facta, non ficta videantur
esse? quis erit tanta animi facilitate, qui, quae verissime
memoria propagata fuerint, non fabulae similia sit
existimaturus? cogita enim Antonium hostem iudicatum, ab eo circumsessum consulem designatum eun-
demque rei publicae parentem, te profectum ad consulem liberandum et hostem opprimendum hostem-
que a te fugatum et consulem obsidione liberatum,
deinde paulo post fugatum illum hostem arcessitum
tamquam coheredem mortua re publica ad bona populi Romani partienda, consulem designatum rursus

inclusum eo, ubi se non moenibus sed fluminibus et
montibus tueretur. haec quis conabitur exponere?
quis credere audebit? liceat semel impune peccare, sit
erranti medicina confessio. verum enim dicam: uti- 8
nam te potius, Antoni, dominum non expulissemus
quam hunc reciperemus! non quo ulla sit optanda
servitus, sed quia dignitate domini minus turpis est
fortuna servi; in duobus autem malis cum fugiendum
maius sit, levius est eligendum. ille ea tamen exorabat,
quae volebat auferre, tu extorques; ille consul provinciam petebat, tu privatus concupiscis; ille ad malorum
salutem iudicia constituebat et leges ferebat, tu ad perniciem optimorum; ille a sanguine et incendio ser-
vorum Capitolium tuebatur, tu cruore et flamma
cuncta delere vis. si, qui dabat provincias Cassio et
Brutis et illis custodibus nominis nostri regnabat,
quid faciet, qui vitam adimit? si, qui ex urbe eiciebat,
tyrannus erat, quem hunc vocemus, qui ne locum quidem reliquit exsilio? itaque si quid illae maiorum nos- 9
trorum sepultae reliquiae sapiunt, si non una cum cor-
pore sensus omnis uno atque eodem consumptus est
igni, quid illis interrogantibus, quid agat nunc populus Romanus, respondebit aliquis nostrum, qui proximus in illam aeternam domum discesserit? aut quem
accipient de suis posteris nuntium illi veteres Africani, Maximi, Pauli? quid de sua patria audient,
quam spoliis triumphisque decorarunt? an esse quendam annos XVIII natum, cuius avus fuerit argentarius,
astipulator pater, uterque vero precarium quaestum
fecerit, sed alter usque ad senectutem ut non negaret,
alter a pueritia ut non posset non confiteri; eum agere
rapere rem publicam, cui nulla virtus, nullae bello
subactae et ad imperium adiunctae provinciae, nulla
dignitas maiorum conciliasset eam potentiam, sed forma per dedecus pecuniam et nomen nobile conscelera-
tum impudicitia dedisset, veteres vulneribus et aetate
confectos Iulianos gladiatores, egentes reliquias Cae-

saris ludi, ad rudem compulisset, quibus ille saeptus
omnia misceret, nullis parceret, sibi viveret, qui tamquam in dotali matrimonio rem publicam testamento
legatam sibi obtineret? audient duo Decii servire eos   10
cives, qui, ut hostibus imperarent, victoriae se devove-
runt; audiet C. Marius impudico domino parere nos,
qui ne militem quidem habere voluit nisi pudicum;
audiet Brutus eum populum, quem ipse primo, post
progenies eius a regibus liberavit, pro turpi stupro
datum in servitutem. quae quidem si nullo alio, me
tamen internuntio celeriter ad illos deferentur; nam si
vivus ista subterfugere non potero, una cum istis
vitam simul fugere decrevi.

Daß der zusammen mit den Briefen ad Atticum, ad Quintum
fratrem und ad Brutum überlieferte Brief an Octavian nicht aus der
Feder Ciceros geflossen ist, hat nicht erst die moderne Forschung
erkannt. Schon im Codex Mediceus 49,18 (um 1390) findet sich
die Notiz: "haec epistula non est Ciceronis, sed declamatoris alicuius." Es ist auch nie der Versuch gemacht worden, seine Echtheit zu erweisen. Aber da die modernen Ausgaben der Cicero-Briefe
ihn zumeist als Appendix bringen, haben wir uns entschlossen, ihn
ebenfalls aufzunehmen.
Der gebotene Text ist der der Oxforder Ausgabe (Watt 1958)
mit folgenden Abweichungen:

Watt	*Kasten*
3 concupierat (X)	concupiebat (Ω)
5 abducis? [et] quos	abducis et quos
6 praedicebant (*Lambinus*)	praedicabant (*codd.*)
8 relinquit (HDVB)	reliquit (ΩF)
9 Pauli Scipiones	Pauli [Scipiones] *Kasten*